コミュニケーション能力の諸相

「変移・共創・身体化」

片岡邦好
池田佳子

編

ひつじ書房

はしがき

　「言わぬが花」を良しとした昔と違い、明確に意見を述べ、行動で伝えるといった技能の必要性が現代社会において強く求められています。しかし、それが実際どのような技能かと問われると、はたと答えに詰まる人が多いのではないでしょうか。本出版企画はそのような痛切な自覚から生まれ、その現代的特性を（本書独自の定義により）「変移」、「共創」、「身体化」という3つのキーワードから検証します。

　本書は、科学研究費基盤研究(C)「指導・実践場面における『言語運用能力』の再定義に向けて」（課題番号 22520413 代表・片岡邦好）および平成22年度関西大学学術研究助成基金（奨励研究）「多種の「実践的な指導場面」の検証に基づく、現代に必要な『コミュニケーション能力』の探究」（代表・池田佳子）という2つの助成金を受け、その成果を公表するものです。そこでは、従来「伝達／運用能力(communicative competence)」と呼ばれてきた能力に、その後の認知的側面を強調した「方略能力」を加え、さらに人間関係構築のための外向的な能力も射程に含めることを出発点としました。そして、従来あいまいなまま語られてきた「伝達／運用能力」（広義のコミュニケーション能力）の諸側面を学際的な視点から再検討するために、2011年2月に編者片岡の所属する愛知大学にて「伝達能力を再考する：ラウンドテーブル」を、続く6月に編者池田の所属する関西大学にて第13回言語科学会シンポジウム (Reconsidering "communicative competence": Findings and suggestions from fieldwork/empirical research) を開催しました。そこでは、各分野の参加者からエンピリカルなデータに基づいた分析を紹介していただき、

（標準的／非標準的な）「ことば」のみならず、さまざまな記号的資源とマルチモーダルな媒体を通して「communicate（原義は「共有する」）すること」の現代的意義を問い直しました。コミュニケーション能力を考察する際の枠組みを提供するのみならず、「伝えるための技術、伝わるための条件、伝わらない場合の問題点」を明示的にあぶりだす契機にしたいと考えたのです。

「コミュニケーション能力」の理解はさまざまですが、本企画では、従前の多様な定義を踏まえたうえで、しかしそれに拘泥することなく、さまざまな分野（フィールドワーク、言語的社会化、教示・指導場面、医療・福祉現場、法廷・司法、政治討論、ニューメディアなど）からの知見をどのように「コミュニケーション能力」という概念に取り込むかを検討してきました。そして、その議論の中で浮かび上がってきた特徴を上述の「変移」、「共創」、「身体化」という観点から取りまとめました。本書に収められた論文を踏まえて定義するならば、コミュニケーション能力とは「智・情・意」を「行為」として伝え、受け取り、共有し、ともに場面と関係（ひいては歴史）を作り上げていく力のことであると言っても良いでしょう。

本書は、実用書によくある、成功体験に基づく効果的な情報の伝え方を伝授する啓蒙書ではありません。多くの一般書は、ビジネスの成功や人間関係の改善、学習の推進といった、実生活に密着する成功例とコツの提示を旨とします。これは多くの人にとって意味のある、合目的的な視点を提供してくれます。しかし、伝えるという行為は、それが利己的であれ利他的であれ、功利的な意図の陰で、刻々脈々と生起しています。例えば「成功／改善／推進」のような合目的的な意図は希薄であっても、「その場にいる」ことだけで私たちは何かを伝え（てしまっ）ています。さらに、どのコード（言語・変種）を、どのような媒体（メディア・モダリティ）を通じ、どういった場面（コンテクスト・環境）で、どのような背景（想定・知識・歴史）のもとで用いるかにより、コミュニケーションの意味そのものが変わってきます。本書がそのような、人間の「伝達（かつ感得）せざるを得ない本性」を詳細に分析し、現代のコミュニケーションのあり方を広く、深く理解するための手がかりとなることを願ってやみません。

最後に、本書の企画段階から多大な期待と寛容な理解を示していただいたひつじ書房の松本功社長、愛知大学のラウンドテーブルや関西大学のシンポジウムに出席していただいた（文字通り）日本各地からの参加者の皆さん、そして校閲段階で細部まで緻密な気配りをいただいたひつじ書房の海老澤絵莉さん、渡邉あゆみさんに心より御礼申し上げます。

2013 年 1 月　編者

目　次

はしがき　iii

序章　「コミュニケーション能力」再訪
片岡邦好、池田佳子 ………………………………………………………… 1

第1章　多言語・多変種能力のモデル化試論
渋谷勝己 …………………………………………………………………… 29
こらむ　ラポール（思いやり）とアコモデーション（適応）　小川洋介 …… 52

第2章　ことばのバリエーションの「社会的意味」を伝達する能力
——地域社会の急速なグローバル化がもたらす土着イデオロギーに着目して
高野照司 …………………………………………………………………… 55
こらむ　文脈・コンテクスト　高野照司 ………………………………… 92

第3章　行為の堆積を知覚する
——グイ／ガナのカラハリ砂漠における道探索実践
高田明 ……………………………………………………………………… 97

第4章　コミュニケーションにおける視点取得
——医療コミュニケーションと言語障害学から学べること
渡辺義和 …………………………………………………………………… 129
こらむ　会話における「前提」　渡辺義和 ……………………………… 158

第5章　ミュージアムガイドロボット
　　　——デュアルエコロジーをめぐって
　　　山崎晶子、山崎敬一、葛岡英明 ……………………………… 161

第6章　言語教室のインタラクション
　　　——コミュニケーションの「環境条件」を考える
　　　池田佳子、アダム・ブラント ………………………………… 191
　こらむ　マルチモダリティ／言語・非言語　　古川智樹 ……… 225

第7章　「身体の詩学」による共創という視点
　　　片岡邦好 ………………………………………………………… 229
　こらむ　間主観性（相互主観性）　　片岡邦好 ………………… 258

第8章　「自らの一命をかける」か「412人内閣」か
　　　——2010年民主党代表選にみられる政治言語
　　　東照二 …………………………………………………………… 261
　こらむ　議論から対話へのパラダイム・シフト　　野島晃子 … 286

第9章　司法コンテクストにおける
　　　　コミュニケーション能力
　　　堀田秀吾 ………………………………………………………… 289
　こらむ　導管メタファー　　堀田秀吾 ………………………… 308

第10章　法における共通理解の達成と維持
　　　樫村志郎 ………………………………………………………… 311
　こらむ　社会的構築　　樫村志郎 ……………………………… 343

第 11 章　コンピュータを介した　コミュニケーションの特性
——語りのオンライン・コミュニティーにおける伝達能力とは
　佐藤　彰 ………………………………………………………… 347
こらむ　ナラティブ／ストーリー・テリング　　佐藤　彰 ……………… 370

第 12 章　コミュニケーション能力を超える「能力」とは
——マルチリテラシーズにおけるデザイン概念から考える
　岡本能里子 ……………………………………………………… 373
こらむ　デザイン　　岡本能里子 …………………………………… 398

第 13 章　国際ビジネスの場における　コミュニケーション能力
——コミュニケーション方略の役割とは
　藤尾美佐 ………………………………………………………… 401
こらむ　「方略」　　藤尾美佐 ………………………………………… 427

第 14 章　国際英語における　コミュニケーション能力の養成
　日野信行 ………………………………………………………… 429
こらむ　文化／多文化　　中谷潤子 ………………………………… 456

執筆者紹介　459

序章 「コミュニケーション能力」再訪

片岡邦好、池田佳子

1. はじめに

　2000年以降の日本において、若年層の「コミュニケーション能力 (Communicative Competence：以下CC)」に関する喧しい議論が各所で再燃した。若者の言語使用がやり玉に挙げられるのは社会集団が発生した遠い昔からのことであり、格別目を見張るものではない。しかし、これまでと異なる大きな点は、I(C)Tに慣れ親しんだ若年層の(デジタルな)コミュニケーション・スタイルと、その波及以前の(アナログな)スタイルとの齟齬に悩む社会的中堅層の者たちからの懸念が噴出したことにある。この「コミュニケーション能力を身につけよ」という叫びの裏には、求められるべき理想的なCCがあるという暗黙の想定があり、特にこの10年、若者に対して呪詛のごとく繰り返されてきた。そしてそれに即応し、CC獲得を指南する実用書が相次いで出版された。しかしCCの欠如という言説は、突き詰めるところ「話のわかる」若者を養成したい一般社会や企業側の論理・理念に沿った、一元的なCCを金科玉条として仰ぐことが前提にあるのではないだろうか。社会を変えるのか、個を変えるのか、という相克と葛藤の裏返しといっても良いだろう。

　グローバル化の波にもまれる現在、20年前には想像さえできなかった世界的視野が求められていることは確かである。勇み足と揺り戻しを繰り返しながら、日本的コミュニケーションの理想像も絶えず変質している。そして2012年を迎えた現在、マニュアル化され、表面的に「コミュニケーション上手」な若者のメッキも剥げかけており、代わって脚光を浴びているのは、

素直に上司の話を聞き、空気が読めて察しの利く、命令に忠実な、しかし打たれ強い体育会系の新卒学生であるという（朝日新聞 2011 年 2 月 16 日）。繁栄に陰りの見える現代日本の理想的コミュニケーション像は、やはり従来の年功序列的な秩序を反映する技能であったということであろうか。

　以下では、このような変質途上の日本的なコミュニケーション能力を国内外の視座から眺め、未来へと接地させることを試みる。まず、短絡のそしりを覚悟で、その提案に至る歴史的経緯を概観し、CC の現代的意義を様々な角度から検討してみたい。

2.　「コミュニケーション能力」という概念

2.1　発端

　20 世紀において、コミュニケーションの仕組みを明示的に提示した功績は、しばしば Shannon-Weaver モデルや Bühler が提唱したオルガノン・モデルに帰されるが、それらを内的に深化、外的に拡張したのが Chomsky と Hymes と言ってよいだろう。Chomsky は当時の行動主義心理学／構造主義言語学からの決別を図るべく、有限個の規則による無限の展開可能性を数学的な文法理論により実現しようとした点で前者に（Hendriks-Jansen 1996: 107）、一方 Hymes は、オルガノン・モデルを発展させて独自のコミュニケーションモデルを提唱した Jakobson (1960) の薫陶を受け、コミュニケーションの機能的な枠組みを設定した点で後者の後継者と言えるだろう。

　ただし Chomsky は、コミュニケーションの中心的な役割を担うヒトの「言語能力」に対象を限定し、それをソシュールの「ラング (langue)」と「パロール (parole)」に対応する形で、生得的な「言語能力 (competence)」と後天的な「言語運用 (performance)」とに分類した。さらに、前者を言語学の対象に限定することで、より緻密で検証可能な学問領域として確立しようと試みたのである。そこには、文法を「理性・頭脳・体系性」の反映として神格化する反面、言語使用を「情緒・身体・混沌」の営みとして蔑視、排除しようとする伝統的な西洋的二元論の発想が見え隠れする。[1] そこで前提とな

るのは、以下に見られる汎人間的で理想化された(言語)能力である。

> Linguistic theory is concerned primarily with an ideal speaker-listener, in a completely homogeneous speech community, who knows its language perfectly and is unaffected by such grammatically irrelevant conditions as memory limitations, distractions, shifts of attention and interest, and errors (random or characteristic) in applying his knowledge of the language in actual performance. (Chomsky 1965: 3)

　一方、本書のテーマである「コミュニケーション能力」は、Chomsky による狭義の言語運用能力に対して異を唱えた Hymes の統合的な言語能力の定義に深く関わっている。Chomsky が Aspects of the Theory of Syntax (1965) の中で、特定の「コンテクスト」における「適切な」言語運用を除外したことに対する疑義や批判はすでに現れていたが (例えば Campbell & Wales (1970) や Jakobovits (1970))、最も声高かつ体系的に、「SPEAKING モデル」や「4つの基準」という形で言語能力全般を理論化したのが Hymes であった(本書:渋谷、高野、藤尾、佐藤の章およびコラムを参照)。それらを通じて、社会的な言語使用上のルールを獲得していなければ文法知識そのものが無用となる点を指摘し、「社会的なもの」、つまりコンテクストや文化的側面の考察を不可欠なものと規定した。

　ただし、Hymes は決して Chomsky の「言語能力」の定義を否定しているわけではなく、極めて不十分だと考えているのである。従来あまり語られないが、Hymes による根源的な批判は、言語の「不平等性」を認識するところから始まっている (Hymes 1973)。(もちろんこれは、20 世紀以降の言語学が標榜する言語的価値の平等性と、そこから導かれる少数言語の保持に相反するものではない。) Hymes が問題にしているのは、言語使用を通じて醸成される社会的不平等への認識である。例えば、理想的な話者にもとづく狭義の言語運用能力の議論からは、アフリカ系アメリカ人口語英語(いわゆる「黒人英語」)話者やアメリカ先住民諸語の話者、自閉症の子供、経済的困窮

から十分に学校教育を受けられない若者らはすっぽりと抜け落ちてしまう。それに代わり、各々のコミュニティの現実とその一員になるための社会化の過程で培われる、「異質のコミュニティにおける示差的な能力 (differential competence within a heterogeneous community)」(Hymes 1972: 274)の存在を重視したのである。ここにおける能力とは、言語が用いられる各々の状況において多種多様であることが前提であり、そういった「実践」を司る能力こそが広義のコミュニケーション能力(そしてここには狭義の「能力」(主に文法能力)を含む)であると定義される(本書:渋谷による「マルチコンピテンス」の概念も参照)。

　言語に関する不平等および不均衡は、概ね話者の内的／外的要因に大別できる。まず第一に、種としての人間に与えられた言語能力(linguistic competence)における不平等がある。それはおもに、Chomsky (1965)の述べる「均質的なスピーチ・コミュニティ(homogeneous speech community)」における「理想的な話者—聴者(an ideal speaker-listener)」の持つ言語能力が、先天的であれ後天的であれ、何らかの理由で阻害された状況であり、言語医療および心理言語学の問題となる(本書:渡辺はこの問題に社会言語学的観点から切り込んでいる)。

　第二の要因は、本書で扱う社会言語学的な視点である。一般的には、(i) 社会的・心理的較差に起因する言語上の変異、および(ii)政治的・経済的な権力機構とそこから生じる権利上の不均衡という形で出現する。具体的現象として、前者は主に話者—聴者間の人間関係やコンテクストにおける選択的な言語使用、アイデンティティ構築のためのレジスターの選択やコード変換、性差・年齢・階層などの社会的変項と音韻・語彙・文法との相関などを通じて現れる(本書:渋谷、高野、東の章参照)。後者は主に、言語権、言語政策、危機言語、多言語主義、英語公用語論等に関わる権利上の問題である(本書:日野、堀田、樫村の章参照)。広く権利の一部として言語を使えるか否かが争点となり、人命に関わる問題をはらむこともある。一般に言語的不平等という時、この側面をさすことが多い。したがってHymesは、言語運用能力の発達は文法能力(Chomskyの「言語能力」)の発達と同様の習得基盤

を持つとして第一、第二の要因を不可分と考え、「言語能力」と「言語運用」を統合してコミュニケーション能力(communicative competence)と呼ぶ。

また本書では触れられていないが、上述の2大潮流と接点を持ちながらも、独自のコミュニケーション論を展開したのがフランクフルト学派の社会哲学者 Habermas である。その多岐にわたる活動の中でも、コミュニケーションに関わる大著として "The Theory of Communicative Action (1984)" がよく知られている。ただし以下では、"communicative competence" に直接言及した初期の講義録 "On the Pragmatics of Social Interaction (2001 [1971〜1976])" をもとに基本理念を概観しておきたい。

Habermas は、Chomsky や Austin/Searle と理論的な接点を持ちながらも、現象学的な理念を取り入れることにより、上述の Chomsky 的な主知主義に Hymes 的な社会的現実を組み込むことで、理性的な相互行為のあり方を追求した点で両者の中庸を行くと言えよう。Chomsky が個人の認知を、Hymes が社会の規範を重視した一方で、Habermas は両者を包摂する社会的認知の二重性を強調している。Habermas は理性に基づく認知的な表象として言語を捉え、「普遍語用論(Universal Pragmatics：のちに Formal Pragmatics と改称)」構築のために、Searle 流の発話行為を communicatives, constatives, regulatives, expressives に再定義して、実際の談話・発話を「理想的な発話状況」からの逸脱の程度により規定することを試みた(そのような特徴により、この理論は法談話分析においてしばしば参照される：Deflem 1996)

ここで Habermas が自らのコミュニケーション理論を「普遍的／形式的」と呼ぶ論拠は、それが(1)コミュニケーションの前提として不可避であり、(2)特定の発話状況ではなく、ヒトに共通する能力であり、(3)相互理解に到達するための形式的な(実質的ではなく)条件を再定義することにある(Fultner 2001)。それを通じて、我々が生活世界(Lifeworld)のなかで暗黙知として受容・共有するコミュニケーション能力の基本構造を解き明かすことができると考え、相互行為における参与者間の「間主観性」をその基盤に据えている。[2] 従って Habermas にとってのコミュニケーション能力とは、認識主体である自己と他者および事物／状況との相互理解に向けて、伝達および

メタ伝達を同時に達成するための能力と言えるだろう。

ここまで、コミュニケーション能力の理念と議論に深く関わる3つの主要な理論を概観してきた。それに基づいた、CC 黎明期における理論的分布 (Munby 1978: 21) を図1に示す。

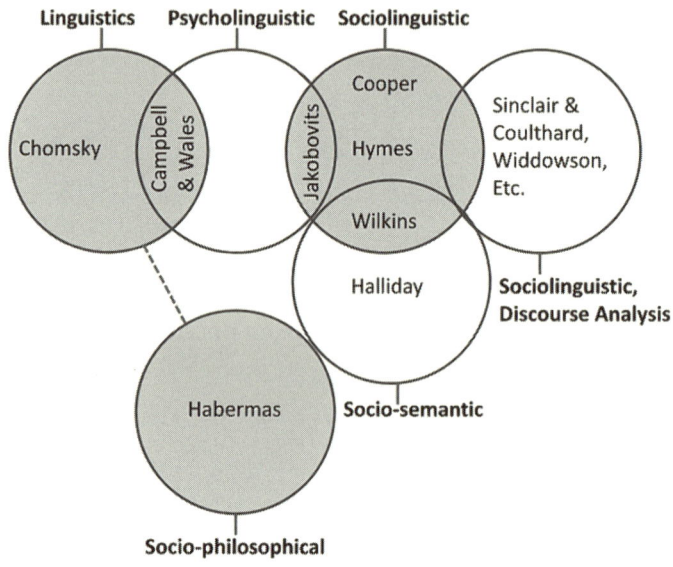

図1　CC 概念の理論的分布：黎明期〜1970年代

以下では、図1をもとにその後の応用言語学／言語習得研究における大きな流れを確認しておきたい。この分野に着目する理由は、過去40年間において「コミュニケーション能力／言語運用能力」という発想が最も活発に議論され、独特の発展を遂げた分野だからである。その一方で、この概念の提唱者 Hymes、そして多くの社会言語学者や言語人類学者は、Hymes (1972)において提唱された「4つの基準」および「SPEAKING モデル」を半ば自明の参照枠とすることで、「コミュニケーション能力」の本質については、それぞれの(民族)集団の文化的規範、コンテクスト要因などに左右されるも

のとして統一的な定義は避けてきたという経緯がある。[3]

　図1に見られるとおり、1960年代のChomskyによる「言語能力／言語運用」の分類にまず敏感に反応したのは心理言語学者であった。特に生得的な習得と後天的な学習とのかかわりにおいて、すでに大きな議論を呼んでいた「臨界期仮説」(Lenneberg 1967) が示唆するように、生得的な言語能力 (Chomskyが言語学の研究対象とした) の種類と範囲の特定が主な関心事であったと言えよう (ただしCampbell & Wales (1970) やJakobovits (1970) は、Chomskyが固有のコンテクストにおける「適切さ」を除外していることに異を唱えていた)。

　一方、当時興隆しつつあった社会言語学においては、文法能力だけでは対応しきれない「適切さ」という側面、つまり特定のコンテクストにおける「'what' to say, with 'whom' and 'when' and 'where'」(Cooper 1968) に関心が集まっていた。また、関連分野として新たに定着しつつあった談話分析 (Sinclair & Coulthard 1975; Widdowson 1975) や、文化・言語使用にまで言語学の射程を広げたHallidayの体系機能文法 (Systemic Functional Grammar)、そしてそれを元にWilkinsやCandlinらが1970年代後半に推進しつつあったコミュニケーション重視の言語教育法やシラバス／カリキュラム構築 (Notional-Functional Syllabus: Wilkins 1976) と理念的に合流したのもこの頃である。このような提案に基づき、1970年代中盤にはAudio-Lingual Methodに代わってCommunicative Language Teaching (CLT) がカリキュラムや教授法の大転換を画すものとして登場した。

2.2　発展

　1980年代は言語教育の分野で世界的に大きな進展が見られた。従来、言語教育における主要な関心事は、教授法の開発・充実やカリキュラム作成などの教育的な側面が強かったが、第一言語習得研究 (Brown 1973) の進展に触発される形で、第二言語習得研究 (Second Language Acquisition: SLA) という分野が確立された。これは、従来の教育的側面に加えて認知、心理、言語発達という側面から科学的に第二言語の獲得を研究する分野と定義され

た。

　そして言語教育における CC 養成の興隆の中で (Savignon 1972, 1983)、Canale と Swain によって第二言語・外国語教育における「運用能力」の参照点となる数本の論文が発表され (Canale & Swain 1980; Canale 1983)、文法的 (grammatical)・社会言語的 (sociolinguistic)・談話的 (discourse)・方略的 (strategic) 能力という 4 種類の能力が英語教育における中心理念となった (本書：藤尾、渋谷の章参照)。[4] この中で、Hymes の「運用能力」に追加された一種異質な能力が、「方略的能力」と言えよう。この能力は多分に認知的・心理的側面に傾倒しており、当時の認知主義的な言語学／言語教育の趨勢や実用性への期待とも相まって、CC 研究の前面に躍り出ることとなった。そこには、認知能力は言語や文化に比較的左右されない、汎言語的な要因であり、それゆえ英語以外の言語にも適用しうるという期待も含まれていたであろう。また、SLA を「教育」の一分野ではなく「言語科学」の一分野に位置づけることで、SLA 研究者の自尊心を鼓舞すると同時に、関連分野からの関心を惹起する狙いもあったと考えられる。

　その後、Brumfit (1984) や Bachman (1990) なども独自の運用能力モデルを提案したが、それらは Canale & Swain の基本構想に沿う形で発展を遂げた (図 2)。その同時期には、Hymes の同僚でもあった社会学者 Goffman (1974) の提案や、エスノメソドロジーに基づき Sacks らが先導した会話分析 (Sacks, Schegloff, & Jefferson [SSJ] 1974) の理念に沿う形で、「相互行為能力 (Interactional Competence：以下 IC)」という概念も提案されたが (Mehan 1979; Psathas 1990；本書の樫村の章も参照)、後述するように、大きな流れとなるにはさらなる時間を必要とした (図 2)。[5]

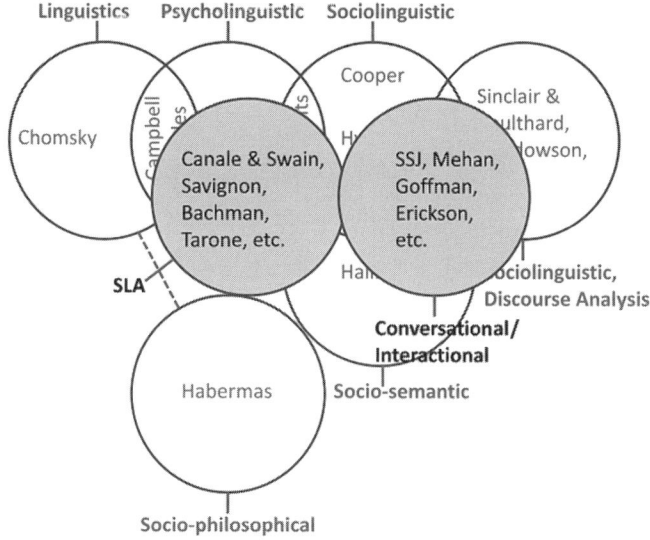

図2　1980年代における CC 概念の理論的分布

2.3　拡張と多様化

　1980年代より今日に至るまで、「言語使用」を分析する手法の多くが、話し手が単独で担う作業であるという前提のもとに展開してきた。しかし、言語使用は、話者一人の自由気ままな判断によりなされるものではなく、母語・第二言語を問わずその場の参加者間の社会的な相互行為の中で構築されるものである。先に言及のあった社会学の一端をなすエスノメソドロジーや会話分析の視座はもちろんのこと、応用言語学、第二言語習得研究などの分野においても、1990年代に入り社会構築論 (social constructionism) が再訪され（本書：樫村のコラム参照）、Vygotsky (1978) の社会文化理論や Schieffelin & Ochs (1986) が牽引した「ことばの社会化 (language socialization)」（言語を通して社会文化が培われ一人前のメンバーとして成長していく過程を理念化したもの）などの影響を大きく受け、相互行為を成しえるための、個体間で成立して初めて可視化される能力としての相互行為能力（IC）の重要性が見直されるようになった。[6]

ICという概念は、Canal & Swain (1980) が提唱した「第二言語における言語運用能力 (L2 Communicative Competence)」とはその意図が異なる。ICの概念は、Kramsch (1986) やPsathas (1990) などにおいてCCと一線を画す形で論じられたのを皮切りに、会話分析やエスノメソドロジーを主流とする社会学により、そして第二言語習得分野においては、Vygotskyの社会文化理論の支持者であるJ. K. Hall (1995) や会話分析の理念により研究を進めるYoung & He (1998) などによって焦点化された。

たとえばYoung (1999) では、ICを以下のように定義している：

> Interactional competence is a theory of the knowledge that participants bring to and realize in interaction and includes an account of how such knowledge is acquired. Such knowledge is considered to exist not within the mind-brain of a single participant, but it is considered to be jointly constructed in interaction (Young 1999: 118).

ここで強調されているのは、ICは語彙・文法といった個人の知識（エントリー）として貯蓄されるような、いわゆる「実体」が存在しないという点である。個体の人間が所有するものではなく、他の相互行為の参加者との協働作業を通してはじめてその形が見えてくる能力といえる。その在り方は、相互行為における社会的目的や参加者の意図次第で様々に変容する。ICは、常にこのような流動的な特性を持つ能力であると言えるだろう。[7]

さらに、Leung (2005) が明快に指摘するように、Hymesによる根本的な姿勢（各々の文化、コミュニティにおいて、ある種の言語事象が生起するコンテクストを詳細に記述し、それを実証的に分析する）はSLAにおいて独自の展開を遂げる。そこでは、教育上のガイドラインに沿って達成すべき目標や習得すべき項目が選定され、対象となる技能の検証方法の確立が求められるため、Hymesの唱える評価法に基づく考察が関与する余地はほとんどなかった。その結果、各文化やコミュニティの多様性を読み解くためのCCという概念は、カリキュラム編成や教材選択・作成を通じて、目標言語（多

くの場合英語）の母語話者が特定のコンテクストで話す／行うと考えられる、理想化された教育的な原理へと再定義され、累加的かつ恒常的に変質を余儀なくされた。結局のところ、第二言語学習者にとってのカリキュラム策定の裏には、理想化された母語話者信仰が透けて見える。

このような流れに敏感に反応し、さまざまな英語の変種や地域の英語を共有財として評価してきたのが、Kachru (1982) 以降展開を見せてきた「国際英語 (World Englishes)」、そして特に 2000 年以降台頭してきた「リンガ・フランカとしての英語 (English as a Lingua Franca: ELF)」(Jenkins 2007) や「国際語としての英語 (English as an International Language: EIL)」(McKay 2002; Kramsch & Sullivan 1996；本書日野による章参照) といった社会言語学の動向である（図 3）。日本社会においても、「グローバル化」は時代の流れとして確実に進みつつあり、ICT 技術の向上も伴って世界の様々なコミュニティーと繋がってビジネスや学術活動を行うことは避けられず、日本が世界で生き残っていく上でも重要な鍵となっている。このような状況下での意

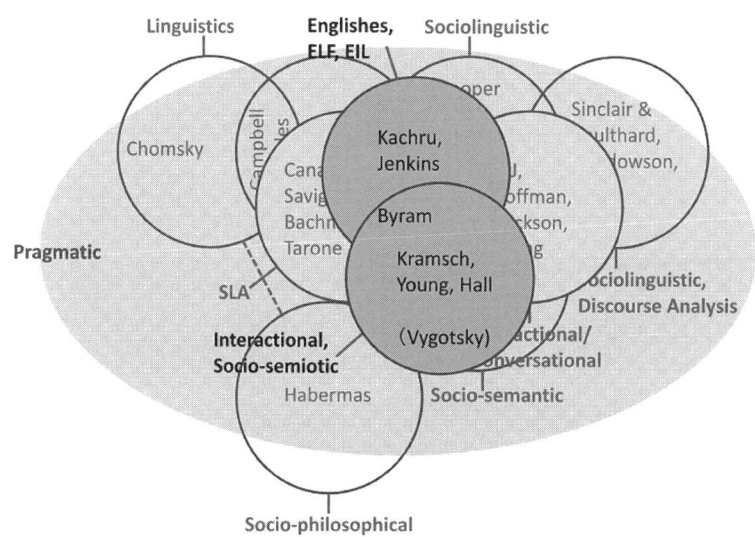

図 3　1990 年代以降における CC 概念の理論的分布

思疎通の要であるコミュニケーション能力は、もはやコミュニティーや地域、国単位でのみ有効な概念では不十分であり、異文化間を繋ぐ"Intercultural Competence" (Byram 1997) や現代社会 (または近未来社会) のキーワードとしてよく耳にする「グローバル・コンピテンス」へと昇華させる必要に迫られている。

上述の広範な領域と拡散する意識を反映して、これらの分野は往々にして「広義の」語用論の一端を担いつつある (図3)。事実、語用論の旗艦誌ともいえる *Journal of Pragmatics* および *Pragmatics* には、ほぼ毎号、これらの分野の関連論文が掲載される状況となっており、ますます融合が進んでいる。

2.4 変遷

ここで、CCに関わる研究対象と分野について、別の角度から現在に至る変遷を確認してみたい (図4)。上述の通り、Chomskyは言語に関わる認知・心理・病理といった、ヒトの内的原理を究明する方向に向かい、一方Hymesはことばの運用における規範や前提といった、外的原理の参照枠を設定したと考えて良いだろう。ただしいずれの場合も、ことばとその使用に関する原理追及が大きな目標であったといえる。特に言語習得の分野では、これらの原理に関わるさまざまな「能力」が提案され、その中でも「文法的」「方略的」「談話的」能力の典型的な応用分野が言語教育であった。それと同時に、外的原理に関わる枠組みを「社会言語学的／語用論的」能力として定置し、話者・言語利用者の「態度、世界観、価値観、知識、性格」などの統合的な能力とともに、話者間の共存共栄を図り、新たな現実を共創しうる能力として、「相互行為的 (interactional: Young 2008)」「間文化的 (intercultural: Byram 1997)」「象徴的 (symbolic: Kramsch 2011)」能力といった提案がなされてきた。これらは具体的な個別の能力というよりも、さまざまな性向、価値観、意識、イデオロギーの総体であって、かつてChomskyやHymesが提唱した諸要素のように分類・類型化することは困難である。ただし、このような能力が脚光を浴びる現在においても、研究対象が従来の「個別能力」から完全に移行したわけではない。統合的能力が価値を持つの

は、個別の要素が明示的に定義・活用される限りであり、そのような個々の能力の理解を深める意義は依然大きい(例えば本書：藤尾の章)。

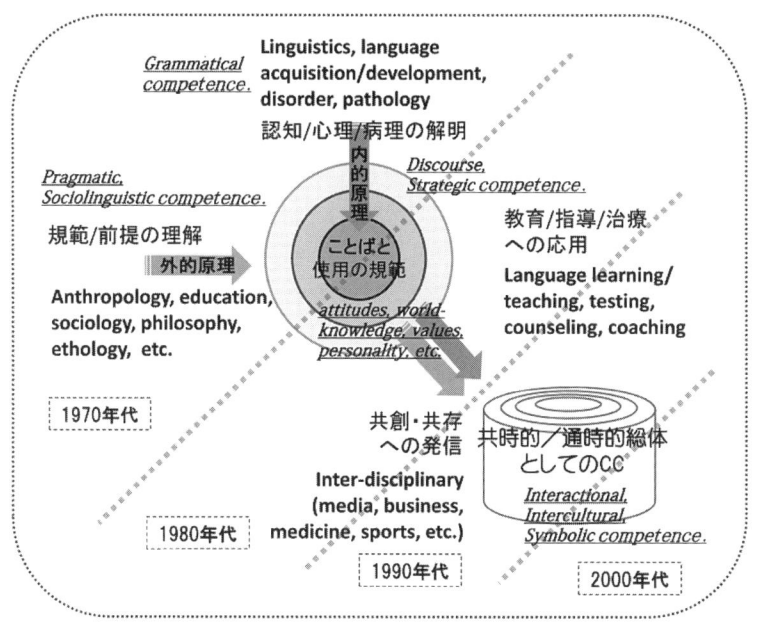

図4　CCの研究対象と分野の趨勢

3. CCへの関心と期待、そしてさらなる展開へ

　近年のCC応用の流れは、移民や学習者のためのことばの教育を超えて波及している。ことばそのものが操れても、様々な制度的・知識的・心理的・技能的制約により一般母語話者が被る不利益、不都合が存在する。例えば、病院で診察を受ける際に、誰もが(言語的な理由以外で)病状を正確に伝えらえずに、あるいはそのような機会を持てずに不安を募らせた覚えがあるだろう。あるいは、低迷する野球チームやサッカークラブが、監督の交替とともに一躍活躍しだす例をメディアで見聞きし、何が起こっているのかを知りたくなる。同様のことは、日常生活や職場での通常業務において頻繁に起

こっている。

　これらが直ちに CC の議論に結び付けることは稀だとしても、さまざまな職場において複雑な意図の伝達と共有が、複数の主体間でどのように達成されるかを解明しようとする研究に、近年の職業談話研究（workplace studies）という分野がある。この分野は認知科学的な関心に刺激され、複数の認知主体が関わる「調整活動の中心（centers of coordination）」に分析の焦点を当てる（Engeström & Middleton 1998）。例えば、航空機のコクピットと管制室とのやり取り、外科手術における執刀医と助手の協働や救急医療（樫田 2010）、ロボットとの／によるコミュニケーション（本書：山崎他）、カウンセリングや介護場面における協働（Antaki & Jahoda 2010）といった場面での分散した認知の統合を詳細に考察している（特に Heath & Luff 2000; Streeck et al. 2011 など）。

　同じく「職場」の研究ではあっても、サービスや共益の授受において、提供者よりもおもに受益者の視点に立って相互行為を分析するのが、「制度内談話（institutional discourse）」の研究と考えて良いだろう（Sarangi & Roberts 1999; Heritage 2005 など）。例えば、教師と生徒、講師と受講者、医師と患者、裁判官と被告、取調官と被疑者といった固有の目的や制約のもとで、権限や権力に較差のある場面を対象とし（本書：池田・ブラント、片岡、堀田、東、樫村、渡辺、佐藤、藤尾などの章を参照）、独自の相互行為システムの解明、より効果的なコミュニケーション、さらには不平等／差別解消、権利保護／人権擁護に向けた研究につながっている（西阪・高木・川島 2008）。ただし後述するように、提供者、受益者のみの視点には限界があり、相互の歩み寄りが必要であることは論を待たない。

　これらの出来事にはすべてコミュニケーション能力が関わっており、コミュニケーションを「ことば」による伝達に限定する必然性はない。むしろ、そのような前提自体がコミュニケーション能力の全貌を解き明かす妨げにもなっていると言えよう。[8] また、コミュニケーションは必ずしも「対面で」行われるわけではない。さらに、（一時的に）単方向的であったり、返答が直ちに期待できない場合もある。そのような環境には対面・口頭のコミュ

ニケーションとは異なる規範やルールが働く。かつて「新言文一致体」(山根 1986) と呼ばれた口語的手紙文や、それにつづくポケベル／ケータイ電話通信における独特なコミュニケーション様式 (三宅 2003、山崎 2006)、さらに近年の Twitter や Mixi, Facebook といった新たなメディアにおけるコミュニケーションにも独自の作法や暗黙の前提があり (Fogg & Izawa 2008; Barker & Ota 2011)、一方向的に見えるメディアにおいても、適切に読み取り、発信する技能が問われる (Danet & Herring 2007; Keating & Sunakawa 2010)。こういった新たなメディアにおける広義のリテラシーは、従来のコミュニケーション能力の議論では捉えきれない側面が多く、コミュニケーションに新たな可能性と創造性を提供する (本書：佐藤、岡本の章を参照)。

さらに、社会におけるコミュニケーションは、「自己 (Ego)」が「対象 (Object)」を語るという「独白的 (monologic)」な関係ではなく、表面的には独白的であろうと、常に「他者 (Alter)」との「対話的 (dialogic)」な関係を内包し、その 3 者間の相克と「場の交換」から社会的現実が構築される (Bakhtin 1981; Marková 2003; Duranti 2010)。ここに関わるのは「間主観的」な意識であり、相互間の共創能力という発想—話し手のみならず、聞き手を含み、そこで展開される相互行為を通じて形成される暗黙知—に基づき、その機構を視覚化することが、コミュニケーション能力を「外」に向けて解放する手段となろう。その際、単に伝える、繋がる、にとどまらず、話者のみでは達成できない行為を聞き手とともに共同で達成することが必要になる。そこで重要な点は、1＋1 が 2 以上になるような帰結を導くことである。個人が本来持つ能力は、それを引き出す＋αを触媒とすることで 2 以上のものへと変質していく。Vygotsky (1978) はこのような領域を "Zones of Proximal Development" と呼び、教育・指導・伝授といった行為に不可欠な要素であると考える。本書が掲げる「共創 (collaboration)」が深くかかわる意味はここにある。

その半面、そのような意識は「内」からの認知的裏付けがなくては生じないことも確かである。人間には、近年盛んに議論される「共同注視 (Tomasello 2003)」や「共有意図 (Tomasello & Carpenter 2007)」に基づき、

「環境と結合した身振り（Goodwin 2007）」などを介して発現する「相互行為推進機能（"human interaction engine": Levinson 2006）」が備わっていると考えられている。このような発想は、間主観的に共有された認知特性を通じて、ヒトの種の問題へと遡る契機を与えてくれる。近年では、このような観点からコミュニケーション、特に会話という行為を捉え直し、認知発達研究の成果や言語相対的認知様式とインタラクションの関係へと接続を図るプロジェクトが進行している（例えば Enfield & Levinson 2006）。言語習得において一旦は下火になったように見える認知的な能力の解明も、このような社会認知・文化認知への関心とつながる方略的観点から見直すことで、新たな方向性を示すことができると考えられる。

　また、現在われわれが無為に行うコミュニケーションの形式は、話者が所属する社会の歴史的産物であることを忘れてはならない。それぞれの言語、文化、社会、において、歴史的に醸成され、洗練され、受け継がれてきた民族・集団・コミュニティの産物である（小山 2008）。コミュニケーションとそれを支える相互行為には、それらに特有の文化・歴史的要因が埋め込まれている。これらを通時的、共時的に眺める視点に「歴史的身体」（西田 1989）や「ハビトゥス」（Bourdieu 1977, 1990）という思想がある。私たちが当たり前のことを当たり前にできることの裏には、蓄積された膨大な暗黙知が、歴史と身体を通じて宿っているのである。

　では、このような学問的関心は実社会の動静とどのように折り合いをつけることができるのだろうか。まず、最も汎用性の高い、抽出された知識としての CC とは、「コミュニケーション能力」の実用書のようなものにあたるだろう。しかし、そこに含まれるのは "knowing what" であって "knowing how" ではない。後者は獲得しにくいがゆえに、それが容易に獲得できそうな言説や惹句には誰しも飛びつく傾向があるが、自らの実践なくして達成は容易ではない。もちろん実用書には大きな存在意義があり、社会一般の関心と要求をある程度満たす懐の広さがある。しかし、固有のコンテクスト、特定の業種、明確な目的を持ったコミュニケーション場面に、マニュアル化された対応策を援用して即座に解決することは稀であろう。そういった解決策

は押し並べて予定調和的であり、不測の事態や多様な状況を網羅するには程遠い。この事実は、ある特定の言語／文化において望まれる CC、ある特定の場面／環境において優先される CC、ある特定の業種／任務において有効な CC などが存在し、すべてに通底する CC の要素を同定することが果たして可能なのか、という根本的なジレンマにつながる。仮にそのような要素があるとすれば、宗教倫理や Grice (1975) の「協調の原理」のような、広く汎化した行為規範のようなものかもしれない。まさにこの点で、本書の道案内にあたる序章で心がけたのは、極度に特殊化することなく、同時に過剰な一般化にも陥らない姿勢である。つまり、個別の現象の考察を通じて、その上位レベルにおける中間的な一般化へと昇華しうる知見を提示することであり、その意図は本書の副題—「変移・共創・身体化」—の拠り所となっている。

4. 本書の特徴と構成

　本書の目的を考える上で重要な 1 つの視点がある。従来の談話（特に会話）分析には、大きく分けて 2 つの大きな方向性が考えられる。まず最初は、日常的かつカジュアルな、一般的な人間関係の内で交わされる発話に基づくシステム、もう 1 つは制度的、あるいは特殊な社会的状況で交わされる言語使用に関わるシステムである。一般的な想定では、制度的状況においては異なる相互行為のシステムが重視されると考えられているが、両者の関係が対立的であるかと言えば、決してそうではない。後者の場合においてさえ、その特殊性を際立たせる特徴は見いだせるものの、通常会話のシステムが通底し、基本的なシステムを拡張・改訂しつつ運用されていることがわかる (Schegloff 2007; Heritage 2005)。言い換えれば、特殊である（と感じさせる）ことは、とりもなおさず「通常／正常」の枠からの逸脱と境界意識を伴い、特化された言語使用によって通常のシステムの規範が逆説的に感知されることとなる。

　本書においては、いわゆる通常会話に当たる談話資料を分析した章はほと

んどない。どれも何らかの目的を達成するために（政治、医療、司法、教育・指導、ビジネス、メディアによる発信／交流、インタビューなど）社会的に構築され、運用されているという点で、ある種の制度的状況にあると言っても良いだろう。「コミュニケーション能力」の多様性を敷衍するという本書の目的を踏まえれば、いわば当然の成り行きであったと言える。そのような固有のコミュニケーション状況においては、通常会話においてしばしば背景化され、見落とされてしまう特徴が、非常に特化／強調される形で言語使用に埋め込まれ、より顕著に浮かび上がってくる。上述の通り、ここにおける「言語使用」とは何も言葉だけに限らない。発話／発語を支える身体、環境要因、さらにコミュニティの共有知識や歴史観、イデオロギーを含み、またグローバルな現代世界における社会／政治的理念からも影響を受ける。しかし、いずれの場合も「伝え、共有し、共に創る」ことを目指す活動であることに変わりはない。必然的にコミュニケーションの能力が問われる場面である。

　本書は7つのセクションによるテーマ別の編成となっているが、それらとは別に本書の全体像を示すキーワードがあるとすれば、「変移」、「共創」、「身体化」と言えるだろう。図4に示すように、テーマとキーワードは「多対多」の対応を成し、執筆者が複数のキーワードにまたがる内容を扱いながら、その扱いには軽重、濃淡もある。紙幅の関係上すべての側面に言及することはできないため、以下では上述の3つのキーワードが密接に関わる章の執筆者を中心に（表1中の太字）、本書の主要テーマと概念を概観してみたい。

表 1　本書の見取り図

	〈変移〉	〈共創〉	〈身体化〉
能力モデル	渋谷	渋谷	
フィールド・ワーク	高野	高野、高田	高田
医療と福利厚生		渡辺、山崎他	渡辺、山崎他
教育と指導	池田・ブラント	池田・ブラント、片岡	池田・ブラント、片岡
政治と司法	東、堀田、樫村	東、堀田、樫村	
メディア	佐藤、岡本	佐藤、岡本	岡本
国際関係	日野、藤尾	日野、藤尾	

4.1　変移

　まず**「変移」**とは、個人内の変異と社会の変化を含むと同時に、時空間の(つまり縦軸と横軸の)異なりを意味し、コミュニケーション能力が個人内および個人間で、共時的／通時的に流動的な(non-static)概念であることを示す。**渋谷**は、(暗に社会の成員間の関係にも言及しつつ)主に個人が包含しうる能力を「多言語・多変種能力(multicompetence)」という概念により「コード」や「スタイル」を敷衍することを試み、複数の異なる能力のブリコラージュ的適用が話者の能力を定義する鍵であると考える。また**高野**による章は、北海道・ニセコでのインタビューをもとに、話者自身が無意識のうちに用いる語彙、文法、音声的特徴から、コミュニティに共有されるアイデンティティとイデオロギーが顕在化する様を、言語運用上の「揺れ」による社会的実践という観点から検証する(後述する堀田の章も参照)。

　一方で、大局的な観点から、ある言語(この場合英語)の地域的、民族的多様性を、現代社会にいかに定置すべきかを概観したのが**日野**による章である。現在、世界の至る場所で英語が社会生活の様々な側面に浸透しており、その利便性を享受するのみならず、それが引き起こす齟齬、偏見、格差を排し、いかにして英語を共生のための言語的／文化的基盤とするかについて新たな視点を提供してくれる。その具体的なビジネス場面への適用例が**藤尾**による方略能力に関する章といえよう。協議や合意に向けて、異なる想定や文

化規範を持ち込んで行われるビジネス場面においては、従来の個人内的な方略に加えて、コラボレーションのタイプに応じたコミュニケーション方略が必要となることを、具体的な達成事例により検証している。この姿勢は、次節の「共創」への視点を包含するものである。以上の章はすべて、個人／集団内外の地域的、歴史的変移に何らかの体系を見出そうとする試みといえよう。

4.2　共創

「共創」という概念が包含するのは、話し手／書き手から聞き手／受け手、そして参与者間での双方向的な関与であり、そこにおいては必然的にラポート（共感）やそれを支える間主観的な意識が深く関わってくる。このような「対話的な (dialogic)」発想は何らかの形で多くの執筆者に共有されているが、**東**や**渡辺**の章が示すように、政治家が聴衆に自らの主義・主張を訴えたり、あるいは医師が患者の隠された心のひだや情緒を読み取るために不可欠な視点である。東はこれを「力」と「仲間意識」による政治的自己の確立に、渡辺は制度的前提に基づく「視点取得」の達成によるとして、いずれも他者意識の取り込み（と共有）を重要な要素と考える。ただしここで留意すべきは、東の述べるように過去、現在、未来の発言、行為、信念、世界観を通じた「存在的同一性」が達成されなければならず、渡辺の示唆にあるように受益者・弱者側の能力向上にも注意を向ける必要があるという点だろう。

堀田と**樫村**は、アプローチは全く異なるものの、どちらも法的場面における能力を扱っている。**堀田**は裁判員制度における評議の談話コーパスを用いながら、裁判官と裁判員間の発話行為の分布や語彙の平易化を図り、発話量の平準化や議論の複線化などにもとづく「双方向性」を推進することが今後の裁判員制度の成功を期すために必要な条件であることを計量的に検証している（この点で前項の「変移」とも深く関わる）。一方**樫村**は、エスノメソドロジーの観点からアメリカやタイの係争場面を例に取り、法的な共通理解は場面に埋め込まれ、「相互反映性」によって指標的に行為の展開や解釈が推進されることを述べる。特記すべきは、この解釈が法という活動に限定され

た「推測枠組み」に準拠するように見えて、相互行為一般に遍在する特徴へとつながるという点である。**佐藤**の章は、ファンサイトというオンライン・コミュニティを扱うことで、逆説的に相互性が際立つ事例を取り上げる。このメディアにおけるコミュニケーションは匿名性が高く、一方向的に見えながら、行為者が「見えない」が故の配慮を強いられる媒体であり、新たなメディアへの「技術適応能力」が求められる相互行為であることが示される。

これらの章が示すのは、取り上げられた事例が、一見すると行為者の主観的意図に依拠するように見えながら、他の場面をも包摂する普遍的特徴—共創への指向性—に支えられて実効性を発揮するという事実である。

4.3 身体化

最後のテーマである**「身体化」**は、近年のマルチモーダル分析の興隆において特に注目される特徴であるが、ここにおける意味は単に肉体としての「身体」に限定されることなく、「非言語性」や「環境」といった「言語外現実」を代表する比喩と捉えていただきたい。まず、**山崎他**の章は異色な存在でありながら、しかし一面で最も「身体性」が要求される場面—ガイドロボットやケアロボットが齟齬なくヒトとコミュニケーションをとる可能性—を扱っている。例えば、遠隔操作で指示者とロボットの頭部を連動させ、レーザ光に指さしと同様の機能を持たせることで、発話の連鎖と継起性を通じてロボットを介した遠隔地での会話が実現され、広義の身体性がロボット・コミュニケーションにおける重要な要因であることを裏付ける。

また、片岡、池田・ブラント、高田各章は、救命講習、日本語教育、道案内という「指導」的場面を扱い、かつどれも環境における身体とコミュニティで共有される暗黙知が関わるという共通点がある。**片岡**は、的確な救命措置を行うための指導場面において、インストラクターの用いた特徴的な身振りが、日本語談話に共通する特定の詩的なレトリック構造にもとづいて行われることを示す。特記すべきは、そのような特徴が、言語のみならず身体動作においても協調的にみられる点である。一方**池田・ブラント**は、民族的に異なる環境で日本語を教えるという行為が、異なるクラス内配置や環境利

用の規範に基づいており、それがインターアクションの様式に影響することを示唆する。例えば、タイや中国の教室談話では、教師の言動は常に学習者全てを意識したデザインである一方、北米では1教師と1学習者の個人的な対話場面が談話の隅々に挿入されているという。また**高田**は、アフリカ（ボツワナ）のグイ／ガナ族の道探索における参与観察から、その地に住み、環境を移動するもののみが共有し獲得した暗黙知がコミュニケーションを可能にすることを明示的に示す。ここにおいて身体は環境に溶け込み、一体化した知識として参与者の談話理解を達成するための基盤となっている。

そして**岡本**の章では、多様なメディアが我々を取り囲むのみならず、新たな環境を創出する基盤となることが端的に示される。具体的には、文字以外の様々な視聴覚メディアを用いた「マルチリテラシーズ」という概念により、教育場面の多相的なコミュニケーションを解き明かそうとする。そのための実践例として、複数のモードの組み合せを「デザイン」し、新たな意味を創出することを目的とした学生のメディア制作プロジェクトを紹介し、マルチリテラシーズ育成の試みを紹介している。以上の章に共通するのは、単に身体を通じた意図の明示にとどまらず、環境要因や複数のモダリティとの協働（ここにおける広義の「身体化」）とそれによる創造性を前面に据える視点である。

ここまで、本書に通底する意識と関心を概観してきた。ただし、これら3分類は編者の解釈の一部であり、他の分類や意味付けを拒むものではない。読者の興味や関心に応じて意義を汲み取っていただくことが第一である。また、本書は特定分野のCCに関わる大小さまざまな問いに答えることを目的とした論集でもなければ、「これぞCC」と言えるような強い主張を持つわけでもない。しかし、様々な方法論と学問的意義を包み込むことにより、今後のコミュニケーション能力の議論において鍵となりうる3つの特徴に収斂することを提案した。これらが複合的に今後のCCの議論においてどのような位置を占めていくのか、引き続き動向を見守りたい。

注

1 ただし Chomsky は、脳科学が十分発展すれば言語学は他の自然科学の諸領域に統合されると考えた点で、「一元論」の擁護者であるという解釈も成り立つ。

2 このような普遍語用論と間主観性の関係について以下のように述べている。

A situation where it is possible to reach a mutual understanding requires that at least two speaker-hearers simultaneously establish communication at *both* levels: at the level of intersubjectivity, where the subjects talk with one another, and at the level of the objects (or states of affairs) *about* which they communicate. Universal pragmatics aims at the reconstruction of the rule system that a competent speaker must know if she is to be able to fulfill this postulate of the simultaneity of communication and metacommunication. I should like to reserve the term *communicative competence* for this qualification (Habermas 2001［1971］: 74；イタリックはそのまま).

3 仮に定義するのなら、「誰の」コミュニケーション能力が前提か、という点が後述する Leung (2005) の批判的検証につながっている。

4 村野井 (2006) は、Canale & Swain (1983) から Bachman & Palmer (1996) を経て Brown (2000) に至るコミュニケーション能力の定義を多角的に捉えつつ、従来のコミュニケーション能力の定義に加えて、「世界のさまざまな事柄についての知識・考え」(いわば現代的常識に関わる) と価値観や人間性を含む「価値観・姿勢」などから成ると再定義している。これは例えば言語人類学や社会言語学において (広義の)「イデオロギー」と称される要素であり、Canale & Swain による言語操作能力中心のコミュニケーション能力の定義をさらに精緻化・統合した点で示唆に富む。

5 また Zuengler & Miller (2006) が述べるように、認知的方向性と社会文化的方向性は反目と共生を繰り返しながらも、現在では SLA 研究における主要なパラダイムとなっている。

6 確かに Hymes は、Goffman に言及しながら "interactional competence" という表現を用いたり、ノンバーバルな要素の重要性にも言及しているが (Hymes 1972: 284)、それ以上の考察や分析は提示していない。

7 とりわけ、第二言語の相互行為における話し手／聞き手の「身体」についての考察は近年始まったばかりである (McCafferty 2002; Lazaraton 2004; Gullberg 2006; 本書：池田・ブラント、片岡の章も参照)。

8 本書においても十分とは言えないが、例えば Rickheit & Strohner (2010) は考えられうる CC の諸側面を多角的に扱っている。

参考文献

Antaki, C, & Jahoda, A. (2010) Psychotherapists' practices in keeping a session "on-track"

in the face of clients' "off-track" talk. *Communication and Medicine*, 7, 11–21.
Bachman, L. F. (1990) *Fundamental Considerations in Language Testing*. Oxford: Oxford University Press.
Bachman, L. F., & Palmer, A. S. (1996) *Language Testing in Practice: Designing and Developing Useful Language Tests*. Oxford: Oxford University Press.
Bakhtin, M. M. (1981) *The Dialogic Imagination: Four Essays*. Michael Holquist, ed. Austin: University of Texas Press.
Barker, V., & Ota, H. (2011) Mixi Diary versus Facebook Photos: Social Networking Site use among Japanese and Caucasian American Females. *Journal of Intercultural Communication Research*, 40(1), 39–63.
Bourdieu, P. (1977) *Outline of a theory of practice*. R. Nice (tr.). Cambridge, U. K.: Cambridge University Press.
Bourdieu, P. (1990) *The logic of practice*. R. Nice (tr.). Palo Alto, CA: Stanford University Press.
Brown, H. D. (2000) *Principles of Language Learning and Teaching* (4th Ed). Pearson ESL.
Brown, R. (1973) *A First Language*. Harvard University Press.
Brumfit, C. (1984) *Communicative Methodology in Language Teaching: The Roles of Fluency and Accuracy*. Cambridge; New York: Cambridge University Press.
Byram, M. (1997) *Teaching and Assessing Intercultural Communicative Competence*. Clevedon: Multilingual Matters.
Campbell, R., & Wales, R. (1970) The study of language acquisition. In J. Lyons (Ed.), *New Horizons in Linguistics* (pp.242–260). Harmondsworth: Penguin Books.
Canale, M. (1983) From communicative competence to communicative language pedagogy. In Richards, J. C., & Schmidt, R. W. (Eds.), *Language and Communication* (pp.2–27). London: Longman.
Canale, M., & Swain, M. (1980) Theoretical bases of communicative approach to second language teaching and testing. *Applied Linguistics*, 1(1), 1–47.
Chomsky, N. (1965) *Aspects of the Theory of Syntax*. Cambridge, Massachusetts: The MIT Press.
Cooper, R. (1968) An elaborated language testing model. *Language Learning* 18, 57–72.
Danet, Brenda, & Herring, S. C. (Eds.) (2007) *The Multilingual Internet: Language, Culture and Communication Online*. New York: Oxford University Press.
Deflem, M. (1996) Introduction: Law in Habermas's theory of communicative action. In M. Deflem (Ed.), *Habermas, Modernity and Law* (pp.1–20). London: Sage.
Duranti, A. (2010) Husserl, intersubjectivity and anthropology. *Anthropological Theory* 10(1), 1–20.

Enfield, N. J., & Levinson, S. C. (Eds.) (2006) *Roots of Human Sociality: Culture, Cognition and Interaction*. Oxford: Berg.

Engeström, Y. & Middleton, D. (Ed.) (1998) *Cognition and Communication at Work*. Cambridge University Press.

Fogg, B. J., & Izawa, D. (2008) Online Persuasion in Facebook and Mixi: A Cross-Cultural Comparison. H. Oinas-Kukkonen et al. (Eds.), *Persuasive Technology* (pp.35–46).

Fultner, B. (2001) Translator's Introduction. In J. Habermas (2001). *On the Pragmatics of Social Interaction: Preliminary Studies in the Theory of Communicative Action* (pp. vii–xxiv). (Barbara Fultner, trans.). Cambridge: The MIT Press.

Goffman, E. (1974) *Frame Analysis: An Essay on the Organization of Experience*, New York: Harper & Row.

Goodwin, C. (2007) Environmentally coupled gestures. In S. D. Duncan, J. Cassell & E. T. Levy. (Eds.), *Gesture and the Dynamic Dimension of Language: Essays in Honor of David McNeill* (pp.195–212). Amsterdam: John Benjamins.

Grice, H. P. (1975) Logic and conversation. Reprinted in H. P. Grice (Ed.), *Studies in the Way of Words* (pp.22–40). Cambridge, MA: Harvard University Press.

Gullberg, M. (2006) Handling discourse: Gestures, reference tracking, and communication strategies in early L2. *Language Learning*, 56, 155–196.

Habermas, J. (1984) *The Theory of Communicative Action* Vol. 1 & 2. (T. McCarthy, trans.). Boston: Beacon Press.

Habermas, J. (2001) *On the Pragmatics of Social Interaction: Preliminary Studies in the Theory of Communicative Action*. (Barbara Fultner, trans.). Cambridge: The MIT Press.

Hall, J. K. (1995) "Aw, Man, where you goin?": Classroom interaction and the development of L2 interactional competence. *Issues in Applied Linguistics*, 6(2), 37–62.

Heath, C., & Luff, P. (2000) *Technology in Action*. Cambridge, UK: Cambridge University Press.

Hendriks-Jansen, H. (1996) *Catching Ourselves in the Act: Situated Activity, Interactive Emergence, Evolution, and Human Thought*. Cambridge: MIT Press.

Heritage, J. (2005) Conversation Analysis and Institutional Talk. *Handbook of language and social interaction* (pp.103–147). London: Sage.

Hymes, D. (1972) On communicative competence. In J. B. Pride & J. Holmes (Eds.), *Sociolinguistics: Selected Readings* (pp.269–293). Harmondsworth, UK: Penguin.

Hymes, D. (1973) Speech and Language: On the Origins and Foundations of Inequality among Speakers. *Daedalus* 102(3): 59–85.

Jakobovits, L. A. (1970) The foundations of foreign language learning and teaching: Psychological aspects. In E. Reichmann (Ed.), *The Teaching of German: Problems and*

Methods. Philadelphia: National Carl Schurz Association.

Jakobson, R. (1960) Linguistics and poetics. In T. Sebeok (Ed.), *Style in Language* (pp.350–377). Cambridge, MA: MIT Press.

Jenkins, J. (2007) *English as a Lingua Franca: Attitudes and Identity.* Oxford: Oxford University Press.

Kachru, B. B. (Ed.) (1982) *The Other Tongue: English Across Cultures.* Urbana, IL: University of Illinois Press.

Keating, E. & Sunakawa, C. (2010) Participation cues: Coordinating activity and collaboration in complex online gaming worlds. *Language in Society,* 39, 331–356.

Kramsch, C. (1986) From language proficiency to interactional competence. *Modern Language. Journal,* 70, 366–372.

Kramsch, C. (2011) The symbolic dimensions of the intercultural. *Language Teaching,* 44(3), 354–367.

Kramsch, K., & Sullivan, P. (1996) Appropriate Pedagogy. *ELT Journal,* 50/3, 199–212.

Lazaraton, A. (2004) Gesture and speech in the vocabulary explanations of one ESL teacher: A microanalytic inquiry. *Language Learning,* 54, 79–117.

Lenneberg, E. (1967) *Biological Foundations of Language.* New York: John Wiley & Sons, Inc.

Leung, C. (2005) Convivial communication: Recontextualizing communicative competence. *International Journal of Applied Linguistics,* 15(2), 119–144.

Levinson, S. C. (2006) On the human "interaction engine". In N. J. Enfield, & S. C. Levinson (Eds.), *Roots of Human Sociality: Culture, Cognition and Interaction* (pp.39–69). Oxford: Berg.

Marková, I. (2003) *Dialogicality and Social Representations.* Cambridge: Cambridge University Press.

McCafferty, S. G. (2002) Gesture and creating zones of proximal development for second language learning. *Modern Language Journal,* 86, 192–203.

McKay, S. L. (2002) *Teaching English as an International Language: Rethinking Goals and Approaches.* Oxford University Press.

Mehan, H. (1979) *Learning Lessons: Social Organization in the Classroom.* Cambridge, MA: Harvard University Press.

Munby, J. (1978) *Communicative Syllabus Design.* Cambridge: Cambridge University Press.

Psathas, G. (Ed.), (1990) *Interaction Competence.* Washington, D. C.: University Press of America.

Rickheit, G., & Strohner, H. (2010) *Handbook of Communication Competence.* Berlin: Mouton.

Sacks H., Schegloff, E. A., & Jefferson, G. (1974) A simplest systematics for the organization of turn-taking for conversation. *Language*, 50, 696–735.
Sarangi, S. & Roberts, C. (Eds.) (1999) *Talk, Work and Institutional Order: Discourse in Medical, Mediation, and Management Settings*. Berlin: Mouton.
Savignon, S. J. (1972) *Communicative Competence: An Experiment in Foreign-Language Teaching*. Philadelphia: The Centre for Curriculum Development, Inc.
Savignon, S. J. (1983) *Communicative Competence: Theory and Classroom Practice*. Reading, MA: Addison-Wesley.
Schegloff, E. A. (2007) *Sequence Organization in Interaction: A Primer in Conversation Analyis* (Volume 1). Cambridge: Cambridge University Press.
Schieffelin, B. & Ochs, E. (Eds.) (1986) *Language Socialization Across Cultures*. Cambridge: Cambridge University Press.
Sinclair, J., & Coulthard, M. (1975) *Toward an Analysis of Discourse: The English Used by Teachers and Pupils*. Oxford University Press.
Streeck, J., Goodwin, C. & LeBaron, C. (Eds.) (2011) *Embodied Interaction: Language and Body in the Material World*. Cambridge: Cambridge University Press.
Tomasello, M. (2003) *Constructing a Language*. Cambridge, MA: Harvard University press.
Tomasello, M., & Carpenter, M. (2007) Shared Intentionality. *Developmental Science*, 10 (1), 121–125.
Vygotsky, L. (1978) *Mind and Society*. Cambridge, MA: Harvard University Press.
Widdowson, H. G. (1975) *Teaching Language as Communication*. Oxford: Oxford University Press.
Wilkins, D. (1976) *Notional Syllabuses*. Oxford University Press.
Young, R. & He, A. W. (Eds.). (1998) *Talking and Testing: Discourse Approaches to the Assessment of Oral Proficiency*. Amsterdam/Philadelphia: Benjamins.
Young, R. (1999) Sociolinguistic approaches to SLA. *Annual Review of Applied Linguistics*, 19, 105–132.
Young, R. (2008) *Language and interaction: An advanced resource book*. London & New York: Routledge.
Zuengler, J., & Miller, E. (2006) Cognitive and Sociocultural Perspectives: Two Parallel SLA Worlds? *TESOL Quarterly*, 40(1), 35–58.
樫田美雄(2010)「第8章 施設で暮らす」串田秀也・好井裕明(編)『エスノメソドロジーを学ぶ人のために』世界思想社.
小山亘(2008)『記号の系譜―社会記号論系言語人類学の射程』三元社.
三宅和子(2003)「対人配慮と言語表現―若者の携帯電話のメッセージ分析」『文学論藻』, 77, 176–207.

村野井仁(2006)『第二言語習得研究から見た効果的な英語学習法・指導法』大修館書店.
西阪仰・高木智世・川島理恵著(2008)『女性医療の会話分析(テクノソサエティの現在 III)』文化書房博文社.
西田幾多郎(1989)『西田幾多郎哲学論集III』岩波文庫.
山根一眞(1986)『変体少女文字の研究』講談社.
山崎敬一(2006)『モバイルコミュニケーション：携帯電話の会話分析』大修館書店.

ウェブサイト
朝日新聞 2011 年 2 月 16 日：
http://www.asahi.com/job/syuukatu/2012/etc/ OSK201102100112.html

第1章　多言語・多変種能力の
　　　　モデル化試論*

渋谷勝己

【要旨】　ことばの使用者は誰しも、複数の言語や同一言語の複数の変種をそのレパートリーにもつ、多言語・多変種能力保持者である。本章では、ことばの使用者のもつコミュニケーション能力のうち、この複数の言語や変種が個々のことば使用者の頭のなかにどのようにストックされているのか、その能力状態を取り上げてモデル化することを試みた。具体的には、コード切り換え行動や接触言語など、ことば使用者の多言語・多変種能力状態を伺わせる事象を整理することから出発し、これらの事象を適切に説明できる社会マーカモデルを提示した。

1. はじめに

　われわれが誰かと会話を行う際に必要なことばの知識や能力には、さまざまな種類のものがある。たとえば日本語の1つの変種(地域方言や社会方言など)を使って会話を行う場合、話者は、その日本語変種の音声や文法、語彙に関する知識(以下「文法能力」と呼ぶ)が必要であるし、その変種全体やその変種の個々の形式に焼きついている社会的な情報(誰が、誰に対して、どのような場面や状況で使用する変種や形式なのかなど)についての知識(以下「社会言語能力」と呼ぶ)についての知識も欠かせない。またそもそも、その社会で適切に振る舞うためには、誰が、誰に、どのような言語行動を、いつ、どのような場所で行うことが許されているのか(禁止されているのか)についての知識(これも「社会言語能力」の一部を構成する)も身につけてお

く必要がある。

　では、それらの知識をわれわれは、どのようにして習得し、どのようなかたちで頭のなかにストックしているのであろうか。また、それぞれの会話の現場において、その知識をどのように活性化してことばを発し、また相手のことばを理解しているのであろうか。

　本章ではこのような問題のなかから、ひとりの話者が他の話者と出会ってコミュニケーション／インターアクションを行う際に、そのコミュニケーションの現場に話者が持ち込む（と同時にその場で再構築される）言語に関する能力（これを本章ではコミュニケーション能力と呼ぶ）のありかたを、社会言語学的な観点からモデル化することを試みる。

　コミュニケーション能力とは Hymes（1972）などによって提唱された概念で、ある言語共同体の成員が当該共同体のなかで社会化するなかで身につけた言語に関する知識や能力の総体をいうものである（詳細は序章を参照）。その能力は上に見たように多くの下位能力を含むもので、たとえば Canale & Swain（1980）は、コミュニカティブアプローチによる第二言語の教育とテストという視点から、文法能力（grammatical competence）、社会言語能力（sociolinguistic competence）、談話能力（discourse competence）、方略能力（strategic competence）の4つに細分している（本章の冒頭の分類はこれに拠った）。また Bachman（1990: 87）は、第二言語学習者の言語能力を測るためのテストを作成するときの基本的な視点や枠組みという観点から、言語使用者のもつコミュニケーションを行うための言語能力（communicative language ability、ability とは言語使用者のなかの心的存在である competence とそれを言語使用の中で具体化する能力の総称）の構成要素として、language competence、strategic competence、psychophysiological mechanism をあげ、さらに language competence を以下のように階層的に分類している（図1）。

　本書は全体として、Bachman の分類でいえば、textual competence や pragmatic competence のありかた、またそれらの能力が psychophysiological mechanism によって活性化されて会話が交わされるその発話現場に興味をもつものであるが、本章ではそれらの議論の基本的な前提として、各話者がも

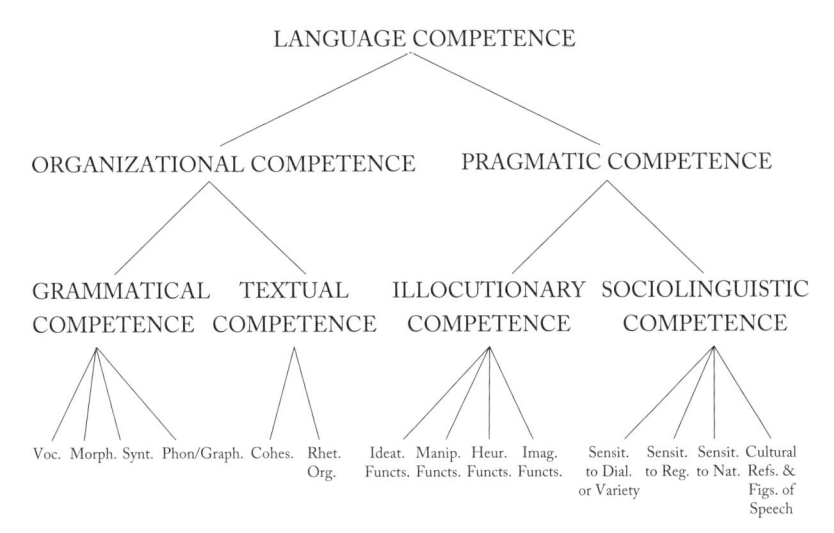

```
                    LANGUAGE COMPETENCE
                   /                    \
      ORGANIZATIONAL COMPETENCE    PRAGMATIC COMPETENCE
         /            \              /              \
  GRAMMATICAL    TEXTUAL      ILLOCUTIONARY   SOCIOLINGUISTIC
  COMPETENCE    COMPETENCE     COMPETENCE       COMPETENCE
   /  |  |  \      / \          / | | \        / | | \
 Voc. Morph. Synt. Phon/Graph. Cohes. Rhet.  Ideat. Manip. Heur. Imag.  Sensit. Sensit. Sensit. Cultural
                                      Org.   Functs. Functs. Functs. Functs. to Dial. to Reg. to Nat. Refs. &
                                                                              or Variety            Figs. of
                                                                                                    Speech
```

図 1　Bachman (1990) の言語能力の分類

つ多様な能力のうち、Canale & Swain (1980) の文法能力と社会言語能力 (のなかのバリエーション能力)、あるいは Bachman (1990) の grammatical competence と sociolinguistic competence (とくに sensitivity to differences in dialect or variety (図 1 の「Sensit. to Dial. or Variety」)、sensitivity to register (同 Sensit. to Reg.) など、主として具体的な文や発話形式を作り出すための素材的な側面についての能力を取り上げて、それらの能力が個々の話者の頭のなかにどのようにストックされているかをモデル化することを試みる。具体的には、たとえば津軽方言・東京方言 (共通語)・大阪方言・韓国語・ヒンディー語・中国語・英語などが使用できるひとりの話者がいたとして、その話者を多言語・多変種能力話者と位置づける (本章ではこのような話者を特別な存在とはみなさない。ことばの話し手は誰でも (多言語・) 多変種能力を持っていると考える)。そしてその話者の多言語・多変種能力は、頭のなかでどのようなありかたをして存在しているのかを描き出す (モデル化する) ことを目的とするものである。

　以下本章では、まず第 2 節で多言語・多変種能力のモデルが説明しなければならない言語事象をいくつか整理する。具体的には、話者の多言語・多

変種能力のありかたをうかがうことができる、言語／変種（以下、まとめて「コード」と呼ぶことがある）の切り換え事象と、言語の融合事象に注目する。続いて第3節で、それらの事象を説明するためのモデルを、先行研究を概観しつつ提示することにする。

2. 多言語・多変種能力モデルが説明すべき言語事象

本節では、本章が目指す多言語・多変種能力のモデルが説明すべき言語事象をいくつか整理する。

多言語・多変種能力のモデル化を試みる研究（3.1参照）では、ひとりの多言語・多変種話者の頭のなかにストックされているそれぞれのコードは、その話者の頭のなかで分離して存在しているのか、あるいは（部分的に）融合して存在しているのかが問題になってきた。たとえば、表1に示したような、バイリンガルの言語切り換えがドメイン（聞き手・場所・話題で特徴づけられる場面）間で行われるとするモデルなどは、結果的に、バイリンガルのもつ2つの言語は話者の頭のなかで分離されていると考える。

表1　パラグアイにおける言語使用領域（スペイン語とグァラニー語の切り換え）

Domain	Addressee	Setting	Topic	Language
Family	Parent	Home	Planning a family party	*Guaraní*
Friendship	Friend	Café	Funny anecdote	*Guaraní*
Religion	Priest	Church	Choosing the Sunday liturgy	*Spanish*
Education	Teacher	Primary school	Telling a story	*Guaraní*
Education	Lecturer	University	Solving a maths problem	*Spanish*
Administration	Official	Office	Getting an important licence	*Spanish*

（Holmes 1992 after Rubin 1968）

これは、一方のコードが活性化されれば、他のコードは抑制されるといった考え方をとるものである。

一方、複数のコードを使用する個々の話者の言語行動や、その使用する言

語を詳細に分析すると、話者のもつ複数のコードは必ずしも分離されているとは思われない事象が観察される(その意味では、「複数の」コードということや、話者が使用できるコードの数を数えること自体、その根拠を失うことになるが、本章では便宜的に「複数のコード」といった言い方をすることがある)。以下、複数のコードがひとりの話者のなかで融合しているかに思われる事例をいくつか見てみよう。ここでは、会話的／比喩的コード切り換え事象(2.1)、第2言語の習得過程に見る転移(2.2)、ピジン(2.3)、ネオ方言(2.4)、接触言語(2.5)の5つを取り上げる。以上ですべてが網羅されているわけではないが、いずれも、多言語・多変種能力モデルが説明すべき言語事象である。

2.1 会話的コード切り換え

まず、会話的コード切り換え事象から見てみよう。

表2は、大阪方言を母方言とする高年層話者、若年層話者各1名が、それぞれ、同じ方言を母語とする親しい同年層1名と会話を行った場合と、初対面の調査者(大阪方言非母語話者の大学院生)と会話を行った場合に、丁寧体と常体の否定辞にどのような形式を使用したかをまとめたものである(約30分のデータのなかの実数、細谷2004)。

表2　大阪方言話者の丁寧体・常体否定辞の切り換え(細谷2004)

	高年層		若年層	
	対高年層	対調査者	対若年層	対調査者
マセン	2	6	—	2
マヘン	4	1	—	—
ナイ	—	5	—	5
ヘン	12	11	13	—
ン	6	25	3	—

表2の高年層が示すような、同じドメインで行われる会話のなかで複数の具現形が使用されるという事象については、①話者のなかで複数のコード

が活性化して（bilingual mode: Matras 2009）、両者が交互に用いられていると考えるか（コード切り換え）、②共通語と大阪方言が融合した単一の接触コードを使用していると考えるか、議論がわかれるところであるが、表2の結果が、①の、大阪方言と共通語が同時に活性化され、1つの談話のなかで複数のコードが使用されるコード切り換えの例だとすれば、先のパラグアイのケースとは異なった事象が見出されるところである。話者の頭のなかにある複数のコードが分離されているか融合しているかにかかわらず、話者は、発話を行う際に2つのシステムあるいはバリエーションに同時にアクセスできる心的メカニズムをもっているということになる。

　ちなみに、語順についてSVOタイプの言語とSOVタイプの言語を使用するバイリンガル話者は次のようなかばん文（portmanteau sentence）を用いることがあることが指摘されている（Nishimura 1997 など）。

（1）　We bought about two pounds *gurai kattekita no.*

　この事象もまた、話者が2つのシステムを同時に活性化し、それらにほぼ同時にアクセスしていることを示す事象であろう。
　ちなみに、方言のなかには、表3に示した津軽方言の否定辞のように、話者の頭のなかで方言コードと標準語コードが分離してストックされているというモデルをサポートするように見える事象が観察されるものもある。

表3　津軽方言話者の否定辞の切り換え（阿部・坂口 2002、一部変更）

	高年層			若年層		
	対高年層	対若年層	対調査者	対若年層	対高年層	対調査者
ナイ	—	1	15	—	—	30
ネ（ー）	9	21	1	81	43	—

　これは表1のパラグアイのケースとは異なって、個別の言語変項を取り上げたものであるが、基本的にはパラグアイの場合と同様に、場面ごとの切

り換えパターンが観察されるケースである。高年層話者、若年層話者ともに、両形式を場面(聞き手)ごとにほぼカテゴリカルに切り換えているので、少なくとも否定辞については、両コードは話者の頭のなかで異なった社会的情報をもつ形式として分離されているというモデルを支持する事象であろう。

　しかし、方言と共通語で切り換えられる項目は、文法事象ではそれほど多いわけではない。阿部・坂口(2002)は文法事象を中心に、津軽のデータのなかで切り換えが観察された項目を網羅的に示したものであるが、取り上げられた項目は18項目にすぎない。したがって、一部の音声や方言語彙などは切り換えられても、語順や基本語彙をはじめとする多くの事象については、両コードのあいだで切り換えられることはなく、両コードに共有されている(社会的情報をもたず、話者のあたまのなかで融合している＝どの変種を用いる場合にもアクセスされる共用部分である)ことが推測される。2つのコードの言語的距離がたがいに近い場合には、とくにそうであろう。

2.2　第二言語習得の過程における転移

　次に取り上げるのは、多言語・多変種能力をもつ話者の頭のなかで、1つの言語(母語であることが多い)の規則や特徴がもう1つの言語(目標言語であることが多い)のなかに取り込まれる、いわゆる転移の例である。

　表4は、OPIの手法によって集められた談話データ(KYコーパス)において、中国語・韓国語・英語を母語とする日本語学習者が使用した可能表現の実態を示したものである(渋谷2001)。

　詳細は省き、ここでは中級レベルの学習者に注目すると、学習者の母語ごとに異なった運用実態を観察することができる。具体的には、中国語母語話者はデキルを単独で使用する傾向が強い。韓国語母語話者はスルコトガデキルを多用し、英語母語話者は五段動詞について可能動詞、一段動詞(表4の「他」)について助動詞ラレル形を多用することが見て取れる。このような傾向は学習者が上級や超級になるにしたがって見られなくなるが、これらの中級学習者の実態は、母語からの転移として解釈することができよう。すなわ

表4 KYコーパスにおける可能表現(渋谷2001: 89)

被験者	形式	助動詞・可能動詞類 (ラ)レル 五段	他	可能動詞 五段	他	デキル類 スルコトガ	VN	—
中	初級	—	—	—	—	—	—	—
	中級	1	6	9	—	—	1	27
	上級	—	5	22	1	2	10	20
	超級	—	12	31	1	1	3	10
国	計	1	23	62	2	3	14	57
	使用率	0.6	14.1	38.3	1.2	1.9	8.6	35.2
韓	初級	—	—	2	—	—	—	—
	中級	1	4	9	—	15	5	11
	上級	—	4	39	2	12	5	30
	超級	—	5	16	—	—	10	13
国	計	1	13	66	2	27	20	54
	使用率	0.5	7.1	36.1	1.1	14.8	10.9	29.5
英	初級	—	—	1	—	—	—	1
	中級	—	4	14	2	3	2	5
	上級	2	8	31	2	5	14	18
	超級	—	6	12	—	1	1	8
語	計	2	18	58	4	9	17	32
	使用率	1.4	12.9	41.4	2.9	6.4	12.1	22.9

(初級・超級各5名、中級・上級各10名。VNは動名詞、デキル類の「―」は名詞＋ガ＋デキルもしくはデキルの単独使用)

ち、中国語では「能」という単独で可能を表す形式が頻用されるために日本語でもデキルが多用される。また韓国語には「V＋swu iss-spnita、V＋swu-nun eps-spnita」のような分析的な可能形式があって、スルコトガデキルの多用を促しているように思われる。英語の場合には、動詞の過去形などは屈折的な手段(break-brokeなどのように母音を交替させる)や膠着的な方法(like-likedのように-edを付加する)で形成されるが、母語にこのような形態論的な特徴があることが、日本語でも可能動詞(書ク—書ケルで母音が交替するように見える)や助動詞ラレル(ラレルを付加する)を多用することの

要因になっている可能性がある。

　さて、上のような転移は、この事例に見るように、中級という、話者の第二言語の文法システムが十分に確立されていない段階において、コミュニケーションを行うための言語素材が不足している箇所で生じたものと思われる。このような部分は、目標言語のなかに母語の要素が取り込まれ、2つの言語が融合しているところがとくに大きいと推測されるわけである（ただしこれは、language competence の問題ではなく、運用する際の strategic competence の現れであるという議論もありうる）。

2.3　言語の混交によるピジンの創造

　3つめの事例は、会話の参加者が共通の言語をもたない場合に、会話の参加者がたがいの言語を混交させて臨時的に創り出す言語であるピジンの例である。

　会話の参加者がたがいに共通の言語をもたない場合には、どちらかが相手の言語を習得するか（第二言語習得）、新たな言語システムを作り出すか（ピジン化）、話者の置かれた社会的な状況等に応じていずれかの方法が採用されることが多い。ピジンは基本的に、接触が一時的である、あるいは相手の言語のインプットを十分に得られないなどの状況のもとで生み出されるものであるが、それには初期的なきわめて流動的なシステムをもつものから、文法書が書けるほどの拡張されたトク・ピシンのようなものまで、言語的にはさまざまな段階の複雑さをもったものがある。ここでは一例として、ごく原初的なピジンを見ておこう。その写実性は不明であるが、江戸時代末期から明治の初期にかけて横浜の外国人居留地で日本人と欧米人のあいだで使用されたと思われるヨコハマ・ダイアレクトの例である（Bishop of Homoco 1879）。

（2）　ヨコハマ・ダイアレクト（Bishop of Homoco 1879）
　　　主人：Ohio（ohayo）（Good day.）
　　　客　：Your a shee cheese eye（yoroshii chiisai）curio high kin（haiken）
　　　　　　（I wish to see some nice small curios.）
　　　主人：Nanney（nani）arimas?（Of what kind and quality?）
　　　客　：Num wun your a shee arimas.（Something exceptionally nice.）
　　　主人：Die job（daijobu）screen high kin arimas?（Would you like to see some old Satsuma screens of wonderful variety and strong pattern?）
　　　客　：Sigh oh（sayo）, high kin arimas.
　　　　　　（Yes, I should be pleased to look at them.）

　この例では、日本語（語順や語彙）と英語（語彙）が混ざり合って使用されていること、arimas などが汎用されていることなどが観察されるが、本章の目的からして重要なことは、次の点である。すなわち、ひとりの話者の頭のなかに複数の言語がストックされているように見えても、その個々の言語システムは浸透性をもち、状況が与えられればいつでも容易に他の言語と混交させ（、さらにあらたな言語ルールや言語項目を創造す）ることによって新たなシステムを作り上げることができるということである。それぞれの言語は話者の頭のなかで、厚い壁のようなものできれいに分離されているわけではない。このことは、ほかに、複数の言語間でさまざまなタイプの借用が起こることからもうかがうことできるが（Thomason & Kaufman 1988）、以下に取り上げるような接触方言や接触言語などが存在することからも理解できる。

2.4　ネオ方言

　さて、次に取り上げる2つの事例は、2.2 や 2.3 で見たような転移や混交のプロセスを経て、それが社会的に接触方言や接触言語として固定化する場合である。まず、真田（1990）の指摘する、関西若年層・中年層の使用するネオ方言から取り上げる。

ネオ方言とは、基本的には共通語の影響によって生じ、当該方言の話者のあいだで共有されるようになったあらたな方言体系のことを言うが、個別の新たな方言形式としても現れるものである。たとえば後者の例として、関西で使用されるネオ方言形である動詞の過去否定形行カンカッタを取り上げると、この形式は、伝統方言形である行カナンダ（否定を表す部分と過去を表す部分が不分明なアマルガム形式である）が、共通語の行カナカッタの影響を受けて生じた透明形式である（言語接触の場面では透明な形式が創り出されることが多い。渋谷2008a参照）。この形式は、表面的には方言であることを維持しつつも、語形の一部に共通語化が起こったコード融合の例である。

　このようにしてネオ方言が発生することの社会的な背景には、たとえば関西の場合、方言話者が高い共通語能力を身につけていること、また、ニュータウンなどを中心として、関西で生まれた幼児は先に共通語を習得し、そのあとで方言を習得するケースが散見されること、といったことがあるが（真田2001: 8）、言語的にはネオ方言は、方言話者がインプットとして耳にした伝統方言形式（行カナンダなど）をいったんは（理解語として）習得したものの、そのままのかたちで使用するのではなく、自身が十分に習得した、もしくは社会的に威信のある共通語形の鋳型にマッチするあらたな方言形式を創り出して使用したものである。すなわち、ネオ方言形と共通語形は、形式的には2つの異なった語形であるものの、それを生み出す文法規則（語構成規則）はひとつであると考えることができる。ネオ方言コードと共通語コードは、一部、システムを共有していると理解できるわけである。

2.5　接触言語と言語圏

　最後に、接触言語（例(3)）と言語圏（例(4)）の例を見てみよう。
　(3)はGumperz & Wilson(1971)が調査したインドのKupwerで使用されているウルドゥ語、マラティ語、カンナダ語の文例である。他の地域で使用されるこれらの言語は文法的に異なった構造をもっているが、Kupwerでは以下の例の場合、3つの言語を区別するのは個々の語や形態素などの形式面

だけになっている。

（3） 文法の融合（Gumperz & Wilson 1971）
  a. Kupwer Urdu o gae t-a bhaes carn-e-ko
  b. Kupwer Marathi tew gel hot-a mhaes car-ay la
  c. Kupwer Kannada aw hog id-a yəmmi mes-Ø-k
           he go past buffalo graze＋oblique＋dative
          'he went to graze the buffalo'

　また(4)は、バルカン言語圏（Balkanism）の代表的な特徴として言及されることの多い、ルーマニア語、ブルガリア語、アルバニア語の定冠詞が後置される例である。

（4） 定冠詞後置（McMahon 1994: 218）
  Romanian om 'man' omul 'the man'
  Bulgarian kniega 'book' kniegata 'the book'
  Albanian mik 'friend' miku 'the friend'

　接触言語とは、広義には、ある地域に長期にわたって複数の言語が併存するなかで、たがいに融合し合ってできあがったハイブリッドな言語のことを言う。また言語圏とは、たがいに隣接して存在する言語（傍層言語）が一方向的にまたは双方向的に影響を与え、あるいはその際に新たな言語事象を生み出して、言語的な特徴を共有するようになった地域を示す用語であるが（両者はもちろん関連する）、接触言語と言語圏のいずれも、その発生のメカニズムをミクロ（話者）の視点に立って追い求めれば、行き着くところは多言語を話す、あるいは他の集団の言語を学習する個人であり（2.2参照）、その個人のなかで複数の言語の文法が融合するところに出発点を見出すことができるものである。このようにして、ここで取り上げた事例もまた、個人の頭のなかに複数の言語が併存する場合には、相互に融合することがあることを想

定させるところである。

2.6 まとめ

　以上本節では、多言語・多変種能力をもつ話者の言語能力をモデル化するための手がかりとして、話者の頭のなかでコードが融合していることを伺わせる事象をいくつか確認した。これまでの社会言語学的な研究が明らかにしてきたことも加えつつ、次節でモデルを構築するための要点をまとめると、次のようになる。

　(a) すべての話者は複数のコード（言語や変種（地域方言や社会方言、スタイルなど））の理解能力と使用能力を持っている。

　(b-1) 1つの言語のなかの複数の変種のあいだでは、語順や基本語彙など多くの要素が共有されている（2.1、2.4）。

　(b-2) 複数の変種について、変種間で共有されない要素、すなわちバリエーションを見せる項目（言語変項）は、社会的な情報（出身地や性などの属性や、場面のフォーマリティなど）を担うマーカー（以下「社会マーカー」と呼ぶ）として機能する（2.1）。この社会マーカーの量は、（その測定はむずかしいが）変種間の言語的距離に比例する（たとえば大阪方言と東京方言のあいだの社会マーカーの量よりも、津軽方言と東京方言のあいだの社会マーカーの量のほうが多い）。

　(c-1) 次に、異なった言語については、少なくとも形式面では言語全体が社会マーカーとなり、話者はその複数の言語をカテゴリカルに使い分けるように見えることがある（パラグアイのスペイン語とグアラニー語）。話者のもつ複数の言語能力が話者の頭のなかで切り離されていることを推測させる事象である。

　(c-2) しかしまた一方では、同じドメインにおいて複数の言語や変種を混交させて（両者を活性化させて）使用することもある（2.1、本章では例をあげないが、バイリンガルの conversational code-switching など）。

　(c-3) 同様にして、KY コーパスのデータが示すように、表面的には二言語を使い分けているように見えても、（第二言語の低い能力を補う必要があ

る場合、あるいは正の転移が起こる箇所や二言語の相違に気がつかないような場合にはとくに）母語を転移させて第二言語能力を構成するために、結果的に両コードの言語能力が部分的に融合しているところがある（2.2）。

　(c-4) とすれば、先に (b-1) で、話者が１つの言語の異なった変種を使い分ける際に共用する部分があることを述べたが、ひとりの話者のもつ複数の言語の能力についても共用される部分があり、その部分の大きさは、両言語の言語的距離と反比例するものと想定される（近いほど大きい）。

　(d) なお、KY コーパスの事例は話者の第二言語のレベル（言語能力）が時間軸に沿って変化することを（横断データによって）示している。KY コーパスの例は基本的に、話者の第二言語能力が時間の経過にしたがって目標言語（日本語母語話者の日本語）に近付く（母語と目標言語の共用部分が減る）という動きであるが、2.4 や 2.5 で取り上げたネオ方言や、接触言語、言語圏などは逆に目標言語から離れ、個人レベルだけではなく社会的にも、複数の言語や変種が共用部分を増やし、そのまま固定化するという動きである。

　(e) 以上のような言語能力の動態は人間のもつ言語能力の柔軟性、また言語間の浸透性を示すものであるが、この性質は、ピジンを創り出して使用する場面などにとくに顕著に観察される（2.3）。

　以上、第 2 節で取り上げたコードの融合をめぐる諸事象を踏まえ、次の第 3 節では、社会言語学的・接触言語学的に妥当な、話者のもつ多言語・多変種能力モデルを構築することを試みる。

3. 多言語・多変種能力モデル化試論

　本節では、まず 3.1 で先行研究が描いたモデルをいくつかあげ、その問題点を検討する。続く 3.2 で本章の提案する社会マーカーモデルを提示することにする。モデルの構築にあたっては、第 2 節で見たような多言語・多変種能力をもつ話者の言語や言語行動の特徴を手がかりとして、その多言語・多変種能力の存在様式を推測するという帰納的な手法をとる。

3.1 先行モデル

個人のもつ多言語・多変種能力を描いたモデルには、Weinreich (1968) の compound bilingual と coordinate bilingual の区別などをはじめとしてさまざまなものが提案されている。本項では、話者の頭のなかでの第一言語と第二言語の言語能力のストック状態を描こうとした Cummins (1996) と Cook (2002) のモデルを見ておこう。

まず Cummins (1996) のモデル（共有基底能力モデル）は、次のようなものである（図2、東 2000 より引用）。

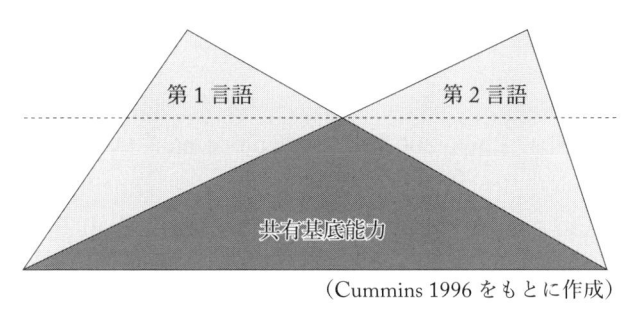

（Cummins 1996 をもとに作成）
図2　カミンズの共有基底能力説

このモデルは、第一言語と第二言語が区別される部分のほかに、基底において共有される能力があるということを主張するモデルである。本章の社会マーカーモデルにおいてもこの共有される部分があるという考え方を採用するが、一方にはまた、両モデルでは共有される能力が何かについて異なったものを想定すること、また本章のモデルには、図の第二言語のうち共有基底能力を除いた部分などは第一言語のそれとは異なって安定したものではない場合が多いこと、あるいは第一言語と第二言語で共有されない部分は何らかの社会マーカーとして機能することなどのアイディアを組み込むこと、などの違いがある。

また、Cook (2002) が提示する multi-competence モデルは、第一言語と第二言語（の下位システム。Cook があげる例は、英語の plane とフランス語の avion の概念）が完全に分離された状態と、両者がほぼ完全に統合した状態を

両極におき、そのあいだにさまざまな度合いで重なる部分をもつ体系を配置するものである(図3)。

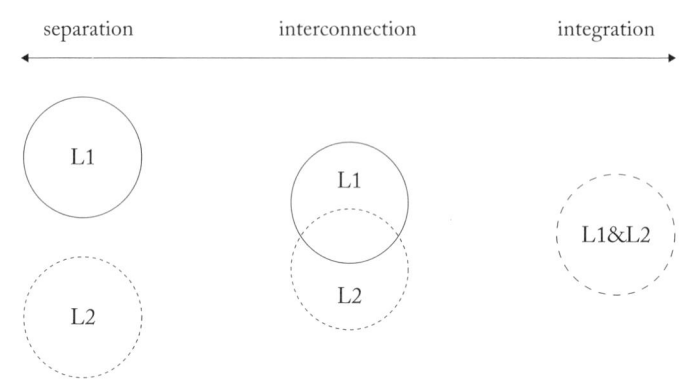

図3 Cook (2002)の Multi-competence Model

　本章では両端の完全に分離した状態と完全に融合した状態は想定しないが、その中間の部分が連続的に存在するというアイディアは採用する。またこのモデルは第二言語習得研究の分野において第一言語と第二言語の能力状態を描くことを目的としているものであるが、本章ではこのモデルは、話者がもつ、1つの言語の複数の変種の能力状態についても適用できるものと考える。

3.2　社会マーカーモデル
　以上、2つのモデルを概観したところで、本章で主張する多言語・多変種能力の社会マーカーモデルを提示する。

3.2.1　モデルの凡例と基本概要
　本章が採用する多言語・多変種能力の社会マーカーモデルは、もっとも単純なかたちでは図4によって示される。

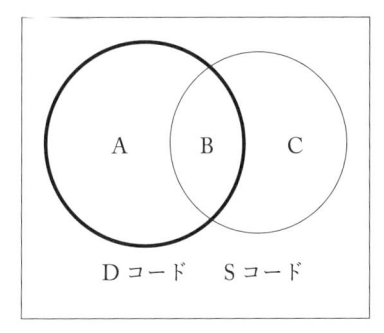

第1章　多言語・多変種能力のモデル化試論　45

図4　多言語・多変種能力の基本モデル

　この図が示すことは、以下のようなことである。前提と合わせて述べる。
　(a) このモデルでは、1つの言語の地域方言や社会方言、スタイルなどの一言語内部の変種に関する能力と、異なった言語(のそれ)についての能力のあいだには、質的な違いがあるとは考えない(そもそも言語と方言を言語面で区別する基準はないことを参照)。
　(b) われわれは、Dominant コード(太線の円。Vernacular や母語など)に加え、vernacular や母語以外のさまざまなスタイルや第二言語等(細線の円。Subordinate コード)を習得する。ただし D コードと S コードは図の B において融合している(B を共用している)コードであり(したがって、先に2節の冒頭で述べたように、D コード、S コードといった、2つのコードが分離しているような印象を与える名称は誤解を招くところがあるが、ここでは便宜的に用いることとする)、その融合の度合い(逆に言えば分離の度合い discreteness)は程度問題(degree of two-systemness)である。
　(c) D コードか S コードかは、習得の順序にはかかわらない。ある時点における話者の、当該言語・変種能力の高低(図では円の大きさによって表示)や自動化の度合い(図では線の太さや線種などによって表示)によって区別する(D コードと S コードに二分することも便宜的な措置である。たとえば D コードおよび S コードをどの程度モニターせずに操れるかにはさまざまな度合いがあり、単純に二分できるものではない)。
　(d) A と C の部分は当該コードのみがもつ部分(code-specific linguistic

items/rules)であり、両コードが分離されるところである。話者の属性(年齢、出身地、所属集団、アイデンティティなど)やスタイル(丁寧さ、相手や場面の把握のしかたなど)を表示するところ(social marker)として機能する。

(e) Bの、DコードとSコードが融合する部分には、音声実現や統語規則、語彙、意味、言語行動規則など多様な種類の言語事象や規則が含まれうるが、具体的にひとりの話者においてBに何が含まれるかは、DコードとSコードの言語的距離、話者が把握する二言語間の距離(psychotypology: Kellerman 1983)、話者のSコードの能力(2.2参照)などに依存する。

3.2.2 能力状態の例

次に、このモデルの示すところを、より具体化して考えてみよう。

たとえば津軽に生まれた方言話者で、津軽方言を母方言として育ち、学校教育やメディアをとおして共通語にも触れて18歳までその地に居住したあ

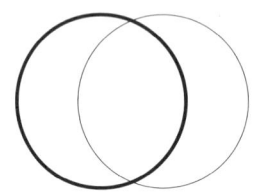

図5 津軽(青森)方言と共通語　図6 大阪方言と共通語
A・C：アクセント・一部の文法形式・俚言など
B　　：syntax・morphology・基本語彙など

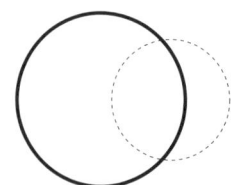

図7 日本語と韓国語
A・C：語彙・音声・アクセント・文法形式など
B　　：syntax・meaning など

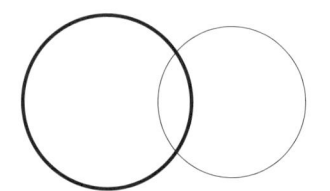

図8 日本語と英語
A・C：語彙・音声・アクセント・文法形式 syntax、morphology など
B　　：meaning など

と、大阪に移り住んで大阪方言を自然習得するとともに、学生時代をとおして英語と韓国語を学んだといった話者がいるとすれば、その言語能力はおおむね次のようなものであると想像される(図5〜図8)。ここでは理解しやすさを考えて2つのコードごとにわけて示したが、実際には図9のように、複数のコードがひとりの話者の頭のなかでたがいに融合し合ってストックされていると考える。

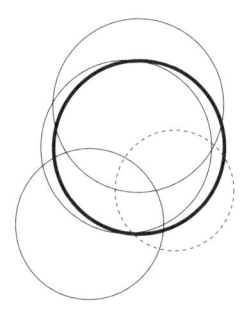

図9　現実に則した個人の多言語・多変種能力モデル

　図5と図6は同じ日本語の異なった変種(この場合は方言)の能力をもつ話者の言語能力状態を示したもので、ここでは、両変種の語順や、動詞や形容詞の一部の活用形、基本語彙、多くの音声実現などが共有される(B領域)。一方、アクセントや文末詞、俚言などは両変種で異なったものとして意識され(A、C領域)、場面等に応じて使い分けられる。

　図7と図8は複数の言語の能力をもつ話者の能力状態を示したものであるが、先の、1つの言語の複数の下位変種能力を示した図5、図6と基本的には変わらない。その違いは程度の問題である(3.2.1(a))。韓国語と英語をくらべた場合、話者の頭のなかではおそらく日本語と韓国語についての共用部分(B、語順なども含む)のほうが日本語と英語の共用部分よりも多いと思われるが、それでも、図8のBの部分には、(転移が生じている場合も含めて)内容語の意味や両言語の音素 /b, m, ŋ/ などの音声実現形など、共用されるところは多い。

3.2.3 多言語・多変種能力の動態

　以上が多言語・多変種能力の社会マーカーモデルの概要である。ここで2点、補足しておこう。いずれも、各話者がもつ多言語・多変種能力は一定の状態を保つという性格のものではなく、つねに動くものであるということについてである(以下、項目のアルファベットは 3.2.1 からの続き)。

　(f)図4のDコードとSコード、A・B・Cは常に変化する可能性をもつ。この動きのありかたは、以下のような要因に依存する。

　(f-1) Bの、複数コードで共用される部分は、とくにその発現を妨げる言語生態的な条件(4節(a)参照)がなければ、認知的に常に最大を求め、言語や変種が同じ特徴をもつようになることを指向する(principle of maximum economy)。2.5 の接触言語や言語圏はその現れである。

　(f-2) 一方、AやCの社会マーカーの部分は、当該言語や変種の話される言語共同体の言語生態的な要因(ecolinguistic factors)に応じてさまざまに拡大あるいは縮小する。具体的には、

　　(f-2–1) 社会的に対立する状況がある場合(ナショナリズムやアイデンティティを主張しようとする場合)には、AあるいはCの部分は最大値を求めようとする(principle of maximum differentiation)

　　(f-2–2) 一方、それぞれの言語共同体が平和に共生する状況あるいは一方の言語共同体が他方に同化しようとするような状況がある場合には、会話の現場においては双方向のあるいは一方向的なアコモデーションが起こり、複数コード間で言語要素の借用や共通語化、グローバル化などが起こってAとCの部分が縮小し、Bの部分が増大する。

　以上が、本章の描く多言語・多変種能力モデルの概要である。

4. 今後の課題

　以上、本章では、社会言語学や接触言語学が興味を示してきたさまざまな言語事象を材料として、個々の話者(これは先にも述べたように特殊な話者ではなく、ごく一般的な話者である)がもつ多言語・多変種能力をモデル化

することを試みた。

最後に3点、このモデルをさらに精緻なものにするために考えなければならないことを整理しておこう。

(a) 多言語・多変種能力を形成する言語生態的要因の解明

3.2.3 でも述べたように、多言語・多変種能力の形成過程には、話者が人間としてもつ認知的な機構のほかに、さまざまな言語生態的要因がかかわる。Mufwene(2001)や渋谷(2010)によってまとめれば、次のような要因が関与していることが推測される。

表5　多言語・多変種能力形成の言語生態的要因

①言語的条件
　・話者の頭の中で接触する言語・変種間の系統的関係
　・話者の頭の中で接触する言語・変種間の(言語的、心理的)類型的関係
②社会的条件
　②-1 マクロの要因(個々の言語や変種を母語として使用する言語集団間の関係)
　・それぞれの言語集団の人口比
　・それぞれの言語集団の社会的地位や力関係、経済力
　・それぞれの言語集団のアイデンティティ
　・それぞれの言語集団／言語に対する相互の態度や国などの言語政策のありかた
　・(移住者等の場合)それぞれの言語集団の集住度
　・(移住者等の場合)移住目的、など
　②-2 ミクロの要因(個人間インターアクションのありかた)
　・個々のインターアクションの目的
　・インターアクションの頻度
　・一方もしくは相互のアコモデーションのありかた
　・(とくに子供の場合)言語的社会化(socialization)のありかた(なにが当該言語共同体において望ましいコミュニケーション形態だと教えられるか)、など
③心理的・認知的条件
　・認知メカニズム

②-2 の個人間インターアクションなどは、近年、とくに脚光を浴びているところであるが、その個々のインターアクションの現場で起こる動きや変化が、どのようにして個々の話者の多言語・多変種能力、あるいはその社会的な共有物であるところの接触言語に取り込まれるのかについては必ずしも

十分な研究が行われているわけではない。

(b)知識と運用のインターフェイス

多言語・多変種能力をもつ個々の話者が、会話の現場において、その能力をベースにして、いかにして個々の(ときに複数の変種が混交した)発話を産出し、また理解するかという側面については、本章のモデルはまだ十分に描き切れていない。本章で提示したのは、話者の脳内状態を描いたごく大まかなモデルであるが、近年は *Bilingualism: language and cognition*(1998–)など、この分野の研究の専門誌も刊行され、研究がますます盛んである。本章のモデルはこの分野の知見を加味しつつ、さらに精緻化していく必要がある。

また本章では、多言語・多変種能力には、個々の言語要素の頻度や語用論的意味、コロケーション、スキーマなど、言語を運用することによって話者が入手する多くの情報も含まれているものと考えている。しかし、本章で提示したモデルには、これらの情報はまだ十分には取り込まれていない。

以上いずれも、今後の課題である。

* 本章の基本的なアイディアは、Japanese/Korean Linguistics Preconference(2006.10.6、京都大学)で最初に発表した。その後渋谷(2007)や渋谷(2008b)で古典語にも適用しつつ展開したところであるが、本シンポジウム参加者の有益なコメントによって、新たに修正を加えた。

参考文献

東照二(2000)『バイリンガリズム―二言語併用はいかに可能か』講談社現代新書.
阿部貴人・坂口直樹(2002)「津軽方言話者のスタイル切り換え」『阪大社会言語学研究ノート』4: 12–32.
真田信治(1990)『地域言語の社会言語学的研究』和泉書院.
真田信治(2001)『関西・ことばの動態』大阪大学出版会.
渋谷勝己(2001)「第5章　学習者の母語の影響」野田尚史他『日本語学習者の文法習得』pp.83–99. 大修館書店.
渋谷勝己(2007)「社会言語学からみた口語と文語」『文学』8(6): 115–122. 岩波書店.
渋谷勝己(2008a)「第5章　ことばとことばの出会うところ」『シリーズ日本語史4　日本語史のインタフェース』pp.139–175. 岩波書店.

渋谷勝己 (2008b)「第 6 章　言語変化のなかに生きる人々」『シリーズ日本語史 4　日本語史のインタフェース』pp.177–203. 岩波書店.
渋谷勝己 (2010)「移民言語研究の潮流―日系人日本語変種の言語生態論的研究に向けて―」『待兼山論叢　文化動態論篇』44：1–22. 大阪大学文学会.
細谷書子 (2004)「大阪市方言話者のスタイル切り換え」『阪大社会言語学研究ノート』6: 42–63.
Bachman, L. E. (1990) *Fundamental considerations in language testing*. Oxford: Oxford University Press.
Bishop of Homoco (1879) *Revised and enlarged edition of exercises in the Yokohama Dialect and corrected at the special request of the author by the Bishop of Homoco*. (2nd edn.) (Kaiser, S. (ed.) 1995 *The western rediscovery of the Japanese language*. Vol. 5. Richmond, Surrey: Curzon 所収)
Canale, M. and M. Swain (1980) Theoretical bases of communicative approaches to second language teaching and testing. *Applied Linguistics* 1(1): 1–47.
Cook, V. (2002) "Background to the L2 user." In Cook, V. (ed.) *Portraits of the L2 user*. pp.1–31. Clevedon: Multilingual Matters.
Cummins, J. (1996) *Negotiating identities: education and empowerment in a diverse society*. Los Angeles: California Association for Bilingual Education.
Gumperz, J. J. and R. Wilson (1971) Convergence and creolization: a case from the Indo-Aryan/Dravidian border. In D. Hymes (ed.) *Pidginization and creolization of languages*. pp.151–167, Cambridge: Cambridge University Press.
Holmes, J. (1992) *An introduction to sociolinguistcs*. London: Longman.
Hymes, D. (1972) On communicative competence. In Pride, J. B. and J. Holmes (eds.) *Sociolinguistics*. pp.269–93. Harmondsworth: Penguin.
Kellerman, E. (1983) Now you see it, now you don't. In Gass, S and L. Selinker (eds.) *Language transfer in language learning*. pp.112–134. Rowley, Mass: Newbury House.
Matras, Y. (2009) *Language contact*. Cambridge: Cambridge University Press.
McMahon, A. M. S. (1994) *Understanding language change*. Cambridge: Cambridge University Press.
Mufwene, S. S. (2001) *The ecology of language evolution*. Cambridge: Cambridge University Press.
Nishimura, M. (1997) *Japanese/English code-switching: syntax and pragmatics*. New York: Peter Lang.
Thomason, S. G. and T. Kaufman (1988) *Language contact, creolization, and genetic linguistics*. Berkley: University of California Press.
Weinreich, U. (1968) *Languages in contact: findings and problems*. The Hague: Mouton.

♣♣♣ こらむ

ラポール(思いやり)とアコモデーション(適応)

小川洋介

　我々は、日常の中で「Aさんはいつも距離を置いた話し方をする」「Bさんはいつも物腰が柔らかい」というようなことを感じることがある。果たして彼らはいつでもそんな話し方をしているのだろうか。Aさん、Bさん個人の話し方ではなくて、彼らが「誰に」「どこで」「何を」話しているかがそう感じさせているのではないか。Aさん、Bさんが相手との社会的距離や話題をどれだけ考慮して話しているかで印象も変わるだろう。この円満な対人関係の維持を考慮して話すのがラポール(思いやり)トークであり、その相手への歩み寄りがアコモデーション(適応)行為である。現在、これらの研究は言語的アプローチだけでなく非言語コミュニケーションなど学際的に広く研究されている。

　ニューヨーク市の様々なデパート店員の英語発音を研究して話者の属する社会階層によって発音が変異するという結果を出したLabov(1966)以来、会話中のスピーチに関する社会言語学的研究は、長い間、対話者や発話状況等による影響よりも、発話者の意志や社会的環境／背景による影響の方が重視されてきた。発話者のスピーチパターンやスタイルは発話者により選択されるという前提によって分析されたように思われる。Giles & Coupland(1991)は二者間の対話における発音、アクセント等の差異から実際の会話の途中で起こる変化を社会心理学的に観察し、参加者の対人関係に注目した。そして発話者のアコモデーション(適応)行為を2つに分類し、歩み寄る行為を収斂(Convergence)、距離を置く行為を分岐(Divergence)とした。さらに収斂行為を言語的なスピーチアコモデーションと心理的なコミュニカティブアコモデーションの2つに分類した。

　適応行為を分析するにあたり、発話者が歩み寄る対人関係をどれだけ重要視しているかが問題となる。男女の言語使用の違いについて言及したTannen(2001)によると、会話の中で事実報告や内容伝達を目的とするレポートトークと、対話者への共感をアピールして関係を円満に保つことを目的とするラポールトークがあり、男性はレポートが多く女性はラポールが多いとされる。レポートは会話の中で曖昧さを出来る限り排除し、ラポールは対人関係を優先させ、会話によっては曖昧をよしとする場合もある。個人差はあるにしろ、この対人関係を優先させるラポールが多い話者ほど歩み寄る感じがすると考えられる。しかし、異集団／異文化間のコミュニケーションでは、相手との社会的関係を築く方法も異なる。参

加者同士が前提とする文化が違えば、Brown & Levinson (1987) のポライトネス理論で扱われた、人間関係の踏み込んでも良い領域や踏み込むべき領域も異なり、発話者の意図と受け手側の解釈が一致しない場合も出てくる。

　この観点に立つと、会話の中でいつ歩み寄りの不一致が起こるか分からない上、対話者との社会的関係を測りながら表象されるポライトネスレベルは一会話の中でも刻一刻と変わる。会話の中で急に慇懃な喋り方になる事も場合によってはありうるし、1つの談話の中で1つのスタイルのみが使われているわけではない。また、会話参加者の言語能力が十分でない場合（例：非母語話者、子供）、相手にはそれ相応の違った歩み寄り方が求められる。特に初対面の場合には相手の能力や背景を予測しながらスタイルを決定していかなければならない。

　母語話者は非母語話者に対して一般的にフォリナートークを使っている。また、その簡略化された話し方は「対話者（非母語話者）にとって理解し易い」と信じられている。日本語簡略化プロセスの場合、直接話法、短めのセンテンスの多用等の文法的簡略化、母音の正確な発音等の音韻的簡略化、プロソディの誇張など様々な特徴が見られる。また談話レベルでも発話の繰り返しや意味の確認など対話者（非母語話者）に歩み寄ったと思われる行為が見られる。もし対話者（非母語話者）が英語話者なら、日本語母語話者は主に「普通の日本語」「簡略化した日本語」「英語（言語の切り替え）」を使用し、英語を使えば使うほど対話者は理解しやすくなるだろう。しかし、筆者が行った研究では (Ogawa, 2012)、英語が苦手な母語話者の方が英語上手な母語話者に比べて英語の使用がはるかに多かった。また興味深いのは、（対話者の母語を上手に話せない日本語母語話者の場合）対話者が英語話者でなくても英語への切り替えがしばしば見られたことである。これは一種の歩み寄り行為だと思われるが、歩み寄るターゲットが対話者自身ではなく対話者が属する「非母語話者（ひいてはその典型例としての英語話者）」という大きな括りとして捉えられているのではないかと思われる。Giles & Smith (1979) によると、この過剰適応 (Over Accommodation) は聞き手に分岐を引き起こす。適応はその環境に適度な収斂 (Optimal Convergence) でなければ聞き手に伝わらない。

　また他にも、会話の間に挟む笑い (Laughter) や擬音語の使用頻度に加え、相槌の使用も母語話者同士の話し方とは違う特徴を持っている。これらは非母語話者の言語能力が不十分なため、母語話者はラポールよりレポートを優先し内容伝達を補充したものだと考えられる。それにより、発話者の意図したラポールレベルは却下され、発話者個人のスピーチスタイルではなく対話者や発話環境によってコントロールされたスピーチスタイルになっている。そしてそれは伝達すべきラポールや歩み寄りがうまく伝わらない可能性も秘めている。

このように相手への歩み寄りも一元的なものではなく間違いや失敗もあり、そのストラテジーも発話者個人ではなく、対話者、発話環境、社会的位置等の様々な要因で決定される。前述のAさんBさんも彼ら個人がどう話すかを決定しているのではなく、対話者である私たちとの社会的関係や言語文化的背景が決定の要因になっていると考えられる。

参考文献

Brown, P., & Levinson, S. (1987) *Politeness; Some Universals in Language Usage*. Cambridge: Cambridge University Press.

Giles, H., & Coupland, N. (1991) *Language: Contexts and Consequences*. Oxford: Basil Blackwell.

Giles, H., & Smith, P. (1979) Accommodation Theory: Optimal Levels of Convergence. In Giles, H., St Clair, R. & Robert, N. *Language and Social Psychology*. Oxford: Basil Blackwell. pp.45–65.

Labov, W. (1966) *The Social Stratification of English in New York City*. Washington, DC: Center for Applied Linguistics.

Ogawa, Y. (2012) The Effect of Native Speakers' Language Proficiency on Their Modifications in Japanese Non-Native-Directed Speech. In Ikeda, K. & Brandt, A (eds.) *Working Papers: Challenges and New Directions in the Micro-analysis of Social Interaction*. Kansai University.

Tannen, D. (2001) *You Just Don't Understand!; Women and Men in Conversation*. New York: Harper.

第 2 章　ことばのバリエーションの「社会的意味」を伝達する能力
— 地域社会の急速なグローバル化がもたらす
　土着イデオロギーに着目して

高野照司

【要旨】　言語能力は可変的特性を持ち、その可変性と深く関わる「社会的次元」を言語能力の重要な構成要素として捉えなおすべきである。変異理論の近年の展開のなかで、この「社会的次元」を巡る議論が活発化している。言語運用上の揺れは、それを用いる話者の「社会的実践」と深く結びついており、特定の地域社会・社会集団・一個人にとっても重要な「社会的意味」を持つ。ことばのバリエーション研究における「伝達能力」とは、常に"揺れる"言語運用を通して、話者が他者へ何らかの社会的意味を投影する能力だと言える。

1. 言語知識（能力）の可変性

　生成文法理論の登場以降、言語研究の対象は母語話者の持つ均質な「知識」とされ、それが「言語能力」を解明する鍵と考えられてきた。一方、言語知識から派生する「言語運用」（実際の発話）はというと全く質の異なる代物で、同じ母語話者といえども個人差が大きく、発話産出時の一過性の変数（言い間違い、記憶・集中力の衰え、文脈解釈のゆれなど）により極めて不安定で、言語能力の解明には適さない瑣末な資料として研究の対象から除外されてきた (Chomsky 1965)。意志伝達の媒体であることば本来の役割や機能、伝達の主体である話者に関する社会的情報などの一切を考慮からはずし、母語話者であれば誰もが共有する（と仮定される）直観や内省を通して言語能力の解明を目指すわけである。

しかし、言語能力へのこうしたアプローチは、「言語能力」自体の限定的な解釈（Hymes 1974）、母語話者の知識や直観の均質性という前提への科学的反証（Labov 1972b）、規範意識に縛られた言語内省と実際の言語運用との質的・量的較差（Sankoff 1988, Wolfson et al. 1989）などを根拠に、言語運用の主体である話者の社会・文化的背景や心理面を分析により反映させた理論の構築を唱える言語学者たちによって批判の的となってきた。

　本章で詳しく扱うことばのバリエーションに関する研究は、この後者の理論的スタンスを発展させるかたちで、日常生活における意思伝達の媒体として活用される言語をできるだけ自然なありのままの姿で捉えることにより、人間の言語能力の本質へ迫ろうという帰納的アプローチをとる。従来の範疇規則（categorical rules）と随意規則（optional rules）のみでは、言語運用上の漸次的「揺れ」は記述不可能だった。ことばのバリエーション研究では、分析対象となる変項(揺れ)を取り巻く言語構造内の条件（言語内的要因）、話者の社会的属性（言語外的要因）、そして言語運用が行われているコンテクスト（スタイル的要因）などから当該変項に影響力を持つと仮定される各種要因を「拘束要因」(constraints)としてリストアップし、拘束要因間の相対的影響力（当該変項産出・非産出への相対的貢献度）を言語運用データに基づいて導きだす仮説検証型のアプローチをとる。

　これまでいくつかの研究によって実際の発話(言語運用)データで観察される「揺れ」が、言語知識のコアを成す言語普遍的な規則（つまり上記の言語内的要因）によって導かれる予測と合致することが経験的に立証されている。例えば、Guy (1991) は、アメリカ英語話者のインタビュー談話に観察される語末 t/d 消去の規則的な変異（単一形態素語彙［mist, pact］＞不規則動詞過去形［left, told］＞規則動詞過去形［missed, packed］の順に消去指数が低くなる）が、消去規則への複数回の適用を経た語彙派生プロセスの違いによって正確に予測されることを語彙音韻論の枠組みで立証した。また、同様の変異事象を扱った Guy & Boberg (1997) では、同類の音韻素性の連続を避ける言語普遍的な Obligatory Contour 法則に基づいた分析が提示され、語末の二音素連続のうち第一音素目と第二音素目(t/d)が共有する音韻素性数の

差(例えば、"mi<u>st</u>"においては、/s/ (/z//ʃ//ʒ/)は［＋coronal］［−sonorant］だが、/t/ (/d/)は［−continuant］素性が追加されるなど)によってt/dの消去率が階層的に決定されることを経験的に立証し、実際の発話で観察される漸次的な消去率が言語普遍法則から裏付けられることを示した。これらの成果は、ある適格なアウトプットが複数の拘束要因間の力関係(ランク付け)によって決定されるとする「最適性理論」(Prince & Smolensky 1993)と共通の理論的基盤に立脚したものである。

　言語知識(能力)は可変的特性を内在しており(inherent variability)、その可変性には一定のルールに基づいた秩序が存在する(Weinreich et al. 1968, Labov 1969)。自由変異を多く含み分析不可能だとして軽視されてきた言語運用上の揺れは、むしろ言語知識の固有要素として統合されるべきものであると言える(Cedergren & Sankoff 1974, Sankoff & Labov 1979, Guy 1980)。[1]バリエーション理論は、母語話者の言語知識(能力)の解明を目標に据えるという意味においては、1つの言語理論として、例えば生成文法理論などとそれほど大きな隔たりはない。しかしながら、バリエーション理論における「言語能力」とは、ことばから社会的情報が剥ぎ取られた実在ではなく、ことばの主体である話者やその運用を取り巻く様々な社会的・脈絡的情報に基づいてある特定規則を内在化させ、それを適切に(時に方略的に)使いこなすことのできる運用上の能力をも包括したよりダイナミックな概念だと言える。これまでの理論言語学が提唱してきた抽象的「言語能力」(langue)と実際的「言語運用」(parole)との深い溝を撤廃しようというこのようなアプローチは、言語理論全般の研磨にもつながる意義深い学術的試みであると言える。さらには、人間の(言語)能力というものが範疇的実在では必ずしもなく可変性を備えるとする主張は、言語学のみならず他領域(哲学、心理学など)での昨今の理論的進展と歩みを一にする極めて注目すべき動きだと言える(Chambers 2009: 35–7)。

2. 言語知識(能力)の社会的次元

　言語知識に本来備わっている「秩序ある変異性」(Weinreich et al. 1968)は、言語知識(能力)自体が発達途上段階にある子供の母語(方言)習得の経年的調査からも明らかになっている。その一事例として、英国ニューキャッスル地方の方言で進行する変化とその地域に住む幼児の母語習得の経年的推移について考えてみよう (Foulkes 2005, Foulkes & Docherty 2006)。当該地域では語末にある子音［t］直前の気息化(例えば、図1 Kate［keɪt］では語末の［t］子音の直前に息が漏れる現象)が、近年、特に若い女性たちの間で広まってきていると言われる。

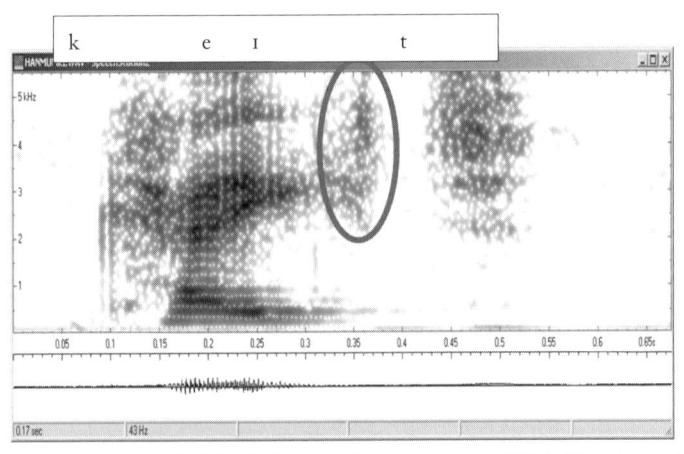

図1　Kite における語末［t］直前の気息化のスペクトログラム(Foulkes 2005)

　図2は、そのような新参の変化が、同じ地域に住み今まさに言語習得の渦中にある幼児たちによってどのように受け入れられているのか、その推移を経年的にまとめている。図2の縦軸は「語末［t］子音直前の気息化(pre-aspirated)の出現割合」、横軸は幼児の年齢(2; 6 は2歳6カ月を意味する)を示す。グラフから明らかなように、言語習得の真っ直中にいる幼児たちは、3歳(3; 0)までは性別に関係なく、この極めて微細な音声特徴に敏感に反応

し積極的にそれを習得している。しかし、3歳以降、この音声特徴の習得に顕著な男女差が現れ始め、男児よりも女児の方がこの音声特徴をより高い率で習得していく様子が確認できる。当該発音に付随する「社会的情報」が言語知識(能力)に影響力を持ち始めたわけである。

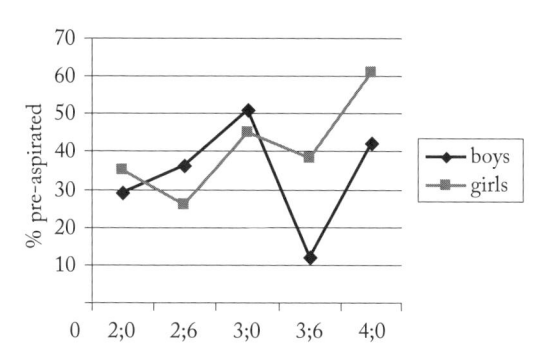

図2 英国ニューキャッスル地方方言における気息化の幼児による習得過程
(Foulkes & Docherty 2006: 424)

　言語知識(能力)の「社会的次元」という観点からいくつかの重要な知見が得られる。第一に、幼児の言語習得(つまり、言語知識・能力の構築)は、当該言語の用いられている地域社会の特性や生活環境から切り離して考えられるべきものではない。即ち、幼児は自分が身を置く生活環境(ここではニューカッスル地方)で接する新参の変化をも含めた言語インプットに敏感に反応し、その時代や地元に固有の方言色豊かな言語体系を形作っていることが分かる。第二に、言語習得の渦中にある幼児たちは、言語インプットに付随する社会的情報をはぎとって純粋に言語記号のみを取り込みながら習得を行うわけではなく、その言語特徴が持つ「社会的意味」(ここでは、気息化を用いる話者の年齢や性別)を把握した上で言語習得を進めている。これは図2における男女差の出現(3歳以降)に関わることであり、幼児たちは成長とともに今習得している音声特徴(語末［t］子音直前の気息化)が年齢や性別の観点から自分が習得すべき特徴か否かをその社会的意味に照らして判断し、習得の道筋を自ら方向修正していると考えられる。日常生活のなかで頻繁に

接するこの特徴的な発音の主体(若い女性)を見極め、特に女児はその新種の変化を積極的に受け入れ、男児はどちらかといえば回避していくことで言語習得における性差という変異性が生ずるわけである。

　母語(第一言語)習得や第二言語習得研究において、ある一定の年齢を過ぎると母語話者並みの言語知識(能力)を身に付けることが困難とする「臨海期仮説」が提唱されて久しいが、同等の仮説がバリエーション研究においても重要視されている。特に年齢との関係では、以下のような一般化が導かれる。

（１）　（上記 Foulkes らの調査結果と同様に）幼児は 3 歳くらいで育った環境に特有の方言的特徴を習得してしまう (Roberts & Labov 1995)。
（２）　異なる方言地域へ転居した子供は、転居時の年齢によって転居先の新しい方言体系の習得に差が生じる。8～9 歳ぐらいまでは比較的単純な特徴(例えば、母音の発音)ならば習得は可能だが (Payne 1980)、13 歳を過ぎてから転居した子供については、既存の方言体系を新しい体系にリセットすることはほぼ不可能である (Chambers 1992)。

　また、ことばの主体である話者の社会生活も、母語習得(つまり、言語知識・能力の構築)には重要な影響力を持つ。

（３）　母語習得の初期の段階では親の役割が最も重要で、幼児は母親を中心とした介護者から与えられる比較的標準的な言語体系を習得していく。しかし、成長とともに人間関係の幅が広がり、学齢期以降は仲間からの影響が介護者のそれを上回りその地域の方言的特色を持つ言語体系の習得へと移行。12 歳くらいまでにはその体系化を完成する (Kerswill & Williams 2000)。

　さらには、地域社会で進行しつつある言語変化への感受性も幼少時の話者の社会心理的な側面によって左右されることが明らかになっている。

（4）（山形県最上地方の）若者層に見られる新方言的文法項目の使用においては、「地元志向で、自分の周囲の小集団への帰属意識が高く、活動的で新しい現象を受け入れやすい生徒(中学生)たち」がその中心的な担い手である(井上 1985: 245)とされる。

　同様の考察は、イギリスのニュータウン(新興都市)で行われた同一話者の経年的調査(パネル調査)でも指摘されている。友達が多く社交的な子供ほどその地域に固有の言語変化に対し積極的で、内向的で友達が少ない子供ほど変化に対し保守的で親の話す方言の影響を留める傾向にあるとされる(Kerswill & Williams 2000)。
　子供の方言習得とその経年的変化に着目した以上の研究成果から、我々の言語知識(能力)は、成長に伴う社会経験や社会網、言語の揺れそのものが投影する「社会的意味」、話者の社会心理面と密接に結びついていることが分かる。特に言語能力が発達途上的な段階にあってその影響力は大きく、幼児の言語能力に至っては社会化とともに漸次的な再構築も行われる。言語知識(能力)は、社会的に空虚な実在では決してありえない。

3. バリエーションの「社会的意味」を伝える能力

　ことばのバリエーション研究における近年の注目すべき展開として、可変的な言語知識(能力)に備わる「社会的次元」の解釈をめぐる議論の活性化が挙げられる。従来のバリエーション研究では、世代・社会階層・性別・人種／民族性など「話者属性」を画一的に定め個々の話者を自動的に特定の社会集団(例えば「労働者階層の白人中年男性」など)に振り分ける方法論が主流だった。しかし一方、所属しているはずの特定社会集団が示す揺れのパターンから逸脱する話者など「個人差」の意味をないがしろにし、バリエーションの実態を過度に単純化してしまうという弊害が指摘されていた。この流れを受け、研究対象となる言語共同体の内部格差(Milroy 1980)や話者一人一人の社会生活に目を向ける「質的」観点を従来の計量的分析に融合するアプ

ローチが唱えられてきた (Coates & Cameron 1988, Graddol & Swann 1989, Eckert & McConnell-Ginet 1992)。とりわけ、前節で紹介したニューキャッスル方言の「語末［t］子音直前の気息化」の事例が示すように、言語運用上の「揺れ」（変項）が当該言語共同体内でどのような「社会的意味」(social meaning) を持ち、どのような成員によって継承され、言語共同体全体に行き渡る変化に結びついていくのかが近年のバリエーション研究の焦点になっている (Milroy 2004, Eckert 2005)。こうしたアプローチは、ことばになぜ変異・変化が生ずるのかというバリエーション理論が解明すべき根本的難題 ("actuation riddle") (Weinreich et al. 1968: 186) への本格的な取り組みとして注目されている。

3.1 社会的カテゴリーをめぐる議論

　ことばのバリエーション研究にエスノグラフィー的調査法を融合し、話者（被験者）一人一人の社会生活を長期的に観察した上で、バリエーションの社会的意味を探究した先駆的研究に Eckert (1988, 1991, 2000) がある。ミシガン州デトロイト市郊外の高校での長期間の参与観察を経て、当時米国中西部の都市部で進行中であった Northern Cities Chain Shift と呼ばれる一連の母音変化の拡散のメカニズムとその「社会的動機づけ」を明らかにした。学校生活中心の保守的な価値観で日常生活を送る高校生集団 (Jocks) と学校が求める価値観には背を向け地元のストリート文化に居場所を見出している高校生集団 (Burnouts) とでは、当該変化（母音［ʌ］(but) を［ɔ］(coffee) や［ʊ］(book) などのように発音）への参与の仕方が異なっていた。Burnouts はデトロイト市中心部から伝播するこの汚辱的変化に、屈強さや大都市ストリート文化との絆などの社会的価値を見出し、集団への帰属という社会的アイデンティティーの実践手段として積極的に当該変化を押し進めていた。一方 Jocks は、Burnouts との弁別化および自分たちの独自性のアピールとして、異なる母音の異音 (pen［ɛ］を pan［æ］のように発音) を積極的に使用していた。さらには、こうした生徒集団カラーに特有の変異パターンは、性別や（親の）社会階層といった大人の固定的な属性とは規則的な相関を示さないこ

とも同時に立証された。社会階層などのような抽象的尺度ではなく、話者自らが構築するローカルな「社会的カテゴリー」がことばのバリエーションや変化を動機づける社会的要因として重要であることは、比較的均質な田舎町で暮らす高校生集団("Burnouts" vs. "Rednecks")においても繰り返し立証されている(Habick 1991)。

集団帰属意識やその集団への忠誠心はことばを用いる上で決定的な影響力を持ち、ことばのバリエーションに内在する秩序や規則性、ことばの変化の社会的動機づけを理解する上で極めて重要な社会心理的因子となる。「世代」「社会階層」「性別」と同様、話者属性としての「民族性」(ethnicity)についても、「静的な」ラベリング(例えば、「アフリカ系アメリカ人」)では問題が多い。これまで社会心理学など隣接分野の知見を融合し学際的アプローチをとるバリエーション研究の成果(Bell 1984, 2001, Giles & Coupland 1991など)から、ことばの使用(揺れ)を通して話者は特定の民族集団への忠誠心を対話相手に誇示したり(Rickford & McNair-Knox 1994)、自己または他者の民族的アイデンティティーを意図的かつ方略的に活用することが分かっている(Fought 2002, Rampton 1995)。一般に、ことばの使用を通して自己の社会的アイデンティティを構築するプロセスは流動的かつ刹那的であり、一人の話者がどの集団への帰属意識を顕在化させるかは、その話者が身を置く地域社会の特性、場面や状況、参与している意思伝達活動の中味、個人的イデオロギー、話者の意図や方略など、様々な社会脈絡的な要因によって決定づけられる(Gumperz 1982a, b)。社会的意味を探究するバリエーション研究における「民族性」という概念は、ことばを通して特定民族集団への帰属を他者に伝える社会的アイデンティティーの構築行為として質的観点からも洞察を加えるべきだと言える(Le Page & Tabouret-Keller 1985)。

以上のように、ことばのバリエーションや変化のメカニズムは、話者属性に基づいた画一的なカテゴリーによっては説明のつかない事例が多々あると同時に、より質的な洞察を経て個々の話者が日々の実生活の中で取り組んでいる「社会的実践」(social practice)と密接に結びついていることが分かってくる。このような動的カテゴリーに基づいてことばのバリエーションを捉え

直すことで、ある特定のバリエーションが持つ社会的意味やそれを伝えようとする話者の意図、その背景となる社会的動機づけの把握などがより容易になる。

3.2　ことばのスタイル差をめぐる議論

　ことばのバリエーション研究において揺れを示す変項と「発話スタイル」との規則的相関は多くの言語共同体で確認されてきた１つの法則性である。同一の言語共同体に属する成員は皆それを言語知識(能力)の一部として獲得しており、その言語共同体に根付いている規範意識の顕れとしてことばの変化の起因や動向を知る重要な手がかりとなる (Labov 1972a)。一方、バリエーション研究の近年の展開の中で、発話スタイルが持つ発見的リソースとしての豊かさを指摘する研究が増えている (Biber & Finegan 1994, Eckert & Rickford 2001)。それらの研究は、インタビュー時の異なるタスク(ナラティブ・文章朗読・単語読み上げなど)や話題の堅苦しさなどにより生じるスタイル差という限定的な解釈から脱却し、話者の現実の生活の中でスタイル差がなぜ生じるのか、その社会的意味は何なのかなど質的な観点をスタイル差の理解に応用する。

　バリエーションの社会的意味を探究するアプローチは、とりわけ発話スタイルの自立的・発信的役割に注目する。発話スタイルは方略的な側面を持ち、話者は会話のコンテキストに応じて多彩な「顔」(personae)を喚起させ、ある特定の社会的意味や相互作用的効果を創り上げる (Coupland 2001a)。英国ウェールズ地方で人気を博す BBC ラジオのパーソナリティーは、談話の局面ごとにある特定の効果を狙った「パフォーマンス」として、ウェールズ地方南部に特有の英語発音(震え音的 /r/ や二重母音 [ei][ou] の長い単母音化)へのスタイルシフトを巧みに行うという (Coupland 2001b)。スタイルシフトにより前景化する「ウェールズ人らしさ」は、ラジオ聴衆にとって今進行している談話が陽気で滑稽な「フレーム」に移行する「コンテクスト化の合図 (contextualization cue)」(Gumperz 1982a) の役割を果たしたり、聴衆との心的距離を縮める話者の「スタンス取り」としても活用され、一般論に対

峙するような個人的見解に対する共感を得、説得力を持たせる効果に繋がるとされる。

スタイルが持つ異なる「顔」(社会的アイデンティティ)の喚起性は、声色の活用においても実証されている。Podesva (2006) は、ゲイとしての社会的アイデンティティを持つある男性医師の個人内変異(スタイル)を様々な生活場面(診療・父親との電話での会話・親友とのバーベキューパーティ)を通して観察した。その医師は、自分がゲイである(またはそうではない)という社会的意味を伝達する言語的リソースとして「裏声」(falsetto voice)を活用し、その使用は内集団的場面(バーベキューパーティ)において最も顕著で、様々な談話的機能(叫び・驚きや興奮・評価的コメント・他者の引用・聴衆の注目の維持など)を果たしながら、その場(舞台)の「プリマドンナ」(diva)としての顔の構築に貢献していた。

以上のことから、発話スタイルの真の理解やそのバリエーションの起因の解釈には、「堅苦しさ」や「カジュアルさ」といった発話状況や場面、発話タスクなどからの一方的な制約要件だけを考慮に入れるのでは不十分だと言える (Duranti & Goodwin 1992)。話者がその会話を「社会的営み」としてどのように捉え、いかなる会話参与者間関係を築こうとしているのかなどを含めた積極的な「話者の働きかけ」(speaker agency)に基づいた社会的意味の構築とその伝達行為という双方向的視点が不可欠となってくる。

3.3　社会的実践としてのことばのバリエーション

以上のように、従来は画一的に決定されていた話者の属性や発話の改まり度(スタイル)に基づく言語運用上のバリエーションは、個々の話者が日常的に行う「社会的実践」の反映であり、当該地域社会に根ざした個々の話者の生活経験やそれを通して形作られる社会的アイデンティティーなど様々な実生活要因が複合的に絡み合う動的な「社会構築概念」として捉え直されるべきものだと言える (Eckert & McConnell-Ginet 1992, Eckert & Rickford 2001)。日常生活の中で類似の社会文化活動・信条・価値観および言語運用を共有する地域住民(話者)たちは、日常の社会的実践を通して自発的に創造し、時に変

革していく自己実現の場(Community of Practice)を持ち、その中である特定のバリエーションは何らかの「社会的意味」を与えられ、当該集団または自己の社会的アイデンティティーの証として誇示・強化されていくことになる(Eckert 2000)。ことばのバリエーションとは、社会生活の様々な場面で話者により構築されているダイナミックな実在であり、その社会的意味を他者へ伝ようとする実践こそがことばのバリエーションを動機づける重要な要因の1つと捉えることができる。さらには、ある特定の社会的意味を持つバリエーションが、当該地域社会全体のなかでどのように埋め込まれ、伝播していくのかなどといった言語変化メカニズムの解明が今後のバリエーション研究における重要な課題となってくる。

4. 地域社会の急速なグローバル化とことばのバリエーション

本節では、筆者が北海道後志管内ニセコ町をフィールドに、2009年4月より継続的に行っている言語調査[2](以下、「ニセコ調査」と略す)から予備分析の成果を論じる。町の急激な「グローバル化」[3]に直面する住民(話者)が、その変化に対しどのような意識や態度で社会生活を送り、それらが現時点で観察されることばのバリエーションとどのような規則的関係を持つのかなど、特に話者たちの土着意識やアイデンティティーなど社会心理面に焦点を当てながら当該地域方言に見られるバリエーションの社会的意味の把握を試みる。

4.1 ニセコというフィールド

ニセコ町(総人口4,703人、2011年8月末現在)は、北海道西部の後志支庁管内に属し、羊蹄山(通称「蝦夷富士」)の西麓に広がる農業を主体とした町である(図3)。ニセコ町(昭和39年狩太町から町名を改称)の入植は、明治28年頃に始まったとされる。その形態は、自由入植ではなく、本州資本家の投資した農場や団体入植者によって開拓が進行した。入植者一世の出身地は様々で、東北地方各県(青森、岩手など)、茨城、埼玉、東京、石川、福

井、熊本、徳島県などが挙げられる(ニセコ町百年史編さん委員会 2002)。ニセコ町自体での言語調査は過去に一度も行われていない。[4]

図3　後志支庁管内ニセコ町

　ニセコ町は、数多くの天然温泉、大型リゾートホテルやペンションなどが点在する全国的にも有名な観光地でもある。夏はハイキング・テニス・ラフティングなどアウトドアスポーツの楽しめる避暑地、冬は世界随一のパウダースノーを誇るスキーリゾートとして近年は世界的にも知られるようになった。かつて小泉政権が奨励したインバウンド(外客誘致)促進政策を発端に、ニセコ地区一帯(特に地元では「山」と呼ばれる倶知安町ひらふ地区)で外国人観光客が激増した(図4)。

外国人宿泊客延人数

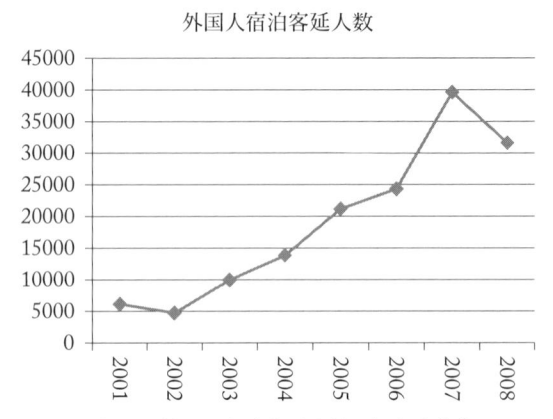

図4　ニセコ町における外国人宿泊客延人数の経年変化(ニセコ町 2009)

　とりわけ 2004 年以降は、長期滞在型のリゾート地として特に豪州人の人気を集め、ニセコ町住民総人口(約 4,700 人)の少なくとも 10 倍近い外国人を毎年迎え入れるという日本国内では極めて特異な地域社会を形成するに至っている。ここ数年、円高の影響から豪州勢の来訪は減少傾向にあるが、それにとって代わりアジア諸国(香港・台湾・中国など)からの観光客の増加が目立ち、さらには外資系企業やアジア人富裕層による土地や不動産の売収も盛んに行われている。また、観光客来訪の傾向も従来の冬季集中型から夏季の避暑目的に移行し始め(ニセコ町 2009)、特に近年は、外国人の長期滞

住民基本台帳・外国人登録者数

図5　ニセコ町外国人登録者数の経年比較(ニセコ町 2009)

在者(または定住者)が急増している(図5)。

　実際のところ、国内においてもニセコ町人気は、バブル経済崩壊後(平成6年以降)もほとんど衰えることはなく、長期滞在や定住を目的とした国内外からの転入者が着実に増加してきている(図6)。2010年国勢調査の結果を扱った新聞記事(北海道新聞2011年2月15日朝刊)によれば、2005年以降5年間の人口推移において、長年過疎化に歯止めのかからない北海道内の市町村にあって、ニセコ町は道内第3位の増加率(3.4%、158人)を示している。

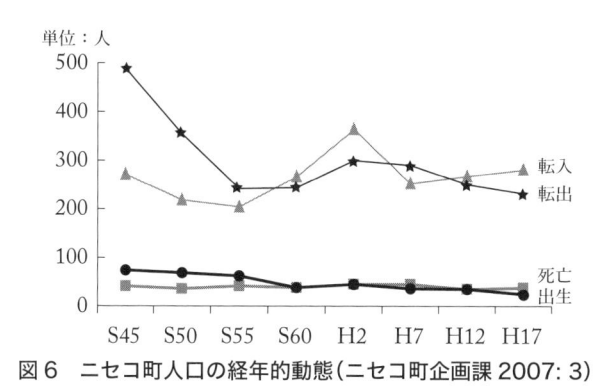

図6　ニセコ町人口の経年的動態(ニセコ町企画課 2007: 3)

4.2　グローバル化とローカリズムの復興

　こうした国内外からの新資本の参入や大規模開発、それに伴う人口の急激な流入は、ニセコ町民にとってどのような意味を持つのだろうか。実際のところ、ニセコ町の自然環境や社会生活の変化は、地域産業の活性化や公共施設の整備などといったプラスの因子だけではなく、生活環境の劇的変化(例えば、日本一の地価高騰率・自然破壊)に対する住民の違和感や防御的反応、異文化受け入れ体制の不備や遅れから生ずる住民とゲスト間での摩擦や軋轢など、多くのマイナス因子を含む可能性が指摘されている(北海道貿易情報センター 2006)。

　ことばの観点から考えるならば、今日地球規模で進行する「グローバル化」は、日本語においては外来語(特に英語)の爆発的増殖や地域方言のさら

なる共通語化など、地域文化の固有性や地域方言のバイタリティーを減退させる「均一化」現象と位置付けることができる。しかし同時に、グローバル化の進行は、共通語化とは相反する新方言の誕生（永瀬 1984, 井上 1983, 徳川・真田 1991, 真田 2000）や民族方言の固持（Labov 1963, Meyerhoff & Niedzielski 2003）などの言語変容事例が示すように、話者の地元帰属意識やアイデンティティーの復興（ローカリズム）、それに依拠する地域方言のさらなる多様化など、地域の固有性を話者が志向する逆転イデオロギーの芽生えにも繋がると言える（Johnstone 2004）。

4.3 話者の土着イデオロギーとことばのバリエーション

長年、ことばのバリエーション研究では、ことばの変化を引き起こし、その変化の方向性を左右する重要な社会的動機付けとして、話者または言語共同体が持つ「土着イデオロギー」[5]が重要視されてきた一方で（Kroch & Small 1978, Sankoff & Laberge 1978, Milroy 2004）、意外なことに本格的な研究事例はそれほど多くはない。その草分け的研究とも言える米国マーサズ・ビンヤード島の方言調査（Labov 1963）では、急速なグローバル化が進む地域社会において、それと逆行する住民の土着イデオロギーが言語変化に与える影響が経験的に立証された。当時のマーサズ・ビンヤード島は、避暑地として人気があり、毎年、夏のバケーション期になると本土から裕福な長期滞在者が多数来島し、島の生活を大きく変えていた。島本来の生活が荒らされることへの住民の不満は、特に島の伝統的な生活を営む壮年期の漁民に顕著で、その不満の度合いと自然談話における二重母音 /ai/ と /au/ の「中舌化」（例えば、time [taɪm] や house [haʊs] の [a] 部分を口をあまり大きく開けずに [ə] として発音する現象）の使用率には強い正の相関が確認された。また、比較的若い世代の島民であっても、将来、島に一生住み続けるか、本土へ渡って就職するかといった島への忠誠心や愛着の度合いによっても中舌化の程度が左右されていることも明らかになった。二重母音の中舌化には、島社会のグローバル化とは対峙するスタンスをとる島民が、島民としてのアイデンティティーを際立たせ、それを他所者へアピールするという「社会的意

味」が付与されていた。島の生活変化への反発心や防衛反応が、中舌化を動機づける社会的要因として働いていたわけである。[6]

　土着イデオロギーを明示的に話者に尋ね、言語運用との相関を実験的に検証した研究に Underwood(1988) がある。米国テキサス州出身者を被験者として、テキサスへの忠誠心を 3 つの質問(テキサス人に対して親しみを感じるか・会社で雇うとするとテキサス出身者を雇うか・テキサス出身者に投票するか)への回答を基に点数化し、テキサス英語に典型的とされる二重母音 /ai/ 母音の単母音化の使用率を当該母音を含んだ文章の読み上げ音声を基に計測した。2 つの指数(テキサスへの忠誠心と単母音化)には明らかな正の相関が確認され、話者は「テキサス人」としてのアイデンティティーを当該発音の使用を通して顕在化させたと解釈できる。

　日本国内においても、土着イデオロギーを変数として「言語使用意識」における揺れの規則性を検証する研究はいくつか見られる。真田(1988)は、西日本と東日本の間に位置する 4 地域(三重県桑名市・同長島町・愛知県名古屋市・同知立市)を対象に、一問一答方式の調査票を用いて、話者の帰属意識(西日本か東日本か)と言語使用意識の相関を検証した。その結果、東日本と西日本を分ける指標として知られる「シロクナル／シロナル」「カッタ／コータ」など複数の項目の使用(意識)において、自分の住む街をどちらに帰属させるか、自分を関西人(または、そうではない)と認識するかなど、話者の土着イデオロギーとの正の相関が確認された。また、京阪地域の大学生を対象にしたロング(1990)や北九州市の大学生を対象にした陣内(1996)では、アンケート調査を基にして異方言地域への移住に伴う土着イデオロギーの変容と言語使用意識の規則的相関が明らかになっている。両調査ともに、被験者が母方言や出身地に対して持つ誇りや肯定的評価が、移住先でも母方言を維持していく動機付けとなりうることが示されている。

4.4　調査の概要

　本予備分析では、アンケート調査によるニセコ町民の方言使用意識およびインタビューデータを基に、上述の二律背反的なイデオロギー(グローバル

化とローカリズムの復興)の混在に注目し、当該方言の共時的バリエーションと個々の住民(話者)が抱く土着意識やアイデンティティーとの規則的関係を検証する。

4.4.1 調査協力者

2010年2月より開始したニセコ町でのフィールドワークは現在も継続中であるが、これまでニセコ町の生え抜き住民20名(男6、女14)から被験者としての協力を得ている(表1, 2)。

表1 ニセコ調査 本予備分析における調査協力者の内訳

青年層(18 〜 33)	男1 女4	計5
中年層(34 〜 59)	男3 女6	計9
老年層(60 〜)	男2 女4	計6

表2 ニセコ調査 本予備分析における調査協力者の個別情報

話者ID	年齢	性別	職業
y-pos-16m	16	男	学生
y-pos-18f	18	女	学生
y-neg-20f	20	女	学生
y-neut-33f	33	女	専業主婦
y-neut-33f	33	女	専業主婦
m-neut-41f	41	女	パート職員・主婦
m-pos-45m	45	男	農業
m-neg-49m	49	男	農業
m-pos-50m	50	男	商店経営
m-neut-50f	50	女	商店経営
m-neg-53f	53	女	パート職員・主婦
m-neg-57f	57	女	農業
m-neut-58f	58	女	専業主婦
m-pos-59f	59	女	専業主婦

o-neut-62m	62	男	農業
o-neg-63m	63	男	無職
o-neg-66f	66	女	専業主婦
o-neut-71f	71	女	専業主婦
o-neg-75f	75	女	専業主婦
o-neg-77f	77	女	商店経営

(「話者ID」欄は、「年齢」-「土着イデオロギータイプ」-「年齢」-「性別」を意味する)

フィールドワークの初期段階では、公民館や町立図書館などの仲介を通して、ニセコ町の生え抜き住民を対象に調査協力の依頼をした。その後、調査が終了した協力者の友人・知人などを紹介してもらうなどの方式で調査を拡張していった。

4.4.2 データ収集

各協力者とのインタビューにおいては、調査タスクとして(1)～(4)を設定した。面接調査時の音声は、すべてデジタルレコーダー(Marantz PMD661)とラバリエマイク(audio-technica ATM14a)を用いて録音した。

(1) 話者属性に関する基本情報の収集：
　　話者の生育地・年齢・家族構成・親／祖父母・学歴・職業など
(2) 話者の社会生活に関する情報の収集：
　　趣味・特技・余暇の過ごし方・地域での社会活動・日常のコミュニケーション活動など
(3) 話者の日常語(vernacular)[7]の収集：
　　幼少時代、子供の頃よくした遊び、今も思い出に残る学校の先生・友人や出来事など
(4) ニセコ地区の生活変化に対する個人的意見や感想の収集：
　　昔と今の街の変化、生活上の変化、外客誘致、外地人の流入、町が変化して良かった事・良くなかった事、これからの課題など

インタビュー終了後、北海道方言的語彙と文法の使用に関するアンケート

調査への回答を依頼した。筆者が2010年に行った北海道方言の実時間トレンド調査（高野 2012, 2013）で使用したものを渡し、後日改めて回収に伺った。アンケートの回収率は100%であった。

　上記(1)～(4)の各具体的話題は、インタビューの中でしばしば連動することが多かった。従って、すべての協力者において同じ話題の提示順序でインタビューを進行させたわけではなく、なるべく協力者主導の談話が収集できるよう心がけた。また、話者自身がある特定の話題から逸れ、上記以外の話題を差し挟むことも少なからずあったが、それも貴重な資料として録音した。

4.4.3　分析手順

　アンケート調査による北海道方言的語彙・文法についての使用意識、インタビューによる自然談話（言語運用）、さらにはインタビュー内の特定の話題に対して話者が表明する意見や態度を基に「土着イデオロギー」とことばのバリエーションの関係を多角的に検証する。

　具体的には、各協力者とのインタビュー内容から、それぞれの協力者を土着イデオロギーの持ち方によって下記A～Cのタイプに分け、方言使用意識上のバリエーションとの規則的関係を検証する。

A. ニセコ地区の社会変化へ否定的・反対意見を持つ話者（表2 話者ID欄参照：「年齢層 -neg- 年齢 - 性別」として表示）
B. ニセコ地区の社会変化へ肯定的・前向きな意見を持つ話者（表2、「年齢層 -pos- 年齢 - 性別」として表示）
C. 社会変化へは中立的立場、またはどちらの立場もはっきりとは示さなかった話者（表2、「年齢層 -neut- 年齢 - 性別」として表示）

　最後に、ニセコ地区の変化に対し否定的なスタンスを協力者20名の中で最も能弁に語った男性話者（表2, 話者ID: m-neg-49m）を例にとり、インタビュー談話に観察される音声的バリエーションを土着イデオロギーとの関連

で論じる。

4.5　分析結果(1)　ニセコにおける方言使用意識と世代差

　北海道方言的語彙・文法に関するアンケート調査では、先行研究を参考に、語彙項目および文法項目をそれぞれA群・B群に分けた(表3)。A群は「古方言」や「中興方言」を含み(井上1983)、[8] 古くから認知されてきたが北海道方言全般の共通語化の進行とともに若い世代に向け廃れつつある項目、B群は1970〜80年代に盛んに行われた北海道方言調査(小野1983、国立国語研究所1997など)により「新方言」と特定された項目から構成される。[9] 本ニセコ調査では、ちょうど中年層話者(34〜59歳)が1970〜80年当時の「新方言」の担い手であったと考えられる。

表3　ニセコ調査　語彙・文法アンケートにおける調査項目(A群・B群)の代表例

	A群	B群
語彙項目	トーキビ(とうもろこし)・シバレル(寒い)・コワイ(くたびれた)、など39項目	シャッコイ(つめたい)・メンコイ(かわいい)・バクル(交換する)、など10項目
文法項目	カカサラナイ((ペンなどが)書けない)・スレ((勉強)しろ)・タカイバ((値段が)高いなら)、など20項目	カクベ(書くだろう)・コイバイー(来ればいい)・アッタカイ(暖かい)、など22項目

(各項目の括弧内は共通語形)

　語彙A群(伝統的方言語彙)は39項目、語彙B群(新方言的語彙)は10項目、文法A群(伝統的方言文法)は20項目、文法B群(新方言的文法)は22項目、合計91項目を今回の分析対象とする。バリエーションの分析にあたっては、4種類の各項目群(語彙A・語彙B・文法A・文法B)において、回答者が方言的項目を選んだ場合は1点、共通語的項目を選んだ場合は0点を加点し、満点(100%)は91点(語彙A39点、語彙B10点、文法A20点、文法B22点)となる。この割合が高ければ高いほど、(少なくとも意識上は)ことばに方言的色彩が濃いということになる。

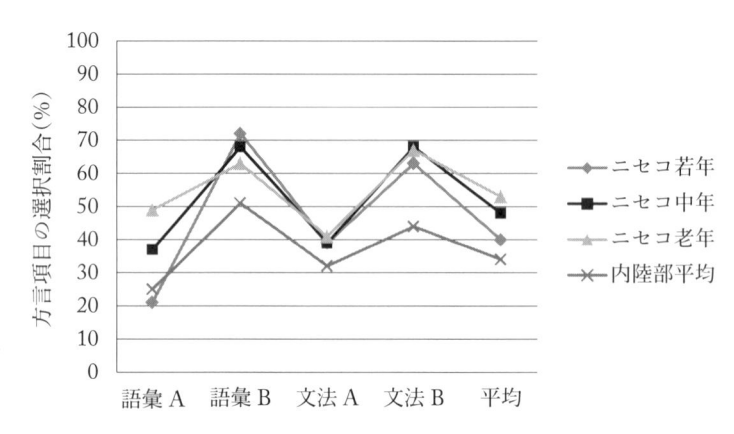

図7 ニセコ町における方言使用意識の世代差と内陸部平均値との比較

　図7は、ニセコ町における方言使用（意識）の世代差を示す。また、比較のため筆者が2010年に行った北海道方言的語彙・文法に関する実時間調査（高野2012, 2013）からニセコ町が属すると思われる内陸部方言話者の平均値（若年・中年・老年層）も加えた。図7から北海道内の他の内陸部地域の平均値に比べ、ニセコ町はより方言的だと言える。古方言・新興方言（語彙A、文法A）に比べ、1970～1980年代に新方言とされた項目（語彙B、文法B）がどの世代でも広まりを見せている。しかし、その世代差は大きなものではない。

　ニセコ内の世代間格差は、平均点において予想どおり、老年＞中年＞若年の順でより方言色が薄まるがそれほど顕著なものではない。世代差が最も顕著なのは、古方言・新興方言に属する語彙項目（語彙A）のみであり、同類の文法項目（文法A）においては三世代間の差異は見られない。ニセコ町では全般的に若い世代（中年・若年）へ向けての共通語化はあまり進んでいないと言える。

4.6　分析結果（2）　土着イデオロギーの世代差と個人差の背景

　図8～10は、世代別に各協力者の方言的項目の使用（意識）を割合（％）で

示す。

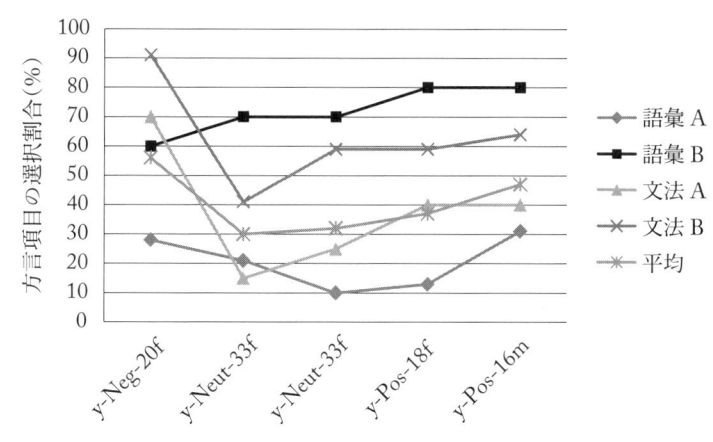

図8　若年層話者の方言使用意識と土着イデオロギータイプ

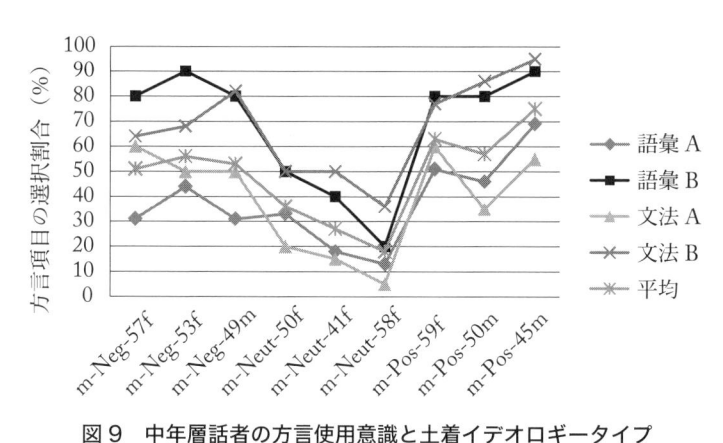

図9　中年層話者の方言使用意識と土着イデオロギータイプ

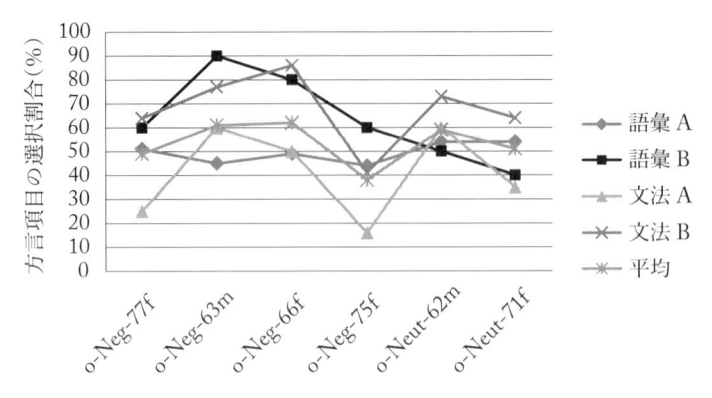

図 10　老年層話者の方言使用意識と土着イデオロギータイプ

　まず世代ごとに、土着イデオロギータイプの分散を見てみよう（各表横軸）。若い世代（図 8）では、グローバル化に伴う地域社会の変化に否定的な住民は少なく（5 名中 1 名 y-Neg-20f）、肯定的 2 名（y-pos-18f, 16m）・中立的 2 名（y-Neut-33f, 33f）となっている。対照的に、老年世代（図 10）は否定的または懐疑的な住民が多数派であり（6 名中 4 名 o-Neg-77f, 63m, 66f, 75f）、中年世代（図 9）では否定的（3 名 m-Neg-57f, 53f, 49m）、中立的（3 名 m-Neut-50f, 41f, 58f）、肯定的住民（3 名 m-Pos-59f, 50m, 45m）が均等に散らばっている。急速なグローバル化という生活変化を目の当たりにし、若者は柔軟でオープンな姿勢、働き盛りの中年は職業を中心とした社会生活上の個人差から意見や態度は人により様々、お年寄りは頑なで防御的な姿勢を示す傾向にあることは、社会全般でよく見られる社会心理や行動パターンの世代間格差と一致すると言えよう。

　しかし、そのような世代ごとの傾向を受け、各世代内でさらに 1 人 1 人の社会生活や日常のコミュニケーション形態を質的観点からつぶさに分析していくと、個々人が持つ特定イデオロギーの背景（理由）がある程度は説明がつくように思われる。特にグローバル化に対し、肯定的意見を述べる住民には共通して「地元との密度の濃い関わり合い」が挙げられる。また、中立的な立場をとる（または何も意見や感想を表明しなかった）住民にも、社会生活における一定の共通項が見られた。以下で、その詳細を世代ごとに見ていく

ことにする。

　若年層の肯定的住民 1 名 (y-pos-18f) は幼い頃から英語が好きで、観光客への道案内のボランティア活動に参加するなど地域の外客誘致関連活動に積極的な若者であり、もう 1 名 (y-pos-16m) は長く生徒会役員を務め、クラブ活動で町外へ遠征する機会も多い活動的な若者である。どちらの話者も日常生活の中で、ニセコ住民以外の人々を含む外集団的な広範なコミュニケーション活動に触れる機会が多く、成人と比べそのレンジは狭いとはいえ、社会生活での視野は外向きと言える。

　中年層の肯定的住民 (図 9) は、上記の若年層二名と同様、日常生活の中で地域に密着した社会活動に積極的に参与している。商店経営者 (m-pos-50m) は地元の会議体で役職を持ち外客誘致関連活動に直接的に関わっている。専業主婦 (m-pos-59f) はニセコ町民を主体とした NPO 団体の理事として幅広く町の行政にも参画する機会を多く持つ。自営農業主 (m-pos-45m) も町内の他の農家と連携して農業祭を企画・運営したり、地元のスポーツ振興活動に積極的に参与している。

　グローバル化に否定的な立場が主流である老年層 (図 10) の中にあって、グローバル化は「時代の趨勢」「痛し痒し」「町のためには仕方ない」として他の老年層住民よりは比較的オープンで中立的な立場をとる住民が 2 名いた。住民 o-Neut-62m は、多くの自営農家をまとめる連合会の会長、住民 o-Neut-71f は長年、民生委員として町に貢献し、地元では良く知られた人である。どちらも地域社会と関わり合いの深い社会生活を送っていると言える。

　一方それとは対照的に、グローバル化に対し明確な意見や感想を持たない住民は、おしなべて地域の変化に比較的無関心か、日常生活の中でそれをほとんど実感していない人々が多かった。若年層の中立的住民 2 名 (y-neut-33f, y-neut33f) は両者とも子育てに多忙な専業主婦で、どちらも社会生活の中で直接的に地域の変化を実感することはほとんどないとし、インタビューを通して町の変化に対する意見や感想を述べることはなかった。同様に、立場を明確には述べなかった中年層住民 3 名は、家業である商店経営に携わる女

性 (m-Neut-50f)、パートで働く主婦 (m-Neut-41f)、専業主婦 (m-Neut-58f) などであるが、どの話者もとりたてて地域の社会活動に積極的に関与している住民ではなかった。

最後に、グローバル化に対し否定的な立場をとる住民の意見は人により様々であった。外国人による土地 (特に水源) の買い占めや自然破壊に危惧を抱く農業主や農協退職者、「本州からの転入者は本当の北海道 (特に厳しい冬) を知らない」とニセコ人気の持続に懐疑的な人々、「知らない人が多くなり、こじんまりした町が住みづらくなった」と不満を述べる人々、グローバル化への町の対応が遅れていて、これ以上の規模の拡大は困難と考える人などがいた。

4.7　分析結果(3)　方言使用意識のバリエーションに見る二つのローカリズム

図 8 〜 10 からは特定の土着イデオロギータイプと方言使用 (意識) 割合において、興味深い相関が見られる。過去の類似の研究 (Labov 1963 など) から概観したように、地域社会の変動に否定的な住民が、郷土への忠誠心や帰属意識から「ローカリズム」を主張する。そのような社会的意味の伝達手段として当該地域に特徴的な言語変項を誇示する傾向は、ニセコのグローバル化に否定的なスタンスをとる話者において (少なくとも方言使用意識上は) 一貫して見られる。それは特に図 9 の中年層 3 名 (m-Neg-57f, m-Neg-53f, m-Neg-49m) の示す高い方言使用 (意識) の割合に明確に現れており、若年層 1 名 (図 8, y-Neg-20f)、老年層 3 名 (図 10, o-Neg-77f, o-Neg-63f, o-Neg-66f) においても類似の傾向が観察される (各図の平均点ラインを参照)。また、ローカリズムを主張する言語的方略は、例えば、古方言や新興方言を再生させるのではなく、比較的新しい方言項目 (語彙 B、文法 B) がその役割を担っていると言える (図 8 〜 10)。

一方、図 8 〜 10 では、過去の研究ではあまり指摘されてこなかった新しい発見もある。ニセコのグローバル化に肯定的なスタンスをとる住民たちにおいても、否定的な住民と同様、地域方言への強い志向性が一貫して観察される。中年層 3 名 (図 9, m-Pos-59f, m-Pos-50m, m-Pos-45m) と若年層 2 名 (図

8, y-Pos-18f, y-Pos-16m）は、特に高頻度の方言使用（意識）を示す（各平均点ラインを参照）。このことから、地域社会のグローバル化を受容する住民が当該地域方言の衰退（共通語化）を押し進める主体になるわけでは必ずしもなく、むしろ日々変化する地域社会と積極的に向き合い新しい変化と融合する社会生活を送ることで、グローバル化に否定的な住民とは異なる類の「ローカリズム」をかたち作り、地域方言の保持に貢献していると言える。上記のグローバル化に否定的な住民と同様、ここでも比較的新しい方言項目（語彙B、文法B）が活用されている。

最後に、方言使用意識から少なくとも推察できることとして、ことばの共通語化を進める母体は、地域の社会変化に比較的無頓着で拘りがなく、地元で先端的な社会活動に参与する機会をあまり持たないごく一般的な住民である可能性が高い。

4.8　分析結果（4）　自然談話における土着イデオロギーの顕在化

地域の急速なグローバル化に対する住民のローカリズムは、実際の言語運用の中でどのように顕在化するのだろうか。本予備分析では、20名の調査協力者の中でもとりわけ地域のグローバル化に対し否定的なイデオロギーを雄弁に語った話者1名（m-Neg-49m）をケーススタディとして取り上げ、特に音声面におけるバリエーションについて「話題」との相関に着目して分析する。

当該話者（49歳男性・自営農業）は、ニセコ町の農家の長男として生まれ育ち、20代前半に冬の出稼ぎとして数ヶ月を本州で過ごした以外、外住歴はない。家業である農業を継いで四代目となる。ニセコのグローバル化に関しては、特に自然破壊や土地（特に水資源）の買い占めなどに対し強い反対意見を述べていた。

約1時間半に及ぶインタビュー音声を基に、特に以下の変項（1），（2）の揺れに内在する規則性をインタビュー内容（話題）との関係に着目して検証した（cf., Rickford & McNair-Knox 1994, Schilling-Estes 2004）。

（１）「語頭以外のカ行子音の有声化」(池上他 1977，北海道方言研究会 1978，国立国語研究所 1997)：
ネゴ（猫）・セナガ（背中）・ニセゴ（ニセコ）・言ったゴト（事）に・陰にカグレテ(隠れて)など

（２）「語頭以外のタ行子音の有声化」(池上他 1977，北海道方言研究会 1978，国立国語研究所 1997)：
ハド（鳩）・コドシ（今年）・親がタテデ（建てて）・そんドキ（その時）、など

表4　49歳男性自営農主の音声バリエーションと話題の規則的関係

	人物背景	幼少時代	グローバル化意識・態度	農業やりがい・想い	計
カ行有声化	37.5% (3/8)	50% (14/28)	64.4% (29/45)	53.8% (14/26)	56.1% (60/107)
タ行有声化	9.1% (1/11)	17.5% (7/40)	23.7% (9/38)	26.9% (7/26)	20.9% (24/115)

　表4から全般的にタ行子音（平均 20.9％）よりもカ行子音の有声化（平均 56.1％）の割合が高いのが分かる。インタビュー内では、生い立ちや家族構成などについて尋ねた「人物背景」(図 11, 12: demographic info.)、幼い頃のニセコや学校での出来事・よくした遊びなどについて尋ねた「幼少時代」(childhood)、ニセコのグローバル化に対する個人的意見や感想を尋ねた「グローバル化」(attitude)、自分の仕事（農業）への想いややりがいを尋ねた「農業」(identity)などの話題について語ってもらったが、図 11, 12 から各変項の使用上のバリエーションにはそれらの話題特性との明らかな規則的相関が確認できる。

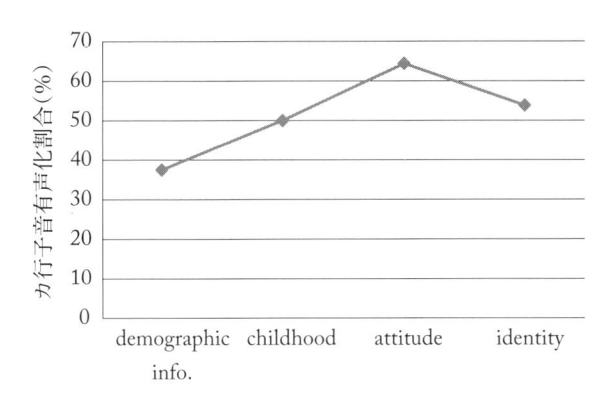

図11　49歳男性自営農主の談話音声における語頭以外のカ行子音有声化 x 話題

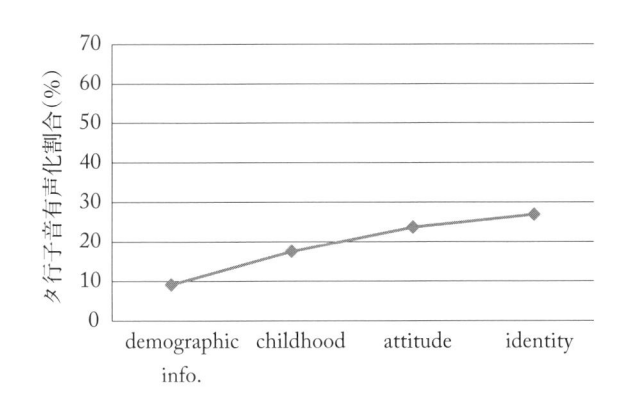

図12　49歳男性自営農主の談話音声における語頭以外のタ行子音有声化 x 話題

　図11から、グローバル化に対する否定的なイデオロギーと関連する話題（attitude）において、当該話者は方言的特徴である「カ行子音の有声化」(64.4％)を最も頻繁に用いていることが分かる。また、社会全般に若者や都会人などから敬遠されがちな農業という仕事への熱い想いややりがいを語る場面（identity）においても、当該変項は高い頻度で用いられている。これらの傾向は、カ行子音に比べ全般的に使用頻度の低い「タ行子音の有声化」においても見られ、どちらの話題においても平均（20％程度）を上回る頻度で用いられている（図12）。当該話者の生い立ちや家族構成などを尋ねる比較的中立的な話題から、より「日常語」を使うとされるカジュアルな場面（表

4 幼少時代、図 12 childhood)へ話が移るにつれ、どちらの変項の使用においても徐々に頻度が増す。そして、地域のグローバル化への個人的意見を表明したり、農家としての自己の社会的アイデンティティーを主張する場面においては、さらに高い使用頻度を示し、当該話者の話ことばにはより方言的趣が誇示されることになる。

　以上のように、インタビュー時における「話題」と密接に関わる規則的変異から、当該音声変項が話者の土着イデオロギーを指標する言語的リソースの1つとして活用されていることは明らかである。これは、先に概説した方言使用意識と土着イデオロギーの相関における相乗的な関係と同様、自然談話という実際の言語運用においても、(おそらく無意識的に)話者は音声という仔細なバリエーションを通して、土着イデオロギーを顕在化させていると言える。

5. おわりに

　急速なグローバル化が進む今日の日本社会において地域方言の共通語化は極めて自然な成り行きと言える。しかし、それとは逆行するかたちで地域の固有性や土着性を誇示・主張するイデオロギーの草の根的な芽生えやそれと密接に関わる地域方言の固持など「ローカリズム復興」の可能性については、これまでのバリエーション研究において本格的な調査は行われてこなかった。急速なグローバル化が進む地域社会(ニセコ)をフィールドにした今回の調査結果から、予備的分析の段階ではあるが、住民たちの言語意識や実際の言語運用における「ローカリズム」の現れとそれと相乗的関係にある地域方言保持の可能性は経験的に立証できたのではないかと考える。

　また、本調査では、従来のバリエーション研究における諸調査方法論を積極的に融合し適宜活用した。具体的には、「方言使用意識」(語彙・文法アンケート調査)や実際の談話データ(インタビュー)など言語運用に関わる異なる次元からのデータの収集、さらには、インタビューの中で垣間見られる住民の意識や態度の有り様に注目する「質的洞察」を分析に組み込むことで、

ことばのバリエーションが持つ「社会的意味」を探究する試みを紹介した。

　今後の研究の展開として、言うまでもないが、より調査規模を拡大し、今回の検証で明らかになった話者の土着イデオロギー（肯定・否定・中立）と言語使用上のバリエーションの相関が、地域社会全体の中にどのように埋め込まれ、当該方言全般の変化とどのように結びついているのかを見極めることが重要課題となる。また、分析方法論に関しても、音声のみならず語彙・文法・談話など言語の諸側面に目を向け、頻度の高・低に関わらず、土着イデオロギーを伝達する手段となるような変項の特定を注意深く継続すべきである。分析用データに関しても、アンケート調査による方言使用意識や調査者によるインタビュー談話のみならず、友人間や家族間会話など内集団的場面における言語運用の個人内変異（スタイル）を観察し、多元的視点から土着イデオロギーの発現を見極めるべきである。

注
1　こうして成立した理論的枠組みは、「変異理論」「バリエーション理論」「バリエーション言語学」などと称される。
2　本調査は、文部科学省科学研究費・挑戦的萌芽研究（No. 21652040）『急速なグローバリゼーションによる地域方言の変容と話者心理に関する社会言語学的研究』（2009 年～ 2011 年度　研究代表者　高野照司）からの助成を受け行われている。
3　本章における「グローバル化」は、類似概念である「国際化」と対比して、住民の生活実態と深い関わりを持った、より草の根的で、私的かつ庶民的な社会変化として捉えておく。また、外国人との交流のみならず、国内の異文化や他地域住民との日常生活上必要とされる交流や行き来を含む。
4　ニセコ町に隣接する倶知安町では、1959 年（昭和 34 年）、国立国語研究所（1965）が徳島県から入植した一戸の農家を対象に 3 世代（1 ～ 3 世）にわたる言語の移り変わりを調査した。その結果、倶知安町のみならず他の道内調査地点においても、入植第二世代では親の出身地の方言的特徴がいくらか見られるが、第三世代では親や祖父母の影響はほとんど受けず、道内のどこの地域でも似通った北海道方言が話されていることが分かった。
5　「土着イデオロギー」とは、話者が生まれ育った郷土に向ける愛着・帰属意識・

忠誠心・誇りなどを含めた包括的な概念として定義しておく。
6 　一方、グローバル化の進む地域社会における土着イデオロギーとことばのバリエーションの密接な関係は、方言の変容のみならず、バイリンガル社会における言語シフト事象でも確認されている。1970 年代、オーストリアとハンガリーの国境の町 Oberwart では、地域社会全般で進行しつつあるドイツ語への漸次的シフトが、地域に伝統的な農業主体の生活を嫌う女性たちが主体となって推進されていた (Gal 1978)。新規産業の参入によって近代化する当該地域社会において、新時代の女性の社会的役割の象徴としてドイツ語が機能していたと言える。上記のマーサズ・ビンヤード島は、島社会の変化を嫌い地域の伝統的な生活様式や価値観を志向する土着イデオロギーが、島特有の方言的特徴を固持する方向へと言語変化を進めた事例であり、一方 Oberwart は、地域社会の変化を積極的に受け入れ地域固有の古い価値観を否定する土着イデオロギーが、地域の二言語併用パターンにおける反土着的な方向付けを強化していった事例と言える。方向性（土着語化と反土着語化）は異なるものの、どちらの事例においても、話者（または言語共同体全体）の持つ土着イデオロギーがことばのバリエーション・変化と「正の相関」を示している事例だと言える。
7 　「日常語」とは、私たちが言語形成期（おおよそ、小・中学校時代）に獲得すると言われる、自然で無意識的なことば遣いのことである。日常語は、様々なことばのスタイルの中で最も安定した規則的な体系であることがわかっており、ことばのバリエーション分析には良質のデータを提供してくれると考えられる (Labov 1966)。しかし、調査という人工的な場面で、普段のなにげない場面で用いられるような話者の日常語を採取することは決して容易ではなく（「観察者のジレンマ」）、通常、調査者（インタビューアー）は話す題材（話題）の調整を柔軟に行いながら、話者が自分のことば遣いに意識を向けずに「素の自分」が出たことば遣いを採取しようと努める。一般に、子供の頃にした遊びや喧嘩、死ぬかと思った時の出来事などは日常語を採取するには効果的だと言われる (Labov 2006)。
8 　古方言は、古くからの方言形で今では衰退してしまい老年層にわずかに残るもの。中興方言は、一度若い世代で増え始めたが、新方言や共通語形が台頭したため勢力が尻すぼみになったもの（井上 1983）。
9 　「新方言」とは、「若い世代において、新たに発生し、又は勢力をひろげつつある非標準語形で、地元でも方言扱いされているもの」である（井上 1983: 5）。

参考文献

Bell, A. (1984) Language style as audience design. *Language in Society*, 13: 145–204.
Bell, A. (2001) Back in style: reworking audience design. In P. Eckert & J. Rickford (eds.), *Style and Sociolinguistic Variation*. Cambridge: Cambridge University Press. pp.139–169.

Biber, D., & Finegan, E. (eds.) (1994) *Sociolinguistic Perspectives on Register*. Oxford: Oxford University Press.

Cedergren, H. J., & Sankoff, D. (1974) Variable rules: performance as a statistical reflectionof competence. *Language*, 50: 333–355.

Chambers, J. K. (1992) Dialect Acquisition. *Language* 68(4): 673–705.

Chambers, J. K. (2009) *Sociolinguistic Theory* (Revised Edition). Oxford: Wiley-Blackwell.

Chomsky, N. (1965) *Aspects of the Theory of Syntax*. Cambridge, MA: MIT Press.

Coates, J., & Cameron, D. (eds.) (1988) *Women in Their Speech Communities*. London: Longman.

Coupland, N. (2001a) Dialect stylization in radio talk. *Language in Society* 30: 345–375.

Coupland, N. (2001b) Language, situation, and the relational self: theorizing dialect-style in sociolinguistics. In P. Eckert & J. Rickford (eds.), *Style and Sociolinguistic Variation*. Cambridge: Cambridge University Press. pp.185–210.

Duranti, A., & Goodwin, C. (eds.) (1992) *Rethinking Context: Language as an Interactive Phenomenon*. Cambridge: Cambridge University Press.

Eckert, P. (1988) Adolescent social structure and the spread of linguistic change. *Language in Society*, 17: 183–207.

Eckert, P. (1991) Social polarization and the choice of linguistic variants. In P. Eckert (ed.), *New Ways of Analyzing Sound Change*. New York: Academic Press. pp.213–232.

Eckert, P. (1997) Age as a sociolinguistic variable. In F. Coulmas (ed.), *The Handbook of Sociolinguistics*. Oxford: Blackwell. pp.151–167.

Eckert, P. (2000) *Linguistic Variation as Social Practice*. Malden, MA: Blackwell.

Eckert, P. (2005) *Variation, convention, and social meaning*. Paper presented at the Annual Meeting of the Linguistic Society of America. Oakland, California.

Eckert, P., & McConnell-Ginet, S. (1992) Think practically and look locally: language and gender as community-based practice. *Annual Reviews of Anthropology*, 21: 461–490.

Eckert, P., & Rickford, J. (eds.) (2001) *Style and Sociolinguistic Variation*. Cambridge: Cambridge University Press.

Fought, C. (2002) Ethnicity. In J. K. Chambers, P. Trudgill, N. Schilling-Estes (eds.), *The Handbook of Language Variation and Change*. Cambridge: Cambridge University Press. pp.444–472.

Foulkes, P. (2005) The Social Life of Phonetics and Phonology. Plenary address at the 5th UK Language Variation and Change Conference, University of Aberdeen.

Foulkes, P., & Docherty, G. (2006) The social life of phonetics and phonology. *Journal of Phonetics* 34: 409–438.

Gal, S. (1978) Peasant men can't get wives: Language change and sex roles in a bilingual

community. *Language in Society* 7: 1–16.
Giles, H., & Coupland, N. (1991) *Language: Contexts and Consequences*. Buckingham: Open University Press.
Graddol, D., & Swann, J. (1989) *Gender Voices*. Oxford: Blackwell.
Gumperz, J. J. (1982a) *Discourse Strategies*. Cambridge: Cambridge University Press.
Gumperz, J. J. (ed.) (1982b) *Language and Social Identity*. Cambridge: Cambridge University Press.
Guy, G. (1980) Variation in the group and the individual: the case of final stop deletion. In W. Labov (ed.), *Locating Language in the Time and Space*. New York: Academic Press. pp.1–36.
Guy, G. (1991) Explanation in variable phonology: an exponential model of morphological constraints. *Language Variation and Change*, 3: 1–22.
Guy, G. R., & Boberg, C. (1997) Inherent variability and obligatory contour principle. *Language Variation and Change*, 9: 149–164.
Habick, T. (1991) Burnouts versus Rednecks: Effects of group membership on the phonemic system. In P. Eckert (ed.), *New Ways of Analyzing Sound Change*. New York: Academic Press. pp.185–212.
北海道方言研究会(1978)『共通語化の実態―北海道増毛町における3地点全数調査』北海印刷
北海道貿易情報センター(2006)「ニセコ地域における外国人の観光と投資状況に関する報告書(要約)」2006年1月
北海道新聞社(2011年2月15日)「人口急減予測超え」朝刊3頁
Hymes, D. (1974) *Foundations in Sociolinguistics: An Ethnographic Approach*. Philadelphia, PA: University of Pennsylvania Press.
池上二良・五十嵐三郎・柴田武・岡本次郎・小野米一・大山信義・井上史雄(1977)『北海道浜ことばの共通語化に関する計量社会言語学的研究』昭和51・52年度文部省科学研究費(総合A)研究報告書
井上史雄(1985)『新しい日本語―《新方言》の分布と変化』明治書院
井上史雄(編)(1983)『《新方言》と《言葉の乱れ》に関する社会言語学的研究―東京・首都圏・山形・北海道』昭和57年度科学研究費補助金(総合研究A)研究成果報告書
陣内正敬(1996)『地方中核都市方言の行方』おうふう
Johnstone, B. (2004) Place, globalization, and linguistic variation. In C. Fought (ed.), *Sociolinguistic Variation: Critical Reflections*. Oxford: Oxford University Press. pp.65–83.
Kerswill, P., & Willliams, A. (2000) Creating a New Town koine: Children and language change in Milton Keynes. *Language in Society* 29: 65–115.

国立国語研究所（1965）『共通語化の過程―北海道における親子三代のことば―』国研報告書 27
国立国語研究所（1997）『北海道における共通語化と言語生活の実態（中間報告）』調査報告書国立国語研究所
Kroch, A., & Small, C. (1978) Grammatical ideology and its effect on speech. In D. Sankoff (ed.), *Linguistic Variation: Models and Methods*. New York: Academic Press. pp.45–55.
Labov, W. (1963) The social motivation of a sound change. *Word*, 19: 273–309.
Labov, W. (1966) *The Social Stratification of English in New York City*. Arlington, VA: Center for Applied Linguistics.
Labov, W. (1969) Contraction, deletion and inherent variability of the English copula. *Language*, 45 (4): 715–62.
Labov, W. (1972a) *Sociolinguistic Paterns*. Philadelphia: University of Pennsylvania Press.
Labov, W. (1972b) Some principles of linguistic methodology. *Language in Society*, 1: 97–120.
Labov, W. (2006) *The Social Stratification of English in New York City (Second Edition)*, Cambridge: Cambridge University Press.
Le Page, R., & Tabouret-Keller, A. (1985) *Acts of Identity: Creole-based Approaches to Language and Ethnicity*. Cambridge: Cambridge University Press.
ロング・ダニエル（1990）「大阪と京都で生活する他地方出身者の方言受容の違い」『国語学』162
Meyerhoff, M., & Niedzielski, N. (2003) The globalisation of vernacular variation. *Journal of Sociolinguistics* 7 (4): 534–555.
Milroy, L. (1980) *Language and Social Networks*. Cambridge, MA: Blackwell.
Milroy, L. (2004) Language ideologies and linguistic change. In Carmen Fought (ed.), *Sociolinguistic Variation: Critical Reflections*. New York: Oxford University Press. 161–177.
永瀬治郎（1984）「都会の方言―東京」『国文学解釈と鑑賞』5 月臨時増刊号 143–157 頁
ニセコ町企画課（2007）『広報ニセコ』2 月号（No. 538）
ニセコ町（2009）『数字で見る NISEKO』ニセコ町統計資料 2009 年 5 月末版
ニセコ町百年史編さん委員会（編）（2002）『ニセコ町百年史』ぎょうせい
小野米一（1983）「北海道の《新方言》事象」井上史雄編『《新方言》と《言葉の乱れ》に関する社会言語学的研究―東京・首都圏・山形・北海道』昭和 57 年度科学研究費補助金（総合研究 A）研究成果報告書
Payne, A. (1980) Factors controlling the acquisition of the Philadelphia dialect by out-of-state children. In W. Labov (ed.), *Locating Language in Time and Space*. New York:

Academic Press. pp.143–178.

Podesva, R. (2006) *Phonetic Detail in Sociolinguistic Variation: Its Linguistic Significance and Role in the Construction of Social Meaning*. Unpublished Ph. D. dissertation, Stanford University.

Prince, A., & Smolensky, P. (1993) Optimality theory: Constraint interaction in generative grammar. Manuscript, Rutgers University and University of Colorado at Boulder.

Rampton, B. (1995) *Crossing: Language and Ethnicity Among Adolescents*. New York: Longman.

Rickford, J., & McNair-Knox, F. (1994) Addressee-and topic-influenced style shift: A quantitative sociolinguistic study. In D. Biber & E. Finegan (eds.), *Sociolinguistic Perspectives on Register*. Oxford: Oxford University Press. pp.235–276.

Roberts, J., & Labov, W. (1995) Learning to talk Philadelphian: Acquisition of short a by preschool children. *Language Variation and Change* 7: 101–12.

真田信治(1988)「方言意識と方言使用の動態―中京圏における」国立国語研究所編『方言研究法の探究』秀英社出版 41–80 頁

真田信治(2000)『脱・標準語の時代』小学館文庫

Sankoff, D. (1988) Sociolinguistics and syntactic variation. In F. J. Newmeyer (ed.), *Linguistics: The Cambridge Survey*, vol. 4：*The Socio-Cultural Context*. Cambridge: Cambridge University Press. pp.140–161.

Sankoff, D., & Labov, W. (1979) On the uses of variable rules. *Language in Society*, 8: 189–222.

Sankoff, D., & Laberge, S. (1978) The linguistic market and the statistical explanation of variability. In D. Sankoff (ed.), *Linguistic Variation: Models and Methods*. New York: Academic Press. pp.239–250.

Schilling-Estes, N. (2004) Constructing ethnicity in interaction. *Journal of Sociolinguistics* 8 (2): 163–195.

徳川宗賢・真田信治(編)(1991)『新・方言学を学ぶ人のために』世界思想社

高野照司(2012)第 2 章「時間からことばの変化をさぐる」日比谷潤子編著『はじめて学ぶ社会言語学』ミネルヴァ書房 32–53 頁

高野照司(2013)「北海道方言の共通語化・新方言の半世紀後の様相―実時間トレンド調査による検証―」『北海道方言研究会会報』第 89 号 76–91 頁

Underwood, G. N. (1988) Accent and identity. In A. R. Thomas (ed.), *Methods in Dialectology: Proceedings of the 6th International Conference*. Multilingual Matters. pp.406–427.

Weinreich, U., Labov, W., & Herzog, M. I. (1968) Empirical foundations for a theory of language change. In W. P. Lehmann and Y. Malkiel (eds.), *Directions for Historical*

Linguistics. Austin, TX: University of Texas Press. pp.95–188.

Wolfson, N., Marmor, T., & Jones, S. (1989) Problems in the comparison of speech acts across cultures. In S. Blum-Kulka, J. House and G. Kasper (eds.), *Cross-Cultural Pragmatics: Requests and Apologies*. Norwood, NJ: Ablex. pp.174–196.

🐾🐾🐾 こらむ
文脈・コンテクスト

高野照司

　「文脈」が「文（発話）の脈絡」や「文（発話）の繋がり」といった、字面からは直接読み取れない言外の意味を示唆する限定的な概念であるのとは対照的に、国内外を問わず、近年の言語運用研究における「コンテクスト」は、発話の「背景」をより包括的に捉え、実際の分析作業に活用できる実用的概念として機能している。コンテクストを重要視する研究者は、発話の背景となる1つ1つの構成要素を厳密に定義し、それらを発話データの分析や解釈に役立てる。

　では、「コンテクスト」を言語運用分析に援用するとはどういうことなのか、具体的に考えてみよう。本コラムでは、あるコミュニカティブ・イベント（伝達事象、以下 CE と略す）が生起するコンテクストを構造化し、実際の分析への汎用を狙ったモデル（Hymes 1974）を出発点として、コンテクストへの多様なアプローチを概観することにする。当該モデルは、"SPEAKING" の各文字がコンテクストを構成する各要素（パラメター）のアクロニム（頭字語）になっており、暗記するのに都合よく構成されている。このモデルは、分析対象となる言語・文化が何であれ、共通したこれら8つのパラメターに基づいてある CE を系統的に分析することで、異言語・異文化間比較などを可能にする言語普遍的な枠組みを提供する。以下では、Saville-Troike（1989: 138–139）を参考に各パラメターを簡潔にまとめる。

　Saville-Troike（1989）では、上記の8パラメター以外に CE 内で取り上げられる「話題」（Topic）、（言外の意味ではなく）発話自体が言及する指示的内容（Message Content）、発話権の保持や譲渡のしくみなどを含む相互作用（会話）における文化的規則（Rules for Interaction）などを重要パラメターとして追加している。

　実際のところ、ある CE の背景要素をどこまでコンテクストとして含めるべきか、どのような構成要素に焦点が置かれるべきか、発話データの分析や解釈にコンテクストの役割をどの程度反映させるかなどの作業方針については、諸学派・研究者間で隔たりがあるのも事実である。

　例えば、第2章で解説したことばのバリエーション研究では、下表のP（articipants）パラメターに相当する年齢・社会階層・性別・人種／民族性などといった固定的な話者属性も、言語運用を左右する重要な「言語外的要因」（non-linguistic factors）として「コンテクスト」に含められることになる。特に近年の展開では、Pパラメターの重要度はさらに増し、その射程も拡張を見せる。聴衆構成（「オー

コンテクストを構成する SPEAKING パラメター		日本文化における CE 例 (Saville-Troike 1989: 153–154)
S = Setting/Scene (設定・場面)	CE が生起する時間・場所・物理的環境（部屋の大きさや家具の配置など）	訪問販売・玄関先
P = Participants (参与者)	CE の参与者に関する情報。各参与者の年齢・人種／民族性・社会的地位、参与者間の年齢構成や相対的力関係	セールスマン(S)・主婦(H)、力関係：H＞S
E = Ends (目的)	CE を行う目的、各参与者の意図	商品・サービスに関心を持ってもらう・購入してもらうこと
A = Act sequence (行為の筋道)	CE の構成物である発話の一連の流れ、話者交代のしくみ、発話権の分布、重複・妨害・沈黙の意味	挨拶(S) → 承認(H) → 身元確認(S) → 訪問目的についての問いかけ(H) → 訪問目的の説明(回答)(S) → 関心(無関心)の表示(H)
K = Key (調子)	CE 全体の雰囲気や各発話のトーン（深刻さ、あてこすり、からかいなど）	控え目・友好的・明快さ
I = Instrumentalities (手段)	話しことば・書き言葉・絵文字、標準語・方言、非言語（ジェスチャー・視線など）	話しことば、（場合によって、書きことば、写真、絵、実物など）
N = Norms (規範)	ある CE について一般的に期待される解釈やそれを支える参与者間の共有知識および文化的背景。当該文化で「常識」とされる規範	・S は簡潔に意図を述べる ・H に関心がなければ無理強いしない ・H に関心があれば詳細説明に入る
G = Genres (類型・ジャンル)	CE 自体の類型（語り、講義、挨拶、日常会話、ジョークなど）	販売、勧誘

ディエンス・デザイン」Bell 1984)、会話参与者間で交渉されるウチ／ソト意識 (Sukle 1994)、話者と対話者との発話応化 (Takano 1998)、特定社会集団への帰属を誇示するアイデンティティーの表示行為 (Le Page & Tabouret-Keller 1985) など話者の「社会的実践」をコンテクストの構成要素とみなし、ことばのバリエーションや変化の動機付けの解釈に援用する試みも見られる (Eckert & Rickford 2001)。

一方、前頁のSPEAKINGモデルがコンテクストを構成するパラメターを予め特定し、あるCE（つまり言語運用）をその枠組みに当てはめ分類するというトップダウン式モデルだとすれば、それとは対照的に、言語運用における話し手と聞き手との相互作用（ことばのやりとり）の中でコンテクストが徐々に創造され、規定されていくというボトムアップ式のモデルが近年は注目されている（Duranti & Goodwin 1992）。

　例えば、コンテクストを構成する要素の配列や重みが異文化・異言語・異社会集団間で異なり、会話内で生じる誤解や擦れ違いの原因に焦点を当てる「相互作用的社会言語学」（Interactional Sociolinguistics）などがそのようなモデルを基盤としている。会話参与者間で交渉される発話の意図やその伝達のプロセスは、発話形態のみならず発話の背景的要素に大きく左右されうる。例えば、イギリス社会における異民族間（アングロサクソン系 vs. インド系イギリス人）会話で生じる誤解を扱ったGumperz（1982）では、言語（英語）（上表 "instrumentalities"）は共有されているにも拘わらず、プロソディーの異なる運用方法（"Key"）が「コンテクスト化の手がかり」（contextualization cue）として機能し、当該相互交渉に誤解を生みだし、通常の事務的やりとり（"scene"）が葛藤を含んだやりとりに「枠付け」（framing）されてしまう。また、Tannen（2000）は、会話上の「重複」（"Act sequence"）がもたらす相互作用的意味の解釈の仕方（"Norms"）が男女間で異なり、会話参与者間の上下関係をより志向する男性は重複を妨害だと感じ、会話参与自体に連帯意識の高揚を志向する女性は、同様の事象を会話参与への積極性としてプラスにとらえることを明らかにした。これらの研究に共通することは、発話のコンテクストが一方的に当該発話の言語形式や相互作用の連鎖を規定するのではなく、そのCEの背景となる様々な要素が、その相互作用に異なる意味を付け加え、一定の意味を持つ「コンテクスト」が生成されるプロセスが確認できることである。

　以上、言語運用へのアプローチが何であれ、「コンテクスト」とは言語運用に観察される発音・語彙・文法・談話上の多様性の中に、ある一定の規則性や秩序を見出すための重要な背景的リソースであること、また、コンテクストに応じて適切な言語運用を行う「伝達能力」（communicative competence）を包含する実在として「言語能力」を捉えるべきであること（Hymes 1974）などは、言語運用を主な研究対象とする言語学者の間で広く共有されている大前提である。

参考文献

Bell, A. (1984) Language style as audience design. *Language in Society*, 13: 145–204.
Duranti, Alessandro & Goodwin, Charles. (1992) *Rethinking Context*. Cambridge:

Cambridge University Press.
Eckert, P., & Rickford, J. (eds.) (2001) *Style and Sociolinguistic Variation*. Cambridge: Cambridge University Press.
Gumperz, John J. (1982) *Discourse Strategies*. Cambridge: Cambridge University Press.
Hymes, Dell. (1974) *Foundations in Sociolinguistics: An Ethnographic Approach*. Philadelphia, PA: University of Pennsylvania Press.
Le Page, R., & Tabouret-Keller, A. (1985) *Acts of Identity: Creole-based Approaches to Language and Ethnicity*. Cambridge: Cambridge University Press.
Saville-Troike, Muriel. (1989) *The Ethnography of Communication (Second Edition)*. New York: Basil Blackwell.
Sukle, R. J. (1994) Uchi/Soto: Choices in directive speech acts in Japanese. In J. M. Bachnik & C. J. Quinn, Jr. (eds.), *Situated Meaning: Inside and Outside in Japanese Self, Society, and Language*. Princeton, NJ: Princeton University Press. pp.113–142.
Takano, Shoji. (1998) A quantitative study of gender differentiation in the ellipsis of the Japanese postpositional particles-Wa and-Ga: Gender composition as a constraint on variability. *Language Variation and Change* 3: 289–323.
Tannen, Deborah. (2000) *You Just Don't Understand*. New York: Ballantine Books.

第3章　行為の堆積を知覚する
—グイ／ガナのカラハリ砂漠における道探索実践

高田明

【要旨】Hymes は、多様な文化における言語使用についての経験的なデータに基づいて人間性を探求するための学際的フィールドを開拓しようとした。このアプローチは言語人類学に発展的に継承されている。本章では、近年の言語人類学における議論と関連づけながら、ボツワナ共和国に住む遊動民として知られるグイ／ガナがカラハリ砂漠を移動する時にどのように道を見出すのか、また移動ルートや地名の由来に関する語りをどのように行うのかを分析し、その環境知覚の特徴について考察する。

（談話の民族誌において）言語学ができるなによりの貢献は、おそらくテクストの言語的な形式における首尾一貫性をその限界まで探究することであり、Gunter, Labov らの研究のように、会話における相互行為についてもその探求を行うことであろう。社会人類学がなすことのできる貢献は、会話における相互行為の構造を、より直接、またより完全に、民族誌の一部として探求することであり、言説の構造をあくまでも状況づけられたものとして、すなわち、言説にその意味と構造の一部を与えている文化的、個人的な場面に関わるものとして理解することだろう。この2つの側面を統合する研究は、まだほとんどない（Hymes 1974: 100–101）（一部著者改訳）。

1. はじめに

よく知られているように、Hymes が提唱した「コミュニケーション能力」

は、Chomskyの「言語能力」に対する批判的な考察から生まれた概念である。Hymes (1972: 277–278) によれば、子どもは文を生成できるようになる時、言語能力によって感知される文法的な正しさだけではなく、社会的・文脈的な適切さについての知識を獲得する。後者の背後に想定される、いつ、何を、誰に、どこで、どのように話すべきかを理解する力がコミュニケーション能力である。子どもはコミュニケーション能力を発達させることで、発話行為のレパートリーを増やし、発話イベントに参加し、他者の発話を評価できるようになる。コミュニケーション能力は、言語についての態度、価値観、動機と不可分であり、言語とそれ以外のコミュニケーション・コードの関係に関する能力や態度とも切り離せない。

　演繹的な手法によって言語を生成する人間の普遍的な能力に迫ろうとするChomskyとは異なり、Hymesはコミュニケーション能力を重視し、多様な文化における言語使用についての経験的なデータに基づいて人間性を探求するための学際的フィールド（「談話の民族誌」あるいは「コミュニケーションの民族誌」）を開拓しようとした。そして、冒頭のエピグラフに示されているように、そうしたフィールドにおいて言語学と社会人類学（広義には、社会・文化的な領域を扱う人類学全体を指す）はとりわけ重要な貢献を行うことができると考え、さらには「人類学の文脈の中で発話と言語の研究を行うこと（Hymes 1963: 277）」を推奨した。このアプローチは、人間性を総合的に探求する学問を目指し、その4つのアプローチのうちの1つとして言語の研究（「言語学」[1]）を重視した米国流の「人類学」の初心に立ち返るものであり、Hymesらの直接の影響を受けて成立した言語人類学に発展的に継承されている。言語人類学は、発話使用域（speech register）、言語とジェンダー、発話行為、談話といったテーマを社会言語学と共有し、相互に刺激を与え合っている。さらに、文化、パフォーマンス、指標性、参与といったテーマについて、独自の理論的な考察を発展させてきている（Duranti 1997: 14）。すなわち言語人類学は、上述のHymesが求めたような、言語学と社会人類学による貢献を統合する民族誌を追究しつつある。本章では、こうした近年の言語人類学における議論と関連づけながら、ボツワナ共和国に住む

グイ(|Gui)およびガナ(‖Gana)がカラハリ砂漠の中を移動する時にどのように道を見出すのか、また移動ルートや土地の名前の由来に関する語りをどのように行うのかについて論じる。なお本章では、これらの相互に深く関わる文化的な実践を包括的に指すために、道探索(wayfinding)実践という用語を用いる。

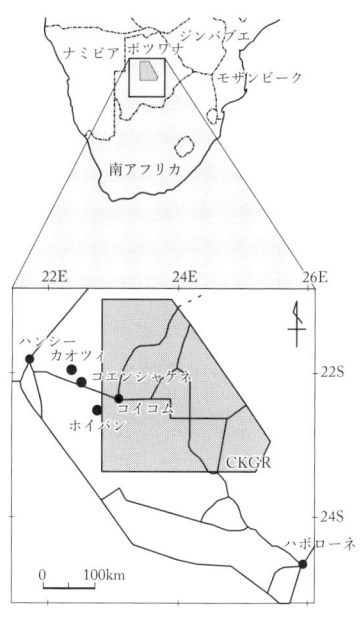

図1 調査地域概観

2. グイ／ガナ—民族誌的背景

　グイとガナは、南部アフリカ一帯の先住民だとされるサン(「ブッシュマン」としても広く知られる)を構成する2つのグループである。両者は親族関係、言語[2]、儀礼、民俗知識といった面で近縁な関係にあり、道探索実践においても切り離せない特徴を備えている。そこで、本章ではグイとガナを1つのまとまりとして扱う。グイ／ガナはカラハリ砂漠の中央部で長年遊動生活を送っていたとされ、その生活域は総面積52,000km^{2}という広大な中

央カラハリ動物保護区 (以下 CKGR と略す) とほぼ重なる (図1)。これは、人類学者であり政府のサン調査官でもあった Silberbauer が、1961 年にグイ／ガナの生業が維持できるよう、その生活域を覆うように CKGR の境界を定めたからである (Silberbauer 1965: 132–138)。その後、グイ／ガナは次第に CKGR 内に設けられた居住地に集まるようになった。中でも様々なインフラが整えられたコイコム (*!Koi !kom*) は、グイ／ガナの集落としてはボツワナ国内でも最大のものとなった。人々が移動するきっかけは減り、集団の流動性は低下した。さらに 1997 年、コイコムの住人は CKGR 外に設立が開始されていたコエンシャケネ (*Kxʼôesà kéne*) に移動した。移住はその後も進み、現在ではコイコム以外も含め、CKGR 内の集落に住んでいた人々の大半がコエンシャケネや CKGR の南東に位置するカウドゥアネに生活の基盤を移している。これらの移住は、グイやガナの大半が伝統的な生活域の外で暮らすようになったという点で、これまでの社会変化と大きく異なる。

　本章では、グイ／ガナの遊動民としての特色を最もよく反映している活動の 1 つとして道探索実践を取り上げ、その環境知覚の特徴について考察する。サンの環境に対する知覚の鋭敏さは、様々な探検家・旅行家や研究者によって記述され、一般にもよく知られている。だが、サンの環境知覚について人類学的な論考を進めていく上では、これを手放しで賞賛することはできない。こうしたサンのイメージは、為政者に利用され、南部アフリカの政治的な文脈に組み込まれてきたからである。20 世紀前半、南西アフリカ (現在のナミビア) では白人の入植地からの職場放棄者を威嚇・追跡するためにサンのトラッカーが登用されていた。さらに 1970 年代後半、この地域で南西アフリカ人民機構 (SWAPO) による南アフリカからの「解放運動」が活発化すると、南アフリカ軍はサンを積極的に登用し、対ゲリラ戦用の部隊を編成した[3]。こうした歴史は、SWAPO が与党となった現在もナミビアにおけるサンのイメージやサン自身の記憶に影を落としている (高田 2007, 2008)。

　一方、ボツワナ共和国のグイ／ガナは、ナミビアをめぐる政治的な争乱には直接は関わってこなかった。さらに、サンの環境知覚の特徴とそのエスニック・グループとしての政治的な位置づけの関係は一義に決まるものでも

ない。政治的な係争の道具になったという理由でサンの環境知覚についての考究を止めることは、むしろ誤った俗信を助長してしまいかねない。そこで筆者は、グイ／ガナの環境知覚の特徴をその政治的な位置づけとはひとまず切り離して論じてきた（高田 2007, Takada 2006, 2008, in press）。その結果、先の政策が利用した俗信とは異なる環境知覚の特徴が明らかになりつつある。すなわち、サンをトラッカーとして登用した政策は、サンの人並み外れた資質が「ブッシュマン」の「獣性」に基づくという俗信と結びつけられていた（Gordon & Douglas 2000: 2）。これに対して筆者の一連の研究は、グイ／ガナの優れた環境知覚はそのコミュニケーションの様式と深く関わっており、同じような経験をすれば誰もが発達させうることを示すものである。

　グイ／ガナの道探索実践は、その生活域の様々なスケールの自然環境に対応する次のような民俗知識を背景としている（野中・高田 2004; 高田 2007）。(1) 草や障害物の少ないポイントの把握：グイ／ガナはブッシュを移動する際にこうしたポイントをすばやく見つけてつなぎ合わせる。(2) 特定の樹木の生育場所に関する知識：こうした樹木は移動の際にランドマークとなる。(3) 疎林や水たまりを中心とした環境の理解：疎林や水たまりの付近の土地は、キャンプ地として利用されたり、長距離移動の際の経由地点となったりする。(4) 疎林や水たまりの連なりの概念化と利用：疎林や水たまりの連なりは、長距離移動のルートとなったり、狩猟採集活動の際の地理的な参照枠になったりする。

　グイ／ガナはこうした知識体系によって「自然」を「文化」に変換している（Goodwin 2000）。以下では上記の4区分に沿って、グイ／ガナの民俗知識が道探索実践においてどのように用いられているのか検討していく。考察の出発点として、次のような見方をとる。(1) 道探索実践を可能にしている民俗知識は、グイ／ガナの生活域における日常的活動と結びついた具体的な知識からなる。(2) 道探索実践では、相互行為の参与者がそうした民俗知識に基づいた文化的な意味を生成する。(3) 文化的な意味を理解するためには、相互行為の参与者の視点からその場で展開するリアリティの流れを分析する必要がある（高田 2007）。

3. 動きながら空間を知覚する—草や障害物の少ないポイントの把握

　グイ／ガナがカラハリ砂漠のブッシュを移動する時は、草本に覆われた半乾燥帯の景観の中で進むべき方向を決めるという課題に直面する。グイ／ガナはこの難題をこともなげにやってみせる。これはまず、グイ／ガナが地面の状態をよく理解し、景観の中の微細なサインを同定することに長けているからである。深く、通り抜けにくそうなブッシュにも、草本がまばらな場所が散在する。グイ／ガナはこうしたポイントを特定し、さらにそれらをすぐさまつなぎ合わせて、進むべき道を見出す。また、しばしば草本の陰にある動物の巣穴も感知して避けている。つまり、グイ／ガナは移動する際、景観の中の有用な情報を連続的にピックアップし、そうした情報のフローの中で行為を調整している。事例1は、こうした知覚と行為の調整がどのようにして行われるのかが垣間見えるやりとりである。この時、筆者はインフォーマントとともに数年前までグイ／ガナが住んでいたコイコムの付近を車で移動していた。車を運転しているNは20代後半の日本人で、カラハリ砂漠での移動に関する知識や経験が浅い。Nの左側には10代後半のガナの男性T、さらにその左には60代のガナの男性Dが座っていた。左の後部座席には50～60代のガナの男性Gが座っており、その右側つまり運転手の後ろには当時20代後半だった筆者がビデオを構えていた。Nは女性、それ以外は全て男性である。

事例1 [4,5]

1　G:　‖kauta　xa　　dâo-be　　aa.
　　　　straight　FOC　way-m:s:N　come
　　　　前の方に道は出てくる。

2　T:　|néẽ. [(1)]
　　　　DEM（near）
　　　　こっち。

第 3 章　行為の堆積を知覚する　103

(1.0)

3　G:　che　|née　[　za　　　xoa　　　‡qx'óa　|née　　　za
　　　　PTC DEM(near) PP(dir) direction come out DEM(near) PP(dir)
　　　　xoa.]
　　　　direction
　　　　あ、こっち［の方にでろ！こっちの方。］

4　N:　　　　　　　　　［道　が　　見え　ない　hhh］え((日本語))
　　　　　　　　　　　　 way PTC see   NEG   INT

5　T:　　　　　　　　　　　　　　　　　　　［|née.］(2)
　　　　　　　　　　　　　　　　　　　　　 DEM(near)
　　　　　　　　　　　　　　　　　　　　［こっち。］
(3.1)(3)

(1) T は親指以外の指を延ばして右手を前方に差し出し、上下に振った（図2）。
(2) T は先に指していた方向の右側を指した。
(3) T は先に指していた方向の左側を指した。

運転手の N は、ブッシュの中で車を運転するという、経験の浅いものには困難な課題をこなさなければならない。ここでグイ／ガナの同乗者たちは、進むべき道を示すために発話とジェスチャーを効果的に用いている。1行目のGの発話では、Gは「前のほう（‖kauta xa）」という語によって進むべき方向を示し、それから少し遅れて2行目でTが近称の指示詞「こっち（|née）」および右手による指差しによって同じように前方を指し示した（図2）。このように、経験の浅いインフォーマントであるTは、おもに指示的なジェスチャーと指示詞を組み合わせて運転手に進むべき方向を指示してい

図2 Tは親指以外の指を延ばした右手を前方に差し出し、上下に振った

た。自動車の動きとともに、Gは発話を再定式化して、運転手が進んでいる方向を改めさせようとした(3行目)。すぐにTは近称の指示詞とともに先に指していたより少し右の方を指さした(5行目)。ここでは、Gは進むべき適切な方向をTに教示し、Tはそれを運転手に伝えようとしている。しかし、このGとTによるやりとりとオーバーラップして、運転手Nは笑いながら、指示された道が見えないと表明し(4行目)、それからジグザグにハンドルを切り始めた。つまり、ここでの2人のガナ(GとT)は相互理解を達成しているが、Tはこの知識をNと共有することには失敗している。その後(抜粋では省略)、Nの理解のなさと不適切な行為は車内の人々に笑いを引き起こし、GはTに対してより記述的な説明を行った。そしてTおよびDがNに進むべき方向を指示し、Nはその方向にハンドルを切った。笑いは止み、Nの運転はこれらの人々の指示と調和するようになっていった(Takada 2008)。

　ここで示したような地面の状態についての鋭敏さは、運転の間に道を見つけるためだけに用いられるのではない。類似した感受性は、例えばグイ／ガナが狩猟活動で動物の痕跡を辿る際にも見られる(Takada 2008)。またブッシュでは、全ての人が地面の状態に鋭敏であるとは限らない。そこで集団で

の移動を成功裏に達成するためには、活動の参与者が相互理解に達する必要がある。上の例では、インフォーマントは発話（近称や遠称の指示詞）やジェスチャー（指さし）によってどこに注意を払うべきかを指示し、それによって他者と行為を調整していた。これらの発話やジェスチャーは中立的な空間ではなく、コミュニケーションのための記号論的資源（Goodwin 2000）によって満たされた場において表明される。また、日本人である運転手の存在は、環境についての民俗知識を相互行為の中でより明示的に定式化することを促進していた。グイ／ガナの優れた道探索実践を理解するためには、相互行為の中でこれらの記号論的資源が時間的・空間的にどのように組織化され、様々な参与者が有用な意味を共有するようになるのかを精査する必要がある。

4. 移動経路を説明する——特定の樹木の生育場所に関する知識

　表面水の希少さにもかかわらず、カラハリ砂漠にはよく植生が発達している。ブッシュはたいてい様々な草本で覆われており、高木や灌木（*Acacia* 属の様々な種、*Commiphora*, *Colophospermum*, *Terminalis* など）もまばらに生育している。そうした樹木は、グイ／ガナに会話や休憩の場、ワナ猟の猟場、獲物の解体や皮なめしの場などを提供してきた。さらに、グイ／ガナはブッシュを移動する際、そうした樹木をランドマークとして用いる。私たちの調査では、グイ／ガナは長距離移動の際、数百 m から数 km ごとに生えている特定の樹木を順に目指していた。また、しばしばそれらの樹木にまつわるエピソードに言及した（野中・高田 2004: 39–41）。

　こうした樹木がグイ／ガナの道探索にとって非常に重要であることは、皮肉なことに、1997 年のコエンシャケネへの移住によって再確認された。それ以降、居住地の付近で道に迷うグイ／ガナが続出したのである。事例 2 はその例を示している。コエンシャケネへの移住後間もない 2000 年 4 月（この会話が収録される 3 日前）、筆者は早朝に自動車でコエンシャケネから 70km ほど離れたハンシーという街に向かっていた。すると路上でコエン

シャケネの住人 O と B に出会った。2 人は、ハンシー近くの牧場からの帰りに道に迷ってしまい、道中で一夜を明かしてコエンシャケネに戻る途中なのだという。後に筆者は、その詳細を聞くため、インフォーマントの G や T と一緒に O の家を訪れた。

インタビューの前半では、O が道に迷った顛末を生き生きと再現し、筆者、G、T は主としてその聞き役に回っていた。O によると、O と B は売却用の知人の馬をハンシー近くの白人が経営する牧場に連れて行った。牧場で用事を済ませて帰る途中、辺りが暗くなってきた。彼らは火をたき、軽い夕食をとった後でさらに移動を続けた。しかし、慣れない土地だったためか道に迷ってしまった。月明かりを頼りに、やっとの思いでコエンシャケネとハンシーをつなぐ車道を探しあてた。早く家族の待つコエンシャケネに帰りたかったので夜歩きを決行した。だが、進んだのは反対の方向であった。彼らは再びハンシーの灯りをみるまでそれに気がつかなかった（Takada 2006）。インタビューの後半部になると、インフォーマントの G が O たちがとるべきだったルートについて説明し始めた。G は経験の豊かなハンターであり、他の住人と比べてコエンシャケネ付近の地理にも明るい。事例 2 はこの時に交わされた会話からの抜粋である。

事例 2

```
 8  G:   = >kua    itso        ‖nha-< ‖nhám za
         ASP(sta) 2:m:d:N             there PP(dir)
         =お前らは、向こうで
         [itso  |nǒne-m      za      kâma.]
         2:m:d:N  -m:s:G  PP(dir)  turn
         [お前らはノネの木の方に行くんだ。]

 9  O:   [itsebe    !nám            |xòa !kôõ]
         1:m:d:N area without a tree   PP(wit)go
         [俺たちは草木のないところを通って行くのさ]
```

10 O: e he:i
        INT
        エヘ：イ

11 A: n:=
        INT
        ン：＝

12 O: =<!nám |xòa.>=
        area without a tree PP (wit)
        ＝草木のないところを通ってね。＝

13 G: =a he:i aa   ‖kâra (gao) aa |gēi-si
           INT DEM (far)   big   DEM (far) tall DRV (adv)
        ＝アヘ：イ　あのカラの(大きな)木、あの大きな
        ‖kâra-si hicire
           -f:s:N you know
        カラの木があるだろ？
        itso   aa   xo
        2:m:d:N DEM (far) PP (plc)
        お前らはあっち
        itso   aa   ǂqx'óra -xa   -m   ka=
        2:m:d:N DEM (far) straight-DRV (n) -m:s:G PP (toward)
        ((i.e., カラの木の方))に、お前らはあっちにまっすぐに((行って))＝

14 O: =n
        INT
        ＝ン

15 G: ǂkhêu-m   ka   itso   aa   sii   ya
            -m:s:G PP（pos）2:m:d:N DEM（far）arrive and
        ケウの木にお前らが着いたら、
        aa   xoa   dâo-ma   tsxōre ci
        DEM（far）direction way-m:s:A see ASP（hab）
        あそこで道に出会うんだ

　ここでは、まず G がコエンシャケネから北に延びる道の少し西側に立っているノネの木（*Boscia albitrunca*）に言及した（8 行目）。この発話は、踏み固められた道を離れたら、そのノネの木の方に向かって進むべきであり、当面の目的地であるガマ（|*Gāma*）はそのノネの木の向こうにある、ということを伝えている。この G の発話の後半部分とオーバーラップしながら、O もコエンシャケネからの移動ルートについて述べている（9 行目）。ここで O は、牧場に向かってコエンシャケネを出発すると、まず「草木のないところ」を通過するという知識を表明している。「草木のないところ」とは、コエンシャケネから北側に延びている道を指す「ナム（!*nám*）」という語の訳である。この道の辺りには、ロバなどに踏み固められてほとんど植生がないのである。
　O は 10 行目の発話で G が 8 行目で与えた情報を承認（acknowledge）している。続いて、11 行目で A が発したコンティニューアー（相手の発話をうながす）の後で、O は今度は「草木のないところを通ってね」というフレーズをややゆっくりと再開した（12 行目）。この発話で O は、8、9 行目に生じたオーバーラップを解消すると同時に、自分も移動するべき方向についていくばくかの知識を持っていることの再確認を求めている。
　これに応答して、G は 13 行目でまず O の発話を承認し、さらに移動ルートについての新たな情報を提供している。G によれば、ガマを通り過ぎた後、次は大きなカラの木（*Acacia erioloba*）が見つかる。この「カラの木」という名詞句は、遠称の指示詞「あれ（*aa*）」を伴っている。この遠称の指示詞は、ここでは特定のカラの木が言及されていること、さらに聞き手がその参

図3 事例2で言及された移動ルートの模式図

要約すると8～15行目で言及された移動ルートは以下である：1. コエンシャケネ (22°06–712'S, 022°25–317'E) → 2. 草木のないところ (= コエンシャケネから北側に延びる道) → 3. ノネの木 (22°00–547'S, 022°24–613'E) → 4. ガマ (22°00–715'S, 022°19–604'E) → 5. カラの木 (未測定) → 6. ケウの木群 (22°04–882'S, 022°12–914'E) → 7. 車道 → 8. コエンシャケネ。括弧内の数値は後日GPSで測定した各地点の緯度、経度を表す。

照物(あのカラの木)を推測するのに十分な背景知を持っていると発話者が仮定していることを示している。つまりここでGは、Oがその大きなカラの木を知っているとみなしているのである。Oが発したコンティニュアー(14行目)を受けて、Gは語りを続ける。その大きなカラの木を通り過ぎると、道路の脇に生えているケウの木(*Kleinia longiflora*)に到達するのだという(15行目)。これは、コエンシャケネとハンシーをつなぐ車道沿いにある、枯れた3本のケウの木々を指している(図3)。

　この一連の会話では、それぞれの参与者のスタンスが異なっている。主要なインフォーマントであるGは、移動ルートに関する教示を積極的に行っている。インタビューされる側だったOは、Gから提供された情報の受け手として会話に関わっている。加えてOは、自分の知識の確認を聞き手に要請している。この直後(抜粋では省略)、Gは移動ルートの説明を繰り返し始めた。Oはそれに割って入り、移動ルートについての自らの理解を示

した。Gはその理解に同意を示し、これを承認した (Takada 2006)。これに対して、調査者であるAは聞き手に徹し、自ら会話のトピックを展開することはなかった。それでも、これらの例で示されているように、調査者は「内部の視点」から除外されているわけではなく、相互行為の一参与者として相互理解を達成することができる。この点でグイ／ガナの文化的実践は、その生活に関わる人々が共同で構築するものである。こうした行為の連鎖は、相互行為の参与者たちが日常会話のルールに従いながら相互理解を深めていく過程としてみることができる。

5. 土地についての物語り—疎林や水たまりを中心とした環境の理解

　ランドマークとなる樹木をいくつか経ると、休憩したり宿泊したりできる土地に到達する。事例2で名前のあがったガマもそうした土地の1つである。グイ／ガナが長距離を移動する際には、こうした土地を経由地点として用いることが多かった。また彼らが長距離に渡る移動ルートを説明する時には、しばしばこれらの経由地点の名前が列挙される (野中・高田 2004)。経由地点となるのは、たいていグイ語／ガナ語で疎林を意味するハウ (‖xau)、あるいは水たまりを意味するクー (!kôo) を中心とする土地である。疎林の付近には有用な植物が豊富にある。また、狩りの獲物となる動物も疎林を住処にしていることが多い。また水たまりには、たまった水、堆積した塩などを求めて狩りの獲物となる動物が集まる。こうした有用性から、経由地点となる土地は、たいていグイ／ガナが遊動生活時にキャンプを構えたり、猟場としたりしたことがある場所だという。したがってグイ／ガナの生活域は、こうした土地を結節点とする、さまざまな道筋が入り組んだ網の目として見ることもできる。

　経由地点となるような土地にはたいてい固有名がつけられている。こうした地名は、そこで起こったとされるエピソードを連想させる、いくつかの語彙的な要素から構成されることが多い。類似する土地の命名法は、アパッチ (Apache) などネイティブ・アメリカンの諸民族でも報告されている (e.g.,

Basso 1996)。またグイ／ガナでは、子どもの命名法にもそうした土地の命名法との類似点が認められる。グイ／ガナでは、たいてい子どもの妊娠中や生後すぐに起こった印象深いエピソードにちなんでその子どもに名前を付ける。菅原は、こうした個人名がグイ／ガナの記憶装置として働いていると論じた(菅原 1997)。グイ／ガナの地名にも同様の機能がある。ただし、地名の起源にまつわるエピソードは文脈に敏感で、誰が、いつ、どこで語るかにより、様々に異なるバリエーションが生じうる。さらに、エピソードは特定しうる実在の人物が関わった出来事だとされている場合もあれば、グイ／ガナの神話におけるカミにあたる「ガマ(∥*Gama*)」の所業だと理解されている場合もある。筆者は、相互行為の進行の中でこうしたエピソードがどのように展開されるのかを分析し、これを通じてグイ／ガナの生き生きとした生の営みを理解しようとする研究を進めてきた(Takada 2006)。

　事例 3 にそうした分析の一端を示す。この事例は、筆者がインフォーマントたちとカオツィ(∥*Qâots'ii*)という土地を訪問した際のビデオ動画からの抜粋である。カオツィはコエンシャケネの北西に位置し(図 1)、その中心部には水たまりがある。この水たまりは CKGR の枠外にもかかわらずよい猟場であり、グイ／ガナはコイコムに住んでいた頃からここを狩猟に用いてきたという。またコエンシャケネへの移住後は、薪の採集のためにもこの付近を訪れている。事例 3 は、3 人のインフォーマント(G, K, T)と筆者(A)による、カオツィの地名の由来をトピックとする会話の開始部分である。この間、40 代のガナの男性である K は、地面に座ってトビウサギ猟に用いる鉤竿を組み立てていた。

事例 3

1　A:　∥Qâots'ii-m　　|qx'ōan ne e　　˚∥gama-ma　ǂkîi.˚
　　　　　　-m:s:G　　name　　　PTC　　god -m:s:A　give
　　　カオツィの名前はガマがつけたの？
　　(3.2)

2 G: ‖náā-m (.) [ae   khôe-be   ǂkîi.]
        ADV-m:s:G INT person-m:s:N give
        それの（名前は）(.)［アエ、人がつけた。］

3 T: [khôe-be   kx'o   ci   ne tsé]
                person-m:s:N past (distant) ASP (hab) you
                ［人が昔、お前さん］
        khôe ʔèsi   ts'ii   ‖qâo
        person 3:f:s:G buttock cannot help being without
        人がその尻なしではいられなくって、
        khôe-‖ko [˚ǂgǒaʔo-xa-‖ko   e   mee ‖Qâots'ii.˚] =
        person-m:p:N -FOC-m:p:N PTC say
        人々   [˚ドアオたちがカオツィってつけたんだ。˚] =

4 G: [khôe-be   ǂkîi cua   ‖gama-be   ǂkîi] =
                person-m:s:N give NEG   god-m:s:N   give
                ［人がつけた。ガマがつけたんではない］=

5 A: = khôe-be   ǂkîi.
        person-m:s:N give
        = 人がつけたの？

6 G: ae: kx'ai che   khôe-be
       INT long ago person-m:s:N
       アエ：昔の人が

　この会話は、Aによる質問とGやTによる回答の連鎖として特徴付けられる。ただし、GとTの間で回答のスタンスは異なっている。1行目で、Aはやや唐突に「カオツィの名前はガマがつけたの？」と尋ねた。これに続く

3.2 秒間の長い沈黙は、この質問がその場にいくぶん当惑した状況を引き起こしたことを示している。カオツィはこの会話の参与者にはよく知られていたが、1行目の質問とその場の状況との関連は明確ではなかった。さらにこの質問は、誰に向けられたものかもはっきりしなかった。

　長い沈黙の後、主要なインフォーマントであるＧが回答を始めた（2行目）。冒頭の句「それの（名前は）」は、Ｇが回答するべき何かを知っていることを投射する。それからＧは、短い休止およびヘッジとして働く「アエ」（いずれも回答を考えていることを示す）を発した後、回答の中心部分である「人がつけた」を表明した。ここでは、1行目の質問は肯定・否定の回答を求める文法的形式をとっていたのに対して、Ｇの回答が「人」という語を用いていることが注目される。これは、Ａの質問がグイ／ガナの民話の登場人物に関するメンバーシップ・カテゴリー装置（Sacks 1986, 1992）を起動させ、「ガマ、人」というカテゴリーからなるコレクションから代案が選ばれたことを示している。つまり、グイ／ガナの民話は通常、ガマあるいは実在する人によって行われたことだと帰属される。そしてＧは、ガマのオルタナティブである人という言葉を選んでいる。

　Ｇの短い休止およびヘッジによって回答の中心部分の表明が遅れたことは、まだ経験の浅いインフォーマントのＴが発言することを誘発している。Ｔは2行目のＧの発話に割って入り、これとオーバーラップして3行目の発話を行った。この発話では、ＴもＧと同じく「ガマ、人」というコレクションを参照し、「人」という語から回答を始めている。ただし、ＧがＡによる質問を反復する文法的な形式（O-S-V）で回答した（2行目）のに対して、このＴの発話はより記述的なものとなっている。この発話では、そのエピソードが起こったとされる時が、遠過去を示す時制のマーカー（$kx'o$）で示されている。またこの発話の内容は、この会話の後の部分で展開されることになるカオツィの地名の由来についての長い物語りの結論部分を提供している。こうした時制のマーカーの使用や結論部分の表明は、しばしば物語りの導入として働くことが知られている（Sacks 1992）。これは、Ｔが1行目のＡによる行為を単なる質問ではなく、物語りを催促しているとみなしたことを

示している。

　オーバーラップの後すぐに発せられた「人がその尻なしではいられなくって (khoe ʔesi tsʼii ǁqâo)」という節は、「カオツィ (ǁQâotsʼii)」という語の語意である「〜なしではいられない (ǁqâo)」＋「お尻 (tsʼii)」から導かれるものであり、ターン構成単位となっている。そしてTがその次のターン構成単位の開始部分である「人々」（やはり物語りの登場人物であり、すぐ後で「ドアオたち」、すなわち主人公の男性の交叉イトコあるいは同世代の冗談関係にある男性たち（大野 1995）、と言い直されている）を発話した直後、今度はGが「人がつけた。ガマがつけたんではない」とAの質問に対する回答を言い直した（4行目）。ここでのGの回答は、再びAによる質問の文法的な形式に合わせた形式をとり、さらに「ガマ―人」というカテゴリーの対比を強調したものになっている。これは、GがTによる記述的な回答をAの質問への適切なレベルでの応答だとはみなさなかったことを示している。また、自分こそがAの質問への主要な回答者であるという主張を行っているようにも聞こえる。これを受けて、Tは3行目の発話の途中からやや回答の発声を弱めている。

　次にAは、Gが発した発話の一部「人がつけた」を繰り返している（5行目）。これによってAは、この部分をニュース（新規の情報）として受け取ったことをマークし、これによってさらにGが物語りを拡張することを要請している。この発話に応答して、Gは肯定の発話「アエ：」を行い、「昔の人が」といって先行する回答をフォローアップしはじめる（6行目）。Gはここで遠い過去をあらわす形容詞 (kxʼai) を用いることで、これから展開される物語りの時間的な枠組みを導入している。この後（抜粋では省略）、もう1人のインフォーマントであるKがまずGの発話をパラフレーズするかたちで物語りの語り手に加わり、それに対するAの反応（ニュース・マーカーを発して、Kを語り手として承認した）を受けて、今度はKがカオツィの名前の由来についての長い語りを行った（Takada 2006）。

　上記の展開でまず注目されるのは、物語りの語り手の移行の組織のされ方である。語り手の移行は、先行する発話で何が求められているのかを聞き手

の1人が知覚し、自ら語り手としてそれを提供する場合(3、4行目)、あるいは物語りのより大きな構造の中で、聞き手の1人が物語りの共同の語り手としての関係を確立しようとした時(GとKの話者の移行)に起こっている。一方、1人の語り手による連続した物語りは、しばしばAの承認やコンティニュアーといった反応によって促されていた。このように、調査者やインフォーマントといった社会的な役割によって要請される要求は、その場の状況に敏感な日常会話のルールに媒介あるいは変換され、それに従って実現される。聞き手と語り手、知っている者と知らない者といった関係性は、こうした日常会話において構成される状況に応じた立場の例である。こうしたパースペクティブは、大半の民族誌的テクストにおいて真剣な考察から除外されてきた、フィールドワークにおける「間主観的な基盤」(Clifford 1986: 109)を経験的な分析の俎上にあげることを可能にする。

　また、これまでおもに英語による物語り実践についての研究(e.g., Sacks 1992)で指摘されてきた特徴が、ここでの物語り実践にも認められる。上記の短い抜粋の中でも、そうした例として、(1)物語りの冒頭でその結論部分が提示され(3行目)、それに続いて物語りの詳細が語られ始める、(2)物語りの始めの方で、その時間的な枠組みが確立される(3、6行目)、(3)物語りを語るペースを整えるために、民話の表現と結びついた慣用的な表現が用いられる(6行目)などが見られる。こうした特徴は、菅原(1998)が提示しているグイ／ガナの物語りにおいても確認される。また菅原は、グイ／ガナは会話の流れを迅速に読んで、協調的に会話を組み立てることに長けていると主張している(菅原1998)。ここでの私たちの観察は、物語り実践の微細かつ経験的な分析に基づいてこの主張を支持するものである。

6. 身体化される環境——疎林や水たまりの連なりの概念化と利用

　カラハリ砂漠の主要な特徴の1つは平坦さであるが、その地形には緩やかな凹凸も認められる。グイ／ガナは、こうした地形に関する様々な空間的な概念を語彙化しており、道探索実践ではこうした概念が重要な役割を果た

す。その一例である「カー(|qāa)」は、大まかには涸れ谷と訳される。グイ／ガナは、カーは前節で見たハウ(疎林)やクー(水たまり)の連なりからなると考えている。そして、しばしばカーを移動経路として用いていた(野中・高田 2004)。さらに、カーは猟場としてもきわめて有用である。グイ／ガナによれば、カーの砂は柔らかく、そうした砂地に生える様々な植物が繁茂している。そしてこれらの植物を好んで餌とする草食動物が集まってくる。そうした草食動物は、涼しい時間帯に凹地状になったカーの中央部で草を食べ、日中暑くなってくるとカーの両岸に沿って分布している疎林に入って休憩する。グイ／ガナはこうした草食動物を探して、しばしばカーの付近に狩猟行に出かける。

　事例 4 に、そうした狩猟行の一例を示す。この狩猟行では、筆者はインフォーマントたちやその家族と連れだってホイパンという地名のついた土地を訪れた。ホイパンは CKGR の境界の西側にほぼ面し(図 1)、この地域を東西に横切って延びるカーに接している。私たちはカーの北側の岸に自動車を停めた。女性と子どもたちはその付近で有用植物の採集を行うことになった。一方、筆者を含む男性たちはトビウサギ猟のために自動車を離れ、カーの中央部にあたる西の方向に歩を進めた。その後、私たちはカーの支流に囲まれた尾根に到達し、その尾根に沿ってさらに南下した。ノネの木群を通り過ぎた後、私たちは方向転換し、東に向かった。そしてカーを横切って南側の岸に到達し、それから今度は北の方向に進んで再びカーを渡り、女性と子どもたちが待つ自動車のところに戻った(Takada in press)。事例 4 は、上記の行程のうち、一行がカーの南側の岸に到達する少し前に起こった会話からの抜粋である。ここで一行はトビウサギの新しい足跡を見つけた。この会話が生じた時は、1 人のハンターが鈎竿を巣穴に射し込んで中にいるトビウサギを押さえつけ、そのちょうど上辺りで別のハンターがその獲物を掘り出すため穴を掘っていた(いずれも抜粋では会話には加わっていない)。残りのハンターたち(K, G, T)と筆者はその脇で集まって休憩していた。カーの凹凸は緩やかで、少なくとも経験の浅い筆者には、目視のみで確認することは容易ではない。この会話の場面でも、はじめ筆者はカーを渡ったことがわかっ

ていなかった。この抜粋の直前に、筆者が自動車の位置を質問したことを契機として、K, G, T が移動ルートを説明し始めた。抜粋部分はそれから9行のやりとりを経た後のものである。

事例 4
10　A:　maã ca na (0.6) ʔá‖kàa　　maã (0.4)［kone-sa　　xóu　ya］⁽¹⁾
　　　　　INTERR like 1:m:p (in):N INTERR vehicle-f:s:A　leave and
　　　　　どうやって(0.6)俺たちはどうやって(0.4)［車を出発して］

11　K:　　　　　　　　　　　　　　　　［ʔa‖kàe　　　(|néẽ)］
　　　　　　　　　　　　　　　　　　　 1:m:p (in):N　DEM (near)
　　　　　　　　　　　　　　　　　　　［俺たちは　　　(こっち)］

12　G:　　　　　　　　　　　　　　　　［(|néẽ　　　xo)］
　　　　　　　　　　　　　　　　　　　 DEM (near) PP (plc)
　　　　　　　　　　　　　　　　　　　［(こっちを)］

13　K:　‖náã |néẽ-zi　　　　　　［ʔá‖kàe　　　dōre］⁽²⁾
　　　　　ADV DEM (near)-f:p:A　1:m:p (in):N turn
　　　　　それ、これら((の木々))で俺たちは曲がって＝

14　G:　　　　　　　　　　　　　　　　［e he:i］
　　　　　　　　　　　　　　　　　　　 INT
　　　　　　　　　　　　　　　　　　　［エヘ：イ］

15 A:　　　　　　　　　　　　［ʔá‖kàa］　　　aa　　　　-si
　　　　　　　　　　　　　　1:m:p (in):N　　DEM (far)-f:s:G
　　　　　　　　　　　　　　［俺たちは］そこ((i.e., 車))

　　　xo　　　xóu ya[3]
　　　PP (plc) leave and
　　　を出発して

16 G: e he:i =
　　　INT
　　　エヘ：イ＝

17 K: = ae　　　aa　　　　｜nǒne-zi　　ka　　　　xa[4]　ʔá‖kàe　　dōre.
　　　　INT DEM (far)　　　-f:p:N　PP (pos) FOC 1:m:p (in):N turn
　　　＝アエ、あのノネの木のところで俺たちは曲がったんだ。
　　（中略）

21 K: aa　　　　　xo　　　　xa　　ʔá‖kàe　　　dōre.
　　　DEM (far) PP (plc) FOC 1:m:p (in):N turn
　　　あそこで俺たちは曲がって。

22 A: mh:m
　　　INT
　　　ン、フ：ン

23 K: ｜nĉ̃e　　　　xo　　　kâma[5]　｜néẽ　　　tana　　aa
　　　DEM (near) PP (plc) turn　　DEM (near) like　　come
　　　こっちに回って、こんな風に来たんだ

　　　(1)この発話の直後、KはGと同じ方向を指した(前の行で指していた

方向の少し左側)。
(2) G は画面の方を振り返った。
(3) この発話の直後、K は指さしを続けながら(10 行目を参照) A の方を振り返った。
(4) K は自分が指さしていた方向を向いた。
(5) K は右手を水平に弧を描くように動かし(図 4)、胸の辺りに持ってきた(図 5)。

A はまず、wh 質問「どうやって(0.6)俺たちはどうやって(0.4)車を出発して」で問いかけている(10 行目)。この wh 質問は、語りの時間的・空間的枠組みを狩猟行の開始時まで引き戻し、移動ルートについての語りを促している。すると K と G がほぼ同時に、A の質問の後半部分と発話をオーバーラップさせながら答えた(11、12 行目)。K と G はいずれも、指さしと近称の指示詞「これ(|nêê)」を用いて移動ルートをあらわしている。ここでは、K と G の双方がジェスチャーと発話を組み合わせて回答者性(answerership)を示している。一方で、2 人の語り手性(teller-ship)は異なる。つまり、

図 4　K(中央)は右手を水平に弧を描くように動かした

図5　Kは右手を胸の辺りに持ってきた

　Kは 11 行目で文の開始部分を表明することによって回答がさらに続くことを投射しているのに対して、Gは 12 行目で回答を終え、たばこを吸い始めている。続けてKは回答を再開し、先行発話でのオーバーラップを解消した(13 行目)。このKの発話は、さらに記述的な表現となっている。GはKの発話の後半部分とオーバーラップしながら、Kの発話を承認した(14 行目)。これは、ここでのKの語り手性を認める行為である。
　またこのGの発話とほぼ同時に、AはKの説明に対する自分の理解を確認し始めている(15 行目)。この発話の直後、Kはノネの木群の方向を指さし続けながらAの方に顔を向け、GはAの理解を肯定した(16 行目)。続けてKは、肯定をあらわす「アエ」という発話でAの理解を承認し、それから再びノネの木群の付近の移動ルートを示すことで先行発話でのオーバーラップを解消した(17 行目)。ここでKは、13 行目の近称の指示詞「これら(|nèē-zi)」に代えて、特定のノネの木群を示す名詞句「あのノネの木群(aa | nǒne-zi)」、方向を示す後置詞(ka)、焦点化を示す小辞(xa)を組み合わせ、より明示的にランドマークを表示している。この再定式化は、一行が折り返した正確な場所をAが理解したかどうか、Kはまだ確信を持っていないことを示している。この発話の直後、Kは自分が指さしていた方法に顔を向け

直した。これによってKは、Aの注意をそのノネの木群の方に導いている。さらにノネの木に関するA, K, Tの3行のやりとり（抜粋では中略）があった後、15行目から続いていた副次連鎖は終了した。

それから、Kは語りを再開した（21行目）。21行目の内容は、すでに13行目と17行目であらわれているものである。ただし21行目では、先行するノネの木群に関する副次連鎖を反映して、Kは遠称の指示詞「あの（aa）」（聞き手に参照物を推測するための十分な背景知を要求する）を用いて、一行が折り返した地点を指示している。これに対するAのコンティニュアーに続き、Kはさらに語りとジェスチャーを組み合わせて移動ルートを説明した（23行目）。ここでKは、「こっちに回って」、それから「こんな風に来たんだ」という発話に合わせて、それぞれ右手を弧を描くように水平に動かし（図4）、それから右手を胸の辺りに持ってきた（図5）。これらのジェスチャーでは、Kの右手は一行が移動ルートに用いた地形を辿るために用いられている。同時に、この右手の動きは移動ルートに沿った一行の動きを表象している。この相互に関連したジェスチャーの働きは、Kが右手をその胸の辺りに持ってきて自分自身を指さした時、美しいクライマックスに達した。すなわち、Kはここで自分自身の身体を描写的な移動経路の終点として用いただけではなく、その場の生態環境の中心に位置づけたのである。この環境に「連結したジェスチャー」（Goodwin 2007）がもたらしたクライマックスの瞬間、相互行為の参与者の志向性、共有された注意、共同的な行為が構成される舞台の境界としての「生態学的な群がり」（Goffman 1964）は、生態環境の中に融解している。言い換えれば、Kは自己を中心において環境を身体化し、相互行為の場は景観の全体と重なったのである。

7. 相互行為の組織——発話イベント、環境、コミュニティ

本章では、ブッシュでの運転、たき火を囲んでの道案内、土地の名前に関する物語り、狩猟行での移動ルートの説明といった、道探索実践に関わるグイ／ガナの発話イベント（Hymes 1972）を分析した。こうした発話イベント

はその参与者に Goffman (1964: 135) のいう社会的状況、すなわち「お互いにモニターが可能な環境、すなわちどこであれ、ある人がそこに「いる」全ての他者のナマの感覚に接近でき、他者たちもその人に接近できることがわかる環境」を提供する。そして、参与者が注意の焦点を共有し、お互いにモニターし合うことによって、発話イベントではその場の状況に合わせて柔軟に行為が調整される。例えば事例 1 では、進行する自動車の動きに合わせて、1 つのターンが表明される途中でも発話やジェスチャーが微細に調整されている。また事例 3 では、聞き手である A の質問や回答への応答が、物語りを誰が語るかだけではなく、どう語るかをも左右している。このように道探索実践に関わる発話イベントは、予めプランや結果が定められているものではなく、その場の状況と応答しながら徐々に展開されていく。

　こうした発話イベントの展開過程では、参与者間の相互行為によって、歴史・文化的に蓄積されてきた意味が共有される。Bakhtin が論じたように、言葉は半ば発話者以外の誰かのものであり、話し手が自分の意味的、表出的な意図にそれを重ね合わせ、自らの意図とアクセントをもって発話した時にだけ、その人のものになる (Bakhtin 1981: 293–294)。さらに発話の著者性を考察する上では、話し手という概念も脱構築する必要がある。Goffman は、発話の産出フォーマットとの関連で以下のような概念を提唱した。(1) 身体を使って声を出し、発話を行う「アニメーター」、(2) 発話の意味とそれを表現する言葉を選んだ「著者」、(3) 発話によってその立場が確立し、その信念が語られているとされる「プリンシパル」、(4) 言及されるシーンに登場する主人公 (protagonist) やその他の人物である「フィギュア」(Goffman 1981)。事例 3 では、複数の発話者がアニメーターとなり、カオツィという地名の由来を様々なフィギュアが繰り広げる生き生きとした物語りとして展開している。そしてその語り方は、発話者のフッティング、すなわち発話に対するその発話者の同調 (alignment)、スタンス、姿勢、投射された自己など (Goffman 1981) を提示している。

　相互行為において共有される意味は、様々な記号論的資源を源泉としている。記号論的資源は、個々人の頭の中ではなく、相互行為の参与者の身体や

環境の側にある。グイ／ガナは景観の中に、動物の活動の痕跡を感知したり、自分たちが辿った道程を見たりしている。また、疎林や水たまりはガマや人が繰り広げたエピソードを思い起こさせる場所であり、広大な生活域では、そうした場所が彼方の地平に連なっている。こうした環境の知覚において人々は、身体全体を使って景観に注意を向け、そこから現実感と確実性の源泉である記号論的資源をピックアップする。

　ただし記号論的資源によって自動的に行為の意味が定まるわけではない。行為者の主体性が意味を生成する鍵となる。行為連鎖の中では、しばしば異なる特徴を持つ「記号論的フィールド（各種の自然物や人工物、言葉の内容、発話の流れ、可視的な身体などのメディアによって知覚可能になる記号現象）」（Goodwin 2000）の間で相互作用が起こる。言い換えれば、行為は様々な記号論的フィールドに分散する記号論的資源を、行為者が相互行為のコンテクストの中で結びつけ、組織化することで形作られる。例えば事例4の23行目では、発話、指示的ジェスチャー、描写的ジェスチャーが組み合わされることで相乗効果をもたらし、行為者であるKとその聞き手だけではなく、その場の生態環境全体を巻き込んだ意味が生まれている。こうした行為連鎖の中で、行為者は自らの行為の直前における記号論的資源の布置の中からそのいくつかを選び取っている。それによって、先行する行為の意味を決定するとともに次の行為者が行為を行うコンテクストとなる記号論的資源の布置を生み出す。したがって、異なる種類の記号論的フィールドから構成される行為は、次の行為者にとって利用可能なだけではなく、分解し、その一部あるいは全てを再び組織しなければならないものでもある。この点で、行為は複雑な結び目のようなものだといえる（Ingold 2007: 75）。ある行為を構成するそれぞれの記号論的資源は、その外部の現象へと開かれているのである。

　こうして行われた行為の痕跡は、例えば樹木に関するエピソードや地名にまつわる物語りとして景観の中に刻まれる。したがって、環境に見出される記号論的資源とそれを活用して行われる行為の間には再帰的なリンクが存在する。こうして環境との関わりを深めていく過程は、環境を利用するという

よりは、環境と対話を続けることだといえよう。その結果、有機体としての人とそれを取り囲む環境、身体と景観は、分かちがたい全体としての「生命の生態学」を構成するようになる(Ingold 2000: 19, 68)。

　また本章で例にあげたような発話イベントは、様々な立場の人々を社会的な状況に巻き込み、組織化する。その分析には Hymes が提起し、Goffman らが展開した参与枠組みという次元を導入することが有効である (Hymes 1972; Goffman 1981)。こうした発話イベントは、構造的に立場を異にする参与者(日本人の調査者、経験の豊富な/浅いインフォーマント、インタビューの受け手など)の間の協力を通じて構築される。立場を異にする参与者は、はじめ環境に対して異なった知覚を行うかもしれない。例えば事例1では、自動車が進むべき方向に関して経験の豊富なインフォーマント G が状況に即した適格な指示を行っていたのに対して、経験の浅いインフォーマント T は主体的に指示を出すことができず、G の指示を後追いしていた。また運転手の日本人 N はそうした指示にもかかわらず、進むべき方向が見えていなかった。こうした異なった知覚が生じるのは、立場を異にする人々が同じ経験を異なる認知的なスキーマによって解釈するからではなく、その身体化された感覚が環境に対して異なる調律を行うからである(Ingold 2000: 162)。

　ただしそれぞれの参与者は、相互行為の全ての局面において異なるのではない。事例1でも、参与者たちは同じ地理的セッティングで移動する1台の自動車に同乗し、座っているという点では、相互行為のための基盤を共有している。そして、相互行為の展開とともにその場にいる人たちの間でも相互に行為の調律が進んでいく。事例1では、G の指示と T の教示、N の運転は次第に調和するようになっていった。また事例2では、比較的付近の地理に明るい G が積極的に移動ルートに関する教示を行っていたのに対して、教示される側であった O は自分の知識の確認を聞き手に要請していた。このような、有能な実践者とともに遂行された行為は、実践において必要とされる技術と専門的なビジョン(Goodwin 1994)をマスターすることに貢献する。

近年、生得的教育学（natural pedagogy）という概念を提唱して精力的に研究を進め、隣接する研究分野にも大きな影響を与えてきている Gergely らは、教育を(1)教師にあたる個人による一般化しうる知識の明示的な表明、および(2)生徒にあたる個人による知識の内容についてのその表明の解釈の双方を伴うものと定義している（Cisbra & Gergely 2006: 257）。この定義は、多くの人々の素朴な教育のイメージに合致するようである。しかし、本章を含む人類学者による研究は、この定義では除外、軽視されるような、非明示的に知識や技術が再生産される仕組みに注目し、それを詳細に分析してきた。例えば事例 3 では、社会的な役割によって要請される要求がその場の状況に敏感な日常会話のルールに媒介あるいは変換され、それに従って実現される過程を分析した。こうした仕組みにおいては、ある行動パターンの再生産は、その行動パターンを特徴付けている情報がある個人の頭脳から別の個人の頭脳に伝達されるのではなく、その場の状況に応じた環境との対話の中で、ミメシスの核心にある知覚と行為の協応が起こることによって可能になる（Ingold 2000: 358）。学校のような近代的制度によらないグイ／ガナにおける教育・学習の大半は、後者のような仕組みによって達成される。さらに、グイ／ガナの人々がこうした教育・学習の方略によってそのコミュニティに社会化していく一方で、グイ／ガナのコミュニティもそれによって構成、維持されてきた。先述したように、コンテクストを前提とし、コンテクストを構成する行為者の主体性は、本来的に社会的なものである。グイ／ガナのコミュニティの将来は、新たな地理的セッティングでこうした社会性な主体性がどのように実現されるかにかかっている。

注
1　これ以外の 3 アプローチは、「自然人類学」、「考古学」、「文化人類学」である。
2　中川（1997）によれば、両言語は系統的にも類型論的にも非常に近い。後述するコエンシャケネでは、両言語の話者がお互いに自分の言語でコミュニケーションするというデュアル・リンガリズムが確認される。本章でのグイ語とガナ語の音韻

表記はできるだけ Nakagawa (1996) の正書法に従った。
3 これはまず、サンの優れた視覚と方向感覚が対ゲリラ戦に効果的だと考えられたからであった。加えてこの戦略は、地域社会においてサンが「野生の魔術的な力をもつ」と信じられてきたことを利用し、実戦において SWAPO に脅威を感じさせることもねらっていた。さらに、こうした政策によって南アフリカは、白人の植民地支配に対して立ち上がった黒人という解放運動が示した図式を、先住民とそれを支援する白人が共産ゲリラと闘っているという図式に置き換えることをねらっていた (高田 2008)。
4 会話例は各行3段からなり、上段は実際に発話された原語、中段はグロス、下段は日本語訳である。また事例 1, 4 では ( ) で囲まれた位置で生じたジェスチャーを会話例の末尾にまとめて記した (事例 2, 3 ではジェスチャーは省略した)。上段および下段では、= はそれで結ばれている発話が途切れなくつながっていること、[ ] で囲まれた隣接する発話はそれらがオーバーラップしたこと、° ° で囲まれた部分は発話が弱まっていること、< > で囲まれた部分は前後と比べてゆっくり発話されていること、> < で囲まれた部分は前後と比べて早く発話されていること、- (全角ハイフン) は直前の語や発話が中断されていること、( ) で区切られた数字 (e. g., (0.6)) はその秒数の沈黙、(( )) はその都度必要な注記を示す。書き起こし方法の詳細については Sacks ら (1974) を参照。
5 略語は以下をあらわす:ADV;副詞、ASP;相 (hab- 習慣、sta- 状態、wit- 同伴)、DEM;指示詞、DRV;派生辞 (n- 名詞的、adv- 副詞的)、FOC;焦点、INT;感嘆詞、INTERR;疑問詞、NEG;否定、POS;可能、PP;後置詞 (dir- 方向、plc- 場所、pos- 所有、toward- 目的)、PTC;小辞、時制は単語で示す (e. g., 'future (today)'- 今日未来)。人 - 性 - 数 - 接尾辞は略語の組合せで示す (e. g., -f: p: G)。ただし m: f: c は男性:女性:共通、s: d: p は単数:双数:複数、N: A: G は主格:目的格:所有格。接尾辞とその語幹は - (半角ハイフン) でつなげた。代名詞は略語の組合せで示す (e. g., 1: c: p (in): N)。ただし 1: 2: 3 は一人称:二人称:三人称、m: f: c は男性:女性:共通、s: d: p は単数:双数:複数、in: ex は包括:除外、N: A: G は主格:目的格:所有格。

参考文献

Bakhtin, M. (1981) *The Dialogic Imagination: Four Essays*. M. Holquist (ed.) Translated by C. Emerson & M. Holquist. Austin, TX: University of Texas Press.

Basso, K. H. (1996) Wisdom Sits in Places: Notes on a Western Apache Landscape. In S. Feld and K. H. Basso (eds.) *Senses of Place*, pp.53–90. Santa Fe, NM: School of American Research Press.

Cisbra, G., and Gergely, G. (2006) Social Learning and Social Cognition: The Case for

Pedagogy. In Y. Munakata, and M. H. Johnson(eds.)*Processes of Change in Brain and Cognitive Development*, pp. 249–274. Oxford: Oxford University Press.
Clifford, J. (1986) On Ethnographic Allegory. In J. Clifford, and G. E. Marcus(eds.)*Writing Culture: The Poetics and Politics of Ethnography*, pp.98–121. Berkeley, CA: University of California Press.
Duranti, A. (1997) *Linguistic Anthropology*. Cambridge: Cambridge University Press.
Goffman, E. (1964) The Neglected Situation. *American Anthropologist*, 66(6): pp.133–136.
Goffman, E. (1981) *Forms of Talk*. Philadelphia, PA: University of Pennsylvania Press.
Goodwin, C. (1994) Professional Vision. *American Anthropologist*, 96(3): pp.606–633.
Goodwin, C. (2000) Action and Embodiment within Situated Human Interaction. *Journal of Pragmatics*, 32: pp.1489–1522. Elsevier.
Goodwin, C. (2007) Environmentally Coupled Gestures. In S. Duncan, J. Cassell, and E. Levy(eds.)*Gesture and the Dynamic Dimension of Language*, pp.195–212. Amsterdam/Philadelphia: John Benjamins.
Gordon, R. J., and Douglas, S. S. (2000) *The Bushman Myth: The Making of a Namibian Underclass*(2nd ed.). Boulder: Westview Press.
Hymes, D. H. (1963) Objectives and Concepts of Linguistic Anthropology. In D. G. Mandelbaum, G. W. Lasker, and E. M. Albert(eds.)*The Teaching of Anthropology*, pp.275–302. American Anthropological Association. Memoir 94.
Hymes, D. H. (1972) On Communicative Competence. In J. B. Pride, and J. Holmes(eds.)*Sociolinguistics*, pp.269–285. Harmondsworth: Penguin Books.
Hymes, D. H. (1974) *Foundations in Sociolinguistics: An Ethnographic Approach*. Philadelphia, PA: University of Pennsylvania Press.(デル・ハイムズ　唐須教光訳(1979)『ことばの民族誌―社会言語学の基礎』紀伊國屋書店)
Ingold, T. (2000) *The Perception of the Eenvironment: Essays on Livelihood, Dwelling and Skill*. New York: Routledge.
Ingold, T. (2007) *Lines: A Brief History*. Oxford: Routledge.
Nakagawa, H. (1996) An Outline of |Gui Phonology. *African Study Monographs, Supplementary Issue*, 22: pp.101–124. アフリカ地域研究資料センター.
中川　裕(1997)「グイ語の2方言とその社会言語学的側面」『アジア・アフリカ文法研究』26: pp.33–40．東京外国語大学アジア・アフリカ言語文化研究所．
野中健一・高田　明(2004)「砂漠の道標：セントラル・カラハリ・ブッシュマンのナヴィゲーション技術」、野中健一(編)『野生のナヴィゲーション―民族誌から空間認知の科学へ』pp.23–54．古今書院．
大野仁美(1995)「カラハリ狩猟採集民グイの親族名称体系」『アジア・アフリカ言語文化研究』50: pp.185–204．東京外国語大学アジア・アフリカ言語文化研究所．

Sacks, H.（1986）On the Analysability of Stories by Children. In J. H. Gumperz and D. Hymes（eds.）*Directions in Sociolinguistics: The Ethnography of Communication*, pp.325–345. New York: Blackwell.
Sacks, H.（1992）*Lectures on Conversation*. Cambridge, MA: Blackwell.
Sacks H., Schegloff E. A., and Jefferson, G.（1974）A Simplest Systematics for the Organization of Turn Taking for Conversation. *Language*, 50（4）: pp.696–735. Linguistic Society of America.
Silberbauer, G. B.（1965）*Report to the Government of Bechuanaland on the Bushman Survey*. Gaberones: Bechuanaland Government.
菅原和孝（1997）「記憶装置としての名前―セントラル・サン（|Gui と ǁGana）における個人名の民族誌」『国立民族学博物館研究報告』22（1）: pp.1–92. 国立民族学博物館.
菅原和孝（1998）『ブッシュマンの生活世界（Ⅰ）―語る身体の民族誌』京都大学学術出版会.
Takada, A.（2006）Explaining Pathways in the Central Kalahari. In R. K. Hitchcock, K. Ikeya, M. Biesele, and R. B. Lee（eds.）*Senri Ethnological Studies, No. 70, Updating the San: Image and Reality of an African People in the 21st Century*, pp.101–127. Osaka: National Museum of Ethnology.
高田　明（2007）「言葉の向こう側―セントラル・カラハリ・サンにおけるナヴィゲーション実践」、河合香吏（編）『生きる場の人類学―土地と自然の認識・実践・表象過程』pp.141–183. 京都大学学術出版会.
高田　明（2008）「ナミビア北部におけるサンと権力との関係史」、池谷和信・武内進一・佐藤廉也（編）『朝倉世界地理講座：大地と人間の物語 12：アフリカⅡ』pp.601–614. 朝倉書店.
Takada, A.（2008）Recapturing Space: Production of Inter-subjectivity among the Central Kalahari San. *Journeys: The International Journal of Travel & Travel Writing*, 9（2）: pp.114–137. Berghahn Journals.
Takada, A.（in press）A Personal Environment: The Application of Folk Knowledge amongst the San of the Central Kalahari Desert. *Local and Indigenous Knowledge Systems（LINKS）Programme, UNESCO*.

第 4 章　コミュニケーションにおける
　　　　　視点取得
—医療コミュニケーションと言語障害学から学べること

渡辺義和

【要旨】　コミュニケーションを成功させる重要な要素として、対話者との共有知識や対話者が持つ情報や期待等のいわゆるコミュニケーション前提と、それに基づく対話者の視点取得が考えられる。医療における相互行為では、患者—医師間の非対称性をはじめとする制度的制約が加担して、その前提の確立や視点取得が容易ではない。本章は、コミュニケーション障害にも注目しながら、前提と視点取得の特徴と重要性について再検討を試みる。

1.　はじめに

　誰でも大なり小なり病気をし、医者にかからざるを得ない時がある。熱があり、食欲もない。そんな時、病院の扉をたたき助けを求める。診療が始まって 5 分間、医師の質問に忠実に答えると、「では、お薬を出しておきます。お大事に。」と言われ、訳もわからないうちに「ありがとうございました」と言って診療室の扉を閉める。閉めた途端に、自分が伝えたかったことの半分も医師に伝えられなかったことに気づく。「普通の会話」というものがあるかどうかの議論はここでは特に触れないが[1]、診療現場のような制度的コンテクストや、対話者にコミュニケーション障害がある場合、いわゆる「普通の会話」の前提に従っていてはコミュニケーションがうまくいかないことが多い (Shuy, 1993)。その主な原因として、診療場面についてはその制度的コンテクスト上の制約や患者—医師間の知識差等、参加者間の非対称性が指摘されている (e. g., Roter & Hall, 2006) し、コミュニケーション障害に

ついても Goffman (1963) が指摘するように、相互行為という社会生活の基本習慣自体が、発話者をスティグマ化してしまいかねない。どちらのコンテクストにおいても、社会的相互行為において参加者間にパワーの非対称性が生まれ易い。本章では、医療やコミュニケーション障害に関連する相互行為の Communicative Competence (CC) を考えることにより、社会的弱者のエンパワメントと積極的社会参加へのヒントを提示したい。導入部では、診療場面と吃音に関連するコミュニケーションの特徴と問題点を解説し、続いて、これらのコンテクストにおいて求められる CC とその獲得プロセスを探る。

2. 診療場面のコミュニケーションの特徴と問題

　診療場面における会話は、いわゆる普通の会話とは異なる特徴を持つ側面がある。友人同士のような日常的な会話においては、あらかじめ話者の役割が決められていることは概して少なく、話題についてもその日の出来事の報告や将来の予定の調整等さまざまであり、特定の話題に限られない。また、話者間のターンの比率についても、何らかの社会的属性が原因で特定の人が多く話す、またはほとんど話さないというケースも一般的ではない。しかし、診療場面においては、話題は患者の訴える病いについてであることが普通であり、そこから大きく話題が逸れることは多くない。話者交替に関しても、医師の質問に対して患者が答える、またはストーリーを語ることが多く、医師による会話フロアの支配の下、相互行為が行われるのが一般的なパターンである (Beckman & Frankel, 1984; West, 1983)。さらに、診断はあらかじめ準備されたフローチャートに従った診断手順に基づいて進められる傾向がある (Groopman, 2008)。

　診療場面においては上のようなケースが一般的であり、それに対して疑問を持たない人も多いかも知れないが、果たしてそれで問題ないのだろうか。確かに、忠実に医師の質問に答えることは、「医師が思い描く（期待する）患

者の病状」へと効率的に近づく道のりではあるが、忠実に答え続けたがために自分の抱える懸念や訴えたいと思っていた症状に触れずに診療が終わるというケースも少なくなく、診療が終わる段階になって患者側から新たな問題提起や症状の報告がされるという状況がしばしば起こっている（Rodondi et al., 2009; White, Levinson & Roter, 1994）。患者の視点からすれば、医師は医療の専門家であり、自分の病気の症状等については詳しく分かっているはずだから、自分から言い出さなくても、もしそれが医学的に見て重要なポイントであれば、医師が適切な質問をしてくるはずであると考え、自分からあえて持ち出さないことが多い（Rogers & Todd, 2000）。また、懸念に思っている自覚症状があっても、それを言う事で「医療について何も知らない無知な患者」と思われることを恐れて、あえて症状の告白ができないことも多い（Frankel, 1990; Roter & Hall, 2006）。ある案件が医学的に mentionable（Schegloff & Sacks, 1973）であるかないかを決めるのは医師の役割であり、患者は医師の判断に基づいて聞かれた「中立的」な質問に答えているつもりでも、医師の質問形態がある種「誘導的」な効果を生んでおり、患者の意思伝達が阻害されているという分析もある（Boyd & Heritage, 2006）。時には、患者だけでなく、医師サイドも十分な情報がないために、治療効果に関して患者に誤解を与えてしまうような説明をしてしまうケースもある（Hamilton et al., 2006）。さらに、患者にとって「病い」（illness）とは、「疾病」（disease）と違い（Eisenberg, 1977; Jennings, 1986）、「生活世界」（lifeworld）の大きな部分を占めるにもかかわらず、医師は「医療世界」（world of medicine）に特定した、または偏った視点から患者に対応する傾向が強く（Mishler, 1984）、患者の「生活世界」の視点を見逃しかねない。

　また最近では、電子カルテの導入によりますます患者と医師のコミュニケーションが複雑になりつつある。Greatbatch et al.（1995）によれば、医師が問診をしながらコンピューターにデータ入力をする際、医師のコンピューター操作に患者が自分の発話のタイミングを合わせる等、コンピューターは単なる機械として診療室に存在するのではなく、医療面接の参加者の1人

であるかのごとく相互行為に影響を与えている。しかし、コンピューターが患者に与える診療コミュニケーション上の影響について、医師が十分認識していない可能性は否めない。Watanabe et al. (2004) は、日本における電子カルテの診療場面を分析したが、そこでは特に漢字変換という日本語特有の入力作業があるため、英語入力時にも増して、医師だけでなく患者の注意もスクリーン上の変換作業に引き寄せられてしまい、電子カルテが患者と医師のコミュニケーションに大きく影響しているという考察が述べられている。具体的には、医師の漢字変換という行為が医師の相互行為者としての行為として患者によって認識され、医師が漢字変換をしながら患者に口頭で質問をしたとしても、患者は漢字変換が無事に終わるまでその質問には答えないという状況が見られた。しかし、質問に答えない患者に対して医師は再度質問をし、患者に返答を要請する。この場合も、医師が「患者から見た診療の相互行為」を十分に把握してない可能性が伺える。

3. 視点取得（perspective taking）

3.1 医療コミュニケーションと視点取得

　これまで紹介してきた研究において注目されることの1つは、医療現場における医師による患者の視点取得というCCの重要な要素（Hamilton, 2003）であり、さらに医師がその取得した視点に基づいて診療という相互行為をいかに効果的に行うかということである。しかし、診療場面において視点取得は一筋縄ではいかない。患者—医師間には社会的権威の差や医学知識に関する上下関係だけでなく、病いを患う者とそれを診断し治療する者という受け身／使役関係も生まれてしまう。

　冒頭でも触れたが、診療場面においては医師が医学的シナリオに従い、フローチャートに沿うような形で質問をすることが多い。例えば、患者の痛みの訴えから始まったとすると、その痛みやその他の症状からいくつかの病因を推測し、正しい病因に辿り着くべく、それぞれの病因を念頭においた質問

を患者に聞く。確かにこれは合理的で効率的な方法になり得るが、ひとつ間違えると、医師がフローチャートに従って患者を誘導し、患者の視点を取得するという目的から逸脱しかねない。Rogers & Todd (2000) の報告によれば、がんの診療場面において、患者は医師の一連の質問に忠実に答え続け、結果的に医師は患者の状況を把握したと考えていたが、実は患者が報告をしていた痛みが医師の診断シナリオ内における期待された痛みと一致しなかったため、その患者にとっての痛みの重要性が軽視されていた。さらに、White, Levinson, & Roter (1994) によれば、調査をした診療の21%において、患者が診療の最終段階において新たな問題を医師に提示するという結果が出ており、これは医師が患者が伝えたいことを診療の最終段階まで把握しきれていなかったことを示唆している。これらの研究は、患者の視点を取得することの重要性を示すとともに、患者の視点を取得するうえで、患者にとっての症状に関する知識、期待や意味、そして懸念等から構成される、患者にとっての「前提」の把握が重要であることを示唆している。

　また患者に「悪い知らせ」を伝える bad news telling という相互行為においても、患者の視点取得が重要な意味を持つ。Maynard (1991a) によれば、医師が患者に悪い知らせを伝える際には Perspective Display Series という会話的連鎖を用い、医師が診断結果等を患者に知らせる前に、まず患者の視点を把握すべく「○○に関してどう思われますか？」というような質問をすることがある。医師はその回答に基づいて患者の考え、期待、不安等、患者の視点を確認した上で、診断や評価を伝える。そうすることにより、医師は mutuality of perspective（視点の相互性）に基づいた相互行為が可能になり、患者もその知らせを正しく理解し、受け入れが容易になる。

　医療面接において特に重要とされる「共感」と「傾聴」は重要なコミュニケーションスキルとして研究がされている (Hamilton, 2004; Frankel & Stein, 1999; Norfolk et al. 2007)。「共感的コミュニケーション」(Coulehan et al., 2001) も、患者の視点取得がなければ、医師側の独りよがりの共感になりか

ねない。Frankel (2002) は、患者と医師の会話を分析し、患者による発話が医師の共感的反応を誘うものでありながら、医師がそれを見逃したケースをMEO (missed empathic opportunity) と呼び、患者—医師間の関係性を強める潜在性の強い共感の機会を逃すことの危険性を指摘している。この場合においても医師による患者の視点取得は重要な役割を果たすと考えられる。さらに、Frankel, Sung, & Hsu (2005) の研究では、患者との視点のマッチングにおいて、それまでに満足度が高い、または低いと患者によって評価された医師たちを比較した。その結果によると、満足度の低い医師は、患者の知識レベルや情報の必要性について患者に確認することなく、一方的に決めつける傾向があるのに比べ、満足度の高い医師は、患者の前提に関して決めつけるのではなく、絶えず患者の状況について注意を払うことを医師としての仕事であると認識していた。Frankelらは、患者にとって望ましい診療環境とは、医師が患者の前提を確認し、さらに自分の思い込みや前提を疑い、必要に応じて修正していくことであると述べている。

3.2 視点取得を複雑にする要因

これまで見てきた診療場面のコミュニケーションに関する研究とその他の関連研究も参考にしながら、医療コミュニケーションにおいて視点取得を困難にしかねない要因を以下の表にまとめる[2]。

表1 視点取得を困難にする要因

要因	医療コミュニケーション上の特徴
知識差	医療に関する知識差は大きく、医師による専門用語の使用がしばしば問題になる。確かに、医学に関する知識や専門用語については、医師の方が優位に立つが、患者はその「病いの主体」として豊富な知識や経験があるので、必ずしも「知識」の上で絶対的な上下関係が確立されているとは限らない (Roter & Hall, 2006)。
物理的環境	電子カルテ入力のためのコンピューター、診療室内の椅子の位置、歯科の場合であればデンタルチェア等の物理的環境が相互行為に負荷を課す (Greatbatch et al., 1995)。

社会的上下関係	特に日本においては、医師は社会的地位が高いので、患者から医師に質問したり、医師の発言を疑問視することは容易ではない (Roberts, 1999)。
症状・状態	外見から分かる症状、患者から申告されて分かる情報、検査をしなければ分からない状態、それでも把握できない状況等あるため、視点取得は容易でない (Hamilton, 2004, Hamilton et al., 2006)。
時間	限られた時間内に診療を終えなければならないので、十分な説明や質問の時間を取ることが物理的に難しい (Baker, O'Connell & Platt, 2005)。
異文化	アジアと西欧を比べると、患者—医師関係やコミュニケーションスタイルに関して、文化的違いが見られる (Ishikawa & Yamazaki, 2005)。
医療世界 vs 生活世界	医師と患者にとって中核となる世界が異なっているため、視点取得が容易でない (Mishler, 1984)。

この表からも明らかなように、制度的コンテクストに特有な物理的環境や社会的地位・知識の差だけでなく、それぞれの患者の病状やそれについての参加者間の認識、さらに文化的背景や常識に至るまで、医師による視点取得を困難にする要因は数多である。これらは、コミュニケーションを可能にする上で必要な「コミュニケーション前提」(池田、2000)の把握や共有、さらに参加者間の「共通基盤」(Wilkes-Gibbs & Clark, 1992)の調整 (grounding) (Clark & Brennan, 1991)に負荷を課すと言える[3]。特に、限られた時間内における情報提供・交換は、共通基盤の調整の実効性を制限し、さらに時間的間隔を空けた来院時の診療というコンテクストを考慮すると、調整には更なる負荷が掛かると考えられる[4]。

さらにここで注目したいのが、表1最下段の「医療世界 vs 生活世界」という要因である。上にも述べたとおり、医師は「医療世界」の専門家であり、診療場面においては一般的に医師の知識や技術が重視されがちだが、患者の「生活世界」を軽視した診療は、「患者から見た病い」の姿を見逃し、その病気の全体像の把握を困難にする。また、患者にとっての「生活世界」が二重構造になっていることにも気づく必要がある（図1参照）。実は、「医

療世界」と「生活世界」というそれぞれ異なった世界に軸足を置く医師と患者という別世界の人間が2つの世界の境界線を超える、または跨いでコミュニケーションを行うというシンプルな構図ではなく、患者は病院を出れば日常生活が待っており、そこでは、制度的な側面との比較における「生活世界」の中に、健康な人や健常者とは違う世界観を持って生きる生活世界が待っている。つまり、患者が生きる生活世界の視点を取得するためには、「健康な人 vs 病いのある人」という比較構造も意識する必要がある。したがって、医療コミュニケーションに関する医師のCCについて語る際には、少なくともこの二重の生活世界コンテクストを念頭に置くことが求められる。以下では、非制度的コンテクストにおける「患者」(コミュニケーション障害を持つ人)のコミュニケーションについて、吃音者の例を取り上げながら詳しく見ていきたい(表2参照)。

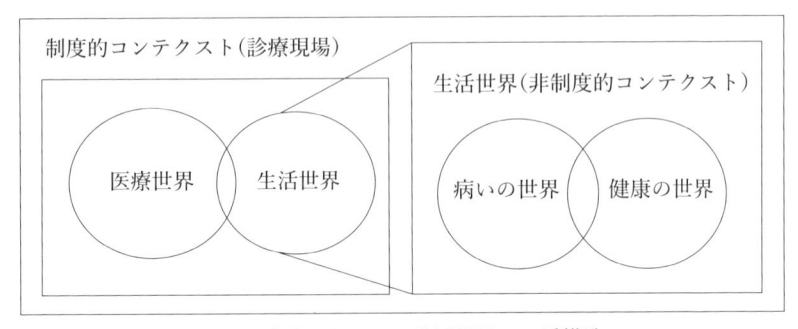

図1 患者にとっての生活世界の二重構造

表2 制度的・日常的コンテクストの比較

	医療コミュニケーション	コミュニケーション障害
制度的環境	患者 vs 医療従事者	クライアント vs 言語聴覚士
日常的環境	病いを持つ人 vs 健康な人	障害を持つ人 vs 障害を持たない人

3.3 非制度的コンテクストにおける視点取得

3.2でも述べたように、病いを持った人は、制度的コンテクストでは、医療の世界との対立項としての「生活世界」を代表する人として自分を語り、

医療従事者の理解を得、最適な治療を得るためにコミュニケーションを取るが、制度的コンテクスト以外であっても、「病いの世界」vs「健康の世界」という二項対立的な世界の中に生きている。Parsons (1951) が指摘するように、病人は病人としての社会的役割を果たし、社会からその正当性を認められるというのが一般的であるし、それはその病いが「誰もが認める正真正銘の疾病」である場合はその通りで、その病人は比較的容易に周囲から共感を得、人々は病人の視点を好意的に取得しようとする。ところが、慢性疲労のように、その真偽が疑わしいと思われがちな病いを患っている場合、周りの人々からの理解を得ることは容易ではない (Bulow, 2004)。このように、日常的コンテクストにおいて周囲の理解を得難い病いを持つ者が体験する「生活世界」の二重構造は、当然のことながら医師にとっても視点取得を複雑にする。

「非制度的コンテクストにおける視点取得」については、吃音者—非吃音者間のコミュニケーションを分析することでのその複雑さと構造が見えてくる。以下に、吃音というコミュニケーション障害の概観を簡単に紹介し、吃音者とのコミュニケーションの例を示しながら非制度的コンテクストにおける視点取得について述べていく。

吃音[5]は、2011年2月に開催されたアカデミー賞授賞式で最優秀作品賞を始め、4つの賞を受賞した「英国王のスピーチ」の主題として取り上げられたコミュニケーション障害であるが、実は、その現象には言語（非流暢性）の他、身体的、生理的、心理的側面が入り交じり、定義することは現在でも容易ではない (Bloodstein & Bernstein Ratner, 2008)。一般的に「吃音」と言えば、流暢ではない発話、つまり非流暢性が当然のように注目を浴びる。もちろんこの非流暢性は吃音というコミュニケーション障害の大きな一部ではあるのだが、そこに吃音の理解が複雑になる原因がある。まず、非流暢性と言っても、「正常な非流暢性」と「正常でない非流暢性」があり、例えば小さい子どもの多くは、この「正常な非流暢性」を体験する時期があり、その

うちの大多数はその時期を無事通過し、流暢性を獲得していく。また、非流暢性は物理的現象として把握しやすいため、吃音の代名詞のように思われ、画一的に見られがちだが、そこにこそ落とし穴がある。ギター（2006）は、上のような非流暢性のように顕著に観察できる現象を「中核症状」と呼んでいるが、その中核症状でさえ、個人間や個人内で一定ではなく、その個人の過去から現在における吃音の歴史により、その吃音に違いが現れる（Starkweather, 1999）。中核症状の他にも、特定の音や発話を避けようとする逃避行動、瞬きや、発声の助走をつけるための音の挿入等、随意的な「二次的行動」、吃音や話すことに対する心理的反応や姿勢（Manning, Dailey, & Wallace, 1984; Miller & Watson, 1992）、そして非吃音者が吃音者に対して持つ先入観や態度（Davis, Howell & Cooke, 2002; Hughes et al., 2010）等、吃音に関連する感情や態度に関しても多くの研究がされ、その特徴や問題性が指摘されている。さらに、これらの症状や感情を抱えながら生きる過程において築かれる吃音者としてのアイデンティティに関しても多くの研究がある（Daniels & Gable, 2004; Kathard, 2006; Petrunik, 1982; Watanabe, 2001）。

　吃音と非流暢性を同一視してしまう傾向は、吃音に関する「素人」に限ったことではない。いわゆる「中核症状」に研究の焦点が絞られ、吃音研究の関心が吃音者から離れ、非流暢性だけに移ってしまったことを懸念する声が1990年あたりから聞かれ始めた（Perkins, 1997; Starkweather, 1999; Quesal, 1989）。吃音者にとっての吃音の意味や人生の中で吃音が演じる役割、吃音を通して生まれる人間関係、またはそれが理由で瓦解する人間関係や雇用関係を含めて「吃音」を理解することの重要性も指摘されている。つまり「吃音」と言っても、非流暢性に関わる言語的側面からそれ以外の日常生活やアイデンティティ形成に関わる側面に至るまで幅広く（Daniels & Gabel, 2004）、吃音者とのコミュニケーションを考える際に、「吃音」のどの側面を意識してどのようにコミュニケーションを試みるべきかを知ることは容易ではない[6]。

以上を踏まえて、非吃音者は吃音者をどのように理解し、吃音者の「吃音現象」に対応すればよいのだろうか。例えば、日常生活において吃音者の非流暢性に直面した際に、吃音者が言わんとしていることを察して「助け舟」を出すことが求められているのか、それとも相互行為上の "time out" (Petrunik & Shearing, 1983) として、あたかもその非流暢性に気づかない振りをし、吃音者のフェイスが脅かされことを回避する (Goffman, 1967) ことが適切な対応なのか。しかし逆に、非流暢発話に直面して視線をそらすことが吃音者に否定的な感情を生むという研究もある (Bowers et al., 2010)。対話者とのコミュニケーション関係が吃音者のアイデンティティ構築にも大きく関わるということを考慮すれば、非吃音者のコミュニケーション行動は、吃音に関するコミュニケーションを考える上で重要なカギを握っているといえる。診療場面における患者—医師間やスピーチセラピーにおける言語聴覚士とクライアントのような制度的コンテクスト以外に、このような生活世界でのコミュニケーションにおいても視点取得の重要性について考える必要がある。3.4 では、非流暢な発話を例に挙げながら、吃音者の視点取得の特性と構造について説明していく。

3.4　視点取得と「確定性・不確定性の保留」

　Gumperz (1982) を始めとする社会言語学者たちは、CC を定義する際に、ある特定の状況や文化的コンテクストにおける「相応しい発言」や「適切なコード」の選択と、他者の発言に関して、そのコンテクストにおける「相応しい解釈」ができる能力に言及している。これまで述べてきた視点取得も、言い換えれば、その「相応しい発言」や「相応しい解釈」を可能にする上で、最も基本となる能力であろう。それでは、次のような非流暢性を含む相互行為において、どのような視点取得が求められているのだろうか。

[例 1]
A:　明日は・・・・い・・・いる・・・・いる kk・・・いないと・・思う。
B:　　　　　　a)　b)　　　c)　　　　d)　　　　e)　　　　f)

上の会話において、Aは吃音者であり、・・で示されているところはブロック（難発）（発話が詰まっている）の状態であり、発声はない。もちろん、この会話の前に何が話されていたかによって、Aの発話が意図するところを明確に掴むことは不可能だが、BはAがAの明日の予定についてBに伝えようとしているということは分かっている。Bのa)からf)は、会話分析で言うtransition relevance place（移行適切場所、TRP）として可能な位置を示している。a)においては、Aのコンテクストが分からない場合（例えば、Aが流暢性に問題があるということを知らない）場合、「明日は」の後の沈黙は、「明日は都合が悪い」という断りを伝える際に、両者のフェイスを少しでも侵害しないようにしようという試みであるとも解釈されうるため、Bがフロアを引き継ぎ「あ、大丈夫」と言って会話を成立させることができるという意味で、TRPの1つと考えられる。同様に、b)からf)のそれぞれの位置においても、Aの意図を読み、Bがフロアを引き継ぐことで何らかの意味が作られ、会話が成り立ち、Aとのsolidarityを高める形で会話が進むことは可能である[7]。

　では、この例の場合、どの位置でBがフロアを引き継ぐことが「相応しい」のだろうか。言い換えれば、Bのどのような言語行動がAにとって、またはこの会話にとって相応しいものなのだろうか。ここで問題となるのが、Aの「前提」（期待、常識、知識等）である。時間は参加者の誰もが止めることができない共通の変数であり[8]、Aにとってブロックのために発声がない状態は、大変苦しく、一刻でも早く脱出したい状況であるとする。確かに即座にBの介入を求めフロアを奪い去ってほしいと思う吃音者もいるが、むしろそうされることで発言権を奪われたと思う吃音者もいる。吃音者の中には、自分を吃音者として受入れ、吃音者のアイデンティティを大切にして、吃音者であることに誇りを持ちながら、自信を持って非流暢性にひるまず日常生活を送る人から、自分の吃音を全否定しながら、一時でも自分の非流暢性に気づかれたくない、と回避行動に努める人まで千差万別なのである。いずれにしても、Aから見た場合のBのCCは、Aの吃音に対する思

いや発言の意図を理解し、A の発話行動を A の意図した形で理解し、それに基づいた形で A との相互行為に臨むことができることなのではないだろうか[9]。

　このように、非流暢性のある話者との会話において B の CC を考える場合、B の吃音についての知識や一般常識の他、A との人間関係、A にとっての吃音の意味、A にとっての非流暢発話の意味、ブロックになった時の A にとっての望ましい対応等、話者 A に関する前提に基づき、A の視点を取得した上でコミュニケーションを試みることの重要性を［例 1］は示している。さらに、前もって持っていた前提情報だけでなく、対話者との相互行為の過程において得られる情報も、前提の調整において同様に重要になる。ただし、Heritage & Robinson (2006) で述べられているように、対話者の前提知識の把握のプロセスにおいて、対話者が知っているであろうと思われる情報はあえて共有しないという会話の常識が制約として働くため、前提の確認は簡単には進まないだけでなく、相手の期待や知識を確認することは、会話自体の性質を変えてしまうことがあるため、前提の確認は容易にはできない (Tannen, 1986)（こらむ　会話における「前提」参照）。

　［例 2］[10] では、非吃音者が吃音者の非流暢性に直面し、会話の進捗と同時進行で視点取得を試みる例を見てみる。ここでは、会話進行中の連鎖的意味形成を基に、非吃音者が吃音者の前提に関する理解を同時進行的に調整し、相互行為に参加している様子が伺える。吃音者である夫が年齢を重ねるとともに、妻の穏やかな性格の影響もあって、最近穏やかな性格になってきたか、という質問に夫が答える場面だ。

［例 2］
1　夫　Well. Y Y' know I have (－－－－唇を閉じる－－－－) I don't know
2　　　whether (1.1) it just happened or if a y'know
3　　　I've mellowed. But I: I have made the adjustment

```
4 →        whether I (1 - - - - -) like it or not. hhh
                [                          ]
5 →妻                   [笑顔] hhhhhhhhhhh
```

　自分が穏やかな性格になったかどうかについては曖昧にしながらも、もしそのような傾向があるとしたら、それは妻に合わせるために、自分の好き嫌いに関わらず自分が行動を調節している、という趣旨のことを答えるわけだが、妻は夫の（4行目 whether I (1 - - - - -) like it or not）における /I/ の引き延ばし（1 - - - - -）の途中から［笑顔］を浮かべる。さらに、夫がその引き延ばしから like という単語に入った段階で、妻は声を出す笑い（5行目 hhhh）へと言語産出のコマを進める。ここでは何が起こっているのだろうか。4行目の whether I が聞こえた段階で、妻としてはその次の展開が予測できたと解釈できる。そこで妻は［笑顔］になるのだが、夫が引き延ばしに入ったので、声を出した笑いに移る代わりに［笑顔］（5行目）という、どちらかと言えば対話者の発話の妨げにならない応答手段を継続するという決断をしたと解釈される[11]。そして発音から like という単語であると確認できた段階で声を出した笑いへと進み、最後に両者が同時の「笑い」（4行目と5行目 hhhh）で終着したことにより、その冗談っぽく発言した夫の意思が両者により共有され、連鎖の共同構築で幕を閉じたと考えられる。

　さらに妻の視点を探ってみると、妻は夫の /I/ の引き延ばしに直面した際に、お互いの性格や夫婦関係の歴史、夫の非流暢時の反応の歴史、そしてその話題に関する2人の間の言語的歴史をたどることにより、夫の視点の取得を試みていると考えられる。そして、この場合はすでに夫が次に言いたい事がほぼ読めてしまっているにも関わらず、あえて声を出して笑ってしまわずに、笑顔に留めている。言い換えれば、妻は夫が言いたいことがほぼ分かってしまっているにも関わらず、夫の会話フロアの保留を許していることになる。このような状態を、「確定性の保留（suspension of certainty）」と呼び、「不確定性の保留（suspension of uncertainty）」と区別することで、非流

暢性を伴う相互行為の外観上の類似から起こる意味的混乱を回避したい。[例2]のように、吃音者の発話意図が分かっている場合に、視点取得に基づいて、対話者があえて発話を控えているケースが前者の例である。それに反し、後者は、吃音者が非流暢な発話になった際、それが音や単語の一部の繰り返しであっても引き延ばしであっても、その先がどのような展開になるか分からないが、フロアを話者に預けたまま発話を控えるケースを指す。次の例を使って、両者のケースを見てみる。

[例3]
1　A　明日はちょっちょっちょっちょっとならいいよ。
　　　　　　　　　　　　　[
2　B　　　　　　　　　　（？？？？）

　[例3]において非吃音者Bは、吃音者Aの繰り返し"ちょっちょっちょっ"に直面した際に、「ちょっとダメ」と言いたいと理解すればいいのか、「ちょっとならいい」と言おうとしているのかについて不確定の状態であり、「不確定性の保留」の状態に置かれているとも解釈できる。または、コンテクストや相手の前提から、その先が明らかな場合でも、[例2]のようにあえて発言を控えている可能性もある。つまり、「確定性の保留」が起こる1つの可能性は、相手の言いたい言葉が分かっているのだからと言って代わりに言ってしまうことがその吃音者の求めること、つまりそのコンテクストにおいて「相応しい」発話行為なのかは定かではない場合があるからである。その連鎖の構築過程において、相手の非流暢時における思いや期待を含む前提と、その連鎖の過程における対話者の反応に最大の注意を払いながら、「相応しい」行為を行えてこそ、高いCCを有していると言える。

　確定性／不確定性の保留は、非流暢性のある相互行為に限った現象ではなく、日常の相互行為、さらには患者―医師間の会話においても頻繁に見られる。医師が患者の話を聞く場合、ある程度の情報が患者から提供された段階

で、医師はそれを医学的シナリオに当てはめ、患者が言わんとする状況を正しく推測し、医学的フローチャートに従って会話進行を試みることがしばしばある。しかし、それでも患者が言葉を選びながら話を続けようとする時、医師が一時的に自分の発話を保留することで、ある種の確定性の保留を体験することになる。または、その反対に、患者から提供される情報が特定の医学的シナリオを想起させないケースもあり、その場合は、一時的な不確定性の保留を経験することになるが、いずれの場合も、医師として患者を遮り質問をしたり、発言をすることが望ましい行為なのかは明確ではない。患者の発話の行き先が明らかであっても、それを患者の言葉で聞くことにより、患者の違った視点が取得できるかもしれないし、その反対に、患者の発言が明確でない場合に、直ちにその意図を問う代わりに、その発言を注意して聞くことで、患者の新たな視点が取得できる可能性もある。医療やコミュニケーション障害のコンテクストに限らず、対話者の視点取得をするプロセスにおいては、確定性／不確定性の保留という場面に頻繁に遭遇しながら、それまでに得た対話者の前提に関する情報を最大限に活用しつつ、継続的に、そして同時進行的に視点の取得と調整を行うこと、そしてその視点を考慮したコミュニケーションを行うことが求められる。そして特に、医療やコミュニケーション障害という視点取得を困難にする要素が多いコミュニケーション環境においては、対話者の前提の理解とそれに基づく視点取得がなおさら重要な CC として考えられる [12]。

4. 医療とコミュニケーション訓練

4.1 OSCE と模擬患者を使ったコミュニケーション訓練

　医師のコミュニケーション能力を向上させる必要性は、医療コミュニケーションに関する研究によっても示されており、患者―医師間のコミュニケーションの質によって、患者の治療計画の遵守率が変わってくる等 (Hamilton, 2003; Miller, 1997)、コミュニケーションが医療の効果に直接影響するという結果も多く見られる。最近では、医師のコミュニケーション能力の向上を

目的としたコミュニケーション訓練も注目を浴びている。特に医療、歯科医療、薬学、看護においては、海外で始まったOSCE (Objective Structured Clinical Examination) という「客観的臨床能力試験」が日本の教育機関でも徐々に課されるようになってきており、2011年の段階では、約1/4の医科大学においてそれが卒業認定の条件となっている（文部科学省, 2011）。医学部におけるOSCE（オスキー）では、評価者が評価表に基づいて、診察法の他に医学生の医療面接のスキルも評価する。医療面接においては、標準模擬患者（Standardized Patient）が患者のシナリオに基づいて患者を演じ、医学生はその標準模擬患者とコミュニケーションを取り、必要な情報収集を行い、検査や治療について説明する等、実際の医療面接において必要であると考えられる「コミュニケーション能力」をテストされることになる。

また、OSCEの導入とも相まって、模擬患者（Stimulated Patient）[13]を使った医療コミュニケーション教育も盛んになっている（加藤他, 2005）。模擬患者を用いた教育については、1968年に米国カリフォルニア州のUniversity of Southern Californiaでの実践例が報告されると同時に、模擬患者を使った教育の利点（模擬患者による学生のスキルや患者—医師間の調和的関係に対する評価が得られる等）が7つ述べられている（Barrows, 1968）。藤崎（2001）によれば、1975年にBarrowsが来日したが、その頃は日本の医療者教育において、臨床能力やコミュニケーション能力の重要性があまり高く評価されなかったこと等が原因となって、日本ではなかなか広がらなかったという。しかし、近年、ターミナルケアやインフォームド・コンセントが社会的注目を浴びるに従って、医師に対するコミュニケーション能力の要求が高くなり、医学教育界でもコミュニケーション教育への関心が高まった（藤崎, 2001）。さらに上に述べたOSCEの普及に伴い、模擬患者を用いた医学教育は近年盛んになっている。

では、OSCEや模擬患者を用いた医学教育においてはどのような「コミュニケーション能力」に焦点が当てられているのだろうか。加藤ら（2005）に

は、医療面接で求められる能力として以下の 3 つが記してある。
 1. 患者の問題解決に必要な情報を患者の関心に沿って収集
 2. 診断治療上の意思決定や治療過程における患者の主体的参加を促すような情報提供
 3. 良好な治療関係を構築できるような共感的コミュニケーションの展開

しかし、評価表のチェック項目に従ってコミュニケーション能力を判断するシステムを取る OSCE を意識するあまり、個別行為の処理（例えば、患者の名前を確認したか、挨拶をしたか、open-eneded の質問をしたか等）に捕われてしまい、ゲシュタルト的に質の高いコミュニケーションが横にやられてしまう傾向がある。そこで加藤他 (2005) は、「マニュアル主義」へ陥らないようにと注意を呼びかけている。

4.2 相互行為のメカニズムに焦点を置いたコミュニケーション訓練

筆者は、歯科医師や看護士を含む医療従事者を対象に、医療コミュニケーションに関するセミナーを行っているが、そこではいわゆるスキルやテクニックには焦点を置かず、相互行為の構造やメカニズムを解説することに主眼を置きながら、医療現場の特徴を踏まえたコミュニケーション能力の向上を目指している。具体的には、社会言語学的な視点に基づき、会話分析から見た会話の構造やターンテーキングのメカニズム、会話におけるフレーミングと解釈、フェイスとポライトネス、そして談話におけるアイデンティティ構築等の研究を解説しながら、医療現場のコミュニケーションを考える。例えば、フレーミングという観点から患者―医師間の会話を見た場合、診療場面というフレームが医師と患者それぞれの役割分担を固定化させるため、患者が積極的に質問をすることが困難になるという点も解説する（渡辺・植田, 2009）。つまり、自分たちが置かれたフレーミングを客観的に意識することで、患者の視点に近づくことが可能となり、患者の行動をより正しく理解することにつながる、というように、相互行為のメカニズムを解説することをセミナーの中心に置いている。

さらに、共通基盤等のコミュニケーション前提のメカニズムや、前提に立ち返ることの重要性、前提を確認することがフェイスを脅かしかねない理由等、相互行為における前提の特徴を説明し、診療という実践の場において、医師が患者との相互行為を俯瞰的に把握した上で患者の視点取得をすることの重要性を説いている。そして、会話分析的な視座から言えば、間主観性は会話において「可視的」なものである（Goodwin & Duranti, 1992）という発想も紹介する。そうすることにより、なぜ患者の発言に注意を払うことが大切なのか、患者の発言のどの部分に対してアンテナを張るべきなのか等、相互行為における医師の参与方法について考える土台が提供できる。言い換えれば、「患者に open-ended の質問をして患者の発話を促しなさい」というような短絡的な発想に基づくスキル訓練をするよりも、好ましくないコミュニケーションがなぜ起こっているのか、望ましいコミュニケーションはどうすれば実現可能なのか、という相互行為の機能と構造の理解が大切だと考える。医療従事者が、医療場面というコミュニケーション・コンテクストに関する理解を深め、それぞれのコンテクストにおいて知識を適宜応用・活用し、各患者の視点を取得できるようになることが、質の高い医療コミュニケーションへの着実な一歩であろう。

4.3　断続的診療における視点取得のプロセス

　患者が一定期間を空けて来院する場合、医師による患者の視点取得は断続的に、そして互換的に行われる側面もある。1つの発話が対話者の視点を表出するものであると同時に、視点を更新する特徴があると言える。これは、1つの発話が、そのコンテクストによって形成されると同時に、その発話がコンテクストを新たに形成するという会話分析的考えの "context-shaped and context-renewing"（Heritage, 1984）という概念に基づいているが、患者―医師間の視点調整においても類似した概念が導かれる。例えば、医師が患者との共通基盤を築こうとする場合、診療場面での相互行為においてその場で行う部分と、前提として持っている患者についての知識やカルテの情報から、会話前の段階で共通基盤の整備を行うという2つの方法がある。さらに、

診療後に共通基盤の再調整を行うこともあるだろう。しかし、対話者も同時に共通基盤の調整をしているので (Clark & Brennan, 1991)、その次の診療場面における相互行為で、再び「現場」で共通基盤の調整を行うことになる。この繰り返しの中で、医師は患者の発言を含む行動を観察し、そこから患者の視点を取得するが、知覚された信号が自分が描いていた視点設計図に合わない場合には、その設計図に手を入れて修正をすることになる。また、場合によっては患者の前提の確認をあえて行うことにより、患者の視点を正しく理解することに努めるかもしれない。断続性の中で、土台としてそれほど変動しない患者の「マクロ的視点」と、相互行為の中で逐次変化していく患者の「ミクロ的視点」の違いに注意を払うことも医療コミュニケーション訓練では重要だと考える。

5. おわりに―誰の CC について語るべきか

　本章では、医療コミュニケーションとコミュニケーション障害に関連する CC について述べて来た。どちらの領域もいわゆる普通の会話とは違い、制度的コンテクストに限らず、それ以外の日常的コンテクストにおいても話者間の前提や常識が異なることが多い。したがって、医療やコミュニケーション障害に関しては、普通の会話にも増して、間主観的視座から相手の視点を取得するように努め、前提となる共通基盤を絶えず補正していくことが必要になる。「相手の立場に立つ」「相手の視点からものを見る」というのは、至極当たり前のことのように思われるが、医療やコミュニケーション障害におけるコミュニケーションを詳しく見ていくと、その「当たり前」のことが、制度的制約や参与者の社会的役割等がある種の障害となって話者間の視界を遮り、共通基盤の確立を難しくする、または読み間違えるといった問題が起こり易い。さらに、確定性／不確定性の保留という現象もしばしば見られ、またその確定性や不確定性の決定についても、対話者の前提やその会話コンテクストの多様性・特異性、また既存の診断シナリオの影響等もあり、容易ではない。また、「当たり前」と思われることの「当たり前性」を疑問視

し、あえて、お互いの前提や共通基盤の確認・調整作業を、相互行為の秩序や参加者のフェイスを乱すことなく行うことも、重要なコミュニケーション能力だと思われる。

　最後に、CC を語る際、誰の CC について語られるべきなのかという問題について簡単に触れたい。上にも述べたように、お互いの常識や知識レベルの違う患者と医師が意思疎通をするためには、他者の視点から自分を見ることが重要である。Hamilton et al.(2008)では、C 型肝炎の治療に関する医師からの説明において、患者―医師間で "cure" という言葉の理解がずれているケースが見られ、その違いが治療効果の解釈に齟齬を生んでいると報告している。つまり、患者と医師の間で十分な間主観的理解が達成されていないということになる。しかしこの場合、必ず医師に非があると言えるのだろうか。制度的コンテクストとしての制約があるとしても、医師から出された「コンテクスト化の合図（contextualization cue）」（Gumperz, 1982）をきっかけに、患者の方から "cure" の意味を確認する会話へと発展させる可能性もあるのではないだろうか。医師が患者にとって会話に参加しやすい環境を提供したとしても、文化等の影響もあり、それを積極的に利用しようとしない患者もいるという報告もある（Ishikawa & Yamazaki, 2005）。

　吃音についても、ミクロとマクロの次元からその全体像を把握し（渡辺, 2005a, 2005b）、吃音についての知識や理解が大衆に広がることが、吃音に対する誤解を軽減し、吃音者にとって「生きやすい社会」の実現へと繋がるのではないかと期待されている。そしてその背景には、吃音者に対する非吃音者の態度やコミュニケーション方法が、「吃音者の視点から見れば」適切ではない、という一般的認識がある。コミュニケーションに障害を持った人の言語権（木村, 2010）を考えるのであれば、その人の視点から見た言語権を十分考慮したうえで、言い換えれば、障害が原因でその人が不便な思いをしないという原則に立ったうえで、どのようにその人とコミュニケーションを取ることが望まれているのかを考えるべきであろう。しかし、この場合も

非吃音者のコミュニケーションの改善のみに焦点を当てれば良いのだろうか。

　患者―医師間や言語聴覚士―コミュニケーション障害者間のコミュニケーションにおいては、一般的に医療従事者側のコミュニケーションの改善に焦点が置かれており、コミュニケーション障害者―健常者間においては、コミュニケーション障害者のコミュニケーション能力向上に焦点が置かれている。前者の場合は、医療における弱者である患者の言語権が守られるべきであるという視点であり、後者においては、コミュニケーションの規範から逸脱した個人がその言語使用を修正するべきだという視点である。しかし、患者も医師も、そしてコミュニケーション障害者も言語聴覚士も一般健常者も、それぞれが相互行為における「主体」として機能してこそコミュニケーションが成り立つ。言い換えれば、参与する者全ての「主体」がその対話者の視点取得を行い、また同時に対話者による視点取得に影響を与えるため、参与者の片方の CC についてのみ語っても、それでは議論としては不十分であり、「相互行為における CC」の全体像は見えてこないのではないか。今後、医療おいては患者の CC についての議論がもっとされるべきであるし、コミュニケーション障害に関しては、セラピーにおける言語聴覚士―クライアントの両者、そしてセラピー外のコンテクストにおいては、コミュニケーション障害者、ならびに健常者の CC についても議論がされていくことが望まれる。

注
1　いわゆる「普通の会話」(ordinary conversation) と「制度的会話」(institutional conversation) との関連や相違については、Maynard (1991b)、Schegloff (2003)、Heritage & Clayman (2010) 等を参照。
2　この他、もちろん文化やジェンダー等のさまざまな要素がコミュニケーションに影響すると考えられるが、ここでは特に医療に特有の要素に焦点を当てている。

3 Clark et al. (1983)、Wilkes-Gibbs & Clark (1992)等によれば、話者は「共通基盤」に基づきコミュニケーションを図り、その共通基盤は、言語的、五感的、社会通念的情報、話者の目的、話者の目標、主張等から構成されている。
4 Keysar らによる一連の視点取得に関する実験 (Epley et al., 2004; Keysar et al., 2000; Keysar & Henly, 2002; Wu & Keysar, 2007) からも、間主観性確立のメカニズムや視点取得に関する文化的傾向を伺うことができる。
5 吃音には、発達性、心因性、器質性等の種類があるが、ここでは子供の言語発達の過程で現れてくる発達性吃音を取り上げている。
6 吃音者間におけるコミュニケーションにおいても視点取得は容易ではない。吃音者と言っても、吃音と生きてきた年月や、吃音者としてのアイデンティティの確立の度合、セラピー体験、吃音の重度等が異なり、その違いは、吃音者間のコミュニケーションに現れる(渡辺・小林, 2008)
7 実際には対面の場合、吃音者の顔の表情や手や足の動きが随伴行動として表出することが多いので、対話者は話者から出される視覚的および聴覚的な手がかりによって、TRP に関するヒントを得ることが多い。
8 会話を含む相互行為の大原則は、物理的時間が参加者の全てに同様に滞ることなく進み、それを止めることも、遅らせることもできないということである。しかし、吃音者にとっての非流暢発話の最中の心理的時間は、非吃音者にとってのそれとは比べものにならないほど遅く流れ、また直線的に流れるとも限らず(Conture, 1990)、非流暢性が深刻になるほど、吃音者は時間の経過を過剰に見積もるという研究もある(Ezrati-Vinacour & Levin, 2001)。
9 冒頭に述べたとおり、B にとっての A の CC も考えなければならない。Erickson & Shultz (1982) は、日常的な会話における流暢性の欠如は interactional arhythmia を生み、会話のリズムを乱し、発話解釈に影響を及ぼすと述べている。
10 この例は、Watanabe (2001)において、吃音者とその配偶者(非吃音者)との相互行為をビデオ分析したものからの引用であるが、これ以外の多くの会話例においても、話者による連鎖性の共同構築、さらに相互アイデンティティ交渉が多く見られ、その過程における対話者の視点取得の重要性が指摘されている。
11 このような場合の［笑顔］は、相手の反応によってはその行為の方向性を連鎖の途中で変更しやすい「非決定的」または「中立的」な相互行為と呼ぶことができる。
12 スピーチセラピーという制度的コンテクストにおけるコミュニケーション上の問題として、特にセラピストがクライアントの視点を十分に考慮できず、一方的に発話を解釈してしまうというケースも報告されている。Schegloff (2003)では、神経障害を患った患者のスピーチセラピーの会話を分析し、セラピストがクライアントの言語運用能力を測る際、知らず知らずのうちに「テスト」という枠組みや

社会的な「規範」によって相互行為が解釈され、クライアントの（日常会話においては）一般的で、なおかつ繊細とも見なされるはずの発話が、セラピストによって「運用能力不足」と評価されたケースが紹介されている。Walsh（2008）は、統合失調症の患者とスピーチセラピストとの会話を分析し、セラピストが、スピーチセラピストの視点から、そしてスピーチセラピーというコンテクストに縛られた解釈モデルでクライアントの発話を評価したため、クライアントの視点がないがしろにされ、クライアントの「ヴォイス」がセラピストによって消されてしまっていると報告している。いずれの場合も、セラピストがセラピーという前提（シナリオ）と期待に基づいてクライアントを理解したことでクライアントの視点が取得できなかったケースである。

13 上記の標準模擬患者は、評価を公平にするために、標準化（standardize）された模擬患者を用いるという点で、必ずしも標準化されていない模擬患者（simulated patient）とは性質が異なる。

参考文献

Baker, L. H., O'Connell, D., & Platt, F. W. (2005) "What else?" Setting the agenda for the clinical interview. *Annals of Internal Medicine*, 143(10), 766–770.

Barrows, H. S. (1968) Simulated patients in medical teaching. *Canadian Medical Association Journal*, 98, 674–676.

Beckman, H., B., & Frankel, R. M. (1984) The effect of physician behavior on the collection of data. *Annals of Internal Medicine*, 101, 692–696.

Bloodstein, O., & Bernstein Ratner, N. (2008) *A handbook on stuttering* (6th ed.). New York: Thomson Delmar.

Bowers, A. L., Crawcour, S. C., Saltuklaroglu, T., & Kalinowski, J. (2010) Gaze aversion to stuttered speech: a pilot study investigating differential visual attention to stuttered and fluent speech. *International Journal of Language & Communication Disorders*, 45(2), 133–144.

Boyd, E., & Heritage, J. (2006) Taking the history: Questioning during comprehensive history-taking. In J. Heritage & D. W. Maynard (Eds.), *Communication in medical care: Interaction between primary care physicians and patients* (pp.151–184). Cambridge: Cambridge University Press.

Bulow, P. H. (2004) Sharing experiences of contested illness by storytelling. *Discourse & Society*, 15(1), 33–53.

Clark, H. H., & Brennan, S. E. (1991) Grounding in communication. In L. B. Resnick, J. M. Levine & S. D. Teasley (Eds.), *Perspectives on socially shared cognition* (pp.127–149). Washington, D. C.: American Psychological Association.

Clark, H. H., Schreuder, R., & Buttrick, S. (1983) Common ground and the understanding of demonstrative reference. *Journal of Verbal Learning and Verbal Behavior*, 22 (2), 245–258.

Conture, E. (1990) *Stuttering* (2nd ed.). Englewood, NJ: Prentice–Hall.

Coulehan, J. L., Platt, F. W., Egener, B., Frankel, R., Lin, C.-T., Lown, B., et al. (2001) "Let me see If I have this right...": Words that help build empathy. *Annals of Internal Medicine*, 135 (3), 221–227

Daniels, D. E., & Gabel, R. M. (2004) The impact of stuttering on identity construction. *Topics in Language Disorders*, 24 (3), 200–215.

Davis, S., Howell, P., & Cooke, F. (2002) Sociodynamic relationships between children who stutter and their non-stuttering classmates. *Journal of Child Psychology & Psychiatry & Allied Disciplines*, 43 (7), 939–947.

Eisenberg, L. (1977) Disease and illness: Distinctions between professional and popular ideas of sickness. *Culture, Medicine and Psychiatry*, 1 (1), 9–23.

Epley, N., Morewedge, C. K., & Keysar, B. (2004) Perspective taking in children and adults: Equivalent egocentrism but differential correction. *Journal of Experimental Social Psychology*, 40, 760–768.

Erickson, F., & Shultz, J. (1982) *The counselor as gatekeeper: Social interaction in interviews*. New York: Academic Press.

Ezrati-Vinacour, R., & Levin, I. (2001) Time estimation by adults who stutter. *Journal of Speech, Language, and Hearing Research*, 44 (1), 144–155.

Frankel, R. M. (1990) Talking in interviews: A dispreference for patient-initiated questions in physician-patient encounters. In G. Psathas (Ed.), *Interaction competence* (pp.231–262). New York: NY: Irvington Publishers.

Frankel, R. M. (2002) The (socio) linguistic turn in physician-patient communication research. In J. E. Alatis, H. E. Hamilton & A.-H. Tan (Eds.), *Georgetown University Round Table on Languages and Linguistics* 2000 (Education, journalism, law, medicine, and technology) (pp.81–103). Washington, D. C.: Georgetown University Press.

Frankel, R. M., & Stein, T. (1999) Getting the most out of the clinical encounter: The four habits model. *The Permanente Journal*, 3 (3), 79–88.

Frankel, R. M., Sung, S. H., & Hsu, J. T. (2005) Patients, doctors, and videotape: A prescription for creating optimal healing environments? *The Journal of Alternative and Complementary Medicine*, 11, S–31–S–39.

Goffman, E. (1963) *Stigma: Notes on the management of spoiled identity*. New York: A Touchstone Book.

Goffman, E. (1967) On face-work *Interaction ritual* (pp.5–45). New York: Pantheon Books.

Goodwin, C., & Duranti, A. (1992) Rethinking context: an introduction *Rethinking context: Language as an interactive phenomenon* (pp.1–42). Cambridge, UK: Cambridge University Press.

Greatbatch, D., Heath, C., Campion, P., & Luff, P. (1995) How do desk-top computers affect the doctor-patient interaction. *Family Practice*, 12(1), 32–36.

Groopman, J. (2008) *How doctors think*. Boston: Houghton Mifflin Company.

Gumperz, J. J. (1982) *Discourse strategies*. Cambridge, UK: Cambridge University Press.

Hamilton, H. E. (2003) Patient's voices in the medical world: An exploration of accounts of noncompliance. In D. Tannen & J. E. Alatis (Eds.), *Georgetown University Round Table on Languages and Linguistics 2001 (Linguistics, language, and the real world: Discourse and beyond)* (pp.147–165). Washington, D. C.: Georgetown University Press.

Hamilton, H. E. (2004) Symptoms and signs in particular: The influence of the medial concern on the shape of physician-patient talk. *Communication and Medicine*, 1(1), 59–70.

Hamilton, H. E., Gordon, C., Nelson, M., Cotler, S. J., & Martin, P. (2008) How physicians describe outcomes to HCV therapy: Prevalence and meaning of "cure" during provider-patient in-office discussions of HCV. *Journal of Clinical Gastroenterology*, 42(4), 419–424.

Hamilton, H. E., Nelson, M., Martin, P., & Cotler, S. J. (2006) Provider–patient in-office discussions of response to hepatitis C antiviral therapy and impact on patient comprehension. *Clinical Gastroenterology and Hepatology*, 4(4), 507–513

Heritage, J. (1984) *Garfinkel and ethnomethodology*. Cambridge, UK: Polity Press.

Heritage, J., & Clayman, S. (2010) *Talk in action: Interactions, identities, and institutions*. West Sussex: UK: Wiley-Blackwell.

Heritage, J., & Robinson, J. D. (2006) The structure of patients' presenting concerns: Physician's opening questions:. *Health Communication*, 19(2), 89–102.

Hughes, S., Gabel, R., Irani, F., & Schlagheck, A. (2010) University students' explanations for their descriptions of people who stutter: An exploratory mixed model study. *Journal of Fluency Disorders*, 35(3), 280–298.

Ishikawa, H., & Yamazaki, Y. (2005) How Applicable are Western Models of Patient-Physician Relationship in Asia?: Changing Patient-Physician Relationship in Contemporary Japan. *International Journal of Japanese Sociology*, 14(1), 84–93.

Jennings, D. (1986) The confusion between disease and illness in clinical medicine. *Canadian Medical Association Journal*, 135, 865–870.

Kathard, H. (2006) On becoming someone: Self-identity as Able. *Advances in Speech-*

Language Pathology, 8(2), 79–91.
Keysar, B., Barr, D. J., Balin, J. A., & Brauner, J. S. (2000) Taking perspective in conversation: The role of mutual knowledge in comprehension. *Psychological Science*, 11(1), 32–38.
Keysar, B., & Henly, A. S. (2002) Speakers' overestimation of their effectiveness. *Psychological Science*, 13(3), 207–212.
Manning, W. H., Dailey, D., & Wallace, S. (1984) Attitude and personality characteristics of older stutterers. *Journal of Fluency Disorders*, 9(3), 207–215.
Maynard, D. W. (1991a) The perspective-display series and the delivery and receipt of diagnostic news. In D. Boden & D. Zimmerman (Eds.), *Talk and social structure* (pp.164–192). Berkeley: CA: University of California Press.
Maynard, D. W. (1991b) Interaction and asymmetry in clinical discourse. *American Journal of Sociology*, 97(2), 448–495.
Miller, N. H. (1997) Compliance with treatment regimens in chronic asymptomatic diseases. *The American Journal of Medicine*, 102(2A), 43–49.
Miller, S., & Watson, B. C. (1992) The relationship between communication attitude, anxiety, and depression in stutterers and nonstutterers. *Journal of Speech and Hearing Research*, 35, 789–798.
Mishler, E. G. (1984) *The discourse of medicine*. Norwood, NJ: Ablex.
Norfolk, T., Birdi, K., & Walsh, D. (2007). The role of empathy in establishing rapport in the consultation: a new model. *Medical Education*, 41(7), 690–697.
Parsons, T. (1951) *The social system*. London: Collier-MacMillan.
Perkins, W. H. (1997) Historical analysis of why science has not solved stuttering. In R. F. Curlee & G. M. Siegel (Eds.), *Nature and treatment of stuttering: New directions* (pp.218–235). Boston: Allyn and Bacon.
Petrunik, M. (1982) Telephone troubles: Interactional breakdown and its management by stutterers and their listeners. *Symbolic Interaction*, 5(2), 299–310.
Petrunik, M., & Shearing, C. D. (1983) Fragile facades: Stuttering and the strategic manipulation of awareness. *Social Problems*, 31(2), 125–138.
Quesal, R. W. (1989) Stuttering research: Have we forgotten the stutterer? *Journal of Fluency Disorders*, 14, 153–164.
Roberts, F. D. (1999) *Talking about treatment: Recommendations for breast cancer adjuvant therapy*. New York: Oxford University Press.
Rodondi, P.-y., Maillefer, J., Suardi, F., Rodondi, N., & Cornuz, J. V., Marco. (2009) Physician response to "by-the-way" syndrome in primary care. *Journal of General Internal Medicine*, 24(6), 739–741.

Rogers, M. S., & Todd, C. J. (2000) The 'right kind' of pain: talking about symptoms in outpatient oncology consultations. *Palliative Medicine*, 14, 299–307.

Roter, D. L., & Hall, J. A. (2006) *Doctors talking with patients patients talking with doctors: Improving communication in medical visits* (2nd ed.). Santa Barbara, CA: Praeger.

Schegloff, E. A. (2003) Conversation analysis and communication disorders. In C. Goodwin (Ed.), *Conversation and brain damage* (pp.21–55). New York: Oxford University Press.

Schegloff, E. A., & Sacks, H. (1973) Opening up closings. *Semiotica*, 7(3/4), 289–327.

Shuy, R. (1993) Three types of interference to an effective exchange of information in the medical interview. In A. D. Todd & S. Fisher (Eds.), *The social organization of doctor-patient communication* (pp.17–30). Norwood, NJ: Ablex Publishing.

Starkweather, C. W. (1999) The effectiveness of stuttering therapy: An issue for science. In N. Bernstein Ratner & E. C. Healey (Eds.), *Stuttering research and practice: Bridging the gap* (pp.231–244). Mahwah, NJ: Lawrence Erlbaum Associates.

Tannen, D. (1986) *That's not what I meant!: How conversational style makes or breaks your relations with others*. New York: Ballantine Books.

Walsh, I. P. (2008) Whose voice is it anyway? Hushing and hearing 'voices' in speech and language therapy interactions with people with chronic schizophrenia. *International Journal of Language & Communication Disorders*, 43(Suppl 1), 81–95.

Watanabe, Y. C. (2001) *Stuttering in discourse: Interactional management of stuttering moments and identity*. Unpublished doctoral dissertation, The University of Iowa.

Watanabe, Y. C., Ozeki, T., Fujisaki, K., & Yada, A. (2004) An EMR (electronic medical record) system: Its effects on the doctor-patient interaction. *Academia Humanities and Social Sciences*, 78, 647–675.

West, C. (1983) "Ask me no questions..." An analysis of queries and replies in physician-patient dialogues. In S. Fisher & A. D. Todd (Eds.), *The social organization of doctor-patient communication* (pp.75–106). Washington, DC: Center for Applied Linguistics.

White, J. C., Levinson, W., & Roter, D. L. (1994) 'Oh, by the way...': the closing moments of the medical visit. *Journal of General Internal Medicine*, 9, 24–28.

Wilkes-Gibbs, D., & Clark, H. H. (1992) Coordinating beliefs in conversation. *Journal of Memory and Language*, 31(2), 183–194.

Wu, S., & Keysar, B. (2007) The effect of culture on perspective taking. *Psychological Science*, 18(7), 600–606.

池田謙一．(2000)『コミュニケーション―社会科学の理論とモデル5』．東京：東京大学出版会．

加藤智美・藤崎和彦・高橋優三・鈴木康之．(2005)『スケルトン病院—患者と医師との出会いから学ぶ：模擬患者参加型医療面接実習の実際』．名古屋：三恵社．

ギター・バリー．(2006) *Stuttering: An integrated approach to its nature and treatment*（長澤泰子監訳，Trans. 3rd ed.）．Baltimore, MD: Lippincott Williams & Wilkins.

木村護郎クリストフ．(2010)「日本における『言語権』の受容と展開」．『社会言語科学』，13(1)，4–18．

藤崎和彦．(2001)「模擬患者によるコミュニケーション教育」．*Quality Nursing*, 7(7), 4–12.

文部科学省．(2011)「今後の医学部定員等に関する検討会第 7 回」参考資料．平成 23 年 7 月 7 日．(http://www.mext.go.jp/b_menu/shingi/chousa/koutou/043/siryo/_icsFiles/afieldfile/2011/08/10/1308260_3.pdf)

渡辺義和．(2005a)「言語病理学における談話分析の応用と将来」．In 片桐恭弘 & 片岡邦好（Eds.），『講座社会言語科学：社会・行動システム』(pp.112–126)．東京：ひつじ書房．

渡辺義和．(2005b)「社会言語学から見た吃音」．『言語聴覚研究』，2(2)，88–97．

渡辺義和・植田栄子．(2009)「社会言語学から見た医療コミュニケーション」．In 藤崎和彦 & 橋本英樹（Eds.），『医療コミュニケーション：実証研究への多面的アプローチ』(pp.30–52)．東京：篠原出版新社．

渡辺義和・小林宏明．(2008)「言友会における吃音者のアイデンティティ交渉」．(『吃音を語る会』発表、2008 年 8 月)

♣♣♣ こらむ
会話における「前提」

渡辺義和

　当然のことだが、私たちは相手の持っている知識や情報についてある程度の予測を立てて会話を試みている。対話者に子どもがいておおよその年齢を知っているから「もうそろそろお子さんは小学生ですか？」という発話を行う。それは相手に子どもがいるという前提の知識があるから成り立つ会話になる。

　もう少し「前提」を掘り下げてみると、意外と複雑な構造になっていることが分かる。上の「前提」は、英語では presupposition という言葉で表され、「対話者が持っている情報や知識等を当然・適切なこととする」という意味合いがある。これ以外の意味合いでも、私たちは「前提」を無意識のうちにとても大切にし、時には「前提」と格闘しながら会話をしている。

次の例を見てほしい。

（状況：日本で家族ぐるみで幼い頃から育った友だち同士の会話）
A:　良典の式、来られる？
B:　うん、大丈夫。

　AはBが前提として持っている情報についてそれほど深く考えることなくこの発話をしているのだが、実はその前段で無意識のうちにBの前提について重大な想定をいくつもしている。言い方を変えれば、AはBが以下の指示内容を理解していると「一方的に」思い込んでいる。（また、この段階では、BはBの理解がAの想定と合致しているとも思い込んでいる。）

1.　良典はAの弟
2.　式とは結婚式

　しかしAのBの前提に対する期待はこれだけではない。対話者との言語的指示内容に関する合致だけでなく、儀礼上の常識（正式に招待状を出す前に口頭で聞く）、会話の常識（その場合、カジュアルな言葉遣いで聞いてもよい）、対話者の期待（出席の意向を問われるべき）、嗜好（出席することを希望している）、文化的常

識（弟の名前を第三者に対して呼び捨てで呼んでもおかしくない）、またはもっとマクロな常識（結婚という制度があり、男女が結婚するのが一般的）というレベルまで、もしも相手が宇宙人であったなら説明をし、または確認をしなければならない「前提」は山のようにある。つまり、会話においては、相手が当然知っていると思われることについてはあえて触れず、新規の情報で関連情報と思われることを中心に相手に伝える。

　しかし、「前提」は危険を孕んでいる。会話における誤解やトラブルは、この前提のずれが原因になっていることが多い。男女の会話における誤解について、Tannen (1990) は男女の会話の目的の違いに1つの原因があると指摘した。対話者の発言を「自分の前提」に基づいて解釈をすることが問題なのだが、だからと言って、相手の前提をその都度確認することも容易ではない。「ただ聞いて欲しくて話しているのか、それとも情報を伝えたいのか」と前提を確かめられたら、状況によっては話す気すら薄れてしまう。したがって、前提の確認は慎重に行われる。「四谷って中央線の駅じゃない？だからさ…」「もう知っている情報だったら無視してもらって構わないんだけど」というように、オブラートに包んだような形で相手の前提を確認することで相手に嫌な思いをさせないように、私たちは無意識のうちにも神経を使っている。上にも書いたとおり、会話では相手が知っていると思うことは言わないのが原則（Heritage & Robinson, 2006）ということもあり、前提の確認は複数の縛りがかかっている。だから上の例で、AはBに「私には良典という弟がいて今度結婚をするのだが…」という情報はあえて言わないのだ。

　つまり、前提には「（物理的に）言えない前提」と「（あえて）言わない前提」があると言える。「言えない前提」とは、「良典の結婚」の例のように、前提を全て列挙することは物理的に不可能なので、言うとしてもかなり絞ったごく限られた前提しか言えないという現状を意味し、「言わない前提」とは、人間関係を維持するうえで言わない方が賢明な前提を指す。例えば、常識人を相手に2011年の段階で「アメリカにはオバマっていう名前の大統領がいるんだけど知ってる？」と前提の確認をすることは相手のフェイスを侵害しかねない行為であるし、自分の好きな人が作ってくれた料理を食べて「美味しいって言って欲しい？」と相手の前提（この場合は嗜好）を確認してから「美味しい」とは言わないだろう。だからと言って、相手が社会言語学に明るいという前提で「ラボブの1972の研究、おもしろいよね」と言って相手が知らない場合は、知識をひけらかしているようにも取られてしまう。前提を確認しすぎても、確認が不十分でも会話に支障が出てくるわけだ。前提を確認しなくても相手の好き嫌いや情報量や期待が分かってこそ、人間関係がうまく行っていることの証拠であるとも言えるので、前提の確認はス

ムーズな会話にとっては必須であると同時に、実はとてもやっかいな一面も持っている。

参考文献

Heritage, J., & Robinson, J. D. (2006) The structure of patients' presenting concerns: Physician's opening questions:. *Health Communication*, 19(2), 89–102.

Tannen, D. (1990) *You just don't understand: Women and men in conversation.* New York: Ballantine Books.

第5章　ミュージアムガイドロボット
—デュアルエコロジーをめぐって

山崎晶子、山崎敬一、葛岡英明

【要旨】　本章では、エスノメソドロジー的な相互行為の分析が、ロボットの開発にとって持つ意義を論じた。エスノメソドロジー的な相互行為の分析、特に、身体性（視線や志向性）や時間性（予期や継起性）の分析が、遠隔的協同作業や遠隔的コミュニケーションを支援する「身体化されたコミュニケーションのメディアとしてのロボット」の開発にとって、いかなる意義を持つのかを明らかにした。

1.　はじめに

　本章では、エスノメソドロジー的な相互行為の分析が、ロボットの開発にとって持つ意義を明らかにしたい。特に、エスノメソドロジー的な相互行為の分析が着目した、身体性（視線や志向性）や時間性（予期や継起性）の分析が、遠隔的協同作業や遠隔的コミュニケーションを支援する「身体化されたコミュニケーションのメディアとしてのロボット」の開発にとって、いかなる意義を持つのかを明らかにしたい。

　筆者らは、現在 2 つの側面から研究を行っている。1 つは、テクノロジーを用いて人間の行為を支援する研究である。筆者らは後述するミュージアムガイドロボット（Yamazaki, K., et al., 2009, Yamazaki, A. et al., 2010, Yamazaki, A. et al., 2012）とともに、ケアロボット（小林他，2011）の開発を行っている。このようなロボットなどのテクノロジーを用いて、人間の実践的な行為を支援するためには、われわれは実践的な行為が行われている現場（フィールド）

で、ひとびとがどのような相互行為を詳細に観察する必要がある。われわれは、科学技術館、大原美術館、全米日系人博物館(ロサンジェルス)、海外移住資料館等におけるフィールドワークから、ミュージアムの熟練したガイドが観客に対して行う質問の仕方(質問戦略)を分析し、それをガイドロボットに実装した。また、高齢者施設で順番を待っている多人数の高齢者に対して介護者がどのようにして視線を向けているかを分析することによって、多人数の相手をするケアロボットの開発を行った。こうした人間のコミュニケーションの仕方や、身体の使い方を理解することで、人間と相互行為するロボットの開発を行っている。

また一方、こうして開発したガイドロボットやケアロボットを用いてそのロボットと人間との相互行為を実験室やミュージアム等の現場で撮影し、データを分析することによって、人間の相互行為が身体の多重的なありかたと結びついていることを確認することができた。

この章では、社会学者と工学者の共同研究として行ってきた遠隔的協同作業や遠隔的コミュニケーションの研究について報告する。筆者らは、遠隔的協同作業や遠隔的コミュニケーションの研究の一環として、遠隔的な協同作業や遠隔的なコミュニケーションを支援するための身体化された情報テクノロジー、すなわちロボットの研究を行ってきた。本章では、遠隔地にいる人が、遠隔操作型のロボットを用いてインストラクションを行うという、具体的な応用例を通して問題を考えていきたい。

この研究において、筆者らはミュージアムにおける社会学的なフィールドワークをもとに、ロボットの設計を行った。またこの研究は、筆者らが以前から研究してきた遠隔的協同作業における問題、すなわち遠隔地において作業の指示を行う者と、現地で作業を行う者は、2つの異なった環境にいてそれぞれの行為を行っているという問題と関連している。

この問題は、コンピュータを用いた協同作業の研究 (Computer Supported Cooperative Work) の中心地であったゼロックスパロアルト研究所やユーロパーク研究所を中心になされたメディアスペースの研究においても問題とされていた。メディアスペースの研究は、映像と音声のチャネルで結ばれた複

数の場所での相互行為を支援しようとするものである。このなかで、映像チャンネルを通してお互いの姿が映るような仕方でコミュニケーションをした場合、お互いのインタラクションが不自然になる場合があることが問題として指摘されたのである。工学者は、この不自然さを話し手と聞き手の視線が一致していないことから生じるものと考え、この問題への解答を、視線一致を可能にするさまざまなテクノロジーの開発にもとめた (Okada et al., 1994)。そのため、いわゆるテレビ会議システムは、現在まで様々な改良がなされている。

　それに対して、メディアスペースの研究に参加していた社会学者のグループは、視線だけでなく会話そのものを含めた日常的な相互行為全体の解明、つまりヒューマンインタラクションの解明によって解答をだそうとした。医療分野においてエスノメソドロジー的な相互行為の分析を行っていた C. Heath は、共同研究者の P. Luff とともに、ユーロパークで行われていたメディアスペースの研究に参加した。そこにおいて、Heath と Luff は「コミュニケーティブアシンメトリー（コミュニケーションの非対称性）」という概念を提出した(Heath and Luff, 1992)。

　日常的な行為を詳細に観察すると、行為者は互いの発話をコミュニケーションの資源とするだけではなく、行為者の身体の姿勢、さらに身体の動作・視線の方向などをコミュニケーションの資源としている。Heath と Luff は、対面的な相互行為では有効であるこのような身体的な資源が、映像や音声によって媒介された遠隔的コミュニケーションにおいては、必ずしも有効にならないということを指摘した。例えば聞き手が相手の話を聞いていることを示すために行う話し手に視線を向けるという動作は、モニター上では効果をあまり発揮しなかった。こうした問題は、工学的な視点でみれば、視線一致のシステムの開発によって解決されると思われるかもしれない。だが、あとで示すように、話し手が作業を指示している時には、聞き手は話し手ではなく、作業の対象を見ることで、「聞き手」であることを示す。そこでおこる問題は、単に話し手と聞き手との視線をモニター上で一致させるようなシステムだけでは対処できない。実際別の研究で、C. Heath たち (Heath,

Luff and Sellen, 1995）は、従来のテレビ会議システムのようにお互いの顔の画像だけを映し出すシステムの問題を指摘し、実際の共同作業においては、作業対象を映し出すことの方がより重要だと指摘した。

　筆者らも以前の研究において、ビデオ映像を用いた遠隔的な協同作業のシステムにおいては、実際に顔を向けあって対面している場合と同じような形で、お互いの顔や胴体や手をモニターに映し出すことは、場合によってはかえって問題を引き起こすことがあることを指摘した。筆者らは、日常的な相互行為の観察を行うことによって、人々が日常的な環境でもちいる身体的な資源やその配置を、遠隔的コミュニケーションにも反映しなければならないことを、「Body Metaphor」というデザイン指針を用いて提出したのである。例えば、遠隔から作業を指示する場合の身体的な配置は、図1の左側のようなものである。遠隔的作業のシステムを設計する場合も、こうした日常的な場面における身体的な資源やその配置を考慮して、カメラやモニターの位置を設計する必要がある（山崎ほか，2003）。

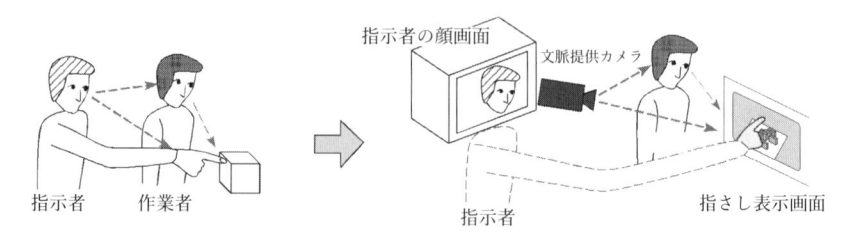

図1　日常的な指示の場面の身体的資源やその配置を考慮してカメラやモニターを設定した遠隔作業システム

　また、筆者らは「二重のエコロジー（Dual Ecologies）」という概念を、遠隔的協同作業や遠隔的コミュニケーションの問題領域をさす言葉として提出した。「コミュニケーションメディアとしてのロボットの二重のエコロジー」（Kuzuoka et al., 2004a）という論文において、筆者らは遠隔からのロボットを介した協同作業やコミュニケーションにおいては、遠隔からロボットを操作する指示者側と、現地で作業する作業者側という2つの異なった

エコロジーが存在し、それによってさまざまな問題が生じることを示した。また「二重のエコロジーの解決」(Kuzuoka et al., 2004b) という論文では、コミュニケーションメディアとしてロボットを用いるときに生じるこの二重のエコロジーの問題をどのようにして解決するかという問題に対して、その1つの解決法を示した。

本章は、「Dual Ecologies」で提出した議論のなかで身体性と時間性の問題を中心に、コミュニケーションメディアとしてのロボットの開発における、社会学的な分析の持つ意義を明らかにしたい。さらにそうした社会学的な分析が、ロボットの開発にも、意義を持つことを示したい。

2. 会話と身体

この節では、本章で用いる社会学的な枠組みについて説明したい。本章で用いる社会学的枠組みは、人々の (ethno) 振る舞いやことばや推論の「方法論」(methodology) を研究する、エスノメソドロジー (ethnomethodology) という社会学的研究である。エスノメソドロジーの創始者である H. Garfinkel は、社会的行為の組織化についての研究を行った。Garfinkel は、日常的行為の合理性を探求する中で、日常の人々の行為における「理解」や「説明可能性」の重要性を指摘した。さらに、その理論的射程のなかから、H. Sacks は会話分析を確立した。Sacks が E. Schegloff, G. Jefferson らとともに見いだした「会話の順番取りシステム」(Sacks et al., 1978) は、会話がそれに参与する参与者によって協同的に組織されているということを明らかにしている。

一見アドホックに構成されているように思われる日常的な行為は、実はその時々にその行為の参加者たちによって組織化されている。ここでは、挨拶の例を考えてみよう。普通、「おはよう」といえば「おはよう」というように返答がある。だが「おはよう」に対し「あー」と返事をすることもあり、「おはよう」にたいしてなにも答えない場合もある。2番目の例は、挨拶のヴァリエーションであり、挨拶を返していないわけではない。しかし、3番目の例は挨拶に対して「挨拶をしていない」ことになり、「無視」という公

の行為として、場合によっては相手や周りの人々から非難の対象となる。

　ここでは、「何々をしていない」という形で、ある行為の不在を観察者が主張をすることは容易ではないということを指摘したい。ある行為者がそこで行っていない行為はさまざまであり、そのうちのある行為だけを取りあげ、「その行為を行っていない」と意味ある仕方で主張することは一般的には困難である。だが、どうしてこの場合には、「挨拶をしていない」と主張したり、非難の対象にしたりするということが可能なのだろうか。

　人々の行為は時間を基盤としてなされている。Aという行為の次にBという行為が起こるというような行為の時系列性を会話分析では「継起性（sequentiality）」と呼んでいる。「おはよう」のような挨拶では、その発話のすぐ次の順番で（会話分析では「隣接性」adjacencyと呼ぶ）なんらかの挨拶をすること、例えば「おはよう」という発話がなされることを人々は知っている。それは、「挨拶」「挨拶」という2つの行為を、人々が「隣接的に組織されている対（つい）としての行為」（会話分析は「隣接対」と呼ぶ）として継起的に組織化しているからである。また、そうした継起的に組織化された行為に対する知識を人々が持っているからである。

　また、このようにして会話が継起的な組織を持っていることによって、人々は次の行為の「予期」を行うことができる。つまり「おはよう」といったさいには、その隣接的組織化によって、挨拶がかえってくることを予期できるのである。さらにまた、「おはよう」ということばのあとに何も返ってこないと、「挨拶」の欠如として公的に観察可能になるのである（エスノメソドロジーと会話分析の解説は、（山崎、2004）を参照）。

　このように会話の参与者は共同で会話を行い、共同でそれぞれの会話のデザインを行っている。しかし、会話は、「会話者が話すこと」（発話）のみによって成立しているわけではない。会話分析から展開した相互行為分析の創始者の一人であるC. Goodwinは、1981年に発表した『会話組織（Conversational Organization）』という著書（Goodwin, 1981）のなかで、会話に参加する人々の「参与枠組み」と「聞き手性」という概念についてふれた。

C. Goodwin は、会話場面のビデオデータを用いた分析を通して、話し手の発話が、聞き手の身体的姿勢や視線と関連していることを見いだした。この問題に関しては、食卓でジョークを話す場面の分析が、最もわかりやすいだろう。

　食卓において、人々は食事やさまざまな他の行為を行っている。ジョークを話している話し手は、他の人々が一旦他の行為をやめ、ジョークを聞くという身体的な姿勢（「聞き手性」）を示すまでは、ジョークのもっとも大事な部分である「おち」(punch line)を話さなかった。聞き手がその話を聞くという「聞き手性」を示さなければ、話は「話」として成立しない。またジョークは「ジョーク」として成立しない。会話の組み立てには、このような話し手と聞き手の相互行為が重要なのである。

　このような「聞き手性」は、ただ単に話し手の発話を聞くというだけでは生まれない。聞き手は、話し手に対して、その「聞いていること」ということがはっきりとわかるように、視線を向け、身体的な姿勢を整えなければならない。このように、視線や身体的な姿勢をある方向に向けること、すなわち身体的な「志向性」を公的に示すことが重要なのである。またそのような「聞き手性」が示されなければ、「話し手」は聞き手の「聞き手性」をえるために、そしてそれによって自らの「話し手性」をえるために、沈黙を交えたり、発話を繰り返したりする。このようにして、「話し手」と「聞き手」として、会話に参加する枠組み（「参与枠組み」）ができあがる。

　前述の C. Heath は、医療場面の分析の中で、道具を使用した相互行為において「話し手」と「聞き手」がどのように相互行為を行っているかを詳細に観察した。Heath は医者と患者の診察にコンピュータが用いられている場面を、同僚とともに分析した (Heath, 1992, Greatbatch, et al. 1995)。ここで、医者は問診時に、コンピュータを用いてカルテに書き込もうとする。その時、患者は、医者がコンピュータに入力し終えエンターキーをおすまで、話し出そうとしない。医者は問診場面では聞き手であるが、道具つまりコンピュータを使用しているときはその聞き手性は明らかではない。そのため、患者はその話し手性を確保することができない。だが、医者がコンピュータ

のエンターキーを押すクリック音が、医者が聞く準備ができたということを示すものとなり、患者は話をはじめることができたのである。Heath は、こうした身体や道具を用いて聞く用意ができていることを示すことを、聞き手性よりも広い概念として、「受け手性」の提示ということばで示している。このように、道具をもちいたコミュニケーションにおいても、受け手性が重要なのである。

　また、これらの研究者に身体配置という知見にかんして、影響をあたえたのは、A. Kendon (1990) である。本来、ジェスチャーの研究者として研究を行ってきた Kendon は、E. Goffman とも交流をもち、エスノメソドロジーや会話分析にも大きな影響を与えてきた。とくに、道具たとえばロボットを媒介する遠隔的コミュニケーションを考察するときにかかせないことは、ものにたいする身体的志向である。複数の人々が身体的な協同作業を行うさいには、人々は身体的な作業領域（それはほぼ腰の位置を基点として体の前面となる）を重ね合わせ、さらにその重ね合わせられた空間 (Kendon は O スペースと呼ぶ) を共有し、またその空間に対する身体的な志向を共有できるような身体的な姿勢をとる。Kendon は、複数の作業者が、O スペースを共有できるようにとる身体配置を、F フォーメーションと呼んだ (Kendon, 1990)。協同作業を行うときには、このような F フォーメーションという身体配置をとることが、受け手性を示す、1 つのメルクマールとなる。このような身体的姿勢や身体配置の問題は、遠隔的な協同作業空間を構成するときにも非常に重要な問題となる。

3. 話し手の視線

　前節では会話において聞き手の身体的姿勢や視線が重要な意味を持っていることを示した。しかし、コミュニケーションメディアとしてのロボットを考えるときには、遠隔地の指示者を身体的に代理する、「話し手」としてのロボットの問題を考えなければならない。この節では、日常的相互行為における話し手の身体や視線の問題を考えてみたい。

ここでは話し手の身体や視線の問題を、(1)志向性、(2)観察可能性、(3)観察していることの提示、という3つの側面に分けて考えてみたい。その中でまた、話し手の身体や視線が、聞き手とどのように関係しているかを示したい。

1)志向性

話し手の身体的姿勢や視線は、人間が対象に対してどのようにして志向しているのかを示す、重要な資源となっている。さらに身体的姿勢や視線によって示される話し手の対象に対する志向性は、聞き手が話し手の次の行為を予期するための資源にもなっている。

2)観察可能性

話し手は、聞き手の「聞き手性」や「受け手性」を観察している。前節でも示したように、話し手は「聞き手」の身体的な姿勢や視線によって「聞き手性」や「受け手性」を示さないと「話し手」となることができない。そのために、話し手は聞き手が「聞き手性」や「受け手性」を示していることを観察できる必要がある。

3)観察していることの提示

話し手の聞き手に対する観察は、聞き手につねに明示的に視線を向けることによってなされるわけではない。C. Goodwin は、話し手は話のはじめの部分においてはむしろ聞き手に視線を向けないということを観察している。もし、話のはじめから聞き手に視線を向けてしまうと、話し手は、まだ準備の整っていない聞き手を、すなわちまだ十全に「聞き手性」や「受け手性」を示していない聞き手を見るということになる。さらにそうした聞き手を話し手が見ていることを、そしてそれによって話し手が十分な「話し手性」を持っていないことを聞き手に示すことになる。そのため、話し手が聞き手を最初から明示的に見続けた場合には、逆に話し手は話をなかなかはじめることができない。話し手は、聞き手が「聞き手性」を示していることを周辺的な視野で観察しながら、聞き手が「聞き手性」を示したあとで、聞き手に視線を向け、明示的に聞き手を観察していることを提示するのである。

また、上述のことから、話し手の身体的な姿勢や視線が、時間的な組織化

と関連していることがわかる。

次節では「予期」という問題と、「話し手」と「聞き手」の視線の継起的組織という、2つの側面を、ミュージアムでの鑑賞行動の観察から示してみたい。

4. 時間性—鑑賞行動の分析

この節では、鑑賞行動の二つの観察研究から、頭部(視線)の志向的な動きが、複数の人々の身体的な行動の組織と、どう関連しているかということを示してみたい。そして、それが「予期」と「継起的組織化」という時間性の問題とどう関連しているかということを示してみたい。

トランスクリプト1は、エレキテルという、ハンドルを回すと火花がでる展示物を家族と思われる三人が鑑賞している場面である。

ここでは以下の記号を使っている。[は同時発話、()の中の発話は、正確には聞き取れなかった発話を示す。(( ))のなかの記述は、発話者の動作を示す。::は直前の音声がのばされたことを示す。大人の男性をM1、男の子をB1、女の子をG1と示し、静止画における矢印はそれぞれの頭部の方向をさしている。静止画は、その下の行に書かれた発話の場面のものである。

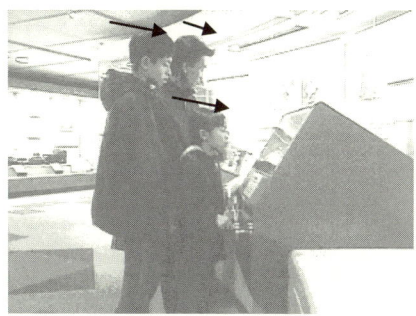

1 B1：((うなずき、天井を指さす))
　　　こんな明るく（ちゃ）、
　　　よく見えない（　　）

2 M1：あ、そ（う）((言い終わると
　　　同時に左を見、後ろに下がる))
3 B1：((M1の頭の動きを見て、
　　　左に動く))
4 G1：((ハンドルを離し、すぐにM1
　　　に続く))
5 M1：((歩きながら))お父さんには
　　　（見える）。

((三人が立ち去り、子供がエレキテルを
使う))

トランスクリプト1　頭部の志向による予期の例。（図1）

　2の場面で、男性（M1）（父親だと思われる）が「あ、そ（う）」と言いながら後ろに下がると、男の子（B1）は何も言わずにM1と同じ方向を見る。そして女の子（G1）も男性（M1）と同じ方向を見る。最後に3人は同時に、この展示から離れて歩き出す（図1）。

　ここでは男性（M1）の頭とそれに伴う視線の動きが、この場面での人々の行動を協調的に組織化している。それが可能となるのは、頭と視線の志向的

な動きによって、次に男性(M1)が何を焦点として行為しようとしているかが2人の子どもたちに予期可能になるからである。話し手の頭とそれに伴う視線の動きは、次に何を見ようとしているのか、そして何をしようとしているのかということを、周りの人たちに予期可能にしているのである。コミュニケーションメディアとしてのロボットを開発するさいには、こうした予期の支援という問題を考える必要がある。

次に観察可能性、および観察の提示について、大学にある展示施設において行った鑑賞行動の観察研究の例を取りあげよう。トランスクリプト2は、解説者(T1)が展示物の前で解説を加え、鑑賞者(F1)がその解説を受けている場面である。さらにトランスクリプト3は、同じ場面を、静止画像つきで示したものである。なお、トランスクリプト2のアンダーライン__は強調された発話を示している。また、トランスクリプト3の↑のついた①から⑤は、それぞれの時点での静止画像①から⑤に対応している。

トランスクリプト3の①で示されるように、展示物に対する解説は、解説者と鑑賞者が横に並んで展示物を見るという身体的姿勢をとっている時に始まっている。より正確には、解説者と鑑賞者は体をそれぞれ内側に向け、展示物にお互いの志向が重ね合わされ共有された空間(Oスペース)になるような身体的配置(Fフォーメーション)をとっている。ここでは、聞き手が、聞き手自身と話し手が展示物に対してO空間を作り出すことを可能にするような身体配置を行っている。鑑賞場面では、聞き手のこのような身体配置が、聞き手(鑑賞者)の聞き手性(受け手性)を示すのである。

トランスクリプト2
1　T1:　で：：　もう一つ、え：　特徴としてはこの、え：：
2　T1:　鬼面紋加工というですね　鬼の、え：顔をモチーフにした［え：：
3　F1:　　　　　　　　　　　　　　　　　　　　　　　　　　　　　［あ：：
4　T1:　かわらというのがですね、え：：ある

T1：で：：もう一つ，え：特徴としてはこの，え：：
　　　↑　　　↑　　　　　　　　　　　↑　　↑
　　　①　　　②　　　　　　　　　　　③　　④

①　T1, F1 展示物の方を見る　　②　T1 棒で指し示す

③④F1 が視線を展示物に近づける

T1：鬼面紋加工というですね　鬼の，え：顔をモチーフにした［え：：
　　　　　　　　　↑　　　　　　　　　↑
　　　　　　　　　⑤　　　　　　　　　⑥

F1：　　　　　　　　　　　　　　　　　　　　　　　　　　　［あ：：

⑤　T1, F1 の顔を見る　　⑥　F1 が展示物に体全体を傾ける

トランスクリプト3　（図2）

しかしこの時点では、周辺視野において聞き手の身体的姿勢は察知できるものの、実際に聞き手（鑑賞者）がいまここで説明しようとしている展示物を

見ているかどうかは正確には確認できない。②の時点で、解説者は差し棒で対象を指し示す。この差し棒で指し示す行為は、その時点で展示物を指し示すと同時に、これからその展示物の具体的な説明をするための予備的な行為にもなっている。それは聞き手(鑑賞者)にとっては、その展示物の説明が始まることを予期させるものにもなっている。さらに、③④で示されるように、「この」「え::」という解説がこれから始まることを示す解説者の前置きのことばとともに、聞き手(鑑賞者)は、上体を展示物の方に傾けて展示物を見る。そしてそれによって、その展示物に対する解説を聞こうとする身体的志向性をより明示的に示す。解説者が、聞き手(鑑賞者)の方に振り向き、聞き手(鑑賞者)を見たのはまさにこの時点⑤である。その時、解説者は、展示物を見ている聞き手を、すなわち話し手の解説を聞こうとしている聞き手(鑑賞者)を見ることができたのである。そのあと解説者はすぐに視線を展示物に戻し、解説を続ける。それに対し、聞き手(鑑賞者)は、体の上体を展示物の方にさらに傾け、解説を聞いているという姿勢を示す⑥(図2)。

　このように解説者(話し手)と聞き手(鑑賞者)は、身体的な志向性を互いに相手に対して示しながら、さらにことばや指さしを次に起こることの予期の資源として使いながら、協同的に解説と鑑賞という行為を達成していたのである。また解説者(話し手)が聞き手(鑑賞者)を観察していることを示す行為(観察の提示)は、聞き手が自分の話を聞いているというまさにその時点で、その時間的な継起的関係のなかで生じていたのである。

　もちろん、すべての解説や鑑賞行為がこのような形で行われるわけではない。この観察研究においても、聞き手(鑑賞者)が、⑥のように展示物を見続けるのではなく、うなずいたりすることで、「聞き手性」を示すこともあった。さらにまた、解説者が聞き手を見たのをきっかけに、聞き手(鑑賞者)が質問を発する場合もあった。しかしどちらにしろ、志向性、観察可能性、観察していることの提示が、話し手(解説者)と聞き手(鑑賞者)のことばと視線や身体の動きによって、時間的に、すなわち予期的にかつ継起的に組織されるということが重要なのである。こうした、身体性と時間性の問題を、ロボットの設計においても考える必要がある。

5. コミュニケーションメディアとしてのロボット—GestureMan-3の開発

本節では、本章でまとめた社会学的知見が、コミュニケーションメディアとしてのロボットである GestureMan-3 の設計にどのように生かされたのかを具体的に示す。

5.1 設計要件

本研究では、ロボットが遠隔地にいる人(指示者)の代理となって、ロボットと対面している人(作業者)に対して指示を円滑に伝えられるようにすることを目指している。すなわち、主に「話し手」としての役割が重要となるのである。また、本研究で開発しているロボットはあくまでもコミュニケーションメディアであり、指示者の意図を適切に反映した動作をすることが望まれる。従ってロボットは、自身が持つ知的機能によって自律的に動作するよりは、主導型のマスター及び従属型のスレーブを持つ遠隔作業システムとして、マスタスレーブ的に設計されることになる。5.3節における社会学的知見に基づけば、「話し手」としてのロボットは以下の機能を持つことが望ましい。

1. 遠隔側の指示者の志向性を示せる
2. 遠隔側の指示者が、作業者の「聞き手性」、「受け手性」を観察できる
3. 遠隔側の指示者が作業者を観察していることを示せる

まず、これらの機能を支援するためには、ロボットに広角のカメラを装備し、その映像を指示者に提供する必要があることがわかる。たとえば2つ目の機能を考えてみよう。5.4節の解説場面の分析で示したように、作業者が遠隔側の指示者から指示を受ける場合、作業者の正面に指示対象と指示者が並ぶことはほとんど無く、作業者は遠隔側の指示者と作業対象の間の空間を避けて位置することが多い。すなわち作業者から見て右か左に立つことが多いのである。これは、ロボットを介した作業指示でも同様であり、筆者らのこれまでの経験からも、作業者はロボットの左右方向に立つことが多い。遠隔側の指示者はこのように配置した作業者を観察できる必要がある。3つ

目の機能においても、遠隔側の指示者は指示対象に視線を向けつつ、同時に周辺視野で作業者を観察できる必要があることが示されている。従ってロボットには広角カメラが必要となる。

次に、1つ目と3つ目の機能を考えてみよう。遠隔側の指示者が志向性を示したり、作業者を観察したりしていることを示す手段として、ロボットの頭部を利用することが考えられる。ただし、ここで重要なことは、ロボットの頭部は単に方向を示せれば良いのではなく、コミュニケーションにおける継起性をできるだけ損なわないように動作しなければならないということである。例えば予期を支援するためには、遠隔側の指示者が次の指示対象物を言葉によって説明する前に、ロボットの頭部がその対象物に志向しなければならない。作業者はその志向の変化を観察することによって、次に説明されるべき対象物を予期し、それに志向する。指示者はその志向を観察することによって、円滑に説明を開始することができるのである。もし、ロボットの頭部が予期的な志向を示さず、それによって作業者が対象物に志向しない場合には、指示者は作業者を対象物に志向させるために、言葉でその対象物の場所を説明しなければならなくなるのである。

3つ目の機能としてあげた作業者の観察を示すための志向の変化も、5.4節の解説場面の分析で示したように非常に短い時間の中で達成されている。こうした継起性が支援できない場合には、指示者は「わかりましたか」等の言葉によって、頻繁に確認をとらなければならなくなるのである。

ここまでの考察により、ロボットには広角のカメラを装備すること、そしてロボットの頭部が、指示者の意図をリアルタイムに反映するように操作されなければならないことがわかる。筆者らはGestureMan-2 (図3)において、これらの設計要件に対して個別に対応する試みをおこなってきた。ここではGestureMan-3にいたるまでの改良の過程を追っていこう。

筆者らはまず、ロボットの頭部の制御に対しては、頭部搭載型ディスプレイ (HMD) を装着した指示者の頭の動きに連動させて、ロボットの頭部を制御する方法を試みた (Kuzuoka et al, 2003)。HMDにはロボットの頭部に設置したカメラからの映像が表示されるため、指示者がその映像を見ながら頭

を自然に動かし，それによってロボットの頭部も予期や継起性を支援するように動作することを期待した．しかし，このシステムでは，HMDの視野角の制限のため，ロボットのカメラ1台分の映像しか表示できなかった（広角カメラの映像を表示しようとすると，対象物あたりの解像度が粗くなるために作業指示が困難となる）．指示者は狭い視野しか得ることができなかったために，次の指示対象を探したり，作業者を観察したりすることが困難となり，作業指示の効率が低下し，作業者のロボットに対する印象も悪く

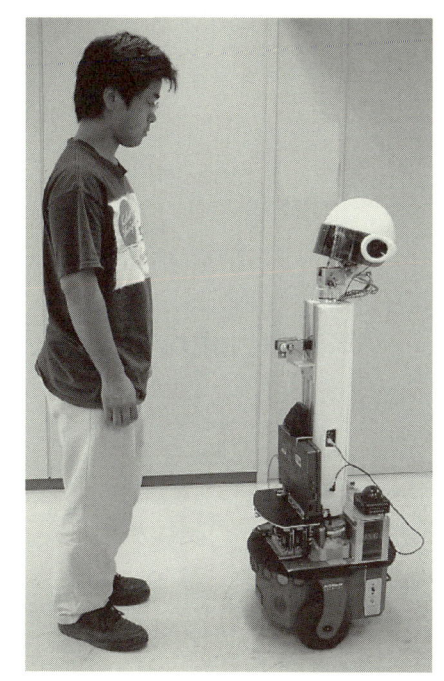

図3 GestureMan-2

なってしまった．高視野角のHMDを利用するという手段も考えられるが，それらは未だに高価であり，サイズも重量も大きくなるため，指示者に対する負担が増加する．こうした負担によって，指示者はあまり頭部の志向を変化させなくなってしまうとも考えられる．小型軽量，高解像度，高視野角のHMDが入手できるようになるまでは，HMDを利用したシステムには不利な点が多い．

　ロボットの視野角を広くするという要件に対しては，ロボットの頭部に3台のカメラを水平方向に放射状に設置することによって120度程度の視野角の映像を撮影した．指示者の前には水平方向に3台のディスプレイ（3面ディスプレイ）を並べ，そこにこれらの映像を表示することによって，指示者に高解像度，高視野角の映像を提供した．この場合，ロボットの頭部は指示者がジョイスティックで制御することとした．しかし，ここで問題となったのは頭部の志向の変化の継起性である．指示者は高視野角で作業者側の様

子を観察することができるため、ロボットの頭部を動作させることが少なくなり、作業者はかえって指示者の志向を観察することができなくなってしまった。また、ジョイスティックによる操作は、人間が自然に見回す動作よりもはるかに遅く、十分に継起性を支援することができなかった。

さて、3面ディスプレイを利用した場合の遠隔作業指示実験に対して、エスノメソドロジー的な分析を行った結果、指示者に注目すべき行動が観察された。指示者の目の前に広がったディスプレイには、これから指示をするべき対象物や作業者が映し出されていた。指示者はそれらの対象を交互に見たとき、自然に頭の志向を変化させていた。しかしながら、継起的なコミュニケーションを達成するために有効なこの情報は、ロボットの頭部の動きに反映されなかったのである。このことは、ロボットの頭部が示す志向と、指示者の実際の志向が食い違う場合があるということも意味している。単に作業者が指示者の志向を理解できなかっただけではなく、場合によってはロボットの志向を指示者の志向と勘違いしてしまうという問題も引き起こしたのである (Kuzuoka et al., 2004a)。

この問題は筆者らに、「デュアルエコロジー (二重のエコロジー)」を認識させることとなった。本来、エコロジー (生態) とは、生物とそれを取り巻く環境との相互関係のことであるが、同様にして、人間とユーザインタフェースとの相互関係に関してもエコロジーを論じることができる (堀部 2001)。この考え方に基づけば、ロボット操作のためのユーザインタフェース環境と指示者の間の相互行為が1つのエコロジーであり、ロボット、作業者、そしてそれらが存在する環境の間の相互行為がもう1つのエコロジーであると考えられる。

GestureMan-2で3面ディスプレイを利用した場合の問題に戻って考えると、もし、指示者側のエコロジーと作業者側のエコロジーが密接に連携していて、指示者の志向の変化が適切にロボットの志向の変化として表現されれば、前述の問題は起こらなかったはずである。2つのエコロジーが分断化され、その間に適切な変換がなされなかったために、問題が発生したのである。この考察に基づき、コミュニケーションメディアとしてのロボットの設

計のために、以下の設計指針を提案する。

1. 指示者側では、コミュニケーションにおける予期や継起性を可能にする身体的な動作を、指示者が自然に発生するような、遠隔操作用のインタフェースをデザインする。
2. ロボットには、予期や継起性を支援する身体的動作が可能な機構やその他の機能を装備する。
3. 指示者のその動作を検出し、ロボットの動作に変換する。このとき、ロボットの動作が、作業者側のエコロジーにおいて適切に意味を成すように変換する。

5.2では、この指針に基づいて設計されたGestureMan-3システムを紹介する。このロボットでは、特に頭部の志向による予期や継起性を支援することを目指した。

5.2 頭部志向の支援

まず設計指針の1番目に従えば、指示者が自然に頭部の志向を変化させるインタフェースを設計する必要がある。そこで、ロボットにGestureMan-2の場合と同様の3眼カメラを搭載し、この映像を指示者の前に水平方向に並べた3台のディスプレイに表示した (図4)。小型のディスプレイを使う、あるいは3つの映像を1画面に合成して1台のディスプレイで表示することも可能であったが、それでは指示者の首振りが発生しない。そのためにあえて水平方向に広く配置をして、その映像を見るときに自然に首を振れるようにした。こうして発生した指示者の頭部の動きを、磁気センサで検出した。そこで検出した指示者の頭部の動きに連動して、ロボットの頭部を動作させることとした。センサを軽量のカチューシャに取り付けて、指示者にはセンサの装着による負担ができるだけ小さくなるようにした。

設計指針の2番目に従って設計したロボットについて説明する。前述のように、ロボットには3眼カメラを搭載した。これは、指示者が作業者の「受け手性」「聞き手性」を観察するために重要な機能である。しかし、ロ

ボットの頭部にカメラを搭載していると、指示者の頭部の動きに応じて3面ディスプレイに表示される映像も変化してしまうこととなる。そこで3眼カメラはロボットの胴体に取り付けたカメラフレームに搭載し、ロボットの頭部はカメラとは独立に動作するようにした。GestureMan-3 ではロボットの頭部は、単に指示者が見ている方向を示すための方向指示器としての役割のみを果たしている（図5）。

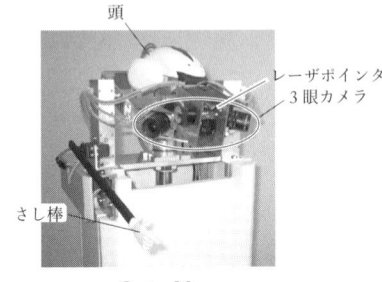

図4　GestureMan-3 システム概要

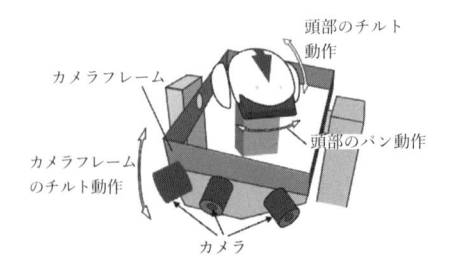

図5　GestureMan-3 の頭部機構

ロボットの胴体は、ジョイスティックを前後左右に倒すことによって、前進、後進、左右回転ことができる。また、ハットスイッチ（ジョイスティックのスティック頭部についた、小さな多方向のコントロールスイッチ）を上下に倒すことによって、カメラフレームをチルト動作することができるようにした。

最後に、設計指針の3番目に従って指示者の頭の志向をロボットの頭の志向に変換する方法を説明する。まず、指示者の頭の方向（頭部の志向性）を、ロボットと作業者にいる環境にたいするロボットの頭の動き（頭部の志向性）に変換をした。さらに、指示者の頭部の志向と視線とのずれも考慮した。人間が胴体に対して横の方向を見るときには、頭部と同時に眼球をも回転させるため、頭部は実際の視線の向きまでは回転しない

(図6)。頭部の志向角度と視線の角度との関係は、筆者らの過去の経験 (Kuzuoka, 1992) から頭部が30度回転すると視線は60度までカバーできるように、およそ1対2としておけば良いことがわかったため、GestureMan-3でも同様の比率で補正をおこなった。

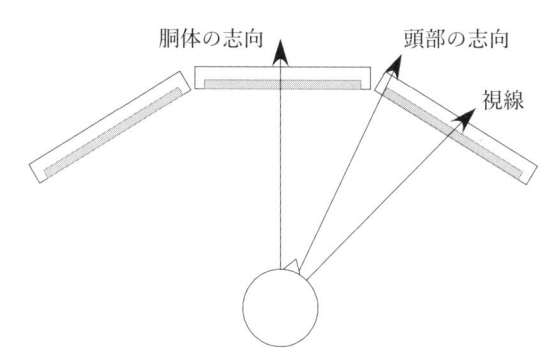

図6　胴体の志向、頭部の志向、視線の関係

5.3　遠隔ポインティングの支援

　筆者らは、以前から遠隔制御型レーザポインタを開発し、遠隔作業指示に対する有効性を確認してきた (Yamazaki et al., 1999)。これは、モータで制御された2枚の鏡によって、レーザ光の照射方向を遠隔操作できるようにした装置である。レーザはマウスで操作できるようにした。この方法は概ね好評であったが、指示者が「これ」と言いながら思わず画面上に指さしをしてしまうことが多く見られた。そこで、GestureMan-3システムではタッチパネルをインタフェースとして採用した。ただし機器の制約のため、中央の1画面のみにタッチパネルを使用した。

　しかし、レーザポインタのみで対象物を指示しても、作業者はその赤い点を探し出すのに苦労することがある。補助のために、このシステムでは、作業者側では、レーザ光の照射と同時にGestureMan-3のさし棒が上がり、レーザが照射されていることと、その方向を示した。レーザが照射されていない時には、さし棒は真下を向き、何も指されていないことを示した。

6. 定性的評価：家具配置実験

　GestureMan-3 における頭部志向の効果を確認するために、様々な実験を行い、定量的な方法と定性的な方法の両面から分析した（Kuzuoka et al., 2004a）。ここでは、エスノメソドロジー的な手法で分析した定性的分析の結果を紹介する。

6.1 実験方法

　実際の作業における GestureMan-3 の効果の分析のために、家具の配置を遠隔から指示するという実験をおこなった（図7）。実験時に、作業者はロボットと家具が乱雑に置かれた小さな部屋に入れられた。指示者はロボットを操作しながら、作業者と会話をした。実験の課題は、30分間で家具を整理して、新婚家庭のための部屋をデザインすることであった。両者の会話を活発にするために、はじめに指示者と作業者に異なる指示をした。指示者には、シンプルなデザインという指示をし、作業者には、できるだけたくさんの家具を使うという指示をした。被験者11組中、5組はロボットの頭が指示者の頭に連動する条件（頭部連動条件）で実験をし、残りの6組は連動しない条件（連動なし条件）で実験をおこなった。ただし、いずれの場合もレーザポインタは利用できるようにした。

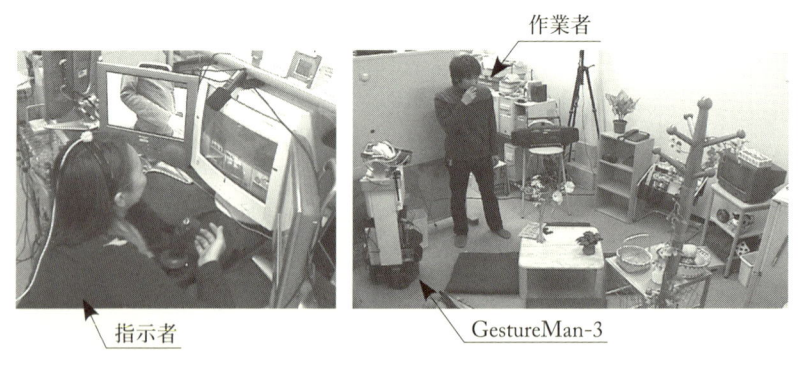

図7　家具配置実験の様子

実験風景は複数のカメラで撮影し、その映像を利用して詳細に分析を行った。

6.2 頭部連動の有効性

頭部連動条件下では、指示者の頭部とロボットの頭部が連動することによって、指示者の志向が作業者から実時間で観察できるようになった。これによって、遠隔側の指示者の頭や身体の志向が作業側のロボット頭部や身体の志向として伝えられる。それによって、作業側のロボットと作業者の頭部や身体の志向は協調的に変化する。このように、お互いの志向が継起的に組織化されることが多く見られた。以下のトランスクリプトにおいて、"指"

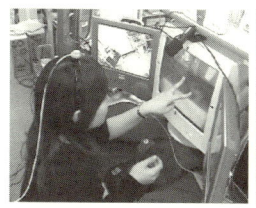

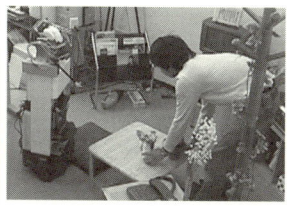

（1行目の場面）

1 指：この2つは
　作：（2つの植木鉢を
　　　持って）

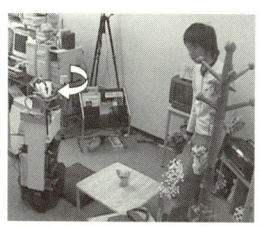

（2行目の場面）

2 指：（右を見る）
　作：（左を見る）
　　　こっちの方？
　　　（ロボットを見
　　　ながら左へ移動）

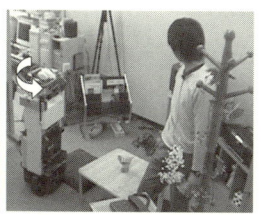

（3行目の場面）

3 指：（頭を左へ回転）
　　　（胴体を左へ回転）
　作：（頭を右へ回転）
　　　（胴体を右へ回転）

トランスクリプト4　（図8）

は指示者を、"作"は作業者を示す。（　）の中は身体的な行為を表している。また、「右」「左」は、その行為者から見た方向である。

　トランスクリプト4では、テーブルの上にあった2つの植木鉢を置く適当な場所を探そうとしている。1行目で、指示者は2つの植木鉢を指さしながら「この2つは」と発話する。その直後（2行目）、指示者は頭を右側のディスプレイに向け、これに伴いロボットの頭部も右へ向いている。作業者はこのロボットの頭部の動きを見て、すぐに左に頭を向けている。さらにその直後（3行目）、ロボットの頭部は左へ向き、これを見た作業者はほぼ同時に右を見た。そして、次の瞬間に、ロボットと作業者は、ほぼ同時に、胴体を同じ方向へ向けた。ロボットと作業者のこうした協調的な動作は、指示者の頭とロボットの頭部が連動することによって可能となる。実際にこうしたことは、連動なし条件の場合には見られなかった。

　次の図9は、指示者の非明示的な発話にもかかわらず作業者が対象物の位置を推測した場面である。まず、指示者は「箱はその中でいいんじゃないですか」と言いながら、ロボットをカラーボックスの方へ少し回転させた。その後、ロボットの頭部はカラーボックスの方に向いたが、ロボット本体は完全にはその方向に向いていない。ここで作業者は、指示者の発話が始まると同時に振り返ってロボットを観察し、発話が終わった直後、箱をカラーボックスの中に入れている。この場面で、指示者がカラーボックスの中に入れるようにと明示的に説明していない上に、ロボット本体はカラーボックス

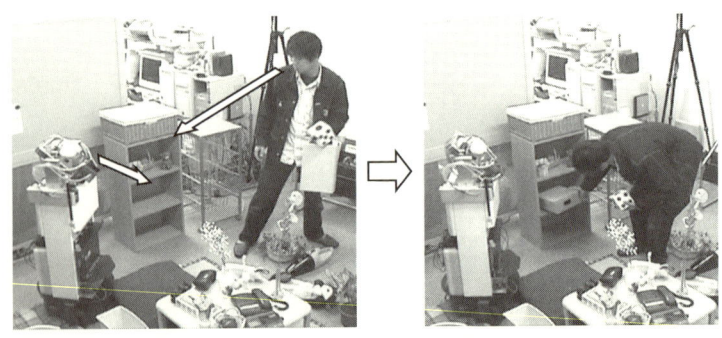

図9　作業者が対象物を正しく推測した場面

に志向していないにも関らず、作業者はその作業を達成していた。ロボットの頭部の志向から、作業者は、指示者のいう「その中」を「カラーボックスの中」だと推測できたためであろう。

以上のように、頭部連動条件では、ロボットの頭部の動きを資源とした継起的なコミュニケーションが観察された。頭部の動きによるこうした継起性は連動なし条件ではほとんど見ることができなかった。

6.3 連動なしの場合の問題点

連動無し条件下では、ロボットの頭部は全く動かない。このことによって、指示者の意図がうまく伝わらないことがいくつも見られた。トランスクリプト5（図10）では、はじめ、指示者はティッシュの箱を置くべき場所を探している。3行目の場面で、指示者は左側のモニター内に本棚があるのを見つけ、「シェルフのところにでも」と発話する。本棚は作業者の右前にあったが、このときロボットの頭部は作業者のやや後方を向いている。その

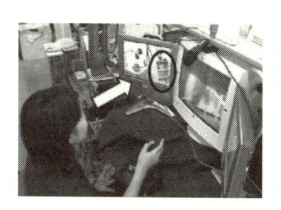

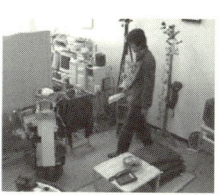

（3行目の場面）

1指：なんかティッシュもそこに
　　　あるのはあんまり
　作：
2指：　　　　よろしくないので
　作：よろしくない
　　　（ティッシュの箱をつかむ）
3指：（左を見て）シェルフの
　　　ところにでも
　作：

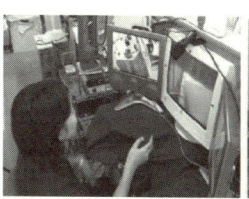

（4行目の場面）

4指：（カメラを下に向ける）
　作：え？（後ろを見る）

トランスクリプト5　（図10）

ため、作業者は、指示者が自分の後ろ側に注目していると誤って推測し、4行目において後ろを振り返り、「え？」と疑問をしめし理解ができないことを示している。これは、ロボットの頭部が全く動いていない場合には、ロボットの頭部が有害な情報となりうることを示している。作業者はロボットの頭部が向いている方向が、すなわち指示者が見ている方向であると勘違いしてしまう。

　さらに、指示者の意図した対象物が伝わらない場面を示そう。図11のシーンの直前、指示者はロボットの身体を右に回転させ、その直後に「ああ、そういえばラックの中には何がありますか？」と質問した。指示者は作業者から見て右後方にあるマガジンラックを見ていたのだが、ロボットが右回転したのを見て、作業者は、誤って自分の左側を見てしまった。もしロボットが頭部連動で制御されていれば、作業者は頭部の志向に注目して、正しい方向を見ることができたと予想出来る。この後、指示者は言葉で説明を試みたが、最初の発話が終わってから作業者が雑誌ラックを見つけるまでに約10秒を要してしまった。

図11　作業者が誤って推測した場面

　ここにあげたように、推測の間違いは、コミュニケーションの効率を低下させ、作業の失敗につながる可能性がある。一方、頭部を連動させた場合に

は、こうした問題は非常に少なかった。

7. おわりに—デュアルエコロジーとロボット研究における意味

　コミュニケーションメディアとしてのロボットを設計するときには、人間がどのような社会的相互行為を行うのか、さらにはそうした社会的相互行為を、ロボットを媒介にしてどのように支援するかという問題を考えなくてはならない。本章では、エスノメソドロジーからの示唆として、人間の社会的相互行為における身体性と時間性の重要性を論じた。この身体性（志向性や視線）と、時間性（予期と継起性）は、コミュニケーションメディアとしてのロボットの設計においても重要な意味をもっている。それはロボット自体の設計において重要なだけでなく、ロボットを操作する環境をどう設計するかという問題においても重要なのである。われわれはこの問題を、デュアルエコロジーと名付けた (Kuzuoka et al., 2004a, Kuzuoka et al., 2004b)。デュアルエコロジーにおける身体性や時間性を考慮することが、ロボット設計においては必要なのである (Yamazaki, A., et al., 2010)。

　またこうした問題は、自律ロボットの設計においても重要な意味をもつ。自律ロボットの設計においては、「身体性」の問題が重要な問題として扱われている。また、人間とロボットのインタラクションにおける「共同注意」という概念の重要性が指摘されている。本章では、そうした「身体性」や「共同注意」という現象が、時間性の問題、すなわち参与者の予期や行為の継起的組織化の問題と深く結びついていることを示した。自律ロボットの設計においても、こうした身体性と時間性の深い結びつきを理解することが非常に重要なのである。

参考文献

Goodwin, C. (1981) *Conversational Organization*, New York: Academic Press.
Greatbatch, D., C. Heath, P. Luff, P. Campion (1995) Conversation Analysis: Human-Computer Interaction and the General Practice Consultation. In: A. Monk, N.

Gilbert (Eds.). *Perspectives on HCI: Diverse approaches*. 199-222, New York: Academic Press.

Heath C. (1992) The Delivery and Reception of Diagnosis in the General Practice Consultation, in P. Drew & J. Heritage (Eds.), *Talk and Work*. 165-189, Cambridge: Cambridge University Press.

Heath C. and P. Luff (1992) Media Space and Communicative Asymmetries: Preliminary Observations of Video Mediated Interaction, *Human Computer Interaction* Vol. 7, p.315-346.

Heath, C., P. Luff, A. Sellen (1995) Reconsidering the virtual workplace: flexible support for collaborative activity. In: H. Marmolin, Y. Sundblad, K. Schmidt (Eds.), *Proceedings of the Fourth European Conference on Computer-Supported Cooperative Work*. Dordrecht: Kluwer: 83-99.

堀部保弘 (2001) インタフェースのエコロジー．加藤浩・有元典文 (編)，『認知的道具のデザイン』, 39-64，東京：金子書房．

Kendon, A. (1990) *Conducting Interaction: Patterns of Behavior in Focused Encounters*. Cambridge: Cambridge University Press.

小林貴訓・行田将彦・田畠知弥・久野義徳・山崎敬一・渋谷百代・関由起子・山崎晶子 (2011) 多人数場面において受容者の予期を支援するケアサービスロボット，情報処理学会論文誌, 52(12), 3316-3327.

Kuzuoka, H. (1992) Spatial Work space collaboration: a Shared View video support system for remote collaboration, *Proceedings of CHI 1992*, 533-540.

Kuzuoka, H., Kosaka, J., Oyama, S., Noma, H., Yamazaki, K., & Yamazaki, A. (2003) *Designing a Robot as Communication Media-The Effect of Head and Body Movement on Co-Present's Impression. Proceedings of 2003 IEEE International Symposium on Computer Intelligence in Robotics and Automation*, 50-54.

Kuzuoka, H., Kosaka, J., Yamazaki, K., Suga, Y., Yamazaki, A., Luff, P. & Heath, C. (2004b) *Mediating Dual Ecologies, Proceedings of CSCW 2004*, 477-486.

Kuzuoka, H., Kosaka, J., Yamazaki, K., Yamazaki, A., & Suga, Y. (2004a) Dual Ecologies of Robot as Communication Media: Thoughts on Coordinating Orientations and Projectability. *Proceedings of CHI 2004*, 183-190.

Okada K., Maeda F., Ichikawa, Y., & Matsushita, Y. (1994) Multiparty Videoconferencing at Virtual Social Distance: MAJIC Design. *Proceedings of CSCW '94*, 385-393.

Sacks, H., E. A. Schegloff, G. Jefferson (1978) A simplest systematics for the organization of turn taking for conversation. In: J. N. Schenkein (ed.), *Studies in the Organization of Conversational Interaction*. 7-55. New York: Academic Press.

山崎敬一 (2004)『実践エスノメソドロジー入門』，東京：有斐閣．

山崎敬一・三樹弘之・葛岡英明・山崎晶子・加藤浩・鈴木栄幸 (2003) 身体と相互性―ビデオコミュニケーション空間における身体の再構築, 原田悦子 (編),『「使いやすさ」の認知科学』, 75-98. 東京：共立出版.

Yamazaki, K., Yamazaki, A., Okada, M., Kuno, Y., Kobayashi, Y., Hoshi, Y., Pitsch, K., Luff, P., Lehn, D. V. and Heath, C. (2009) Revealing Gauguin: engaging visitors in robot guide's explanation in an art museum. *Proceedings of CHI 2009*, ACM Press, 1437-1446.

Yamazaki, A., Yamazaki, K., Burdelski, M., Kuno, Y. and Fukushima, M. (2010) Coordination of verbal and non-verbal actions in human–robot interaction at museums and exhibitions, *Journal of Pragmatics*, 42(9), 2398-241.

Yamazaki, A., Yamazaki, K., Ohyama, T., Kobayashi, Y., Kuno, Y., (2012) A Technosociological Solution for Designing a Museum Guide Robot: Regarding Choosing an Appropriate Visitor. *Proceedings of HRI 2012*, ACM Press, to appear.

Yamazaki, K., Yamazaki, A., Kuzuoka, H., Oyama, S., Kato, H., Suzuki, H. & Miki, H. (1999) GestureLaser and GestureLaser Car: Development of an Embodied Space to Support Remote Instruction. *Proceedings of ECSCW '99*, 239-258.

第 6 章　言語教室のインタラクション
—コミュニケーションの「環境条件」を考える

池田佳子、アダム・ブラント

【要旨】　本章では、言語学習の教室分析として、教師がどう「動けるか」、誰に「何を話せるか」、また学習者は「どう反応できるか」を決める教室という空間の環境要因、具体的には、「人物の位置」や場に存在する「物体」(Hall 1966)、「物体と人間の位置やそれらの間にある空間」(C. Goodwin 2007)、テクノロジーなどの「媒体」(Heath & Luff 2007)を踏まえた「空間配置行動(spatial-orientational behavior)」(Kendon 1990)の分析を行った。教室を構成する環境要因は、その国・社会・コミュニティーの文化的背景を反映する。同じ日本語教育場面であっても、多国の教室場面の資料を検証すると、空間の利用法には大きな差異があり、そこで展開するインターアクションにも異なりが観察できた。

1.　はじめに

　本章で扱うのは、「言語学習の教室」という特定の場(Heritage (1985)らが定義する「制度的な会話」)で展開するコミュニケーションである。教室で展開する活動の参与者は、「教師」「学生(学習者)」といった社会的な役割を担うべく存在し、またその役割「らしく」振舞う。外国語を学習する上で、日々の生活の中だけで言語を習得する自然習得の場合を除き、このような「教室」でのフォーマルな学習活動は第二言語習得過程において大きな位置を占めると言っていいだろう。教室で展開するインタラクションを掘り下げて考察することと、「コミュニケーション能力の再考」とは、どのような関

連性があるのだろうか。まず、対象とする外国語を介したコミュニケーション能力を習得することが言語教室の目的であるということが自明な関連点として1つ上げることができる。さらに本章では、「教室」という物理的に区切られた空間で執り行われる相互行為(インタラクション)は、日常生活の中で出くわすコミュニケーションの形態と異なった秩序を参加する者に求めることに焦点をあて、教室でのインタラクションを展開するための(やや特殊な)能力も、外国語を学ぶ者に同時に要求されているのだ、ということを改めて認識するべきだと主張する。この点においても、本著のテーマである「コミュニケーションの再考」という作業を読者と共に行いたいと考えている。

2. 第二言語習得研究における教室研究

　教室におけるインタラクションは、参加する者に特別なコミュニケーション・スキルを要求するものである。現代日本社会に生きる我々には、教室で対話するという習慣は幼児期から慣れ親しんでいるため、特殊なスキルを要するように思えないかもしれない。しかし、そこに異文化接触が関わると、そのスキルは当たり前のものでなくなるのである。教育社会学の古典的存在となったHugh Mehanの著作(1975: "Learning Lessons: Social Organization in the Classroom")は、授業という活動において生徒たちに求められている能力は、単に学問的な知識や能力だけではなく、それらを示すために、教室において「適切に」振舞う相互行為能力をも含むのだということを明らかにした。さらに、こちらも古典的文献であるが、人類学者のSusan Philipsは、自身の研究著書(1983: "The invisible culture: communication in classroom and community on the Warm Springs Indian Reservation")において、アメリカの先住民族の子供たちが公立の小学校の授業で全く発言ができず、成績不良となってしまうその背景には、Mehanの指摘と同様に教室独特な、さらには欧米社会文化が期待する「授業」という活動が求めるコミュニケーション能力が存在すると指摘し、異文化社会での訓練を受け成長してきた先住民族の

子供たちはこの公立学校という異なる社会が期待するやり方でインタラクションができなかっただけなのだということを明らかにした。

「教室」内で展開するコミュニケーションは、外国語（第二言語）学習の教室においてもあてはまる。Mehan や Philips などの研究を受けて、1970 年代後半以降、第二言語習得研究における教室研究（classroom research）が様々な形で行われてきた（Ellis, 1990; Chaudron, 1988）。当初第二言語習得研究分野の研究者にとって、「教室で起こっていること」は、すなわち個々の学習者の言語習得へ直結して影響があると考えられていたため、教授法の効果や対象言語（Target Language）のインプットの内容・伝達過程など、大変な関心を持って調査が執り行われるようになった。

　教育学、心理学、言語学など多分野の恩恵を受け、現在は多種多様な「教室研究」の手法が存在する。現在も、ある教授法の効果を測定するという目的で、プレ・テストとポスト・テスト形式をとり、実験群・統制群の比較を行うというような実験的な教室研究もあれば、様々な授業観察システムを構築、学習者と教師の言動をコード化・カテゴリ化しその発生頻度や分類と分布状況を調べるといったアプローチの研究も存在する。特に、後者のような分析法の代表的なものでは、Fanselow (1977) が提唱した FOCUS (Foci for Observating Communications Used in Settings) や、Allen, Fröhlich & Spada (1984) が作成した COLT (Communicative Orientation of Language Teaching) など、いわゆる「談話分析法」とカテゴライズされた教室研究として確立していった。Chaudron (1988) の調査によると FOCUS は 73 の教師・学生の発話のカテゴリ（例：「冗談」「情報を与える」「母語使用」）、Allen et. al (1984) は 83 ものカテゴリを提示し、観察者は実際の教室のコミュニケーション場面における発話や行動をこのカテゴリに当てはめる、という作業をすることで分析を進めることになる。しかし、この手法に問題がないわけではなかった。この 2 つの研究プログラムが提唱するカテゴリ数の違いを見てもわかるように、分析者の主観による分類判断の危険性が高い。近年はこの教室研究の手法の信頼性・妥当性に疑問を持つ意見が強まり、従来の教室研究の路線は支持を失いつつある。1990 年代に入り、言語学的な視点に加

え、会話分析という手法を用いて、社会学的な捉え方で教室のコミュニケーションを考察する研究が現れた。今やCA in SLA（第二言語習得研究のための会話分析）という研究の一派を形成するほどこの流れを組む研究は増えつつある（Firth & Wagner, 1997; 森 2004）。CAを取り込んだ言語学習の教室研究は、従来のアプローチが脱却できずにいた「観察対象を分類・数値化し比較するという分析法」では教室内で展開するインタラクションの把握は困難であると指摘し、質的かつ微視的な観察法によって教室内のコミュニケーションの根底にある秩序を明らかにしていく。この手法を応用した教室研究は、海外では2000年頃から研究論文が出現し（Markee, 2000; Lee, 2006; He, 2004など）、国内の研究の動向にも影響を与えるようになった（文野 2002; Ikeda, 2011）。

3. 第二言語習得研究とマルチモーダル分析

　Schegloff (1995) は、インタラクションの分析の単位は「社会的行為（action）」であると指摘している。Actionは、言語のみで実践化されるものではない。これは、普段の生活の中のさまざまなコミュニケーションの形を考えるとすぐにわかることである。電話で会話をするとき、コンピュータでチャットをするときなどと、対面で人が会話をするときを比較してみると、我々は多様かつ多相的なリソースやパラ言語的（例：イントネーションの抑揚など）手段を活用しながら話をしていることに気付くだろう。母語での会話が複数モダリティを常に活用したコミュニケーションであるとすれば、外国語での会話であっても、当然これらの言語以外のリソースも流暢に活用できなければ本当の意味で「コミュニケーション能力」が培われたと言うことはできない。つまり、第二言語習得研究においても「会話分析」や「マルチモーダル分析[1]」を視野にいれ、学習者のコミュニケーション能力の発達過程を研究していくべきなのである。このような研究の路線は、ようやく近年になって展開し着目されるようになってきた[2]。「教室研究」としてこの分析法を援用する研究事例も、未だ稀少ではあるが少しずつ展開してきてい

る。ここで、簡略にではあるがその展開の様子を述べておきたい。

　マルチモーダル研究として現在主流なのはやはりジェスチャー(身振り)研究だろう。Kendon や McNeill といった研究者らの多大な貢献により、言語と身振りの相互連携の関係性、さらには認知的発達にも身振りが重要であることなどが検証された。これを受けて、第二言語習得研究分野においても、身振り使用の有無と学習者の第二言語能力の発達度の関係を測定しようとする研究がでてきた。たとえば Lazarton (2004) や Allen (2000) は、「語彙学習」の過程を促す教師の身振り使用について検証し、身振りが学習者の理解を促進することで第二言語学習に大きな貢献をしている、と主張した。また、スキル別に聴解能力 (Kellerman, 1992) や談話理解能力 (Kida, 2008) の促進にも、教師のみならず学習者間における対話においても、身振りを取り入れたインプットが効果的であることを提示する研究もある。

　上記の研究路線を「インプット (input)」のマルチモーダル分析であるとすれば、言語学習者自身の「アウトプット (output)」をマルチモーダルな側面から考察を加える研究として分類できる一連の研究も存在する。従来「アウトプット」は、メッセージをだれかに伝えるために話したり書いたりという言語による産出を指す(村野井 2006)が、マルチモーダル分析ではそのアウトプットを構成する要素として身体を用いた様々な活動(視線・身振り他)も「産出」と理解する。この流れの理論では、第二言語学習者は、語彙・文法知識などが母語話者に比べ未だ発達途上であり、その不足分を補う「方略的な機能」として身体活動を活用しているのだ、という理解を背景とする (Gullberg, 2003; 2006; 2011)。この路線の研究の一例として挙げられるのが Olsher (2004) である。教室でグループで作業をする学習者(初級英語学習者)が、身振りを巧みに活用することで発話ターンを完了させ、作業を行う上で必要なやりとりを母語話者や教師の助けなく遂行するさまを描写している。Ikeda (2012) では、カナダの日本語の初級学習者だけの、複数参加者によるコミュニケーションを分析している。この中では、特に「質問—回答」の発話のやり取りによる発話交替場面に着目したが、質問を受け、「回答者」として指定された学習者が、視線の方向や、顔を上げるなどの身体的な動きを

言語を伴わず単独で使用し、それらが参与者らによって「次の発話を展開することが困難である(つまり次の発話者としてターンを取ることができない)」という表示として理解されていた。この結果、他の者が本来の回答者の代わりに答える、ターンテイキングの second order(「第二の秩序」Stivers & Robinson, 2006)と言われる一風変わった発話交替の現象を形成していることが観察されている。

　このような「input」「output」に観察できるモダリティの考察という、「認知的アプローチ」としての第二言語習得研究におけるマルチモーダル分析がある一方で、教室内の活動は身体リソースや言語を用いた相互行為の手法によって協働で構築・展開される社会的行為(Action)であると考え、その社会的秩序を解明しようとする、エスノメソドロジーを基盤とする比較的新しい視座を伴う研究も始まっている。最も新しい文献では、Seo (2011) が ESL (English as a Second Language) のライティング補習授業のビデオ分析を行ない、特にチューターが行う「修正(repair)」の言動は産出された言語だけではなく、ジェスチャー、身体の配置、視線の配置、チューターと学生の前に存在する物など様々なモダリティの利用によって可能となっていることを実証している。「良い教授法」1つを考える上でも、これらの複数モダリティーの活用と実践は無視することができない重要な要素となっているということを考えさせられる。Mortensen & Hazel (2011) でもデンマーク語・英語を対象言語とする教室の考察を行い、round robin (ラウンドロビン)といわれる、複数の学習者に何らかの役割・出番を教師が割り振り、交替で発言させるというコミュニケーション形態に着目してマルチモーダル分析を行なっている。このような形態のやり取りを実現させるためには、参与者(学習者、教師)の教室内における配置や、教材の提示の仕方なども念頭に置かねばならない。また、誰が次に発話するか、というのは概ね教師のコントロール下にあると見えるのだが、エスノメソドロジーの視点から検証すると、学習者らと教師の相互の志向がその成功の鍵となっており、教師の発話ターンの構成や身体の動きなどから「次の発話のタイミング」が巧みに察知され、挿入されていく様子を考察している。

4. コミュニケーションの「環境条件(ecological conditions)」

　従来の教室研究は、共通して「教師」や「学習者」といった談話場面の参与者の主体的な言動を観察の焦点とする。教師が「どう動いた」か、何を誰に「話した」か、そして学習者が「どう反応した」か、と言ったリサーチクエスチョンを背景に持つ。しごく当然の視座であるとも言えるのだが、本章では参与者が「教室」という、壁に囲まれた部屋の中に存在し、これらの言動がなされていることをあえて取り上げ、掘り下げて考察してみたい。あまりにも人間が主体として脚光を浴びてしまい、そのいわば「代償」として「教室」という場または環境への配慮は、状況説明という形で取り扱われる程度で、往々に背面化しがちであるという印象を受ける。しかし、この「環境」は、主体の言動の形成の鍵となっていることは否めない。具体的な場面ごとに異なる環境要素は、参与者の言動の制限域となることもあり、またある特定の言動の判断基準・動機となることもある。つまり、教師がどう「動けるか」、何を誰に「話せるか」、また学習者はどう「反応できるか」といった場の設定条件を本章ではリサーチクエスチョンとする。

　場の「設定条件」を考える上で参考となるのは、文化人類学者である E. T. Hall(1966: Chapter 9, pp.101–112) の「空間の人類学」と、Kendon(2004: Chapter 16, pp.326–354)の「ジェスチャー・文化・コミュニケーションエコノミー」である。Hall は自身が「近接学(proxemics)」と呼ぶ空間構造論を著書で論じており、人間の振る舞いや言語仕様は「密接距離」「個体距離」「社会距離」「公衆距離」といった距離間の異なりによって変化することを指摘した。この「空間距離」という知覚は決して普遍的なものではなく、我々人間は「文化というメディア」を通して参与者間の空間や距離を意味あるものとして理解する(Hall, 1966[日高・佐藤邦訳 1980])。彼の著書には Hall 自身の国であるアメリカにおける proxemics を、ドイツ・イギリス・フランス・日本・アラブ人と比較して、文化の相違がいかに人びとの空間感覚や人とのコミュニケーションに大きな違いをもたらしているかを例を挙げて論じてある。

Hall は、また、空間デザインや物理的な環境が許容する人間同士の距離感がいかに人間個人に、そして文化に逆影響を与えるのかという点にも言及している。彼が挙げた例はパリ・シャンゼリゼの歩道で、そこを歩く人々の開放感あふれる言動は、その歩道と車道の距離が 100 フィートもあることが大きな要因となっていると言う。本章の筆者らは、Hall の「社会文化的に縛りを受けた空間の使い方・距離感覚」そして「物理的な空間が形成する人間の言動」という視点は、言語学習の場としての教室をリアリティを持って考察していく上で大変重要であると考える。教室活動は、制度的 (institutional) 活動であり、その制度を大きなところで決定しているのはその教育活動を遂行する機関である。そして、その機関が属するコミュニティーや、時には教育省のような国の政府機関がその機関で行われるべきカリキュラム・シラバスといった実践活動を指定・推奨する。大小にかかわらず、どの社会にも歴史的・文化的背景に裏打ちされた (言語) 教育に関する理念や、第二言語習得分野で昨今着目されているコンセプトである「ビリーフ」が確立しており、空間の使い方にもこれらは反映されるのである。

　Kendon (2004) も、Hall 同様ジェスチャーの考察を行う上で切り離せないものとして「文化 (culture)」を上げているが、それに加えて「コミュニケーションの経済性 (communication economy)」という概念を提示している。後者は、Dell Hymes (1974) の communicative economy という概念を応用したものである。Hymes は社会言語学的な領域という意味で、具体的な場面でのコミュニケーションの状況・目的・構造という条件の中でインタラクションは展開するものであると主張しているが、Kendon は (言語に加えて) 多様多層なモダリティも共起してインタラクションは展開するのだと述べ、さらに、複数かつ多層・多相なモダリティの活用実践は、個々の場の条件がモダリティ間の「トレードオフ」を強制し、その結果が具現化したものであるという主張へと拡充させている。Streeck (2010) でもこの communciative economy について取り上げており、コミュニケーションの「環境条件 (ecology condition)」という言い方を用いて Kendon に賛同している。

4.1 「環境条件」の実証例

　コミュニケーションの「環境条件」を実際の場面の検証と共に主張している代表的な研究としては、Goodwin (2000; 2007)、Streeck, Goodwin, & LeBaron (2011)、Kendon (2004)、Heath & Luff (2000)、などがある。Goodwin (2000; 2007) は、考古学者らの遺跡の発掘調査活動の様子を検証例としてあげ、発掘している目的物とインタラクションの参与者の位置 (space)、そして互いが何に視線を向けているか (gaze) などの環境条件・身体条件[3]と、実際に参与者が産出した発話 (例：Ann: "what do you think of: (0.9)"[4]) の密接な関わりを指摘している。

　Heath & Luff (2000) は、環境条件として「テクノロジー」の存在を取り上げた著書である。彼らは数多くの職業談話場面を対象として考察を続けているが、その中でもロンドンの地下鉄 (Bakerloo Line) のコントロールルームをエスノメソドロジーの立場から分析をした研究は、本章に最も示唆を与える。「環境条件」としてコントロールルームで使用する地下鉄の運行状況を示す路線ダイアグラム、Closed-circuit television (CCTV) と言う各プラットフォームの管制箇所をモニタリングできる画面、列車の運転手と通信ができるラジオ電話、一般乗客にアナウンスを行うための PA (Public Address) など、様々なテクノロジー媒体がこの部屋の空間を構築し、この職場で働く者、そして実際に運行する鉄道列車・駅の職員らのコミュニケーションをつないでいる。コントロールルームの職員らは、どの機器の情報がだれに、そしてどこまでアクセスがあるのかを十分に把握した発言・行動を行う。たとえば、PA を使用し情報提示をする (例：DIA: "The next train (just) left from Regents Par: k↑ (0.6) (an) well be with you at Ba: ker Street (in) one minute (0.3) [リージェンツ公園駅を先ほど出発した列車は、後1分ほどでベーカー通り駅へ到着します]") ことで、「一般乗客へのアナウンス」という形をとりながら客への発話行為）と職員への情報提供と交通整理を行うという複数の作業を同時に遂行する。さらに、コントロールルームの DIA (Divisional Information Assistant) 職員らは、画面を眺める担当者が詳細な身体の手続きから今どのような点検作業を行なっているのか（言語を介して尋ねなくと

も）即座に判断できる。その情報から、次の行動へと移行する準備を滞ることなく行うなどの相互行為の実践が可能になる。環境の一部としてのテクノロジーは、このような職場場面でなくとも今や我々の日常のあらゆる場所に存在する（佐藤章他参照）。また、本章の後半で示すように、言語教育場面のコミュニケーションを理解する上でも不可欠な要素となりつつあり（水町2000）、言語教育に関与する研究者にとっても今後開拓するべき分野となっている。

本章は、上記の先行文献が指摘するような「人物の位置」、場に存在する「物体」、「物体と人間の位置やそれらの間にある空間（スペース）」、そしてメディア・テクノロジーなどの「媒体」といった環境条件を重視した考察を、具体的な対象である「言語学習の教室」という場に応用したものである。本章では、この「教室」という物理的なスペースが可能にする環境条件をまず明らかにし、さらにその環境で遂行される「空間配置行動（spatial-orientational behavior）」[5]について、北米（カナダとハワイ）、東アジア（中国）、東南アジア（シンガポール）、そして日本といった多文化設定下における外国語（日本語）教育場面の検証を通して考察していく[6]。教室という場のエコロジーは、かならずしも常時単一ではなく、同一文化圏の中の多様性ももちろん存在するが、「言語学習の教室」においてはある程度共通項が観察できることが多い。本章では、紙幅の関係上全ての事例を詳細に論じることは別の機会に譲ることとなるが、多少なりとも「文化」そして「環境条件」が教室内でのコミュニケーションを裏打ちしている様子を読者に伝えたいと考えている。

5. 言語教室の環境条件

5.1 「教室」

物理的な空間である「教室」の基本的な設定は、それ自体は大抵の場合四角い、壁に囲まれた部屋に机と椅子が並べられているといった単調なものである。しかし、その単調なスペースにも、その壁がどのようなものである

か、机と椅子がどのように配置されているか、教師はどこに位置するようにできているのか、など、主観的なデザインが入り込んでくる。この主観性の出どころは、先ほど言及したようにその教室が存在する教育機関であり、その教育機関を直接的または間接的に司るその社会の文化である。教師そして学習者(学生)らの活動実践は、彼らに与えられた教室において展開される。Hall のことばを借りれば、教室活動における proxemics が構築されるのである。また、Kendon や Streeck のいうように、この教室という空間、そしてそこに存在するさまざまな物体や人間の配置などが、教室におけるコミュニケーションの環境条件となり参与者の言動に影響する。この節からは、筆者らのフィールドワークで収集した日本および海外における日本語学習の教室場面の実際の様子を分析しながら、言語教室の環境条件についてさらに考察していくことにする。

5.2 北米の2つの教室

図1は、カナダの大学における言語学習の場の一風景である。図1.1で場の設定を図式化した。長机が2台置かれ、学生が所狭し、と隣り合わせで座っている。この教室には黒板が1つしかなく、横壁一面に設置されている。もう一方の壁には天井からPCスクリーンが吊るされており、上げ下げができるようにはなっていない。地下の教室であったため、窓はなく、出入口ドアがあるのみであった。この教室において、①教師が活動できる空間を考えてみよう。言語学習の教室では、教科書など個人の学習者が手元に持っている教材のほかに、レアリアと言われる多様な提示用教材が使用されることが多い。これらの提示物を多人数に見やすいように、黒板面に磁石などで貼り付けたりする作業を行うことになる。この場合、教師(図1(a)でいえばT)がホームポジション(Kendon, 1999)として立つ位置は自然と図1(b)のP1〜P3となり、ある特定の学習者たちにとっては教師が真後ろに来てしまう(図1 A枠)。その一方で、長四角の教室の対角線の向かい側に座る学習者(B、C枠)とは大きな対人距離が出来てしまい(図1(b))、教師の言動の捉え方、がこの位置関係からしてもすでに一律ではなくなっていることがわかる

だろう。

図1(a) カナダのある教室場面

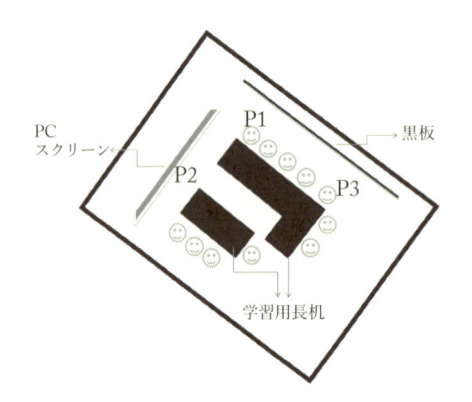

図1(b) 教室の配置図(カナダ)

　今度は別の「教室」を見てみよう。図2(a)と2(b)は、ハワイのある大学における言語教室の一場面を映し出したものである。この教室も、カナダと同じ初級日本語学習者のための言語教室である。図2(c)にこの教室の設定を図式化した。

　この教室では、移動できる学生机(椅子付き)がコの字型に教員机と黒板を囲むように設置されており、学習者らは常に同じ方向を向き授業を受けることになる。中央スペースにはOHPプロジェクターが据え置かれている。奥側の壁には大きな窓があるが、カーテンを引いて光を遮っている。この環境において教師が移動または定着する位置は、先ほどのカナダのケースに比べ

第6章　言語教室のインタラクション　203

図2(a)　ハワイのある教室場面1

図2(b)　ハワイのある教室場面2

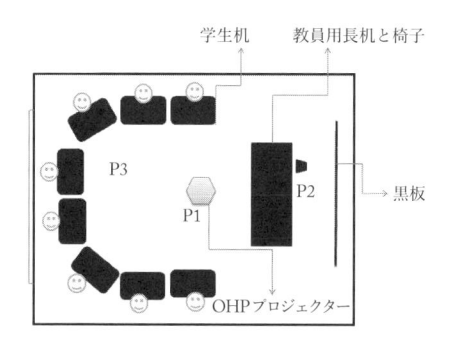

図2(c)　教室の配置図（ハワイ）

ると自由度が高い、と言えるだろう。活動によってはOHPプロジェクターの位置に長く留まることもあるが（P1）、黒板の前（P2）や学生机が並ぶ中央のスペース（OHPプロジェクターの周辺P3）へと、ホームポジションを随

時変化することができる。また、T1の場所からは、学習者らとの距離がほぼ同距離となっている点も、カナダの教室の設定と異なっている（図1参照）。この教室には、大きな長机が教員用の机として設置されており、黒板と学習者らの間にある一種の領域を生み出している。具体的に言うと、学習者らは、この長机に近づくということは、教師に何かしらの用事があり、普段のルーティンを逸脱した社会的行為（例：早退を申し出るなど）を遂行しようとしていると認識されるのである。北米の大学機関では珍しくないが、講師は自身が担当する授業の教室の建物や場所の指定をすることが難しい。学生も教師もその時間にのみその教室へ移動して授業を展開するため、教室はいわば暫時的な集会の場であって、彼らの所有空間ではない。授業と授業の合間の移動時間も15分程度と大変短く、椅子や机などがたとえ可動式であっても準備時間が少ない、というような事情もある。

5.3 アジアの言語教室

　今度は、東南アジア（タイ王国と中国）の教室についても同様に空間配置について、考えてみたい。次の図3(a)と図3(b)はチェンマイ市にある、私立高校での日本語の授業場面の写真である。図3が示すように、教室は廊下に面する側が開放されており、また反対側の壁にある窓も全開である。これは、クーラーではなく扇風機が数個天井から吊るされ、常時室内に風を送っているからである。この開放感のある「教室」は、その分だけ騒音も聞こえる。大都市ではなく、大きな敷地内にある閑静な高校だが、運動場や廊下を歩く人の足音などは常時間こえてくる状態で授業を行わなければならない。学生の数は、合計18名だった。全員靴を脱いで靴下のまま教室内の個人の席に腰掛け（タイの学校ではよく見かける光景だそうである）、机にはノート・教科書などが広がっている。ここは女子校であるため、全員女子である。机は2列ずつペアとなり、教室の中に3つの「廊下」のようなスペースを作って配置されている。

　図4は、中国のある大学の言語教室を示している。中国では、大学レベルの教室であっても1クラスの人数が比較的多く、約30名ほどが配置され

図3(a)　タイのある教室場面1

図3(b)　タイのある教室場面2

図4　中国のある教室場面

ている。タイ・中国ともに、北米のケースと異なり、学生は一日中その教室にて授業を受けている。教師のみが職員室から教室へとやってきて授業を展開するのである。学習者の人数は、機関が決定したもので、学年毎に自動的

に分けられている。教室の机の配置も、人数が多いため、移動を行えるほどの物理的な余分なスペースがない。このいわば「軍隊型」とも言うべき縦列式の並べ方が、最も人数が1つの部屋に入るからというのが大きな理由であろう。また、どちらの機関においても学生は一定の制服を着用している。タイ・中国の教室は、こういった共通点もあるが、相違点もある。タイの教室は温暖な気候に合わせた開放的な教室というスペースであるが、今回調査を行なった中国の教室は長春市の冬学期の場面であり、学習者が教室内でもコートを着用するほど極寒の環境のためドアや窓は全て閉めてあった。

5.4　教室活動のための「空間配置行動」

5.4.1　「教師―学習者間の空間」を踏まえたコミュニケーション

　以下では、5.2に提示した北米の2つの異なる教室の物理的空間で展開するコミュニケーション断片を検証していく（前掲図1参照のこと）。どちらも、筆者が参与観察を行い、集積したデータの中で多く観察できる事例であると言える。まず断片1は、カナダの教室での典型的なインタラクション場面である。この場面では、教師Tが初級日本語文法事項である終助詞「ね」を用いて、電話番号などの情報を確認する、というタスクを学習者同士にさせている。ペアとして指定された学習者は、Tから一番離れた場所にいる2名（枠BとC）であった。Tが2人のやり取りをホームポジション（P1）から視線と指差しジェスチャーを用いてモニタリングし、たどたどしくはあるが初級学習者間で日本語（外国語）での会話が成立していく。

断片1　カナダの言語教室例
T1:　　教師
S1:　　男子学習者1（枠C）
S2:　　男子学習者2（枠A）
Ss:　　他の学生たち

1　　J:　　いいえ［ちがいま［。　す。

2   Ss: [hehe   [heheh
3   T1:   [ちがいま::す] じゃ S1さん もう一度
       *¹(.)教えてください？

図5(a) *1: TがS1(C枠)を指差し、そのジェスチャーをS2(A枠)の学習者へと移行させる

4   S1: 私の >電話< 番号は:(.)ロク‐ ロク(.)シチ.
5   ロクヨン:シチシチ の？ *²(.)

図5(b) *2 電話番号の数字の拍子を指の上下タッピングにてリズムをとる

6   T: ºはい。º=
7   S1: =ニ:キュウ:>ヨンの？< (.)ニ:ゴ:uh: [ニ:ゴ:]
8   S2:   [あ:hehe]
9   あ:[そ(h)う ですか:]
10   S1:   [ゼロ シチ >です< 。]
11   T: *³はい (.)*⁴ わかりました か？

図 5(c) *3 T: 一度 S1 に視線を向け、軽く頷く

図 5(d) *4 T: S2 の方へ視線を向けると同時に、手先も彼の方を指す

　この教室における教師の立ち位置では、視線の方向（どの学生を見ているか）と、遠隔からでも判別が容易な指差しのジェスチャーが援用される。3行目では、「もう一度教えて」と依頼をする際も、言語表現としては「誰に」教えるのかを言及せずに、指差しの志向を話者1から話者2へと移動させることでその情報伝達を補完している（図5(a)）。L5・L7で観察されるTの仕草は拍子またはビートを言われるジェスチャーで、電話番号の数字1つ1つが産出されるのに調子を合わせ提示されている。このビートの機能は多様であるが (McNeill, 1992; Kataoka 2011)、ここでは自身の発話に共起させたビートではなく、他者(S1)の発話に同調したビートであることから、S1に同じ調子で数字を発音するように誘導すること（電話番号を伝えるときの自然なリズム）、そしてビートの仕草と共に番号を聞き取ることで聞き手役を務めるS2の理解促進の効果も期待できる。この際、視線を話者1に定

着させ、彼に笑顔を見せることでも、話者1の言動への肯定的なフィードバックが同時になされている。教師と学生の距離が離れていることで、これらのマルチモーダルな教師の言動が功を奏したと言えるだろう。

一方、ハワイの言語教室では、断片2のようなやり取りが可能になる。

断片2　ハワイの言語教室例
S1:　　学生1(女性)
S2:　　学生2(女性、S1の隣の席の学生　図にのみ登場)
T2:　　教師

1　T2:　 *[1] (1.0)
　　　　*1 TがS1の方へ体を傾け、S1のハンドアウトの、S1が指で
　　　　　指し示す箇所に目をむける。
2　S1: Could you (.) *[2] check. *[3] This is yasumi no hi.
　　　　*2 S1が右手の人差し指を紙上で移動させ、ハンドアウト中の一つ前
　　　　　の例文を指す。
　　　　*3 同時に、S1がT2を見上げる

図6(a) *2の様子

3　T2: ° *[4] hm.°
　　　　*4 T2が1度頷く
4　It's *[5] not toki, moving. (.) *[6] "when" is here.

((Tは接続詞「時」の場所が違う、と言っている))
*5 T2がS1が指し示した同じ箇所を左手で指さす
*6 T2がハンドアウトからS1へと視線を移動させる

図6(b) *6の様子

5　(.)
6　S1: oh: you want　*⁷ this in the last [spot?
　　　*7 S1が例文の中のあることばの文字部分(過去時制の形態素)でぐるぐると円を描く
7　T2:　　　　　　　　　　　　　　　[(‥)I did that.
8　　　So=(‥)*⁸ his [tory.
　　　*8 T2がS1と同じ箇所で指で円を描く
9　S1:　　　　　　　　[history=*⁹ okay.

図6(c) *9の様子

＊9 S1がペンを持った左手を動かし、解答を書き始める
　　　T2が左手をハンドアウトから離し、S1を見る
10　T2: ＊[10] ((T2が、S1がハンドアウトに書き込みをしているのを注視しながらS1の机から離れる))

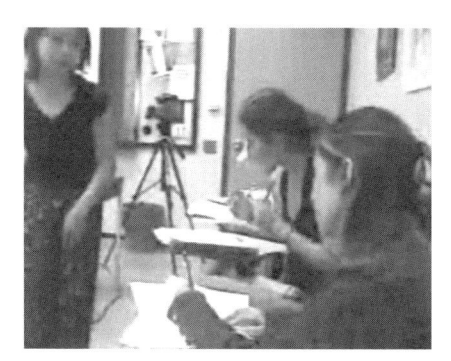

図6(d)　＊10の様子

　教師の直接の個々の学習者の作業の過程のモニタリングが許容な場合、学生が教師に「質問をする」際の手続きが、例えば大教室やカナダの教室で見たような遠隔に位置する学生らに可能な所作と異なってくる。断片2で見たように、S1は挙手をするでもなく、自分の机上のハンドアウトの例文[7]を指差し、T2を見あげるという身体の動きと、「チェックしてください」「これはヤスミノヒ(ですよね)」という表現を共起させてT2のフィードバックを求めている(図6(a))。L9で、S1は次に何をすればいいのかを理解し(問題解決)、行動を開始する。この時も、okayと一言発したのみだが、「書く」という作業の開始が身体の動きで見て取れる。これと同時にT2も前のめりになっていた身体をあげ、S1をモニタリングしながらも中央箇所へと後退する(図6(d))。この教室環境では、このような学習者と教師の1対1のやり取り及び各自の進捗状況のモニタリングとフィードバックが教師から随時行われる。一方、カナダの教室環境のような場面においては、個々の学習者のパフォーマンスに対しフィードバックをする場合でも、対人距離などの条件から、大勢の学習者と教師という対話の構造から離脱することが難し

い。従って断片1のような身体所作が利用されることになるのである。

5.4.2 空間配置の変化をもたらす教室内コミュニケーション

　ある環境下で構築可能だと認識される空間配置とその中での行動の領域は、参与者が共有する意識・見解や社会的秩序に大きく影響されている。これを Hall や Kendon では行動に反映された「文化」と呼ぶ。ここで、先ほどのタイと中国の教室の実際の例も検証し、どのような行動が観察されるのかを検証していくことにしよう。断片3は、タイ人の教師(T3)が学生たちと「○○が嫌いです」と言った基礎文法表現の応用練習を行なっている場面である。教科書に書かれたドリルの内容ではなく、実存の学生の好き・嫌いを取り上げて、クラス全体を関与させようとした活発な授業の一場面である。

断片3　タイの言語教室
　　T3: 教師(女性・タイ人)
　　Ss: 学生(高校生・女子・合計18名)

1　T3:*[1]((教室中央から、中央と右端のの学生列の間のスペースへと歩き出す))

図7(a) *1の様子

2　T3: ไม่รู้จัก (mai roo jak)
　　　〈知らない〉
3　S2: 先生、เขาบอกว่าเขาเกลียดเด็ก (kao bok wa kao glied dek)
　　　〈彼女が子ども嫌いって言った〉
4　T3: *²((中央 4 列目の学生(S1)に注視する))
5　T3: 子ども::*³ きらい:,
　　*3　T3 は S1 の方向に向かって右手を伸ばし指さす。S1 を注視しなが
　　　ら一歩進む

図 7(b) ＊3 の様子

6　　　子ども::เกลียดเด็กเหรอ? (glied dek ror?)
　　　〈子ども嫌いなの？〉
7　S1: が＝
8　Ss:　＝［が:
9　T3:　　　［が:き［らいです.
10　S1:　　　　　　［らいです.
11　T3: あ＞でも＜*⁴ あなたも　↓子ども:です.
　　＊4　T3 は一歩また S1 の方へ進みながら、S1 に指差しをする
12　Ss: hehhuh　＊⁵ hehuhu HE HAHA!
　　＊5　S1 は T3 に向かって(ちがう)と言うように手を振る

214 池田佳子 アダム・ブラント

図7(c) *5の様子

T3:*⁶ T3が教室の中央へ戻り始める

図7(d) *6の様子

　この断片では、T3が通常のホワイトボード前ではなく、学習者の机が並ぶ列と列の間のスペースへ移動するところから始まる。この「移動」によって、学生らはデフォルトの教授活動ではなく、応用活動が始まったことを察知する。これを受けて、3行目である学生(S2)が、隣の席のS1が発した独り言(「子どもが嫌い」)をT3に告げる。これを受け、T3は図3.2ような指差し行動を行いながら、S1とS2の方へと歩み寄っていく。この行動と共に、T3はやや大きな声で「子ども::きらい::」と発話する(L5)。これは、クラス全体に向けたパフォーマンスであり、今展開している行動が単にS1のみが対象ではないこと示している。さらに、L6でT3は「こども::」と文

作成の皮切りを自ら行い、語尾を伸ばして学生らが文作成の発話に参加するキュー出しを行う。これを受け、S1 および他の学生ら (Ss) が「が：」と参加し、「(こども)がきらいです」という文をクラス全体のユニゾンで完結している (串田 2006; Ikeda & Ko, 2011)。この直後に T3 は「あなたも子どもです」と S1 に志向して発言し、クラス全体が笑う。S1 はその際にことばではなくジェスチャーで T3 に応対しているが、他の学生らと同様 T3 の発言を軽いからかい・冗談として受け止めていることを示している。

　この短い断片における教室活動の空間配置行動を考えると、ハワイの教室と同様に個人の学生と教師のやり取りの機会が T3 の歩み寄りの行動によって可能となっていることがわかる。しかし、そこで展開した活動は、ハワイでの行動と大きく異なっている。タイの教室では、この断片に限らず、個人の学生が教師とやりとりをすることになっても、常にそれは公的なコミュニケーションとして展開する。発言をしているのは一人の学生であっても、クラス全体がそのインタラクションの参加者として、周辺的であったとしても何らかの反応をする「義務」があるのである。ハワイの教室では、個々の学生が教師を自分の机近辺に呼び、そこでインタラクションが展開しても、それはその学生と教師のみが参与者として認識されており、周辺の学生は反応義務や注視する必要もない。「教室活動」の認識の異なりをここで観察することができる。この２つの異なる教室環境で学習する者、そして教鞭を取る者は、上記で述べるような教室におけるインタラクションの形を潜在的に理解し、またその教室の環境条件に則った学習実践を行う能力が求められる。冒頭で言及した Philips の例のように、例えばある学生や教師がタイの学習環境からハワイのような環境での学習形態に突然移動したとしたら、同じ教室で同じように語学学習が行われている場面であったとしてもやはりその秩序の異なりに戸惑い、場合によっては「勉強にならない」授業である、と言った不満の声となることもあるだろう。「教室」が持つ環境条件は、知らず知らずの内にその場の参与者のコミュニケーション能力の形作りに大きく関与しているのである。

5.5 テクノロジーと言語学習の教室のインタラクション

　これまで、教室の空間配置を形作るものとして、人、そして教室の物体配置について着目してきたが、最後に現代社会における教室に欠かせない要素として、テクノロジーの存在とその影響についても議論しておきたい。コンピュータやICT (information communication technology) を利用した教育システムを研究する流れは、教育工学分野において長年存在するが、その研究の動向は主にコンピューターシステムや学習ツールの開発とその学習効果を測ろうとするものであり、その「効果」は客観的な測定基準によって数値化された結果を統計分析するというのが通例となっている。しかし、このアプローチでは実際に学習者がどのようにこのようなテクノロジーと接し、またどんな学習実践がなされるか、といった「学習者のリアリティ」を理解することは難しい (加藤・鈴木 2004)。したがって、人々がいかに巧みにその場その場の状況に対処しつつ作業を行うのか、さらにはその作業を支援するテクノロジーがあることで人々の作業がどのように変化したのか、ということを理解することが非常に重要である (葛岡他 2004)。エスノメソドロジーやマルチモーダル分析といった質的観察法は、こうした点を検証するうえで非常に有益な知見を提供することができる。

　紙幅の関係上、ここではインタラクションの断片の分析は割愛する[8]が、どのようにITが教室活動に入り込み、それぞれの文化圏の特性などを反映しながら言語教室のコミュニケーション・エコロジーを新たに構築しはじめているのかを示唆する事例を、筆者らの調査結果より2つほど提示しておきたい。まず、以下の図8はシンガポールのある語学学校における日本語授業の風景である。この学校の授業ではパワーポイントスライドによる文法の説明などが活用されており、授業時間 (約60分) の大半をこのスライド提示による教授がなされている。このスライドの「説明」は、文法構造とその具体的な例文などが色分けを駆使してわかりやすく提示してある (図8)。教師は、英語と日本語を混ぜた説明で一通りスライドの中身を説明すると、おもむろに学生席の前に位置している教師用の教卓に着席してしまう。すると、おおよそ3分ほどの「沈黙」が教室で展開し、その間に学生らは自分

のノートにスライドの情報を転写し始める。図5で観察できるように、中にはデジタルカメラを持参し、スライドの画面を写真に収めるものも散見された。この作業が、60分授業の中でなんと45分も繰り返されるのである。試験や課題をしているわけではない学習活動のさなかに起こるこの沈黙は、日本及び欧米にて教鞭を取った筆者らにとっては、この長い沈黙と教師や学生の行動は最初驚きの光景であった。後に、シンガポールの小中学校の教育者やこの学校の日本語教師との面談やその後のフィールドワークによって、この光景の背景にあるのは、「学習＝知識の収集」「授業活動＝教師が提供する「知識」の記録をとる作業」というシンガポール人の多くが共通して持つ一般的な意識だということが分かった。何をすることが「学習」と認識されるのか、その価値観は社会文化的な影響を受けることは否めない。この教室は特に私営の語学学校であり、顧客である学習者のニーズに見合う授業の提供は必須となるのだろう。パワーポイントのようなテクノロジーが無い時代には、板書された情報がその学習の対象であったのであろうが、現在は投映されているスライドが、教師の行動をコントロールし、さらには教室全体の空間配置を左右している。

図8　シンガポールのある日本語学校の教室の一場面

海外だけではなく、国内の言語学習活動においてもテクノロジーが介入した場合のコミュニケーションの環境条件は今後慎重に考慮していくべき課題

である。例えば、次の図9のような、PC 教室における言語学習も昨今では珍しくはないだろう。PC 教室でなくとも、各教室がワイヤレス環境であるような体制も徐々に増えており[9]、今後 IT そして ICT (Information Communication Techonology)の存在を考慮せずに言語教室活動を語ることが難しくなる時代もそう遠くはないだろう。

図9は、PC 教室の環境下で、教室前面に配置されているスクリーン投影を利用した場合である。教師がスクリーンの側に立ち、学習者らは暫時的に前のスクリーンに注目する。この場合、Kendon (1990) が「O 空間」と呼んだ、参与者と対象物が構築するコミュニケーションのアクセス領域は通常の教室とさほど差異はない。しかし、学習者のこのような環境における視点の位置は、個々の PC 画面という新たな注視対象が存在する。

図9　PC 教室での言語学習(日本)

図10 ((a) と (b)) は、学習者が教師の説明を聞き取っている最中に、教室前のスクリーンを見たり、個人の画面を見たり、という作業を行き来する様子をキャプチャしたものである。PC 教室での活動は、(1) 個人 PC に映し出される対象と教室前の PC に映し出される対象が同一の場合と、(2) 教師 PC 画面と学習者 PC 画面で異なる場合の2種類がある。例えば教師の指導を受けて学習者が課題を行う場合、②の形態をとり、個人画面には課題のみが映し出されることも多い。学習者が個人 PC 画面を見るという作業が加わると、「O 空間」はダイナミックに変化するだろう。このようなコミュニ

ケーションの環境条件下でどのような言語行動が展開するのか、今後もエスノメソドロジーの視座と共にマルチモーダル分析を行い検証していく必要がある。

図10(a)　教師PC（教室前方のスクリーン投影画面）を見る

図10(b)　学生PCの画面を見る

6. おわりに

　本章では、「教室」という空間に焦点をあて、その環境下で展開するインタラクションをマルチモーダル分析の手法を応用して分析してきた。アジア・欧米と異なる文化圏の「教室」の日本語学習場面を考察することで、その教室が属する社会文化の影響を感じとれるインタラクションの展開も垣間見ることができた。本章の冒頭で、詳細な教室研究を行うことで、「教室で

のコミュニケーションに必要な能力」の解明につながるのだという点を論じたが、本章で考察してきたことを反映させると、この主張に加え、その教室環境が提供する、社会文化毎に求められるインタラクション能力というものも存在すると言えるだろう。同じ日本語教育という目的は共通していても、各教室で培われるコミュニケーション能力は多様化する。筆者らは現在、海外の様々な国々の教育機関で教育を受けてきた留学生を日本の大学機関にて受け入れ、さらなる日本語教育を提供する立場にある。本章を読む読者の中にも、同じような立場にいる教育者は少なくないだろう。このような教室内インタラクションの能力の異なりについて留意しておくことは、日々の教育実践を遂行する上で大切なヒントとなる。また、海外へ進出する日本語教育者にとっても、この知見は重要な基礎知識となるだろう。それぞれの「ローカルアジェンダ」を十分理解し、適切かつ革新的な日本語教育を行うべき時期に来ているのである。

注

1. 言語と共起するその他のモダリティ（伝達様式）を観察し、インタラクションの場の参加者間の相互行為を分析しようとする「マルチモーダル分析」の総合的な系譜については本書こらむ（古川）や片岡（2011，本書片岡章）に詳しいのでここでは割愛する。
2. 本書岡本章も参照されたい。
3. 西阪（2001）は参与者のこのような共通のインタラクションの焦点フィールドを「志向野」と呼んだ。
4. Goodwin（2000）の一例である。この発話の言語的構造自体は目的語である名詞句が不足しているが、Annの指差しと聞き手の目線の先が目的物に同時に指標されていることでコミュニケーションは問題なく成立している。
5. Kendon（1990）の概念を西阪（2001）、坊農（2008）が邦訳したものを参照とした。
6. 本章では、筆者らが日々接している教室場面のデータを事例として考察をしていくことにする。
7. 例文は「昨日友だちとご飯を食べた時、財布をおとした」といった、「〜時」という時間節を学習する文であった。これと類似の文章を学習者が作成する必要が

あるという設定である。
8 詳しい分析は、池田（2012）「海外の日本語教育事情—「教室分析」から見えてくる多文化—」山住勝広（編）『平成23年度関西大学重点助成金研究報告書』を参照のこと。
9 筆者らが所属する関西大学では、平成24年度開設の留学生別科の教室は全てワイヤレス環境であり、学習者一人一人がノートパソコンを持参して言語学習を行うといった「一対一」体制を実現させている。

参考文献

Allen, P., Fröhlich, M., & Spada, N. (1984) The communicative orientation of second language teaching: An observation scheme. In: J. Handscombe, R. Orem, & B. Taylor (eds), *On TESOL'83* (pp.231–252). Washington DC: TESOL.
Allen, L. Q. (2000) Nonverbal accommodations in foreign language teacher talk. *Applied Language Learning*. 11, 155–76.
Chaudron, C. (1988) *Second Language Classrooms: Research on Teaching and Learning*. Cambridge: Cambridge University Press.
文野峯子（2002）『日本語教室の談話分析とその研究方法』「人間環境大学歴史・文化環境専攻論集」1, 35–41.
Ellis, R. (1990) *Instructed Second Language Acquisition*. Oxford: Basil Blackwell.
Fanselow, J. F. (1977) The treatment of learner error in oral work. *Foreign Language Annals*. 10, 583–93.
Firth, A. & Wagner, J. (1997) On discourse, communication, and (some) fundamental concepts in SLA research. *The Modern Language Journal*, 81(3), 285–300.
Goodwin, C. (2000) Practices of Seeing, Visual Analysis: An Ethnomethodological Approach. In T. and Jewitt, C. (eds), *Handbook of Visual Analysis*, Leeuwen (157–82). London: Sage.
Goodwin, C. (2007) Environmentally Coupled Gestures. In S. Duncan, J. Cassell and E. Levy (eds.), Gesture and the Dynamic Dimensions of Language (pp.195–212). Amsterdam, Philadelphia: John Benjamins.
Gullberg, M. (2003) Gestures, languages, and language acquisition. In: S. Strömqvist (ed.), *The Diversity of Languages and Language Learning* (pp.45–56). Lund University.
Gullberg, M. (2006) (ed.) Gestures and second language acquisition. *international Review of Applied Linguistics* special issue, 44(2).
Gullberg, M. (2011) Multilingual multimodality: Communicative difficulties and their solutions in second language use. In: C. Goodwin, C. LeBaron & J. Streeck, (eds), *Embodied interaction: Multimodality and mediation* (pp.137–151). Cambridge:

Cambridge University Press.
Hall, E. (1966) The hidden dimension. New York: Doubleday.
He, A. W. (2004) CA for SLA: Arguments from the Chinese Language Classroom. *The Modern Language Journal*, Special Issue: Classroom Talks, 88(4), 568–582.
Heath, C. & Luff, P. (2000) *Technology in Action*. Cambridge: Cambridge University Press.
Heritage, J. (1985) Analyzing news interviews: aspects of the production of talk for an overhearing audience. In: T. A. van Dijk, (ed). *Handbook of Discourse Analysis*. London: Academic Press. 3: 95–117.
Hymes, D. (1974) *Foundations in Sociolinguistics: An Ethnographic Approach*. Pennsylvania: University of Pennsylvania Press.
Ikeda, K. (2011) Enriching Interactional Space Nonverbally: Microanalysis of Teachers' Performance in JFL Classrooms. *Japanese Language and Literature*, 45, 195–226.
Ikeda, K. (2012) L2 'Second-order' organization: Novice speakers of Japanese in a multi-party conversation-for-learning. *Journal of Applied Linguistics*, 5(3), 243–272.
Ikeda, K. & Ko, S. (2011) Choral practice patterns in the language classrooms. In: G. Pallotti & J. Wagner (eds). *L2 Learning as Social Practice: Conversation-Analytic Perspectives*. Hawai'i: University of Hawai'i Press.
Kataoka, K. (2011) Verbal and non-verbal convergence on discursive assets of Japanese speakers: An ethnopoetic analysis of repeated gestures by Japanese first-aid instructors. *Japanese Language and Literature* 45(1), 227–253.
加藤浩・鈴木栄幸 (2004)「学校・教育工学・CSCL―コンピュータを通した共同の学び」山崎敬一 (編)『実践エスノメソドロジー入門』有斐閣.
Kellerman, S. (1992) "I see what you mean": The role of Kinesic Behavior in listening and implications for foreign and second language learning. *Applied Linguistics*, 13(3), 239–258.
Kendon, A. (1990) *Conducting Interaction: Patterns of Behavior in Focused Encounters*. Cambridge: Cambridge University Press.
Kendon, A. (1999) *Conducting Interaction: Patterns of Behavior in Focused Encounters*. Cambridge: Cambridge University Press
Kendon, A. (2004) *Gesture: Visible action as utterance*. Cambridge: Cambridge University Press.
Kida, T. (2008) Does gesture aid discourse comprehension in second language? In McCafferty, S. G. and Stam, G., (eds). *Gestures and second language acquisition*. Mahwah, NJ: Erlbaum, 131–56.
串田秀也 (2006)『相互行為秩序と会話分析:「話し手」と「共―成員性」をめぐる参加の組織化』世界思想社.

葛岡英明・山崎晶子・山崎敬一（2004）「コンピュータ支援の共同作業研究」山崎敬一（編）『実践エスノメソドロジー入門』有斐閣.
Lazaraton, A. (2004) Gesture and speech in the vocabulary explanations of one ESL teacher: A microanalytic inquiry'. *Language Learning*, 54(1), 79–117.
Lee, Y. (2006) Towards respecification of communicative competence: Condition of L2 instruction or its objectives? *Applied Linguistics*, 27, 349–376.
Markee, N. (2000) *Conversation Analysis*. Mahwah NJ: Erlbaum.
McNeill, D. (1992) *Hand and Mind: What Gestures Reveal About Thought*. Chicago: University of Chicago Press.
Mehan, H. (1975) Learning Lessons: Social Organization in the Classroom
水町伊佐男・編著（2000）『日本語 CALL コースウェアのアイディア』溪水社.
Mortensen, K. & Hazel, S. (2011) Initiating round robins in the L2 classroom-preliminary observations. *Novitas-ROYAL*, 5(1), 55–70.
森　純子（2004）第二言語習得研究における会話分析の基本原則、可能性、限界の考察．第二言語としての日本語の習得研究 7 号：186–213.
村野井仁（2006）『第二言語習得研究から見た効果的な英語学習・指導法』大修館書店
Olsher, D. (2004) Talk and gesture: The embodied completion of sequential actions in spoken interaction. In: R. Gardner & J. Wagner (eds), *Second Language Conversations*. London: Continuum.
Philips, S. U. (1983) *The invisible culture: communication in classroom and community on the Warm Springs Indian Reservation*. White Plains NY: Longman.
Schegloff, E. A. (1995) Parties and talking together: Two ways in which numbers are significant for talk-in-interaction. In: P. ten Have & G. Psathas (eds), *Situated Order: Studies in the Social Organization of Talk and Embodied Activities*. Washington DC: University Press of America: 31–42
Schegloff, E. A. (1995) Discourse as an interactional achievement III: The omnirelevance of action, *Research in Language and Social Interaction*, 28, 185–211.
Seo, M. S. (2011) Talk, body, and material objects as coordinated interactional resources in repair activities in one-to-one ESL tutoring. In: G. Pallotti & J. Wagner (eds). *L2 Learning as Social Practice: Conversation-Analytic Perspectives*. Hawai'i: University of Hawai'i Press.
Stivers, T. & Robinson, J. D. (2006) A preference for progressivity in interaction. *Language in Society*, 35, 367–92.
Streeck, J. (2010) New Adventures in Language and Interaction. Amsterdam: John Benjamins.
Streeck, J., Goodwin, C. and LeBaron, C. (2011) Embodied Interaction in the

MaterialWorld: An Introduction. In Streeck, J., Goodwin, C. and LeBaron, C. (eds.), Embodied Interaction: Language and the Body in the Material World, (pp.1-26). Cambridge: Cambridge University Press.

❦❦❦ こらむ
マルチモダリティ／言語・非言語

古川智樹

「マルチモダリティ(multimodality)」とは、「複数の(multi-)」、「様式、形式(modality)」という意味であり、坊農・高梨(2009: 16)では「音声や視覚といった単一の表現モダリティを研究対象にするのではなく、複数のモダリティ間の統合を研究対象とするときに新たに浮かび上がる性質を指す」と述べている。つまり、例えば対人コミュニケーションの場においては音声言語だけではなく、音声の形式的側面(イントネーション、リズム、ポーズ、声質など)、身体動作(視線、顔の表情、笑い、ジェスチャー、姿勢や動作、身体的接触)、プロクセミックス(対人距離や座席位置など)、人工物の使用(服装、化粧など)、物理的環境(家具、照明、温度など)といった複数のモダリティが存在しており、それらを個別に扱うのではなく、統合したものが「マルチモダリティ(multimodality)」である。そして、それら複数のモダリティを考察の対象にし、統合して分析するアプローチを「マルチモダリティ(マルチモーダル)分析」と言う。

片岡(2011)によると、マルチモダリティには①エスノメソドロジー(EM)／会話分析(CA)に端を発する系譜(C. Goodwin, C. Heath, J. Streeck, L. Modada. など)、②人間行動学や心理学分析に端を発する系譜(A. Kendon, D. McNeill など)、③社会記号論／機能言語学から派生した系譜(M. A. K. Halliday, G. Kress, R. Scollon, J. Norris など)の大きな3つの流れがあると言う。ただ、②の分野は「マルチモダリティ」をことさら強調せず、「ジェスチャー研究／ノンバーバル分析」と呼ばれ(片岡2011)、機能という観点から言語、非言語による行動や表現を分類して分析(主に定量的分析)を行う「カテゴリカルアプローチ」、言語・非言語による行動や表現がコミュニケーションの中でどのように起こり、どのように変化していくか、そしていかに言語・非言語行動が相互に関連付けられているかを観察する「構造的アプローチ」の2つのアプローチに分けられるが、後者に関しては①の EM/CAの方法論とも重なり合う部分があり、双方の立場から分析しているものも見られる。

その①と②のマルチモダリティ分析の例としては、漫才における特徴を言語、視線、姿勢という3つのモダリティから明らかにしている岡本他(2008)、言語だけでなく視線と話者交替の関係を分析している Kendon (1967)、Goodwin (1981)、榎本・伝(2003)、身体の下半身、胴体、頭部、視線などの向き(身体ねじり：body torque) と活動への参与度及び会話の連鎖構造の関係を明らかにしている Schegloff (1998)、言語、身体、モノの相互の構造化プロセスを記述している西阪 (2008)、発話と身体動作との認知処理過程や個人間での相互作用などを分析している McNeill (1992)、齋藤・喜多 (2002)、ナラティブにおける言語とキャッチメントの関係、キャッチメントによる詩的構造化について記述している McNeill (2000) などが挙げられ、紙面の制約上すべては取り上げられないが、他にも言語差や文化差について記述しているマルチモダリティ分析 (古山 2002, Levinson 2003, Haviland 2003, 片岡 2006 等) も見られる。

　また、③の分野におけるマルチモダリティ分析の例としては、ニュース番組を映像、スチール写真、話された言語、様々な音声、図像や書かれた言語といったマルチモーダルな記号のパッケージとして捉え分析している小林 (2009)、授業分析において教師が用いる言語、映像、図像、音声、身振りといった複数のモードが節合されることによって授業が成立することを明らかにしている Kress & Van Leeuwen (2001) などが挙げられる。Kress & Van Leeuwen (2001) では新聞、雑誌などのメディア・テキストも、「言語」だけでなく写真やイラスト、字体や大きさ、文字の装飾など複数のモードから構成されていると述べており、テキストにおけるマルチモダリティ分析の必要性も主張している。

　以上のように、マルチモダリティ分析は多岐にわたり、現象をマルチモーダルに分析すること (つまり、言語、非言語、モノ、環境などの協働を観察すること) でしか明らかにできない報告が数多くされている。我々が普段行う日常のコミュニケーションが、複数のモダリティ、つまり「マルチモダリティ」から成り立つものであることを考えると、このアプローチの対象は広範囲にわたり、言語や談話の構造をより明確にしていく上で果たす役割は重大であると考える。

参考文献
榎本美香, 伝康晴. (2003) 3 人会話における参与役割の交替に関わる非言語行動の分析.『人工知能学会研究資料 SIG-SLUD』A-203, pp.25–30.
岡本雅史, 大庭真人, 榎本美香, 飯田仁. (2008) 対面型教示エージェントモデル構築に向けた漫才対話のマルチモーダル分析.『知識と情報』Vol. 20, No. 4, pp.526–539.
片岡邦好. (2006)「語り」における空間描写—言語とジェスチャーのマルチ・モーダルな詩的分析に向けて. 愛知大学言語学談話会編『ことばを考える』pp.77–106. あるむ.
片岡邦好. (2011) 語用論研究の新たな展開.『日本語学』Vol. 30, No. 14, pp.137–149.

小林直毅. (2009) ポピュラー・カルチャーとしてのテレビニュース. 『ポピュラーTV』pp.275-328. 風塵社.
齋藤洋典, 喜多壯太郎. (2002)『ジェスチャー・行為・意味』共立出版.
西阪仰. (2008)『分散する身体：エスノメソドロジー的相互行為分析の展開』勁草書房.
古山宣洋. (2002) 発話と身振りの記号論―個人内および個人間での発話と身振りの協調による談話の構造化. 齋藤洋典, 喜多壯太郎編『ジェスチャー・行為・意味』pp.56-79. 共立出版.
坊農真弓, 高梨克也. (2009)『知の科学　多人数インタラクションの分析手法』人工知能学会.
Goodwin, C. (1981) *Conversational Organization: Interaction between Speakers and Hearers*. New York: Academic Press.
Haviland, J. B. (2003) How to point in Zinacantán. In Sotaro Kita (Ed.), *Pointing: Where Language, Culture, and Cognition Meet*, pp.139-169. Mahwah, NJ: LEA.
Kendon, A. (1967) Some functions of gaze-direction in social interaction. *Acta Psychologica*, Vol. 26, pp.22-63.
Kress, G. & Van Leeuwen, T. (2001) *Multimodal Discourse: The Modes and Media of Contemporary Communication*. London: Arnold.
Levinson, S. C. (2003) *Space in Language and Cognition: Explorations in Cognitive Diversity*. Cambridge: Cambridge University Press.
McNeill, D. (1992) *Hand and Mind: What Gestures Reveal about thought*. Chicago: University of Chicago Press.
McNeill, D. (2000) Catchments and contexts: Non-modular factors in speech and gesture production. In D. McNeill (Ed.), *Language and gesture*, pp.312-328. Cambridge: Cambridge University Press.
Schegloff, E. A. (1998) Body torque. *Social Research*, Vol. 65, No. 3, pp.535-596.

第 7 章　「身体の詩学」による
　　　　　共創という視点

片岡邦好

【要旨】 本章では、コミュニケーション能力の一部としての、身体所作と詩的構造の関係に焦点を当て、ことばと身体による協調的かつ共創的な実践形態を詳細に分析することを目的とする。従来「教育・指導」場面において重視されてきたのは形式的かつ命題的な正確さであり、それゆえ身体による詩的構築という統合的な作用は、要素分解的なコミュニケーション能力の議論においてしばしば看過されてきた。以下では、実践を通じて共有・伝授されるこのような暗黙知の可能性を指摘し、それが社会文化的な「ハビトゥス」の一端を担うことを提案する。

1. はじめに

　本章では、「教育・指導」行為の 1 つである救命講習場面の談話を詳細に検討し、それを推進する「身体」と「詩的特性」という要因に着目して、参与者間で共創的に達成、伝授される行為のメカニズムを考察する。それにより、広く教育・指導全般に関与しながら看過されてきた、新たな統合的能力として「詩的構築力」を提案する。そしてこのように共有され、伝授される暗黙知は、社会文化的な「ハビトゥス (Bourdieu 1977, 1990)」の一端を担うことを提案する。
　「伝達能力 (communicative competence)」という用語は、Chomsky の狭隘な「言語能力 (competence)」の概念に異を唱えた Hymes により提唱され、「言語運用 (performance)」をも包含した広義のコミュニケーション能力とし

て社会言語学における主要概念の1つとなってきた。その射程には本章で着目する詩的で非言語的な特性も含まれてはいたものの(Hymes 1972, 1981)、その後40年を経ても深い考察と分析がなされてきたとは言い難い。また現在、伝達能力が不可避に関わる関連領域(特に言語習得研究や談話分析)の発展に伴い、「伝達」という用語が含意する「発信者主体」かつ「コード(特に言語)中心的」な前提を見直し、特定の文化・環境におけるマルチモーダルな相互理解の達成という視点からの考察が求められている。よって本章では、伝達能力の一部としての身体と詩的構築に焦点を当て、従来指導場面において見落とされてきた、これらの協調的かつ共創的な実践形態を詳細に分析することを目的とする。

　では、この「身体の詩学」という視点がコミュニケーション能力とどう関わるのだろうか？そもそも詩的構築力とは、日常のインタラクションの中で歴史的実践を通じて暗黙裡に形成されてきたものである。したがって文法能力のように "accuracy" に基づいて正誤の判断ができる能力ではないため、言語教育における指導対象とはなりにくかった。しかし Blommaert (2006) が主張するように、詩的な談話能力が現代社会においては人々の福利厚生を左右する要因となる可能性もあり、文化間の単なる「差異」の認識にとどまらず、どのような現実的問題へと波及するのかについて緻密な考察をすべき時期に来ている。

2. 先行研究

2.1 伝達能力と非言語的要素の関係

　Hymes の「伝達能力」という概念が最も注目され、かつ熱烈な研究対象とされたのは、本来の言語人類学や社会言語学よりも(第二)言語習得の分野であり、その状況は現在も基本的に変わらない。当初 Hymes (1972) において提唱された伝達能力は、成熟した社会的行為者が有する自明の(それゆえ暗黙の)能力とされ、それを可視化する基準としての「4種類の能力」の分類(Hymes 1972)や分析の枠組みとしての「SPEAKING モデル」(Hymes

1974）が提案された（本書の藤尾、渋谷、渡辺、および高野の章／こらむ参照）。それらは特定のコンテクストにおける適切な言語使用を記述するための参照枠となったが（具体的な応用例として Saville-Troike 1982, Scollon & Scollon 1979 など）、「能力」そのものを深く検証する方向には進まなかった（ただし、異文化におけるエスノグラファーの参加や適応を考察した論考［Briggs 1986, 1988; Moore 2009］、そして数多くの Fieldwork manual という別の形で結実した。）また、その能力の在り処は往々にして「発信者・行為者」であり、発現のモダリティは「言語中心的」（logo-centric）であるという点で、本章で扱う現象を十分に捉えきれていない。

その一方で、言語学習／（第二）言語習得研究においては、1980 年代以降コミュニケーション能力の特定と定義が盛んに行われてきた。Hymes が提唱した（そして Canale & Swain 1980; Canale 1983 らが定式化した）文法能力、社会言語能力、談話能力に加え、学習者が言語習得を促進するための「方略能力」や認知／心理・生理機能の解明が重視され（Canale & Swain 1980; Tarone 1980; Bialystok 1981; Bachman 1990; Kasper & Kellerman 1997）、各種能力を高めるためのシラバス構築に注目が集まった。それと平行して、Hymes の主張を踏まえた社会文化的／相互行為的要因への関心も存続したが（Mehan 1982; Kramsch 1986 など）、それらが大きな注目を集めるのは、英語の／による覇権が批判的に検証され、英語教育が多様な言語文化的規範を許容し始める 1990 年代以降である（本書中の日野論文参照）。その中で、他者／異文化との遭遇における汎文化的能力の定置を目指し、現代社会で求められる多様なコミュニケーション能力を "intercultural competence"（Byram 1997）や "interactional competence"（Young 2008）、さらには "symbolic competence"（Kramsch 2006, 2010）といった枠組みで捉える試みがなされている。

しかしながら、どの理論においても「身体」を含む「詩的な」言語使用の扱いは周辺的であり、不当に低い関心しか示されていない[1]。Hymes (1972: 65) の定義においても、身体的な操作はパラ言語的特徴とともに伝達能力の一部として分析の射程に入ってはいるものの、それ以上の詳細な考察は見ら

れない。しかもこういった要素を特定の技能に分類することは困難であり、コミュニケーション能力が個別の技能の総和として規定できるとする要素還元的な枠組みには収まらない。近年のジェスチャー研究やマルチモーダル分析の発展、民族詩学的談話分析の拡張が見られる中（Kataoka 2012）、個別に展開してきたこのような流れを融合させることで、統合的な伝達能力の一側面を浮かび上がらせることができると考える。

2.2　指導場面の詩的構築と身体

　本分析の基盤となるモデルの1つはHymes（1981, 1996）によるStanza/Verse分析である。Hymesは一連の著作の中で、自然談話（特に「語り」）の詩的構築様式を浮かび上がらせる手法として、従来の詩的単位を援用した階層的な分析方法を提案している。具体的には、行（line）、節（verse）、連（stanza）、場（scene）、段（act）といった構成単位が、音声、言語形式、内容にもとづき、「行」から「段」へと、ボトムアップ的に編成されるという過程を想定する。そして、その中間的なレベル（特に「節」と「連」）において、文化特有の語りの構造化が観察されるとしている。（例えば日本語や英語の場合、このレベルで3や5といった奇数構造へと収束する傾向があるという）。

　このStanza/Verse分析は、教育／指導場面においてすでに多くの応用例がある。例えばGee（1986, 1989）やGomes & Martin（1996）は、民族的な背景の異なる学習者が、ホスト文化の中で直面する民族詩学的な差異を浮き彫りにし、Juzwick（2004）はナチスの迫害に対するアメリカ人教師のアイデンティティを表出する手段として、詩的な情報伝達の有効性を指摘している。一方Blommmaert（2006）は、ヨーロッパにおける移民の受け入れと公共福祉の履行に際し、民族誌学的な言語使用の齟齬が引き起こす不利益について論じている。

　一方、今回身体動作の分析対象としたのは、「自発的ジェスチャー」（spontaneous gesture：喜多 2002）と呼ばれる、発話に伴って出現するジェスチャー（視線配布を含む）である[2]。これは「エンブレム」と呼ばれるタイ

プ―例えばおじぎ、V サイン、「アッカンベー」など―とは異なり、その形と意味が社会的契約以外の要因によって生起するものを指す。ただし、本章の分析では、喜多 (2002) の分類に沿う代わりに、以下で述べる「キャッチメント」の「形態的／スキーマ的平行性と等価性」に焦点を置き、それらが形成する詩的構造に着目している。

キャッチメントとは、ある種のジェスチャー形態や配置、そのジェスチャー空間が談話を通じて再帰的に使用される現象を指す (McNeill 2000, 2005)。言いかえれば、連綿と談話を紡ぎあげる原初的なイメージの身体化を通じて現れ、そこに共通する一連の特性を拾い上げることで、局所的なテキストやジェスチャー・タイプの分類では見落とされがちな、包括的テーマに遡行することが可能となる。それゆえ、談話に沈潜、暗在する一貫性／結束性を浮かび上がらせ、相互理解に至る実践のプロセスを解き明かす鍵となることが期待されている (McNeill 2005; Furuyama & Sekine 2007)。本章では、個々のジェスチャー・タイプではなく、身体によるスキーマ的並行性／等価性が Hymes の述べる中間的なレベル (Verse/Stanza レベル) に相当すると仮定し、それらが協調的にどのような体系に収斂するかを考察している。

近年、L2 教育場面のジェスチャーの用法について研究した事例は増えつつあるが、体系的かつ詳細な研究が始まるのは 2000 年前後であり、Gullberg (1998, 2006)、Yoshioka (2005) らがその嚆矢と言えよう[3]。ただしそこでは実験的、定量的な手法による実証研究が主流であり、談話的・相互行為的手法により定性的に分析した例は皆無に等しい。その数少ない事例として、アメリカの ESL 教師が語彙説明のためにクラス内で使用したジェスチャーを分析した Lazaraton (2004) があるが、McNeill (1992) の分類に沿ってジェスチャーのタイプを整理するにとどまり、緻密な分析がなされたとは言い難い。また、Roth & Lawless (2002) や Pozzer-Ardenghi & Roth (2008) らの研究では、科学教育場面における教師のジェスチャー使用を、教育内容のフレーム化やキャッチメント構造という観点から分析しているが、詩的構築力という暗黙知／能力の議論とは結びつけられていない。さらに Kataoka (2009, 2010) では、語りにおける道案内という情報提供の形式が心身を介し

たキャッチメントから成る詩的構造に収束することを述べているが、本章ではその議論をさらに発展させ、指導場面における詩的特徴の遍在と身体的表象との不可分性を主張する。

2.3 「反復／平行性」の詩学

上述の「詩的身体」の発露として焦点を当てる要素は、ある種の身体動作の反復と集中が織りなす平行的な体系性である。「反復」や「平行性」という特徴は、言語使用を「詩的」(Jakobson 1960, 1966; Hymes 1981)たらしめる要因として、18世紀のイギリスの言語学者、Robert Lowthの提案以降、多くの韻文・散文研究でその重要性が指摘されてきた。近年では、韻文のみならず、日常会話や私的な談話においても主要な特徴であることが指摘され(Hopper & Glenn 1994; Jefferson 1996)、情報管理・談話調整、伝達意図の明示化、理解達成といったミクロなレベルから(Tannen 1989; Johnstone 1994)、言語習得、言語の社会化、文化伝承、といったマクロな機能を持つ点で(Hymes 1981; Urban 1991; Brown 1998)、コミュニケーション全般に関わる特徴であることが認知されている。言語人類学や社会言語学においては、このような詩的構築力は、文化に根差したある種の「レトリック構造」への慣例的な指向性であるとされる(Scollon & Scollon 1981; Tedlock 1983; Woodberry 1985)[4]。またFriedrich (2001)は、古今東西の散文における韻文的要素の突発的出現を指摘し、そこに際立つ特別な音調や語彙密度、反復や平行性といった意味・形式的意匠が前景化する現象を「詩的顕現(lyric epiphany)」と呼んでいる。

つまり、体系的な理解と共感の達成には(現実であれ仮想であれ)常に詩的な実践が不可避に浸潤することを示している。この観点からすれば、効果的かつ合目的的なコミュニケーションを達成しようとする際に、共有され受容され易い(つまり「好まれる」)詩的な体系を暗黙裡に指向するという想定は、飛躍どころか不可避な帰結とも言えよう。各文化・コミュニティにおいて指向／嗜好される情報や意図の埋め込み、提示、解釈の様式は文化相対的でありながら、「反復」や「平行性」という特性で抽象化した中間層におい

て、その発現形式は汎文化的な様相を示す。この中間レベルの理論化によって、従来の言語習得研究で追及される共通の認知的／方略的特徴と、当初 Hymes により社会言語学において提唱された言語使用の文化的固有性を射程に収めることが可能となる。とりもなおさず、そのような言語／身体使用は統合的なコミュニケーション能力の発露であり、慣例的実践が紡ぎだす社会文化的な暗黙知（ハビトゥス）の一端をなすと考えられる。

3. データおよび分析方法

　本章の目的のために用いられた談話資料は、筆者の居住地において実施された一般向けの救命講習会における講師と受講者のやり取りをビデオ・カメラで録音・録画したものである。以下の分析には、約2時間の講習を3年間（2001年～2003年）に渡って収録したものから、本分析の目的にかなった箇所を抽出し、Du Bois et al. (1993) および Kendon (2004) のシステムを援用して書き起こしたものを使用している[5]。この一連の講習会は、地域のスポーツ施設の協賛のもと、消防署職員を講師に迎えて実施され、毎回30名程度の参加者を迎えた。それぞれの機会において、参加者は全体講習の後に7人から8人程度のグループに分かれ、各グループを指揮する講師のもとで「マウス・トゥ・マウス人口呼吸法」と「胸骨圧迫法（心臓マッサージ）」を実践したのち、「三角巾」を用いた止血法についての全体講習が行われるという構成であった。以下の分析は、止血法の講習時における受講生からの質問に対する返答、および別の講師による心肺蘇生措置の指導場面を対象としている。ただし、以下で分析される現象は、これらの場面に限られたものではなく、他の機会、他の講師による言動においても確認されている。

　分析方法として、言語人類学／社会言語学における「民族詩学」のアプローチ（Hymes 1981, 1996）を援用しつつ、ジェスチャー研究（McNeill 1992, 2005）からの方法論と知見を採用した。これらの方法を通じて、言語的要素のみならず、非言語的・環境的要因が包括的な詩的構築に貢献することを示し、人命救命という緊急の事態に備えた知識と技能の伝授の中で指向された

提示・受容方法を検証する。そして上述のアプローチが示す言語および身体動作の中間的階層において、奇数単位への構造化が見られる点を指摘し、「好まれる」情報提示と受容のパターン化が知識と機能の伝授に遍在することを指摘する。

4. 分析

　以下の分析において、まず止血法の実践場面で見られた講師の解説と補助的に用いられた身体動作(特に指、腕、視線)に着目し、それらが期待された技能の習得を高めるために協調的かつ体系的に構成されていることを確認したい。ここにおける分析の基準は、以下に見られる発話とそれに同期するすべての指・腕のジェスチャーを対象とし、McNeillらが分類するジェスチャー・タイプ(写像的、象徴的、直示的ジェスチャーなど)とは異なる、統合的な動作スキーマのタイプ(回転させる、スライドする、掴む、押し付ける、など)によって分類することで、より抽象度の高い中間レベルでの等価性と平行性に着目する。

4.1　自発的平行性

　まず、抜粋1の考察から始めよう。このデータは、講師(In)が参加者(Pr)を「実験台」として止血法を施した際、その方法についての質問に答える形でなされた発話である。本節の分析では、In個人の発話中に自発的に出現した手指動作に焦点を当てる。以下で明らかになるように、Inの解説は、さまざまな指・腕の動作を伴いながら、言語的かつ非言語的に体系性の高い調整を通じて発せられていることが分かった。特に顕著な「回転」ジェスチャーに関しては、その「ストローク(実施)」(静的なジェスチャーの場合は「ホールド(保持)」)が特定の意味内容(「巻く」)に連動して出現し、解説部分を挟み込む形で開始と終結を分節する役割を果たしていた。つまり全体として、回転ジェスチャーからなる「周辺部」(1–8行目、26–30行目)と回答・解説からなる「中核」(9–25行目)という2つの部分から構成されている。

第 7 章 「身体の詩学」による共創という視点　237

抜粋 1
1. In:　　　… ほいで気を付けるのは、
2. 　　　　　… この前のあの =
3. 　　　　　…（2.3）あんまりあの
   (E₀)　　~~|**************|~~~|((右手で帯状の形、視線を落とす))
4. 　　　　　… 細いもので … 巻か ないこと。
   (X₁)　　₁↻*****/₂↻*****/ ₃↻***** /₄↻*****/₅↻*****|((2200 ms. で右手 5 回転))
5. 　　　　　… こおゆうロープとかありますよね。
   　　　　　~~~~~~~|********************|-.-.-.-.|((参加者のロープを指さす))
6. 　　　　　.. で .. 巻い --
   (X₂)　　₁↻*****/₂↻*****/
7. 　　　　　…（1.1）んま最悪なかったらしょうがないんだけど、
   　　　　　₃↻*****/₄↻*****/₅↻*****/(₆↻****)|((2150 ms. で右手 5 回転、6 回転目断念))
8. 　　　　　… ま - 巻い - ちゃう と、
   　　　　　₁↻**********|((右手で 1 回転))

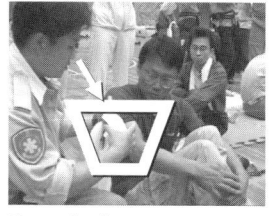

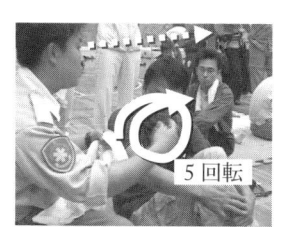

E₀. …（2.3）　　　　　X₁. 細いもで 巻か - ない　　　　　X₂. で .. 巻い -

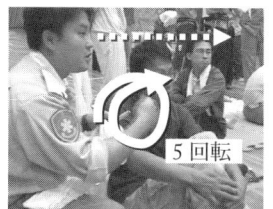

図 1 「周辺」（その 1）：留保（E₀）と回転（X₁、X₂）

　この抜粋部分に顕著な身振りは、右手により 5 回ずつ 2 セット繰り返される回転ジェスチャー（図 1 X₁, X₂）であろう。（ただし第 2 セット X₂ では 6

回転目が断念されている。）ただし一見気づきにくいが、この回転が生起する直前に、一時的に留保され後に復活するあるジェスチャーが実施されている。それが図1のE_0である。この部分も含め、抜粋1の発話と身振りを詳細に検討してみたい。

　Inはまず1行目において、注意を喚起する発言（「ほいで気を付けるのは」）に続いて過去の発話に言及するが（2行目：「この前のあの＝」）、2.3秒という長いポーズののちに自己修復を行う。E_0が生起したのはこのポーズの最中である。この身振りを「E」としたのは、後に「止血帯」を描写するタイプE・ジェスチャーを先取りしているためである。恐らくInは、この時点で止血帯の描写に移るには時期尚早と判断し、3行目からの説明を付与したものと考えられる。事実、その直後、4行目の「細いもの」で音調のリセットとともに最初の回転が始まっている。この時点で、「あんまり」によって否定的な事態が暗示され、実際に「（細いもので）巻かない」ようにという指示が与えられる。（さらに以下の18–25行目で、「細いもの」ではなく「幅が3センチ以上の物」で巻くようにと助言される。）これは参加者の多くがロック・クライマーであり、そのうちの数人が登攀用ロープを持参していたことと関係しており、この直後に具体的な注意が喚起されている（5行目）。

　続く回転ジェスチャーX_1とX_2に共通する点は、どちらも「巻く」という動詞意味的要素とともに発せられたことである。さらに、説明の最後（25行目）でもう一度5回転のセットX_3が出現するが、こちらも「縛る」という動詞が用いられる。動詞こそ異なれ、止血帯の回転のスキーマに関わる動詞（「巻く」ことの結果としての「縛る」）がこの一連の回転ジェスチャーを誘発していると考えられる。

　この「細いもので巻く」行為に関わる問題点について、さらに解説が進展していく。7行目冒頭の「んま」という談話標識は、「細いロープしかない」という劣悪な事態への妥協を投射している。興味深いのは、この第2セット目の5回転であり、6行目において「巻いー」という発話が断念され、妥協に向けた新たな発話が進行しているにもかかわらず、回転だけは継続している点である。さらに、7行目で6回転目が始動したにもかかわらず、下降

に向かう回転相に入った直後にこれも断念されている。加えて、この断念された6回転目を除くと、第1セット、第2セットとも5回の回転に各々2,200ms, 2,150msを要しており、ほぼ同一の身体的な制御がなされていることが分かる。つまり、一旦解放された身体実践は言表内容とは独立して機能することを示唆する（この点については4.2.2にて再度言及する）。また、推測の域を出ないものの、8行目の「巻いちゃうと」は、この断念された6回転目を発話的裏付けとともに完結に導くために発されたようにも見える。この誘因―つまり言語的に断念されてもなお継続し、同一の構成原理からなる身体表象へと収斂させる誘因―とは一体何であろうか？それを知るためには、一連の指導における全体構造を把握する必要がある。

　抜粋1にて喚起された「細いもので巻く」ことの危険性は、さらに切実な危機管理へと発展していく。これが本データの核心となる抜粋2及び抜粋3の部分である。これらは誤った処置から起こる問題点と、後に述べる「3センチ以上」の止血帯を使うことの理由付けがなされる場面である。特に注意を喚起したい点として、(1)ジェスチャーのストローク部分とそれにより強調されるキーワード（太字）の関係、(2)それらのジェスチャー・タイプ(回転、スライド、ビート、掴み、など)の分布と発話の意味内容、そして(3)語りの展開に伴うInの視線の移行、の3点である。ではまず抜粋2から見ていこう（やや長いため前半と後半に分割して提示する。）。

抜粋2

9.　In:　　... とに（かく）組織を**痛め**つけちゃう。
　　(A_1)　　　~~~~|************************|((右手の大きなスライド))
10.　　... あとの**後遺症**を考えると、
　　(B_2)　~~|****************************|((右手でPrの上腕部を掴む))
11.　　... 完全には**止める**..のは、
　　(C_3)　~~~~~~~~~|*******|********((右手の小さなスライド))
12.　　... **止血**効果はあるんだけど=、
　　(C_4)　~~|*****************************|　((右手の小さなスライド動作))

A₁. 組織を**痛め**つけちゃう 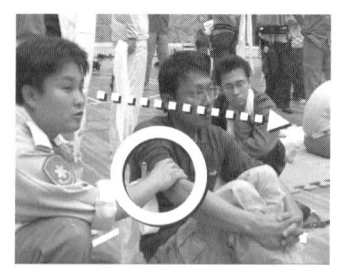　　B₂. **後遺症**を考えると

C₃. **止める**..のは 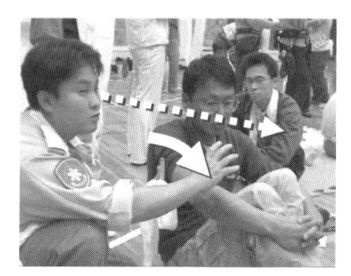　　C₄. **止血**効果はある

図 2-1　核心：右手による大小の「スライド」と「掴み」

13. In:　　...(1.8)あとの**後遺症**を考えると、
    (A₅)　　~~~~~~~~|*************************|((右手の大きなスライド))
14. ..　　...ある程度**太い**もので、
    (D₆)　　~~~~~|**************|((右手による帯状の写像的な身振り))
15. ..　　...(1.5)緩やかに**ギュッ**と締めてやらないと、
    (D₇)　　~~~~~|***********************************|((両手を押し付ける身振り))
16. ..　　..じゃないとその組織を**傷め**ちゃうんで、
    (B₄)　　~~~~~~~~|****************************|((右手で Pr の上腕部を掴む))

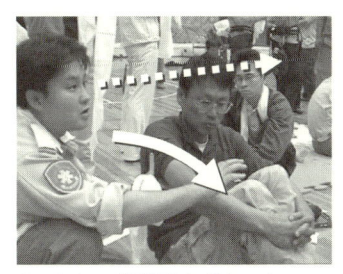

第7章 「身体の詩学」による共創という視点　241

A₅. あとの**後遺症**を考えると　　D₆. ある程度**太い**もので

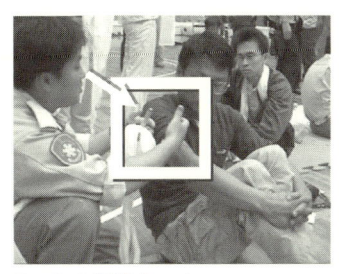

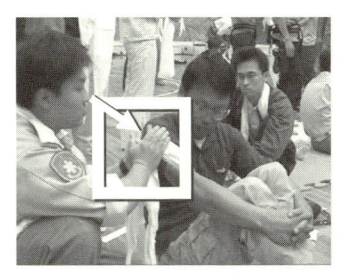

D₇. 緩やかに**ギュッ**と締めて　　B₈. 組織を**傷め**ちゃう

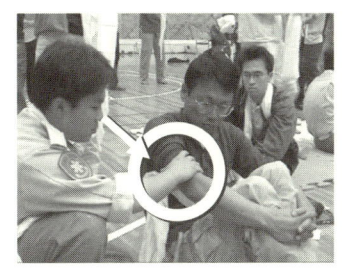

図 2-2　核心：「スライド」「各種写像」「掴み」

　まず、抜粋2における最初のキーワード（のセット）は「痛める」と「後遺症」である。これらは断続的に9, 10, 13, 16行目で出現しており、特徴的なジェスチャー・ストローク——「右平手による側面への大きなスライド（A₁, A₅）」と「参加者の患部を掴む（B₂, B₈）」——を伴っている。これらのストロークを持つジェスチャーをそれぞれタイプA、タイプBと呼ぶものとする。タイプAは動的、タイプBは静的という対立が見られ、身体的操作において好対照をなす一方で、それが付与された意味内容的は因果関係にあるのみならず、上述のジェスチャー・タイプとの一貫した（ただし前半と後半で逆転する）対応関係——「痛める／後遺症」：「大スライド／掴み」（順不同）——が見られる。また、タイプA/Bジェスチャーは時空間的に遊離した語りの諸相に対応し、以下に見るタイプC/Dジェスチャーを取り込むように生起する（この点は後述する）。

　タイプC（11, 12行目）とタイプD（14, 15行目）ジェスチャーもまた意味内

容的な関連性があり、ストロークが付与されたキーワードは「(完全に)止める／止血」と「太い／ギュッと」である。タイプ C は「右平手による側面への小さなスライド」からなるジェスチャー、タイプ D は唯一両手で実施された、圧迫の様態を示す写像的なジェスチャーである。これらの対はどちらも隣接し、止血処置において「すべきでないこと」と「すべきこと」を対比させる。タイプ C は強いて言えば「すべきでない」部類であり、完全に緊縛すれば止血効果はあるものの、麻痺、壊死、切断といった危険を招く。タイプ D は、そうならないための止血(緊縛)法を示している。これは他のタイプと異なり、同一のジェスチャーという訳ではないが、連続する行為を唯一両手で行っているペアであり、広義の「等価性」を有すると判断できる。また、このタイプ D はある意味で語りの拡張部(9–16 行目)の核心ともいえる部分である。同時に、タイプ C で語られた「止血」とタイプ E で回帰する「帯状の物」(冒頭の E_0 を参照)双方に言語的・非言語的に言及するという点で、両者の橋渡しをする機能を担っている。

　ここで視線の働きも確認しておきたい。実は視線配布はこのタイプ D を契機に異なる様相を呈する。X_1(4 行目)から A_5(13 行目)に至るまで、In は常に「実験台」以外の参加者を見まわすように視線を移動させ、いわば「講義フレーム」を維持するかのような参加者への配慮を見せる。しかし、タイプ D 以降は視線を手元に落とし、むしろ In 自身が止血を試みる救護者であるかのように「現場」の視点への指向性を示している。次に出現するタイプ B ジェスチャー(B_8)についてもこの姿勢は変わらない。そして続くタイプ E ジェスチャーでも同様に(E_0 で既に観察したように)、手元への注視が継続する。(この視線操作は、抜粋 1 にて同様のジェスチャーを E_0 と呼んだ理由を補強している。)以下、抜粋 3 にもとづきこの点をもう少し深く考察してみたい。

第 7 章　「身体の詩学」による共創という視点　243

抜粋 3

17. In:　　… その辺考えて ..あの＝、
18.　　　　… **厚み**は 3 センチ以上、
　(E₉)　　~~|********|-.-.-.-|((右手による帯状の写像的な身振り))
19.　　　　…(2.0)のテープで、
20.　　　　… テープというのか、
21　　　　.. 何でもいいんだけど、
22. Pr:　　..3［センチ以上］。((独り言のようにつぶやく))
23. In:　　　　［帯　状　の］もので、
24.　　　　.. はい。((Pr に))
25.　　　　… **幅**が 3 センチ以上のもので、
　(E₁₀-X₃)　~~|*****************|↻*******/((右手による帯状の写像～回転))
　　　　　((発話途中で身振りのタイプが変わる))

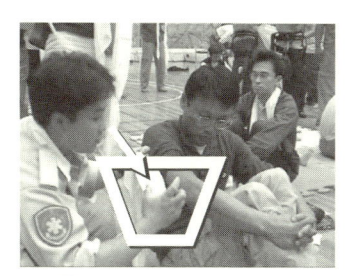

E₉. 厚みは 3 センチ以上　　　E₁₀. 幅が 3 センチ以上
図 3　核心：帯（止血帯）の幅

　タイプ E ジェスチャーは 18 行目で生起し、さらに 25 行目で反復して実施される（図 3 E₉, E₁₀）。タイプ E は「厚み」と「幅」という類似した意味内容を共有し、具体的な幅を示す写像的ジェスチャーからなる。まず In は、「厚みは 3 センチ以上」と述べて対応する幅を手指ジェスチャーで示し、やや独白的な自己修復を繰り返しながら（19–23 行目）、25 行目で「幅が 3 センチ以上のもの」と精緻化して繰り返す（実際は「厚み」ではなく「幅」である）。同時に、参加者 Pr による内省的な発話（22 行目）にも対応して肯定

的評価を加えている(24行目)。

　上述の通り、このタイプEジェスチャーは冒頭で一瞬、無言のまま生起しながらも、3行目ですぐさま断念されたものと同一である。冒頭で、Inはタイプ E によってなされる説明を指向したにもかかわらず、参加者の理解をすぐに得られないと感じて解説を挿入したのではないかと想定したが、以下の観察からこの想定は裏付けられると考える。まず、Inの手指ジェスチャーの形状が同一であるばかりでなく、視線を含めた身体的な制御方法も同一であることが挙げられる。つまり、E_0が撤回された直後の発話(4行目:「あんまり細いもので巻かない」)が、結果的に 18–26 行目の発話と身振りにより(等価的に)繰り返される(「厚み…幅が3センチ」以上の(帯状の)もので縛る」)。加えて、Eタイプのジェスチャーの際は手元を、Xタイプのジェスチャーの際には参与者へと視線を配布する(以下、図4 X_3 も参照)という言語と身体の平行性も観察される。

　さらに、より広範な射程を持つ平行性がもう一対観察される。この点について抜粋4を見てみよう。

抜粋4

25.　In:　　... 幅が3センチ以上のもので、
　(E_{10}-X_3)　~~|****************_____|₁↻*********/((右手による帯状の写像〜回転開始))

26.　　　　... ゆるやかに 縛って あげる。
　(X_3)　₂↻*********/₃↻*********/₄↻*********/₅↻*********|((2690 ms. で右手5回転))

27.　　　　... そおゆうこと。
28.　Pr:　　... ふうん。((複数のうなずく声))
29.　In:　　...(2.0)まあ .. そんなとこです。
30.　　　　... いっぺんやってみてください。((Inは立ち上がり、参加者に実践を促す))

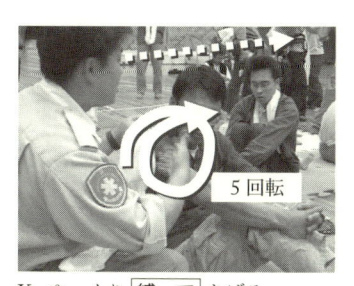

第 7 章 「身体の詩学」による共創という視点　245

X₃. ゆっくり 縛って あげる
図 4 　「周辺」(その 2)：回転 X₃

　ここで興味深いのは、26 行目は 25 行目の発話の被修飾節でありながら、25 行目の修飾節の途中でジェスチャーのタイプが移行している点である。そして X₁、X₂ 同様に、この X₃ も 5 回転で終結し、3 セットの 5 回転ジェスチャーが核心部を取り囲むという構造を形成する。実施時間についても X₁、X₂ とほぼ同様である (全体で 0.5 秒ほど長くなっているが、この遅延は発話中の「ゆるやかに」に触発された可能性がある)。

　トランスクリプトから分かる通り、In は 25 行目で E₁₀ ジェスチャーを行う一方、その発話が完結する前からすでに回転ジェスチャーを開始している。これはジェスチャーが発話に先行する典型例であると同時に、タイプ E ジェスチャーと回転ジェスチャーが分かち難く結びついていることを示している。言い換えれば、抜粋 1 において、「あんまり細いもので巻かない」(3-4 行目) において観察された発話と身体の組織化が、(ほぼ同一の発話内容を保持したまま)「幅 3 センチ以上のものでゆるやかに縛る」と言い換えられて、再度同様の組織化が達成された例といえる。異なるのは、冒頭においては「E₀＋ X₁＋X₂ 」であったものが、終結部では「 E₉＋E₁₀ ＋X₃」という編成になっている点だが、言及されずに断念された E₀ を「実現された」と見なすか否かで構造的な解釈にゆれを伴う (以下の考察を参照)。

　以上の観察と分析をまとめたのが表 1 である。なお、表の上半分には当該の語りの核心部のみを提示し、下半にはタイプ E および回転 X を含む全体的な構成を提示してある。

表1 言語的・非言語的特徴の協調と体系化

タイプ	A	B	C	D	E	X
手指の特徴	右平手による側面への大きなスライド	右手による患部への圧迫と掴み	右平手による側面への小さなスライド	両平手による止血帯の写像的身振りと患部圧迫	片手による止血帯の写像的身振り	右手による5回転動作
ストロークを付与された語句	1.「痛める」 5.「後遺症」	2.「後遺症」 8.「痛める」	3.「止める」 4.「止血」	6.「太い」 7.「ぎゅっと」	9.「凹み」 10.「痕」	「巻く」「縛る」
ストローク・タイプ	動的	静的	半動的	静的＋動的	静的	動的
手指タイプ	片手	片手	片手	両手	片手	片手
ストローク生起の様態	連結：下位(核心)階層		隣接：下位(核心)階層		連結：上位(周辺)階層	
ジェスチャー・タイプ	比喩的			写像的		
言及対象	ケガ			ケガ／包帯(止血帯)		包帯(止血帯)

（下半：E₀ X₁ X₂ A₃ B₄ C₅ C₄ D₆ D₇ B₈ E₉ E₁₀ X の配列図。「中核」「周辺」を示す）

　表1中の「手指の特徴」と「ストロークを付与された語句」は、上述の考察における内容を総括した部分である。続く「ストローク・タイプ」とは、実施されたストロークの動態性を指し、動的または静的かで示してある。「手指タイプ」とは、今回実施されたストロークが、片手か両手、どちらで行われたかを示す。その下の「ストロークの生起の様態」は、その下の「ジェスチャー・タイプ」が隣接して起こったのか、遊離して生起したのかを示し、「言及対象」とは各ジェスチャーが直接／間接的に描写／言及する対象を示している。

　下半の図は、さらに上述の内容を視覚化し、この語りで用いられた「反復」と「並行性」が、どのような体系を構成するのかを図示したものである。具体的には、In の身振りは A〜E の5タイプ(X を含めて6タイプ)に分類できる。タイプ A および B は、共起する発話内容が交差しながら散在し、「かすがい」のようにタイプ C と D を連結する機能を担う。一方、タイプ C と D は後続するタイプ E と内容的な関連性を維持しつつ、中間部(タイプ D)が枢軸となって C と E を仲介している。これらはすべて意味的かつ身体操作的な「反復」から成り、全体として5連の並列構造とそれを取り囲むタイプ X の重層構造を形成すると考えられる(Kataoka 2011)。

その一方で、異なる解釈の可能性も否定できない。表1下半に示すように、タイプEとタイプXの隣接的共起関係を重視し、EをA〜Dと分離して［E+X］／［A, B, C, D］／［E+X］というより大きな3要素間の重層的連結構造と見ることも可能である。そのどちらにも妥当性は見いだせるが、いずれの場合も3または5といった奇数要素への収斂と指向性が見られる点で共通していると言えよう。

4.2 共創的平行性

本節では、4.1節で確認した個人内の反復と平行性という特徴が、参与者間においても発動される事例を検討し、複数の主体間で、つまり間主観的に共有／制御される特徴であることを確認する。4.1節において、X_2という回転ジェスチャーが、言語的表象の断念にもかかわらず5回転を達成する事例を見たが（抜粋1: 6–7行目）、以下では言語／身体的な介入と譲渡においても同様のパターンが共有されていることを検証する。

4.2.1 介入の構造化

まず言語／身体的な介入の構造化の例として、別の指導者による心肺蘇生法（心臓マッサージ）の指導場面における言語・身体使用を観察してみよう。抜粋5は、前節とは異なる指導者（In_2）が、別の参加者（Pr_2）による心臓マッサージ（圧迫動作）のペースを繰り返し矯正している場面である。ここにおける特徴的な点は、発話を伴う身体的行為に対して一定の単位の境界に沿って介入がなされることである。しかもその介入は、二度続けて（一度目は控えめに、二度目は強硬に）同一の箇所で実施される。前節で観察されたように、仮に心身のパフォーマンスがある種の「好まれる単位」に収束する傾向があるのであれば、誤った身体操作も同様に、好まれる単位の境界に沿って特定され、矯正されるのではないかという想定が成り立つ。

抜粋 5

10. Pr₂:　　＝いち..に.. さん..し.. ご..[ろく..ひち..はち..く.. じゅ．
　　　　　　　　***　***　***　***　***　***　***　***　***　***
　　　bh　　　1　2　3　4　5　6　7　8　9　10

11. In₂:　　　　　　　　　　　　　　　[ええとね．→
　　　bh　　　　　　　　　　　　　　　~~~~~|*******|-.-.-.-.-.-.|（（身を乗り出
　　すが断念））

12. In₂:　　いち.. に.. さん..［し.. ご．→
　　　　　　　***　***　***　***　***
　　　　　　　11　12　13　14　15

13. In₂:　　　　　　　　＜F［はF＞やいな．↘
　　　bh　　　　　　　　|**********|-.-.-.（（左手を Pr₂ に向けて振る））

14. Ad:　　..ふふふふ（（参加者の笑い声））

・
・　　　　　＜11 行削除＞
・

24. In₂:　　..はい..いいよ．↘
　　　bh　　　　　****************|

25. Pr₂:　　…（1.8）°いち.. に.. さん.. し.. ご［..ろく-°
　　　bh　　　　　　　 ****　****　****　**** ****　****-（（6回目で遮られる））
　　　　　　　　　　　1　　2　　3　　4　5　　6
　　In₂'s bh　~~~~~|　*****　*****　*****/
　　　　　　　　　　1　　2　　3
　　（（無言で身体的な模範の提示；「3」で断念））

26. In₂:　　　　　　　　　　　　　　＜F［はF＞やい＜FはF＞やい！↘
　　　bh　　　　　　　　　　　　　　/***************

27. Ad:　　..はははっ（（参加者から大きな笑い声））
　　　In₂'s bh　************|

　まず 10 行目において、Pr₂ のパフォーマンスが始まった時点で明らかに圧迫のリズムが速いと判断され、Pr₂ が「ご」と発した段階で、In₂ は「ええとね」という躊躇いの談話標識を発しながら身を乗り出し手両を伸ばす。しかし、そのそぶりは Pr₂ に無視されたためにそれ以上の介入は控え、Pr₂ の

二度目の「し」(つまり「14」：12 行目) の時点で Pr_2 のパフォーマンスの終結に同期させるように、「＜F は F＞やいな」と評価的な慨嘆のことばを発する。この発話は他の参加者 (Ad) からの漏れ笑いや微笑みの表情が示すように、正当な評価として肯定的に受容されていることがわかる。

ここから約 10 行にわたり、In_2 によって期待される心肺蘇生のリズムが再度説明・実演された後、Pr_2 は二度目のパフォーマンスを促されて (24 行目) その指示に従う (25 行目)。この際、In_2 は圧迫の動作を無言で Pr_2 とともに開始するが、25 行目の "bh" の行が示すように、両者のタイミングは微妙にずれて Pr_2 の動作が先行してしまう。これはすぐさま In_2 の感知するところとなり、三回目の圧迫後に手を止めると (In_2's bh の行)、Pr_2 が「ご」を発した時点で、今回は「＜F は F＞やい　＜F は F＞やい！」と強調的な発話を繰り返し (26 行目)、強硬な介入によりパフォーマンスを中止させる。発話のトーンは明朗な諦観に近く、微かな冷笑も感じられるが、参加者からはさらに大きな笑い声が聞かれて、介入の正当性が共有される結果となっている。また Pr_2 も恥ずかしそうに In_2 に目を向け、聴衆に視線を移したのち、照れ笑いを浮かべながらうつむく。

以上の観察から、パフォーマンスの促進のみならず抑制の際にも、言語と身体における特定の単位への収束が指向されることが見て取れる。つまり、圧迫動作を統制する方法として、総体としては把握しにくい 15 回という連続行為を、操作しやすい (そして恐らく「好まれる」) 単位に分割／制御して相互行為を推進しているのである。その際に奇数単位の構造化が繰り返しなされるという事実に、特定の体系への牽引力を感じざるを得ない。

しかしながら、このような現象は偶然かつ恣意的な操作の産物であり、単位の特定方法そのものが分析者の主観的な産物に過ぎないのではないか、という批判は十分予想される。このような批判に対する 1 つの反証として、「同一構造の達成以前」に発話が断念された場合においても、一連の発話の中で見られたのと同一の構造化を、身体動作が代わりに達成するという事例を見てみたい。

4.2.2　発話を調整する身体的なリズム

　ここまでに観察した事例は、言語的(数のカウント)かつ身体的(圧迫動作)要素が体系的な操作を通じて奇数単位へと収束する現象であった。しかしながら、これは談話の構造化に常に言語が関わることを前提としない。むしろ、言語的に表出されなかったり、言語内容と齟齬をきたす場合においても、暗在する単位に沿って身体的な調整が準備される可能性を残す。このような身体的単位は、西田(1989)が「歴史的身体」と呼び、Bourdieu(1977, 1990)が"body hexis"と定義する、蓄積された身体的実践を通じて醸成・具現化される慣例から生じた振る舞いと言えよう。さらに、言語と身体が、時に協調的に、時に補完的に、概念的統一を異なるチャンネルを通じて投射しながら投影するという現象は、McNeill(2000, 2005)が一貫して主張する「成長点理論」にも通じる。この論に立てば、言語と身体が、同一概念をチャンネル固有の制約と個別の論理性に基づいて表出することは何ら矛盾しない現象だからである。そこで以下では、上述の談話の分節に見られたそのような事例を考察してみたい。

　まず、言語的な表出を伴わずに一定の身体的単位に収束する現象は、上述の「止血帯」の分析(発話の断念後も5回転を達成し、さらに6回転目が発動したのちにそれを断念する例)において指摘した通りである。したがって抜粋6では、言語と身体の基本単位の相違を超えて、両者が協調的に一定のリズムへと収斂する例を考察する。

抜粋 6

20. In$_2$　　...だから押す間(隔)→ =
　　　bh　***********************/((両手を重ねる))

21. 　　　=いち... に... さん... し...＜F も F＞い＜P/A っかいやってみん P/A＞.↘
　　　bh　　　*** 　*** 　*** 　*** 　***|((5 回押す動作))
　　　　　　　1 　　2 　　3 　　4 　　5

22. 　　　.. 正しく.↘
　　　bh　　　**************

第 7 章　「身体の詩学」による共創という視点　251

23.　　　..＜xxxx＞
　　bh　　************
24.　　　..はい..いいよ.↘
　　bh　　***************|~~~~

　この抜粋は、Pr$_2$ の誤った圧迫のリズムを正すために模範的なリズムを動作とともに示した例である。まず 20 行目において、In$_2$ は「だから（正しい）押す間（隔）」と述べて両手を重ね、具体的なパフォーマンスに備える。21 行目において、In$_2$ はことばと身体のリズムを一致させ、圧迫を繰り返しながら「し」までカウントしている。上述の通り、一定の単位（ここでは「5」による奇数構造）に収束する指向性があるのであれば、「ご」まで数えることが好まれるはずである。その一方で、身体のリズムは 5 回の圧迫によって躊躇いなく完結している。言い換えれば、言語と身体の調和を達成するために言語的な調整（5 拍目と「し」以降の発話を等価とみなす操作）がなされているように見える。

　この推測は一見荒唐無稽に感じられるかもしれないが、「＜F も F＞い＜P/A っかいやってみん P/A＞」という発話の特徴が上述の解釈を支持する。この書き起こしが示すのは、「もいっかい（もう一回）」の「も」が強く調音され（＜F　F＞が示す特徴）、それ以降の「やってみん」（「やってみなさい」に相当する三河方言）が非常に弱く（＜P　P＞が示す特徴）、かつ素早く（「＜A　A＞」が示す特徴）発せられたということである。これにより、本来一拍で行われる圧迫という行為が、10 拍にも及ぶこの発話と（音調的に）等価となるように調整されているのである。この観察は同時に、文化的・行為的に好まれるリズムが身体的に最適化されるのと同時に、言語的表出を制限してそのリズムに合致させる調整力が働いていることを示している。

　以上の考察と分析より、言語とジェスチャーに代表される心身の融合的な表出（および統制）形式は、Bourdieu が「ハビトゥス（habitus）」と呼ぶ社会的行為者の暗黙知と慣例的実践の発露として捉えられることを示唆する。ここに見られる「実践の型」は、Bourdieu（1990）における "operational scheme" に相当すると考えられる。そしてそのような「型」は「忘れ去られた韻文が奏でるリズム (著者訳)」(Bourdieu 1990: 69) のように、沈潜しながら心身の鋳型としてことばと身体を実践的に「好まれる」形式へと導く。ただし、このような形式／パターンは行為者のみに埋め込まれた特性ではない。上述の事例は、一見指導者が参加者に対して一方向的に知識を伝授しているように見えるが、そのような指導の型が発話の連鎖の中に頻出し、違和感なく受容され、参与者間に適切に共有されているという事実は、彼(女)らにとっての言語的ハビトゥスの一部でもあることを示している。

5. 終わりに

　我々は意識しようとしまいと、発話のみならず身体表象を統合的に利用している。その際に、言語文化的に指向／嗜好される形式があるか否かについては、言語相対論的な観点から多くの考察がなされてきた。しかし、そこに詩的な特性が関わるという主張は往々にして見落とされがちである。その一方で、詩的な特性 (特に反復と並行性) は我々の言語生活の隅々に浸透し、個人の言語使用のみならず相互行為的な目的の達成を可能にする潜在的な推進力となっている (Tannen 1989; Jefferson 1996)。本章が考察したのは、言語文化的指向性と詩的特性が身体を含む統合的な行為の産物であり、談話への参与者に共有された言語的・身体的「型」の一部をなすという点である (源 1990)。そのような (マルチモーダルで間主観的という意味で) 二重の共創は、語彙の選択や文法構造的な平行性によるばかりではなく、共に創り上げるための行為の「型」(例外の少ない、統制された型の一つはもちろん「文法」である) への収束を促し、場合によってはそれが暗黙の制約となって我々の行為を選択的に調整する可能性を示している。

　本章が示したのは、相互行為には個人の自由意思に基づく交渉を通じて即時的に達成される側面のみならず、実践により言語・身体に刻み込まれた「詩的構築力」が存在するという視点である。詩的構築は一見「談話能力」の一部のように思われがちだが、それに加えて文法的、社会文化的かつ方略

能力でもありうる。この点で従来の要素分解的な定義にはなじまない包括的な能力であり、それを無意識に発動することで新たな情緒、評価、好悪を創出する相互依存的な能力と言えよう。

　ここまで見てきたとおり、詩的構築とは特殊な言語能力に拠るのではなく、言語使用に偏在する要素である。そして、そこに共起する身体表象は単なる補助機能ではなく、包括的なコミュニケーションを協調的に推進する重要な要因である。従来のように、これらがコミュニケーション意図の達成における二次的な要因という観点から脱却しない限り、参与者間の意図と感情のやり取りを十全に理解することはできない。伝達能力としてのジェスチャーと詩的構築という観点からの分析が、マルチモーダルな媒体を用いた教育・指導の進展に何らかの示唆を与えることを期待したい。

注
1　また、Canale & Swain（1980）は非言語的特徴を「方略的能力」の一部と考え、言語実践における様々な変数や不十分な能力に起因する、コミュニケーション不全を補填するための技能と定義されるにとどまっている（Canale & Swain 1980: 30）。Bachman（1990）も同様に、方略的能力（そして恐らく心理・生理機能）の一部であるとは認めつつも、著作の中では扱わないと述べている（Bachman 1990: 100）。
2　「自発的ジェスチャー」の中には、上下に小刻みに身体（特に指）を動かす「ビート／拍子」と呼ばれるものと、時空間の類似性・隣接性に基づいて発現する「表象的ジェスチャー」と呼ばれるものがある。表象的ジェスチャーは、「指差し」に代表されるように場所や事物の指示に用いられる「直示的ジェスチャー」と、身体動作や指示対象との類似性に基づく「描写的ジェスチャー」に分類される。描写的ジェスチャーはさらに、映像的ジェスチャーと暗喩的ジェスチャーに分類される。
3　それ以前は、教育心理的な観点から民族的マイノリティが教育場面で被る不平等の解消に向けた研究が主流であり（Erickson 1982, Greenbaum 1985）、能力や方略との関連で論じられることはなかった。
4　同様の主張は、言語習得研究における「対照修辞学研究」が一貫して追求してきたテーマであるが、そのほとんどが書き言葉を対象としており、話し言葉（特に自然会話）における談話行為的な「修辞法」の差異は、おもに言語人類学や談話

分析においてなされてきた。
5 以下の分析で用いられる書き起こし記号は以下のとおりである。

~~：準備	*****：実施前保持
*****：実施	*****：実施後保持
-.-.-.-.-.：撤収	↻：回転動作
bh：両手によるジェスチャー	rh：右手によるジェスチャー
lh：右手によるジェスチャー	1, 2, 3…：反復されたジェスチャー
||：ジェスチャー相境界	/：ストローク内境界
,：継続的音調	.：終結音調
[ ]：発話オーバーラップ	＝：音の引き伸ばし
..：0.2 秒以下の間	…：0.3 から 0.6 秒の間
…(1.0)：0.7 秒以上の間	(( ))：著者コメント
-：発語の切り詰め	--：イントネーション単位の切り詰め
＜X　X＞：不確かな聞き取り	＜A　A＞：素早い発話
＜F　F＞：強い発話	＜P　P＞：弱い発話

参考文献

Bachman, Lyle F. (1990) *Fundamental Considerations in Language Testing.* Oxford: Oxford University Press.

Bialystok, Ellen (1981) The role of conscious strategies in second language proficiency. *Modern Language Journal* 65/1, 24–35.

Blommaert, Jan (2006) Applied ethnopoetics. *Narrative Inquiry* 16(1), 181–190.

Bourdieu, Pierre (1977) *Outline of a Theory of Practice.* Trans. Richard Nice. Cambridge, U. K.: Cambridge University Press.

Bourdieu, Pierre (1990) *The Logic of Practice.* R. Nice (tr.). Palo Alto, CA: Stanford University Press.

Briggs, Charles (1986) *Learning How to Ask: A Sociolinguistic Appraisal of the Role of the Interview in Social Science Research.* Cambridge: Cambridge University Press.

Briggs, Charles (1988) *Competence in Performance: The Creativity of Tradition in Mexicano Verbal Art.* Philadelphia: University of Pennsylvania Press.

Brown, Penelope (1998) Conversational structure and language acquisition: The role of repetition in Tzeltal adult and child speech. *Journal of Linguistic Anthropology* 8(2), 197–222.

Byram, Michael (1997) *Teaching and assessing intercultural communicative competence.* London: Multilingual Matters.

Canale, Michael & Swain, Merrill (1980) Theoretical bases of communicative approaches

to second language teaching and testing. *Applied Linguistics* 1/1, 1–47.
Canale, Michael (1983) From communicative competence to communicative language pedagogy. In Richards, Jack C. & Richard W. Schmidt (Eds) *Language and Communication*. London: Longman, pp.2–27.
Du Bois, John W., Schuetze-Coburn, S., Cumming, S., Paolino, D., (1993) Outline of discourse transcription. In Edwards, J. A. and Lampert, M. D. (Eds.), *Talking Data: Transcription and Coding in Discourse Research*. Lawrence Erlbaum, Hillsdale, NJ, pp.45–89.
Erickson, Frederick (1982) Classroom discourse as improvisation: Relationships between academic task structure and social participation structure in lessons. In Louise C. Wilkinson (ed.), *Communicating in the Classroom*, 155–181. New York: Academic Press.
Friedrich, Paul (2001) Lyric epiphany. *Language in Society* 30(2), 217–247.
Furuyama, Nobuhiro & Sekine, Kazuki (2007) Forgetful or strategic? The mystery of the systematic avoidance of reference in the cartoon story narrative. In S. Duncan, D. J. Cassell, & L. E. Levy (eds.), 75–81. *Gesture and the Dynamic Dimension of Language: Essays in Honor of David McNeill*.
Gee, James P. (1986) Units in the production of narrative discourse. *Discourse Processes* 9, 391–422.
Gee, James P. (1989) Two styles of narrative construction and their linguistic and educational implications. *Discourse Processes* 12, 287–307.
Gomes, Barbara A., & Martin, Laura (1996) "I only listen to one person at a time": Dissonance and resonance in talk about talk. *Language in Society* 25, 205–236.
Greenbaum, Paul E. (1985) Nonverbal differences in communication style between American Indian and Anglo elementary classrooms. *American Educational Research Journal*, 22(1), 101–115.
Gullberg, Marianne (1998) *Gesture as a Communication Strategy in Second Language Discourse: A Study of Learners of French and Swedish*. Lund: Lund University Press.
Gullberg, Marianne (2006) Handling discourse: Gestures, reference tracking, and communication strategies in early L2. *Language Learning*, 56, 155–196.
Hopper, Robert, & Phillip Glenn (1994) Repetition and play in conversation. In B. Johnstone (ed.), *Perspectives on Repetition* Vol. 2, 29–40. Norwood, NJ: Ablex.
Hymes, Dell, (1972) On communicative competence. In Pride, J. B. and J. Holmes (eds). *Sociolinguistics*. Harmondsworth: Penguin, pp.269–293.
Hymes, Dell (1974) *Foundations in Sociolinguistics: An Ethnographic Approach*. Philadelphia, PA: University of Pennsylvania Press.

Hymes, Dell (1981) *In Vain I Tried to Tell You: Essays in Native American Ethnopoetics*. Philadelphia: University of Pennsylvania Press.
Hymes, Dell (1996) *Ethnography, Linguistics, Narrative Inequality*. Bristol, PA: Taylor and Francis Inc.
Jakobson, Roman (1960) Linguistics and poetics. In T. Sebeok (ed.), *Style in Language*, 350–377. Cambridge, MA: MIT Press.
Jakobson, Roman (1966) Grammatical parallelism and its Russian facet. *Language 42*(2), 399–429.
Jefferson, Gail (1996) On the poetics of ordinary talk. *Text and Performance Quarterly* 16(1), 1–61.
Johnstone, Barbara (ed.) (1994) *Repetition in discourse*, vols. 1 and 2. Norwood, NJ: Ablex.
Juzwik, Mary M. (2004) What rhetoric can contribute to an ethnopoetics of narrative performance in teaching: The significance of parallelism in one teacher's narrative. *Linguistics and Education* 15(4), 359–386.
Kasper, Gabriele & Kellerman, Eric (Eds.) (1997) *Communication Strategies: Psycholinguistic and Sociolinguistic Perspectives*. Harlow: Longman.
Kataoka, Kuniyoshi (2009) A multi-modal ethnopoetic analysis (Part 1): Text, gesture, and environment in Japanese spatial narrative. *Language & Communication* 29(4), 287–311.
Kataoka, Kuniyoshi (2010) A multi-modal ethnopoetic analysis (Part 2): Catchment, prosody, and frames of reference in Japanese spatial narrative. *Language & Communication* 30(2), 69–89.
Kataoka, Kuniyoshi (2011) Verbal and non-verbal convergence on discursive assets of Japanese speakers: An ethnopoetic analysis of repeated gestures by Japanese first-aid instructors. *Japanese Language and Literature* 45(1), 227–253.
Kataoka, Kuniyoshi (2012) Toward multimodal ethnopoetics. *Applied Linguistics Review* 3(1), 101–130.
Kendon, Adam (2004) *Gesture: Visible Action as Utterance*. Cambridge University Press, Cambridge, U. K.
喜多壮太郎(2002)『ジェスチャー:考えるからだ』東京:金子書房.
Kramsch, Claire (1986) From Language Proficiency to Interactional Competence. *The Modern Language Journal* 70(4), 366–372.
Kramsch, Claire (2006) From Communicative Competence to Symbolic Competence. *The Modern Language Journal* 90(2), 249–252.
Kramsch, Claire (2010) The symbolic dimensions of the intercultural. *Language Teaching* 44, 354–367.

Lazaraton, Anne (2004) Gesture and speech in the vocabulary explanations of one ESL teacher: A microanalytic inquiry. *Language Learning* 54(1), 79–117.

McNeill, David (1992) *Hand and mind.* Chicago: The University of Chicago Press.

McNeill, David (2000) Growth points, catchments, and contexts. *Japanese Journal of Cognitive Science* 7, 22–36.

McNeill, David (2005) *Gesture and thought.* Chicago: The University of Chicago Press.

Mehan, Hugh (1982) The structure of classroom events and their consequences for student performance. In P. Gilmore & A. Glatthorn (Eds.), *Children in and out of School: Ethnography and Education.* Washington, D. C.: Center for Applied Linguistics, pp.59–87.

源了圓(編) (1992)『型と日本文化』東京：創文社.

Moore, Leslie C. (2009) On communicative competence... in the field. *Language & Communication*, 29, 244–253.

西田幾多郎(1989)『西田幾多郎　哲学論集 III』東京：岩波書店.

Pozzer-Ardenghi, Lilian, & Wolff-Michael Roth (2008) Catchments, growth points, and the iterability of signs in classroom communication. *Semiotica* 172–1/4, 389–409.

Roth, W.-M., and Lawless, D. V., (2002) When up is down: Body orientation, proximity, and gestures as resources. *Language in Society* 31, 1–28.

Saville-Troike, Muriel (1982) The Ethnography of Communication. Oxford: Blackwell.

Scollon, Ronald, and Suzanne B. K. Scollon (1979) *Linguistic Convergence: An Ethnography of Speaking at Fort Chipewyan, Alberta.* New York: Academic Press.

Scollon, Ron, & Scollon, Suzanne (1981) *Narrative, Literacy and Face in Interethnic Communication.* Norwood, NJ: Ablex.

Tannen, Deborah (1989) *Talking voices.* Cambridge, U. K.: Cambridge University Press.

Tarone, Elaine (1980) Communicative strategies, foreigner talk and repairs in interlanguage. *Language Learning*, 30, 417–431.

Tedlock, Dennis (1983) *The Spoken Word and the Work of Interpretation.* Philadelphia: University of Pennsylvania Press.

Urban, Greg (1991) *A Discourse-centered Approach to Culture: Native South American Myths and Rituals.* Austin, TX: University of Texas Press.

Woodbury, Anthony C. (1985) The functions of rhetorical structure: A study of Central Alaskan Yupik Eskimo discourse. *Language in Society* 14, 153–190.

Yoshioka, Keiko (2005) *Linguistic and Gestural Introduction and Tracking of Referents in L1 and L2 Discourse.* Unpublished doctoral dissertation, Radboud University, Nijmegen.

Young, Richard F. (2008) *Language and Interaction: An Advanced Resource Book.* London & New York: Routledge.

🐾🐾🐾 こらむ
間主観性（相互主観性）

片岡邦好

　近年の言語／談話研究における鍵概念の1つに「間主観性」(「相互主観性」、「共同主観性」とも)がある。一般的な理解においては、「間主観性」とは他者との主観の共有化による高次の主観的状況及び可能性を指し、社会的認知の創発的側面を強調する概念として、そして「相互理解」や「共通認識」を促す要因(あるいはそれらの類義語)として学際的に広く認知されている。この概念の提唱者はドイツの哲学者フッサールとされ、言語研究においても、現象学的思想を継承する関連領域(会話分析や一部の心理学、認知科学)で広く援用されてきた。

　またこの概念は、近年の社会／認知科学における様々なキーワード—たとえば "distributed cognition," "shared intentionality," "reciprocal perspectives," "cooperative reasoning," "joint attention/agency" といった概念で語られる現象—と多くの共通点を持ち、社会性や認知発達を促進する重要な要因と考えられている。例えば、幼児の認知／言語発達研究においては、社会性の獲得のための基礎と位置づけられ(Rogoff 2003)、新生児にもその萌芽が見られるという指摘に加え、まさにこの「他者の視点を取る」という特質のために、他の類人猿と区別される人間的特徴と考えられている(Tomasello 1999)。このようなヒトの認知発達や親子間の関係性の確立は、精神療法におけるカウンセラーと患者間の異なる経験世界と情動の交流システムの基盤ともされる(Stern 2004)。加えて、近年のサルやヒトのミラー・ニューロンの存在に関する一連の議論(Iacoboni 2009)とも深く関わる概念である。

　一方言語学においては、共時的な概念形成とその拡張を「主観化(subjectification)」という過程のもとに解明しようとする主張(Langacker 1990)に加え、言語変化を推進する動因として聞き手意識がどのように通時的に文法化されるかを解き明かす鍵と考えられている(Traugott 1995)。さらに民族誌的談話研究においては、間主観性が会話やジョークにおける異なる視点やイデオロギーを調整する方略として機能し(Bucholtz & Hall 2003)、ことばの社会化とアイデンティティの構築過程に通底する特徴と位置付けられる(Duranti 2009)。また会話分析においては、間主観的理解を達成する手段として "continuer," "newsmark," "assessment," "formulation," "collaborative completion," "repair" といった会話的特徴を想定し、これらを通じて "alignment" が絶え間なく刷新されると考えられている(Nofsinger 1991, Schegloff 1992)。以上からわかるように、間主観性という概念が社会科学全般にお

いて、個体発生と系統発生を促進し、「個」と「社会／歴史」、複数の「心」と「からだ」をつなぐ重要な要因と捉えられていることは明らかであろう。

　ただし、こういった解釈の多様性は曖昧さと表裏一体である。それゆえ、多くの論考においては、現代的意匠を施した「共通理解」の同義語として明確な定義のないまま言及される傾向にある。そこで以下では、言語人類学的視点から間主観性の概念を広く「社会性の基盤」として再定義した Duranti (2010) の主張を取り上げてみたい。

　Duranti (2010) では、フッサールによる一連の著作を精査しながら、(1) 間主観性とは単なる相互理解以上の現象であり、(2)「場の交換」(trading places) の可能性を内包し、(3) 客観性の起源となって、(4) 相互行為の前提条件となる点を強調する。Duranti はまず、間主観性の本義は「理解／認識」の前提である「交感の可能性」であると主張する。従来の間主観性の議論においてはその「達成の過程」を重視する傾向があるが、Duranti の再定義において興味深い点は、この「間主観性」という概念が共感を通じた「場の交換の可能性」(上述の (2)) として捉えられている点である。つまり間主観性は、付随的に生ずる相互理解の土壌あるいは前提条件であって、達成 (の過程) のみを意味するものではない。場の交換の可能性を享受することで場を感受し、それが伝達の意図を持った行為者として社会に参与するための前提となるのである。平易な例を用いるならば、「あなたが私の視点に立ったときの見方 (Duranti 2010: 6)」とは同時に、「私があなたの視点に立ったときの見方」を補完的に含意する。つまり、他者の視点 (あるいは知覚) への融合を前提として創発する認識と考えられる。

参考文献

Bucholtz, M. and Kira Hall (2005) Identity and interaction: A sociocultural linguistic approach. *Discourse Studies* 7 (4–5): 585–614.

Duranti, Alessandro (2009) The Relevance of Husserl's Theory to Language Socialization. *Journal of Linguistic Anthropology*, 19 (2), 205–226.

Duranti, Alessandro (2010) Husserl, intersubjectivity and anthropology. *Anthropological Theory* 10 (1), 1–20.

Iacoboni, Marco (2008) Mirroring People: The New Science of How We Connect with Others. Farrar Straus & Giroux. (「ミラーニューロンの発見―「物まね細胞」が明かす驚きの脳科学」早川書房. 2009 塩原通緒 (訳)）

Langacker, Ronald W. (1990) *Concept, Image, and Symbol: The Cognitive Basis of Grammar*. Berlin: Mouton de Gruyter.

Nofsinger, Robert E. (1991) Everyday *Conversation*. Thousand Oaks, CA: SAGE.

Rogoff, Barbara (2003) *The cultural nature of human development*. New York: Oxford University Press.(「文化的営みとしての発達」新曜社．2006 當眞千賀子(訳))
Schegloff, Emmanuel A. (1992) Repair after next turn: The last structurally provided defense of intersubjectivity in conversation. *American Journal of Sociology*, 97, 1295–1345.
Stern, Daniel (2004) *The Present Moment in Psychotherapy and Everyday Life*. W. W. Norton.(「プレゼントモーメント―精神療法と日常生活における現在の瞬間」岩崎学術出版社．2007 奥寺　崇・津島豊美(訳))
Tomasello, Michael (1999) *The Cultural Origins of Human Cognition*. Harvard University Press.(「心とことばの起源を探る」勁草書房 2006．大堀壽夫・中澤恒子・西村義樹・本多　啓(訳))
Traugott, Elizabeth Closs (1995) Subjectification in grammaticalization. In Stein, Dieter, & Wright, Susan (Eds.), *Subjectivity and Subjectivisation*, pp.37–54. Cambridge: Cambridge University Press.

第8章 「自らの一命をかける」か 「412人内閣」か
—2010年民主党代表選にみられる政治言語

東 照二

【要旨】 政治家の持つ資産のうちで、最も有効なものの1つが、有権者を説得し、支持を集めるための「ことば」である。本章は、今日の政治家たちが、どのようにことばを使って、話し手と聞き手の間で、「人間関係の交渉」をしているのか、2010年の民主党代表選挙をもとにしたケース・スタディーである。そこには、候補者たちが、さまざまなメタファーを用いて、「力」と「仲間意識」のフレームを作り上げ、「政治的自己」を表現しようとしていることがうかがえる。

1. はじめに

　政治家は、同僚議員、選挙民、国民に向けて、ことばを使って説得を行い、自分の政策の遂行、そして選挙での当選(再選)を目指す。ことばは、政治家にとって目的を達成するための極めて重要な道具であり、武器だといえる (Shea and Burton 2006, 高瀬 2005a, b)。
　もっとも、元来、日本のコミュニケーションスタイルは、話し手と聞き手の間で既に共有されている情報が多いため、ことばの使用そのものにあまり重きをおかない「高コンテキスト文化」といわれてきた (Hall 1976, Reischauer 1977)。しかし、特に80年代以降、利益分配型の政治から不利益分配型の政治へと移行するにつれて、日本の政治の世界でも、ことばの重みは一層増してきたといえる。その中で、たとえば小泉純一郎元首相のように、ことばを使って聞き手、国民を惹きつけ、そこに新たな政治力を生み出

し、5年半という長期政権を維持する政治家も出現してくるようになった。政治の世界で、ことばの占める位置は以前にも増して大きくなってきたといっていいだろう。

こういった中で、政治家が使うことば、政治言語の研究は、主にアメリカ、ヨーロッパで盛んに行われてきたが、日本では残念ながら、まだ少ないのが現状である（Alvarez-Benito et al. 2009, Bennett and Entman 2001, Bloch 1975, Duranti 1994, 2006, Lakoff 1996, 2008, 東 2010, フェルドマン 2006, 池田 2007, 岡部編 2009, 松田 2008）。ことばの機能を、人間関係、聞き手と話し手の間で発生するさまざまな権利と義務の「交渉」にあるとみなす社会言語学の観点（Myers-Scotton 1983）からみると、政治家の使うことばは、われわれにことばの機能、本質を考察するための貴重なデータを提供してくれるといえる。したがって、本章では政治家の使うことばを、「交渉」という観点からとらえ、政治言語の考察を試みることにする。

2. 2010年民主党代表選挙

本章では、2人の同時代の代表的な政治家、菅直人（当時首相、党代表）と小沢一郎（元党幹事長）を取り上げ、ケース・スタディーの手法で、談話研究、質的研究のアプローチから、そのことばの特徴、方略を考察することとする。比較研究という観点から、従属変数ともいえる状況（場所、場面、時間、聴衆など）をコントロールするために、2人の政治家が同じ条件で行った演説をデータとする必要があるが、本章では、2010年9月に行われた民主党代表選挙での一連の演説、その中でも臨時党大会で行われた最終演説（2010年9月14日、於東京プリンスホテル）を取り上げることとする。

ここで、2人の政治家の経歴を簡単にみておく。小沢一郎（1942年—）は、岩手4区選出、当選回数15回を数えるベテラン衆議院議員であり、自民党幹事長、新進党党首、民主党代表、幹事長などを歴任している。特に、選挙対策、政党間のかけひきなどを通じて、「剛腕小沢」と称されている。

菅直人（1946年—）は、東京18区選出の衆議院議員で、当選11回を数え

ている。1980年に社会民主連合（社民連）から出馬し初当選。1994年に新党「さきがけ」に参加。橋本内閣では厚生大臣を務める。1996年に民主党結成。代表、幹事長、鳩山内閣で副総理兼財務大臣などを歴任している。2010年6月、鳩山首相の辞任により、3度目の党代表、そして首相となる。以上の経歴が示すように、2人とも日本を代表する実力政治家だといえる。

　任期満了にともなう2010年民主党代表選挙は、9月1日に告示され、9月14日に投開票された。選挙戦に突入する直前、挙党体制構築を条件に、前首相の鳩山由紀夫を仲介者として、小沢の不出馬に向けての交渉も行われた。これは、雇用問題、経済問題、急激な円高など、内外に山積する事案に政府は専念して取り組むべきである、また党内最大勢力の小沢グループ（150人の国会議員が所属しているともいわれる）との抗争で選挙戦後のしこり、そして民主党分裂の可能性を避けるべきである、さらには1年という短期間で首相が何度も交代するのは政権の持続性、国益という観点からも望ましいことではない、などの考えからであった。しかし、調整は不調に終り、両者一騎打ちの構図のもとで行われた代表選挙となった。

　選挙の仕組みとしては、国会議員、地方議員、党員・サポーターの投票を合計し、ポイント換算して勝敗を決めるものであり、2人の候補者は、党本部での演説、街頭演説（東京、大阪、札幌）、記者会見などを通じて、国会議員や国民の前で論戦を交えた。

　2週間の選挙運動を経て、9月14日投開票の結果は、以下のとおりであった。

表1　民主党代表選結果

獲得ポイント数	候補者名	菅直人	小沢一郎
内訳	国会議員	412ポイント	400ポイント
	地方議員	60ポイント	40ポイント
	党員・サポーター	249ポイント	51ポイント
合計		721ポイント	491ポイント

結果からみると、菅721ポイント、小沢491ポイント、その差は230ポイントもあり、菅の圧勝といってもよいものであった。ただ、注意したい点は、党員・サポーター票全300ポイントのうち、菅が実に83パーセントも獲得し、小沢を大きく引き離したようにみえるが、これは衆議院300小選挙区ごとに開票され、得票の多い候補が1ポイントを獲得するシステムゆえの大差ともいえよう。実際の獲得票をみてみると、菅の合計得票は13万7998票、小沢の合計得票は9万194票であった。特に、国会議員票をみると、206人が菅、200人が小沢に投票しており、両者は伯仲していたといってもいいだろう。

　2010年9月14日、投票日当日、接戦が伝えられる中、会場（東京プリンスホテル大広間）を埋め尽くす国会議員、そしてマスコミ関係者を前にして、2人の候補者はそれぞれ15分の持ち時間を与えられ、小沢、菅の順で、最後の訴えを行った。演説に費やした時間は、小沢15分25秒、菅14分30秒であった。

　それでは、以下に2人の演説をみていくことにしよう。

3.　他称詞からみる小沢と菅

　話し手は自分を指し示すことば、さらに聞き手を指し示すことばとして、どういったことばを、どの程度の頻度で使用しているのであろうか。自分を示す「私」の使用に関しては、小沢が20回、菅が18回で、両者の間にほとんど差異はない。

　2人の間で大きな差としてみえてきたのは他称詞の2人称である。小沢は、「みなさん」を7回、「みなさま」を5回、合計12回使用しているのに対し、菅は「みなさん」のみ18回も使用している。その使用回数は小沢の2倍近くにもなる。以下にその例を小沢、菅の発言から、それぞれみてみよう。

小沢：
（１）　同志のみなさまをはじめ、国民のみなさまに大変ご心配とご迷惑をおかけ致しましたことを、この機会に心からお詫び申し上げます。
（２）　国民のみなさんにご負担をお願いするのは、ここにいるみなさんがありとあらゆる知恵を絞って、できることすべてに取り組んでからでいいはずであります。

菅：
（３）　すべてのみなさんに心から感謝するとともに、みなさんの思いに応えるべく、政権交代の原点、民主党の原点に立ち返りながら、民主党代表として、そして内閣総理大臣としての重責を引き続き、果たさせていただきたいと思います。
（４）　私はみなさんの力と可能性を信じます。
（５）　同士のみなさんとともに、日本を官僚の国から国民の国へと建て直し、次の世代にたいまつを引き継ぎたいと思います。

　小沢、菅ともに聞き手に呼びかけることばを使っている。しかし、その頻度となると、菅の方がより頻繁に使用し、聞き手に呼びかけているという姿勢を鮮明に植えつけるものとなっている。
　それより、興味深いことに、聞き手とは誰であるか、オーディエンス・デザイン（Bell 1984）という観点からみてみると、両者には少し隔たりがあるようだ。小沢のみなさん・みなさまの使用例のうち４例が、「国民のみなさん・みなさま」であるのに対し、菅のそれはわずか２例にすぎない。つまり、小沢は他称詞のほぼ半数を、目の前にいる直接の聞き手、受け手（addressee）である議員ではなく、直接その場にはいないが、テレビ等を通じて傍聴、傍観することを予想される者（overhearer）、一般国民を対象者として使っている。それに比べ、菅は国民を対象者として「みなさん」を使っているケースはほんの１割にすぎないということになる。菅の国民を対象とした使用例は、次の２例のみである。

（6）　国民の<u>みなさん</u>との間で、そのような思いが共有できて初めて、今の行き詰まりを突破する道が開けると、私は信じています。
（7）　昨年、私たちは多くの国民の<u>みなさん</u>の力で、政権交代を実現することができました。

　上記の2例以外は、すべて会場に着席し、演説者の話を聞いている直接の聴衆、受け手であるところの国会議員が対象である。小沢に比べて、菅は代表選挙の行方を決定づけるともいわれていた国会議員票に集中するかのように、目の前の国会議員1人1人に語りかける演説を行っていることがわかる。

　当初、党員・サポーター票では菅有利、国会議員票では小沢が有利とみられていた。そのため、国会議員票をめぐって、選挙戦終盤に入り、懸命に巻き返しを図った菅陣営だが、その手ごたえ、確証は定かとはいえない状況である。こういった場面では、2人の候補者のうち、どちらに投票するか、最後の演説を聞いた後に決めるという国会議員もいるかもしれない。そして、接戦であればあるほど、演説を通じて、直接、説得を試みる最後のチャンスだといえる。そして、それはことばが党の代表選を変えるだけでなく、日本の首相、そして日本の政治を大きく変えることにも直結していく。ことばで政治を変える、まさにその瞬間で菅のとった戦略は、直接の受け手に向けたことばへの大胆な変換であったといえよう。

　次の例は、菅が「みなさん」を繰り返しながら、受け手中心の演説であることを印象づけていくところである。

（8）　<u>みなさん</u>の行動が、日本中で苦しんでいる方々を助ける、大きな原動力となります。<u>みなさん</u>の行動が、日本中で輝きながらがんばっている方々を応援する大きな力となります。<u>みなさん</u>が抱える1つ1つの問題意識の集合体が、日本が抱える問題の、すべてになると私は考えています。

「みなさん」をすべての文の文頭に置き、みなさんが主役であると述べていく。それも文中でただ目立つ位置を占めるという統語的な役目だけではない。そこには、話し手の強い意思、確信が込められている。「みなさんの行動」が、苦しむ人々を救い、人々に勇気を与えていくと主張する。そして、「みなさんの行動」とは、とりもなおさず菅への投票を包含、示唆するものでもある。メッセージは、同僚国会議員の活動が人々を救済することになるというものだが、メタメッセージは菅への投票こそが、人々の救済に直接つながるということである。そして、国会議員1人1人の「みなさん」の持つ問題意識が、日本そのものを形成するのだと昇華させていく。つまり、菅に投票することこそが、日本人を救い、日本を象徴することになり、そこに正統性を作り出そうとする。

この他称詞の選択、使用における違いは、暗示的に、2人の政治的アプローチのみならず、言語、コミュニケーション、談話のスタイルという点でも、2人の違いを浮き彫りにしているといえる。それは、菅の「みなさん」を多用し、聞き手中心に聞き手を巻き込む「仲間意識」(solidarity) のアプローチと、小沢の「みなさん」の多用を控え、聞き手にすべてをゆだねるのではなく、話し手の強い意志、経験、能力を強調する「力」(power) のアプローチである (Brown and Gilman 1960)。

そして、次に、この2つのアプローチ、それは話し手の価値観、考え方、ものの見方、とらえ方そのものであるともいえるが、これをことばで表現したものとして、メタファーを通じて分析してみることにする。メタファーを用いての政治言語の分析としては、Lakoff(1996) のアメリカに於けるリベラルと保守の言語研究などがある。その中で Lakoff(1996) は、家族というメタファーを用いて、リベラルを「慈しむ母親」、保守派を「厳格な父親」として分析している。

ここでのメタファーとは、単純で素朴なことばの遊びではなく、むしろ概念、価値観が埋め込まれたものであり、それを表わすことばとしてメタファーをとらえることにする。Reddy(1979) は、コミュニケーションにおけるメタファーの機能、役割を「導管(パイプ)のメタファー」(the conduit metaphor)を用いて述べている。Reddy (1979)によると、ことばとは、アイデア、考えを入れる容器であり、コミュニケーションとは、アイデア、考えをことば(つまり容器)に入れて、聞き手や読み手に送る。そして、聞き手や読み手は、そのことばの容器から意味を取り出すことによって、アイデア、考えを理解する。つまり、ことばの導管(パイプ)を通してアイデアや考えが伝達されるという構図になる。ここでの重要なポイントは、ことばはメタファーであり、概念、価値観の埋め込まれたものであるとするアプローチだ。本章では、このアプローチの中で、2人の演説の中からみえてくるメタファー、そしてそれが暗示する政治姿勢、価値観を考察することにする。

　それでは、具体的に、まず、菅の演説にみられるメタファーから考察していくことにしよう。

4. 菅

4.1　50の職業のメタファー

　聞き手中心に、聞き手に呼びかけ、聞き手のことを語るという菅の手法は、今回の演説において、今までの政治演説になかった全く新しい試みへと具体化されている。それは、聞き手の経験、能力、バックグラウンドを個人的に1人1人の議員、聞き手について語っていくというものだ。もっとも、15分という時間的制約の中で、400人を越える議員全員について語るのは物理的に不可能である。そこで、菅は各人の職業をすべて網羅し、リスト化して、1つ1つあげていくという方法をとる。それも50もの職種を1分20秒という貴重な時間をじっくりとかけながらである。以下にその演説部分を引用しておこう。

（9）　みなさんは多くの経験を積まれ、それぞれの背景と得意分野をお持ちになっています。わが党の中には、会社員から経営者、そして公務員、知事、市町村長経験者、地方議会、国内外の議員、議会スタッフ、議員秘書、政党職員、労働組合、シンクタンク、金融機関、弁護

士、裁判官、検事、公認会計士、税理士、フィナンシャルプランナー、社労士、司法書士、行政書士、気象予報士、ジャーナリスト、アナウンサー、ツアーコンダクター、派遣社員、神主、僧侶、牧師、医師、歯科医師、医療介護関係者、看護師、薬剤師、団体職員、学者研究者、学校の塾の経営者、学校幼稚園の先生保育士、俳優、スポーツ選手、農業林業、牧場経営、植木職人、自衛官、NPO、NGO、国際機関、薬害被害者など、本当に多種多彩な背景と経験を持つ方が集まっておられます。この多種多彩な議員の集まりこそが、民主党の強みであり、財産であると私は自負をいたしております。

　果たして50もの職種を網羅し、貴重な時間をかけてリストしていく必要があるだろうか。上記の発話は、最初の1文、それに続いていくつかの職種例、そして最後の1文だけでも十分にその明示的意味（denotation）を伝えることができる。合理的、論理的なアプローチからすれば、菅の発話は不経済、非効率的である。最少の時間で最大の情報を伝えるという功利主義的アプローチとは相容れないものだ。
　しかし、聞き手に与える心理的影響という情緒、共感的アプローチからすれば、全く別の評価になる。そこには、当選回数を重ねるベテラン議員であろうと、初当選をしたばかりの1年生議員であろうと関係なく、平等に、すべての聞き手、国会議員を巻き込む、いわば包括の原理という暗示的意味（connotation）が込められている。50の職業のメタファーは、まさにこの包括の原理を言語化したものであるといえる。国会議員というと、前職として政治に関係のある職業についていた人とは限らない。つまり、議員秘書、政党職員、地方議員などから国会議員になったというケースは、むしろ稀なのかもしれない。逆に、政治とは全く関係のない世界にいた人も多くいる。さまざまな職種をリストすること、それは民主党の幅の広さを示し、永田町という、閉ざされた狭い政治の空間ではなく、広く外に開かれた空間、国民とのつながり、国民目線、日常生活を象徴するメタファーとなる。
　そして、さらに聞き手である国会議員たちは、上記の職種の中に、自分に

該当する職種もあるのを発見する。聞き手は、自分のことが語られていると感じる時に、話し手の話が、より身近になってせまってくる。さらに、それと同時に、話し手そのものに親近感を持つようになる。50の職業のメタファーは、議員1人1人を象徴するメタファーであり、民主党内部の多様性、それを受け入れる間口の広さ、そして包括の原理を象徴するメタファーだといえる。このように50もの職種を逐一リストして列挙しながら、聞き手1人1人にせまっていく巻き込みの手法は、小沢の演説にはみられない。

4.2 「チーム」のメタファー

　菅の演説の中には、小沢が全く使っていないことばが出てくる。そのうちの1つで、菅の演説の根底に流れ、演説全体に1つの枠組み、フレーム (Goffman 1974) を与えているものが「チーム」のメタファーだ。チームとは、野球やサッカーのように、何人かの選手、個人が協力しながら行うスポーツで、構成員全体をさすことばである。有能な個人が、独断で行動し、1人でプレーする種目ではない。「チーム」は、団結、協力、和、平等の象徴であり、善である。これから派生したことばに「チームプレー」ということばもあるが、自分だけの利益を考えるのではなく、他者、そして団体、ひいては社会全体の利益を優先することばだ。菅の演説には、この「チーム」ということばが、有効なメタファーとして使われている。具体例をみてみよう。

(10) 不幸に泣く人々を1人でも少なくするために、そして多くの国民の夢を実現するために、これからもしっかりと<u>チーム</u>を組んで戦い抜こうではありませんか。

(11) 多様な政策テーマについて、役所の中だけで検討せず、数多くの特命<u>チーム</u>を作り、それぞれの議員が持つ専門分野、得意分野を生かして、立案・実行していくことこそが、本当の政治主導の姿だと考えます。私はみなさんの力と可能性を信じます。

(12) 7つの戦略分野と、21の国家戦略プロジェクトで、強力にこれを推進します。特に21のプロジェクトについては、特命チームを多数設け、党内各議員のみなさんにも、それぞれの専門分野を生かし、参加をいただき、民主党の総力を挙げて、実現する体制を作ってまいります。

「チームを組む」(10)、「特命チームを作る」(11)、「特命チームを多数設ける」(12)、それぞれ、すべて「チーム」をもとにしたメタファーである。その根底には、個人プレーは悪であり、「チーム」プレーは善であるという価値観が伺える。それは、とりもなおさず、1人の有能で経験のある、他者から恐れられている強力なリーダー、いわば「豪腕」「壊し屋」が行う政治をよしとしない。1人の司令塔が物事を決め、他のメンバーに指示し、メンバーはその指示に従うという、タテの政治(小沢元幹事長のもとでの政務調査会の廃止が好例)ではなく、構成員、議員が複数で協力しながら行う、ヨコの政治である。「チーム」のメタファーが繰り返されるたびに、排除ではなく包括の原理が、聞き手に伝えられていく。そして、そこから包括のフレームが形成され、増幅され、補強され、発展されていく。

次の発話では、この包括の原理を、さらなるメタファー「412人内閣」ということばに昇華させているところである。

(13) 政治主導は、1人でできるものではありません。100人弱の、政務三役で政治主導を進めるのではなく、412名の民主党議員全員で、政治主導を実現しなければなりません。いわば、412人内閣を作り上げたいと思います。その412人による、全員参加の内閣が、本当の政治主導を実現すると、私は信じています。

チームというメタファーを使って、包括の原理を暗示させてきたが、ここにきてそのチームの中味、つまり人数、名称からなる「412人内閣」という究極のメタファーを導入しているところだ。412人とは民主党所属の衆議院

と参議院の国会議員全員の人数である。その議員全員が、内閣に入り、内閣を構成する。412人のチームであり、チーム名は内閣である。

　本来は、内閣を構成するメンバー、そして人数は、各省庁の大臣、副大臣、政務官など選ばれたエリート議員たち、数十名である。国会議員全員が、内閣に入ることは現実的に明らかに不可能である。もしそうなったら、内閣は烏合の衆となり、機能不全に陥るであろう。したがって、もちろん、全員が内閣に入るわけではない。しかし、菅は「412人内閣」というメタファーを使うことによって、「チーム」のメタファーをさらに進歩、発展させることを試みている。エリート議員たちだけの内閣は悪であり、「全員参加の内閣」は善であるというフレームが再確認されていく。そして、それによる政治主導こそ、望ましい政治であり、善であるという、演説の骨格ができあがっていく。

　次の発話は、国会議員のみならず、国民を巻き込み、包括していく政治スタイルとして、「参加型民主主義」ということばが使われているところである。

(14)　民主党の原点とは、すべての国民が参加できる参加型民主主義であり、これを支える自由闊達な議論だと確信をいたしております。民主党結成から10年余り、私たちは文字通り全員参加の議論で政権交代を実現しました。時には青臭いと揶揄されながらも、国民の声を聞き、開かれた議論を繰り返し、政策の力を高めていきました。こうした真摯な姿勢が認められ、政権交代は実現したのです。

　「すべての国民が参加できる」政治を、陳腐で抽象的な「民主主義」ということばで表現するのではなく、それにさらなる具体的な形容詞を追加し、「参加型民主主義」という新鮮な響きのあることばで表現し直す。すると、それは従来の、使い古された感のある「民主主義」ではもうなくなる。古い、漠然とした「民主主義」のフレームから、全く新しい理念と価値を持った「参加型民主主義」のそれへと、変換、リフレーム（reframe）されていく。

そして、そこで行われる議論は、「開かれた」ものとなる。「開かれた」というメタファーは、われわれに「閉ざされた」というメタファーも同時に思い起こさせる。密室で、政治のエリートたちが少人数で話し合って、見えないところで決める政治ではなく、「開かれた」空間で、多くの人から見えるところで、わかりやすい形で公明正大に議論、決定される政治が提示される。「閉ざされた」は悪であり、「開かれた」は善であるという命題が補強される。

以上、みてきたように、菅の演説では、国会議員である聞き手中心に、聞き手のことが語られる。そこにみられるメタファーは、「50の職業」であり、「チーム」であり、「開かれた」である。これらはすべて包括の原理を象徴するものであり、全員参加の、巻き込みのフレームが形成されていく。

菅は、演説の最後を次のような挨拶で締めくくり、「チーム」プレーの構図が再確認される。それは菅個人を強調することばではない。個人プレーではなく、チームプレーである。1人の突出したリーダーが他のメンバーたちを率いる風景ではなく、メンバーが一丸となって協力し、目的を達成しようとする、いわば共同リーダー(collaborative leader)のいる風景だ。

(15) なんとしてもやり抜く、決意です。どうぞみなさん、よろしくお願いします。<u>一緒に、戦いましょう</u>。ありがとうございました。

「一緒に、戦いましょう」とは、戦友のメタファーである。代表選は、相手を敵とみなす熾烈な戦争であり、この戦争を「一緒に」「戦う」ことを呼びかける。リーダー、司令官が1人で戦うのではない。一緒になってチームで戦うのである。1人の卓越した強者、リーダーが行う政治は悪であり、倒すべき敵である。その敵に向かって、チームを組んで、全員で「412人内閣」の旗印で「戦う」という構図、フレームが再確認、強調されていく。

さて、それでは次に小沢の演説を詳しくみていくことにしよう。そこからみえてくるのは、菅の包括、「チーム」のフレームとは違った、対照的なフレームである。

5. 小沢

5.1 「最高責任者」のメタファー

　小沢は、演説の冒頭で、候補者としての自分の資質、能力、責任力を問うところから始める。そして、なぜ立候補するにいたったのか、その大義名分を述べる。いわば、「自分」にフォーカスした「物語」、ナラティブ（narrative）を語るのである。そして、その物語は、政治家としての小沢に正統性を付与することを意図されたものだ。小沢は次のように語り始める。

(16)　さて今回の立候補にあたっては、今日の危機的な政治経済事情の中で、果たして<u>自分</u>にその資質があるだろうか、政治の<u>最高責任者</u>として国民の生活を守るというその責任を果たすことができるだろうか、こう本当に悩み自問自答いたしました。それにもかかわらず立候補を決意したのは今政治を変えなければ<u>もう間に合わない</u>という<u>私の切実な思い</u>、<u>正々堂々</u>世に問いかけたかったからであります。

　小沢の冒頭発話には、自分以外の他者、国会議員の同僚たちに呼びかけ、その関係、つながりに着目し、参加を促し、共同でなにかを成し遂げることを目的とすることばはみられない。そこにあるのは、あくまでも「自分」のことであり、「最高責任者」のことである。そして、「最高責任者」、つまりリーダーとしての自分の能力、「資質」を問い詰めることである。

　さらに、立候補にいたった理由として、時間のファクターを提示する。これ以上、今日の政治状況を見過ごしていては、手遅れになる、「もう間に合わない」と述べ、これこそが、「私の切実な思い」だと主張する。この「思い」を一部の有力政治家との話し合い、密室での談合で決着するのではなく、「正々堂々」と訴えることが立候補の理由であると述べていく。「自分」、「最高責任者」、「正々堂々」といったことばは、意志の強さ、有能、責任感、強力なリーダーとつながったことばである。「もう間に合わない」、「切実な思い」とは、緊急性、使命感につながることばである。そこから構築さ

れるフレームは、満を持して、使命感に燃えて出現した強いリーダー、「最高責任者」のフレームである。そこには、強い個の確立が善であり、周囲に頼り、自分の主張を控える、曲げる、逃げる、あるいはなにもしないで様子をみる、風見鶏は悪であるという価値観が込められている。これは、次の菅の冒頭発話とは、好対照をなすものである。

(17) 日ごろ、話し合う機会が持てなかった若い<u>仲間</u>のみなさんをはじめ、多くの<u>仲間</u>と真剣に向き合うことができました。
(18) すべての<u>みなさんに心から感謝する</u>とともに、<u>みなさんの思いに応えるべく</u>、政権交代の原点、民主党の原点に立ち返りながら、民主党代表として、そして<u>内閣総理大臣</u>としての重責を引き続き、果た<u>させていただきたい</u>と思います。

　ここには、「仲間」と話し合う、「仲間」の意見を聞く、そして「みなさん」に感謝し、「みなさんの思いに応える」政治家がいる。それは、突出した強いリーダーではない。さらに、それは地位、役職名としての「内閣総理大臣」である。小沢の場合は、役職としての「内閣総理大臣」ではなく、危機感、緊急性の中での使命感にあふれた「最高責任者」、突出したリーダーのフレームが提示される。
　興味深いことに、菅は「～させていただく」という使役形をともなう受給表現を使っている。これは、相手からの許可を恭しくいただくというフレームを作り出すことばであり、強いリーダー、「最高責任者」のフレームとは全く逆のものである。

5.2　時間の流れのメタファー
　小沢の演説では、強いリーダー、政治家が時間的流れの中におかれることによって、話し手、つまり自分に正統性が与えられる。歴史という舞台に自分を位置づけることによって、鳥瞰図的に自分を客体化する。そこから客観性、必然性、普遍性、そして権威、信頼、信憑性が生まれてくる。次の発話

では、小沢の意思、決意が、時間的流れの中で語られていくところだ。

(19) 思い起こせば私は 27 歳で衆院議員に初めて立候補した際、選挙公報にこう綴りました。このままでは日本の行く末は暗澹たるものになる。こうした弊害をなくすため、まず官僚政治を打破し、政策決定を政治家の手に取り戻さなければならない。意思なき政治の行き着く先には国の滅亡しかありません。日本は敗戦を経ても、本質は変わっていないのではないか、若かりし頃の感じたその思いは初当選以来、今なお変わっておりません。

　日本という国家を、時間の流れの中で、旅を続ける主体として位置づける。そして、その中に自分のイメージを重ねていく。「思い起こせば」、27歳で政治を志し、立候補、初当選をした小沢、その時に訴えたのは、日本の「行く末」であり、官僚政治を打破し、政治家が主導する政治に変えていくことであった。なぜなら、政治家の強い意思のない政治の「行き着く先」は、国の滅亡であるからだと説く。国を歴史という時間の流れの中で、1 つの地点からもう 1 つの地点へと動く旅人にとらえ、到達点、つまり、「行き着く先」はこのままでは、滅亡以外のなにものでもない。そして、その「若かりし頃の感じた思い」は、今もなお変わっていないと述べる。その予想される歴史的必然を避ける 1 つの方法、原点が、自分の政治活動、そして立候補であるという論理の流れにつながっていく。小沢はその歴史的必然を、「自分の物語」を語ることによって、さらに次のように述べていく。

(20) その中で私は自民党の中にいながら、この改革は無理であることを骨身にしみてわかりました。だからこそ政権与党である自民党を飛び出し、真にしがらみのない政党を作り、政権を変えるしかないという決意を持ってこの 17 年間政治活動を続けてまいりました。

　小沢は、かつて自民党に属していた国会議員だ。それも、若くして、人事

権(公認権)や予算配分の実権を一手に握る党幹事長までも経験している。そういった党ナンバーワンの地位についても、官僚政治を打破することができないと「骨身にしみて」わかった小沢は、大決断をし、自民党を「飛び出し」たという。居心地のいい政権与党、そこはさまざまな権益、利益が付随してくるところだ。そこを「飛び出す」ということは、理由がなにであれ、尋常ではない。「飛び出す」は、大決断、尋常でない行動力、毅然とした個人、そして自信を内包するメタファーだ。「チーム」を否定し、個人の強い意志をどこまでもつらぬく強靭さを象徴することばである。

そして、この強い個人の不変性、持続性を「17年間」という時間を示すことばで形容していく。それは、1年(あるいは1年にも満たない期間)で首相が交代する昨今の日本の政治状況を考慮に入れると、極めて膨大な時間のかたまりだ。さらに、これを小沢が政治家になってからの時間という長期的スパンで考えると、さらに膨大な時間的流れとなる。小沢は次のように述べる。

(21) 官僚支配の140年のうち、40年間、私は衆院議員として戦い抜いてきました。

140年のうちの40年とは、ほぼ3分の1、半世紀に近い時間的空間である。その間、単に戦ってきたのではなく、「戦い抜いて」きたと述べる。さまざまな紆余曲折、逆境にも負けずに、自分の信念を貫いてきた小沢を象徴することばだ。真のリーダーとは、問題、障害が行く手に立ちはだかったとしても、挫折したり、転向したりしない者のことである、周りの圧力に影響されない者のことである、という認識がそこには込められている。いわば小沢のリーダーとしての正統性が、「40年間」という歴史の流れの中で確立されていく。

そして、このリーダーのメタファーは、遠近法でいうならば、直近の今日の政治、そしてもっと長い歴史的スパンの中での政治というふうに、交互に、近くと遠くにと、視点を変えて語ることによって、その現実性と正統性

を増していくことになる。小沢は次のように述べる。

(22)　私たちは今ただちにこの3年間を国の集中治療期間と位置づけ、徹底した改革を断行し、実行していかなければなりません。しかし改革は、明治維新以来140年続く官僚主導の政治を根っこから国民主導、政治主導に変えなければ、とても成し遂げられるものではありません。私の頭の中を占めているのはその思いなのであります。

　直近の今日の日本の状況をみた場合、民主党政権の残りの3年間（政権を実質的に選ぶ衆議院議員の残された任期）を「集中治療期間」とし、国の状況を病人にたとえるメタファーを用いる。病人を治す医者は民主党であり、病から人を救う救世主であり、ヒーローである。ただし、それは簡単に治る病ではない。「断行」、「実行」ということばが暗示するように、豪腕を持った強力なリーダーのみが治せる病なのである。
　さらに、これを歴史的スパンでとらえなおしてみると、「明治維新」にさかのぼり、今日までなんと「140年」も続く病なのであり、これを「根っこ」から完治しないといけないと述べる。短時間の応急処置で治すことのできない病であり、140年という長い年月をかけて蓄積、増殖された、根の深い病なのである。このメタファーは、事の深刻さを伝えるだけでなく、強い信念を持った毅然としたリーダーが必要不可欠であることを暗示している。それは、融和型で、協調型のリーダーではなく、断固として自分の信念を貫くリーダー、周りの不平、不満、批判をも恐れず、正義を成し遂げることのできるリーダーである。そのリーダー像を小沢は、自分のことばで次のように述べていく。

(23)　私は、代表となっても、できないことはできない、と正直に言うつもりです。しかし、約束したことは必ず守ります。
(24)　そして私自身は、民主党の代表、すなわち、国の最終責任者として、すべての責任を負う覚悟があります。

相手の批判を恐れ、できないこともできるというのではなく、「できないことはできない」と毅然として言うつもりだと述べる。一時的に周囲の歓心を買うのではなく、周囲が反対、批判しても、正義を貫く。そして、「約束したことは必ず守る」政治を行うと述べる。これは、菅政権になって危惧されている民主党マニフェスト変更、転換を指したものだともとれるだろう。国民との約束であるマニフェストを変更する政治は悪であり、約束を守る政治は善である。そして、党の代表は、立場上日本の首相であるというよりも、もっと厳密に、実質的に「最終責任者」としてすべての責任を負う存在であり、自分には当然ながら、その覚悟があると述べる。それは、政治がうまくいかなくなった場合、責任の所在を曖昧にして、逃げてしまう政治家ではなく、責任の所在を明確にし、すべての責任を自分に帰すという考え、決意、覚悟をそのまま述べたことばだ。この背後には、2010年夏の参議院選挙で民主党が大敗したにもかかわらず、執行部の誰も責任をとろうとしない菅政権の姿勢に対する痛烈な批判も込められているだろう。しかし、そういった相手陣営への批判という短絡的なメッセージを超えて、そこにあるのは、責任の所在を明確にした強力なリーダー像であり、これこそが小沢の描く自画像だといえるだろう。

さらに、今回の代表選を、小沢は自分の政治活動の歴史の中で、次のようなことばで形容していく。

(25) 私には自らの<u>政治生命</u>の総決算として、<u>最後のご奉公</u>をする決意でございます。

政治活動を命のメタファー、「政治生命」で語るところだが、代表になった場合、それは「最後のご奉公」になるという。民主党、そして国家という絶対的存在、主君に対し、「奉公」する使用人、家来として自分を位置づける。そして、それは「政治生命」でその終焉にあたる「最後」の「ご奉公」になると述べる。これは政治家としての究極の政治行動であり、チャレンジである。もう後がないということを意識した、生死をかけた代表としての政

治活動であり、なみなみならぬ決意がみなぎっていることばだ。実際、それは「政治生命」というメタファーを超えて、文字通り、人間の個体としての生死をかけたものでもあることが、明確に小沢の口から語られる。それは次の発話だ。

(26)　私は政治生命はおろか、<u>自らの一命をかけて</u>、全力でがんばる決意であります。

　「自らの一命をかけて」政治に臨むという小沢、そこからみえてくるのは、個人の責任、決意、さらには悲壮感さえ思い起こさせる覚悟だ。
　「最高責任者」、「最終責任者」、「最後の奉公」、「一命」、こういったことばは、すべて独立した個人、強烈な使命感を持った孤高のリーダーを象徴するものであり、「力」の概念にもとづいたアプローチといえる。これは、菅の「参加」「みなさん」、「チーム」ということばが象徴する「仲間意識」のアプローチと好対照をなすものである。
　演説の最後を締めくくる小沢のことば(26)は、先に取り上げた菅の最後のことばと比較してみた時、2つの相反する概念、排除の原理と包括の原理が鮮やかに浮かび上がってくる。菅の最後のことば(15)を再度、以下に引用しておこう。

(27)　なんとしてもやり抜く、決意です。どうぞみなさん、よろしくお願いします。<u>一緒に、戦いましょう</u>。ありがとうございました。

　ここにある菅のフレームは、小沢のように話し手が1人で独立して、強力なリーダーシップを発揮し、他の者がリーダーに追随するという「力」のフレームではない。むしろ、その逆に、リーダーと他の者が混然一体となった、チーム、「仲間意識」のフレームだといえよう。

6. 政治言語の限界

　ここまで、小沢と菅の演説をメタファーという観点からみてきた。小沢の排除の原理、そして菅の包括の原理、これを聞き手の側からの視点で少しみてよう。

　聞き手の「顔」、特に聞き手が、自分が相手から価値あるものと思われたい、尊敬されたい、好ましい者だと思われたい、という望み、願い、欲求、これを Brown and Levinson (1987) にしたがって、「肯定的顔」(positive face) と考えることにする。そうすると、小沢と菅の 2 人のアプローチで、どちらが聞き手の肯定的顔を満たす演説であるか、答えは自ずと明らかだ。「仲間意識」にもとづいた包括のことばが、聞き手の「肯定的顔」を満たすストラテジーになるといえる。目の前にいる聞き手に向かって、聞き手の能力、可能性を認め、聞き手への内閣参加を促す菅の「チーム」のメタファーは、まさにこの「肯定的顔」を保証し、育むメタファーである。

　ところが、興味深いことに、菅の演説を聞いて、雪崩の如く、菅支持へのうねりがおこったかというと、必ずしもそうはならなかったといえる。国会議員票に限っていえば、小沢の得票数は菅と互角のものであった。また、筆者が参与観察することができた大阪での街頭演説（2010 年 9 月 5 日、於大阪梅田ヨドバシカメラ前）では、菅よりはむしろ小沢の演説の方に、拍手、歓声が沸き起こり、聴衆たちの反応は小沢に対して、より好意的なものであった。聴衆の一部からは、「小沢コール」さえ湧きあがるほどであった。東京で行われた街頭演説でも同じような聴衆の反応が観察されており、毎日新聞（2010 年 9 月 5 日）は、「聴衆の反応で押され気味だった菅陣営幹部は「小沢コールには参った」ともらした」と報道している。民主党臨時党大会での最終演説を聞いた識者の 1 人である田中秀征元経済企画庁長官は、次のように述べている。

　　投票前の決意表明は、小沢氏が菅氏を圧倒した。小沢氏が確固たる決意を表明し、骨太の政見を述べたのに対し、菅氏は情緒的、感傷的な話が

多く、出席者にこびるような空虚な話が大半を占めた。菅氏の性格や政治手法が浮き彫りにされ、がっかりした国民が多いだろう。(時事通信 2010 年 9 月 14 日)

　演説会場に着席している直接の聞き手、受け手である国会議員をメインの一次的なオーディエンスとみなし、彼らに向けて語りかける「仲間意識」にもとづいた演説は、必ずしも国民にそのまま肯定的に受け入れられたとはいえないようだ。テレビをみる傍聴者、一般国民を二次的なオーディエンスとみなす菅のスタイルは、むしろ、上記の田中のコメントが代表するように、「出席者にこびるような空虚な話」としてとらえられた可能性も否定できない。それはなぜであろうか。
　政治言語の研究者である Duranti (1994, 2006) は、その人類学的アプローチから、人間は(政治家も含めて)、自分とはなにであるか、つまり自己を作り上げる作業を常に行っている存在であると考える。そしてこの自己形成とは、一時期に作り上げられ、完成し、そのまま存在するのではなく、形成のプロセスがずっと続くものであり、そのプロセスをモニターし、評価し続ける存在が人間であるとみなす。特に、政治家の場合は、ある特別で社会的な人間としての存在を常に作り続けることになり、これを「政治的自己」(political self) とよんでいる。そして、言語、非言語、そしてさまざまな政治活動を通じて、この政治的自己が選挙民に受け入れられ、支持されることを目指し、活動を行っていく。その際、この政治的自己が聞き手に受け入れられるかどうかの最も大きな試金石の 1 つが、「存在的同一性」(existential coherence) とよばれるものだ。これは、自分の過去、現在、未来の発言、行為、記述された文書、信念、世界観、評価などが、ある種の原理にもとづき、お互いに一貫しており、矛盾がない状態のことをいう。
　菅は、この「存在的同一性」をどのように作り上げていったか、あるいは、それに失敗したのか、これに最も関係が深かったのが、特に党首選前に行われた参議院選挙での「消費税発言」である。菅は、突然、2010 年 6 月 21 日に消費税増税法案をまとめたい、その際は、自民党の 10 パーセント案

を参考にしたいと発言する。それまで消費税問題は議論さえする必要のないものだとしてきた民主党の従来の主張から大きく離れたもので、あまりにも一貫性がなく、また唐突であり、国民、そして党内にさえ不信感を与えるものであった。

増税に対する国民の不安を和らげるためか、菅はさらに、年収200万から400万の世帯については、課税分のいくらかは還元すると述べてみたり、またその算定方法について二転三転するなど、その一貫性の無さをさらに露呈してしまう。この失態は、民主党の参院選での敗北の最も大きな要因の1つといわれており、実際、選挙後の7月29日の両院議員総会で、菅自身そのことを認め陳謝せざるをえなかった（共同通信2010年7月29日）。この菅の一連の言動は、「存在的同一性」を作り上げるどころか、逆に「存在的非同一性」を確かなものにすることになったといえるだろう。

党内外からの反発を恐れてか、代表選では、表立った議論、主張を避け、「社会保障とその財源は一体的に議論する必要がある」と曖昧な表現を繰り返すだけであった。このことは、「存在的同一性」を失くした「政治的自己」を、表面的なことばでどれだけ塗り替え、聞き手に魅力的なものにしようとしても、そこには自ずと限界があるということを物語っているといえる。実際、菅政権は、この後、地震、原発事故対応、マニフェスト後退、『一定のメド』発言をめぐる進退問題などで迷走し、1年3ヶ月という短命政権に終わってしまうことになる。

7. まとめ

民主党代表選挙での2人の候補者の演説からわかったことは、話者はことば、メタファーを使って、「政治的自己」を作り上げていたということだ。そしてそれは、「力」と「仲間意識」という概念をもとに分析できるものであり、2人はそれぞれの概念から生まれるフレームを作りだし、聞き手に自らの「政治的自己」を提示し、支持を求めていたといえる。

聞き手の肯定的顔を満たすストラテジーという観点からすれば、「仲間意

識」の概念のもと、包括の原理を象徴することばが聞き手に受け入れられることが予想される。しかし、結果は必ずしもそうではなかった。このことは、表面的なことばの選択、修辞、技法だけが、肯定的な「政治的自己」を担保するのではなく、ことばの背後に、ことばそのものを裏づけ、サポートし、補強するだけの「存在的同一性」が必要不可欠であることを物語っている。このことは、逆にいうと、「存在的同一性」の欠如した政治家は、どんなにことば戦略を練って、巧みな説得力を身につけようとも、人を動かすことはできないということになる。

　効果的な政治言語、そこには聞き手を意識し、さまざまなレトリックを駆使した戦略が考えられる。その根底に流れている原理として、Wirthlin (2004)は2つの要素を挙げている。1つは、ことばを通じて、聞き手とつながる(connect)関係を作り上げるということであり、もう1つは話し手が本物(authentic)であるということである。この「本物さ」の源にあるのが「存在的同一性」なのであり、ことばを駆使して、話し手は聞き手とつながるべく、日々、聞き手と「交渉」をしていることになる。

　総じて、政治言語は、ことばの機能、そしてことば、話し手、聞き手の関係のダイナミズムを明らかにするための、私たちの身近にある生きたデータの宝庫といえるだろう。

和文参考文献
東照二(2010)『選挙演説の言語学』ミネルヴァ書房.
池田佳子(2007)「街頭選挙演説に反映された発話の『宛て名性』：多様な聴衆との相互作用」『日本語用論学会大会発表論文集第三号』pp.1–7.
岡部朗一編(2009)『言語とメディア・政治』朝倉書店.
高瀬淳一(2005a)『武器としての言葉政治』講談社選書メチエ.
高瀬淳一(2005b)『情報政治学講義』新評論.
フェルドマン・オフェル(2006)『政治心理学』ミネルヴァ書房.
松田謙次郎編(2008)『国会会議録を使った日本語研究』ひつじ書房.

欧文参考文献

Alvarez-Benito, Gloria, Gabriela Fernandez-Diaz, and Isabel Inigo-Mora. (2009) *Discourse and Politics*. Newcastle: Cambridge Scholars Publishing.

Bell, Allan. (1984) Language Style as Audience Design. *Language in Society* 13: pp.145–204.

Bennett, Lance W., and Robert M. Entman. (2001) *Mediated Politics: Communication in the Future of Democracy*. Cambridge: Cambridge University Press.

Bloch, Maurice. (1975) *Political Language and Oratory in Traditional Society*. London: Academic Press.

Brown, Roger, and Albert Gilman. (1960) The Pronouns of Power and Solidarity. In Thomas A. Sebeok. (ed.) *Style in Language*, pp.253–276. Cambridge: MIT Press.

Brown, Penelope, and Stephen C. Levinson. (1987) *Politeness: Some Universals in Language Usage*. Cambridge: Cambridge University Press.

Duranti, Alessandro. (1994) From Grammar to Politics: *Linguistic Anthropology in a Western Samoan Village*. Berkeley: University of California Press.

Duranti, Alessandro. (2006) Narrating the Political Self in a Campaign for U. S. Congress. *Language in Society* 35(4): pp.467–497.

Goffman, Erving. (1974) *Frame Analysis: An Essay on the Organization of Experience*. London: Harper and Row.

Hall, Edward T. (1976) *The Silent Language*. New York: Anchor Books.

Lakoff, George. (1996) *Moral Politics: How Liberals and Conservatives Think*. Chicago: University of Chicago Press.

Lakoff, George. (2008) *The Political Mind*. New York: Viking Penguin.

Myers-Scotton, Carol. (1983) The Negotiation of Identities in Conversation: a Theory of Markedness and Code Choice. *International Journal of Sociology of Language* 44: pp.115–136.

Reddy, Michael J. (1979) The Conduit Metaphor. In Andrew Ortony. (ed.) *Metaphor and Thought*, pp.284–324. Cambridge: Cambridge University Press.

Reischauer, Edwin O. (1977) *The Japanese*. Cambridge: Belknap Press.

Shea, Daniel M., and Michael J. Burton. (2006) *Campaign Craft: The Strategies, Tactics, and Art of Political Campaign Management*. Westport: Praeger.

Wirthlin, Dick. (2004) *The Greatest Communicator*. Hoboken: John Wiley & Sons, Inc.

🦋🦋🦋 こらむ
議論から対話へのパラダイム・シフト

野島晃子

　これからの時代に必要なコミュニケーション力とはなんだろうか。語彙力や文法力といったものを指すのだろうか。それとも、もっと他になにか重要な要素があるのだろうか。この疑問に対する答えのヒントは、案外、わたしたちの言語行動のスタイルに隠されているかもしれない。

　これまで、西洋におけるコミュニケーションでは、議論・討論という手法が重視されてきた。自分と意見を異にする相手との間で、理屈、理論、情報をことばで戦わせ、自分の主張を貫き通し相手を説得する。話し手中心の独立型の会話スタイルだといえる。これに対し、日本では１つの発話を必ずしも１人で完結させるのではなく、聞き手も話に参加し、包括的に話をする「共話」（水谷 1993）という西洋の独立型とは違う会話スタイルが特徴としてあげられる。このような西洋と日本における会話スタイルの違いは、日米の会話を分析したメイナード（2000）やWatanabe（1993）の結果にもみることができる。

　近年，日本的な「共話」のスタイルとは異なるものの、話し手と聞き手が共に参加する協調的な会話スタイルへの傾向がみられるようになってきた。理論物理学者で、人間のコミュニケーションにも深い洞察を示したBohm（1996）は、「対話（dialogue）」を再定義するなかで、西洋におけるこれまでの議論（discussion）型のスタイルとは対照的なコミュニケーションの形であるとした。Bohmの定義においては、Dialogueの語源は、ギリシャ語の"dialogos"であり、"logos"とは「言葉の意味」を表す。そして、"dia"とは「～を通して」という意味を表す。よって、Dialogueとは、議論型のスタイルにみられるような話し手から聞き手への一方向的な「言葉の意味の流れ」ではなく、話し手と聞き手とが「言葉の意味を共有する」ことであるという。そして「対話」とは、お互いの考え方の違いをどちらが正しいのかを論争するような対立に結び付けるのではなく、共に理解し、影響し合う協働と協調のコミュニケーションであるとしている。

　Tannen（1998）もまた、議論型のコミュニケーションが、アメリカにおいてさまざまな深刻な問題を生み出す原因になっていると指摘している。相手を説得して話し手の主張を通すのではなく、話し手と聞き手とがお互いに歩み寄る議論型とは対照的なスタイルに、新しいコミュニケーションのヒントがあると主張している。これは、Tannen（1990）が定義した２つの会話スタイルの特徴にもあてはまる

といえる。1つは、情緒や感情中心で話し手と聞き手との間に、つまり、双方向的に親密さや心地よい関係をつくる目的である「ラポート・トーク（rapport talk）」である。これは「対話」スタイルの要素に共通しているといえる。もう1つは、話し手から聞き手への情報伝達を目的とする議論型の要素を含んだ一方向的なスタイルの「リポート・トーク（report talk）」である。

演説の名手といわれるオバマ大統領やアップル社前会長のスティーブ・ジョブズの演説を分析してみると、話し手中心の一方向的なコミュニケーションではなく、話し手と聞き手が1対1の対話をしているかのような、聞き手を巻き込んだ擬似型の対話が展開されているのをみることができる。近年、アメリカにおいてBohmやTannenが主張した「対話」スタイルへのシフトがみられるようになってきたといえるのではないだろうか。

たとえば、オバマ大統領がアリゾナ銃撃事件直後に行った追悼演説（2011年1月12日）をみてみよう。

> But at a time when our discourse has become so sharply polarized, at a time when we are far too eager to lay the blame for all that ails the world at the feet of those who happen to think differently than we do. It's important for us to pause for a moment and make sure that we are talking with each other in a way that heals not in a way that wound.
> （わたしたちの意見がこんなにはっきりと対立してしまっているような今日において、世の中のすべての争いごとを、自分とは意見の異なる相手のせいにあまりにもしたがるような今日において、大切なことは、傷つけるような言い合いをするのではなく、いったん立ち止まって、お互いに癒すことができるような対話をすることではないでしょうか。）

> For those who were harmed, those who were killed, they are part of our family, an American family 300 million strong. We may not have known them personally, but surely we see ourselves in them.
> （負傷した方々、亡くなった方々は私たちの家族の一員であり、揺るぎない3億のアメリカ人の家族の一員なのです。私たちは個人的には彼らを知らなかったかもしれませんが、間違いなく私たちは彼らに自分たちを重ね合わせるのです。）

話し手と聞き手との一体感を表す包括の「私たち」（inclusive we）ということばを

使うことによって心理的距離を縮め、親近感や連帯感といった仲間意識を生み出す。「対話」や「ラポート・トーク」に定義される要素を盛り込み、自分と聴衆との間に親密な関係をつくりあげようとしていることがわかる。

　日本においても、相澤ほか(2004: 1)が「今日、情報は豊かになったが、コミュニケーションは豊かになったといえるか？」という問いを提起し、豊かなコミュニケーションの要素として、情報の伝達や単なる意志の疎通にとどまらない、感情や信頼、連帯といった対話的・情緒的関係としての事柄をあげている。

　つまるところ、これからのコミュニケーションには、自分と相手との視点や意見の違いを対立に結び付けるのではなく、相手のことばにも耳を傾け、お互いの多様な見解を分かち合う双方理解が、言語を問わず重要になってくるといえるだろう。

和文参考文献

相澤哲・下村雄紀・桑田優(2004)「『コミュニケーション』を考えるために」『コミュニケーション問題を考える―学際的アプローチ―』ミネルヴァ書房.
泉子・K・メイナード(2000)『情意の言語学「場交渉論」と日本語表現のパトス』くろしお出版.
水谷信子(1993)「『共話』から『対話』へ」『日本語学』12(4): pp.4–10. 明治書院.

欧文参考文献

Bohm, David. (1996). *On Dialogue*. Edited by Nichol, Lee. London: Routledge.
Tannen, Deborah. (1990). *You Just Don't Understand*. New York: Morrow.
Tannen, Deborah. (1998). *The Argument Culture: Stopping America's War of Words*. New York: Random House.
Watanabe, Suwako. (1993). *Cultural Differences in Framing: American and Japanese Group Discussions*. In Deborah Tannen (ed.). *Framing in Discourse*. pp.176–209. New York: Oxford University Press.

参考 Web ページ

Remarks by the President at a Memorial Service for the Victims of the Shooting in Tucson, Arizona, The White House.〈http://www.whitehouse.gov/the-press-office/2011/01/12/remarks-president-barack-obama-memorial-service-victims-shooting-tucson〉2013.2.14

第 9 章　司法コンテクストにおける
　　　　　コミュニケーション能力

堀田秀吾

　【要旨】　本章では、裁判員裁判における評議というプロセスについて、本物の裁判官と市民の対話をコーパス化した資料を基に、さまざまな言語学と社会心理学的な知見を用いて、そこに見られる司法コミュニケーションの特色を定量的に明らかにするとともに、裁判員時代に求められる司法コミュニケーション能力について考察を進める。加えて、裁判員制度施行前後の判決文を比較することによって、その言語使用の変化を観察する。

1.　はじめに

　2009年に国民が刑事裁判に参加する裁判員制度が導入され、これまでほとんど司法の世界とは無縁だった国民が裁判の世界に身を置くことになった。裁判員裁判においては、国民の中から選ばれた裁判員が、検察官、裁判官、弁護人、被告人、証人などの法廷に登場する人々の話を聞いたり、証人や被告人らに自ら質問をしたり、裁判官や他の裁判員と議論をしながら判決を決めていく。国民が法の世界に関わるのは、何も裁判の世界だけではない。離婚や金銭トラブルなどで、調停、仲裁、民事裁判などの形で私たちは法の世界に触れることもある。それどころか、私たちの生活は法との関わりなしには成立しない。また、それぞれの場面で必要となるコミュニケーションの方法や能力も大きく異なる。本章では、スペースの都合上、特に裁判という場面に絞ったコミュニケーション能力について考察を進めていく。

2. 法と私たちとコミュニケーション

　私たちは遺産相続の場合のように胎児の段階[1]から著作権の場合のように死後まで[2]ずっと法に関わっている。親子や兄弟、親類といった血縁関係は法律に基づいて決められているものであるし、私たちが住んでいる家屋には、賃貸契約あるいは売買契約といった契約のもとに住んでいる。買い物をする際も、法律で定められた通貨を使って、法律に基づいた形で物品の取引をしなければならない。道のどこを歩くか、他人とどう関わっていくか、何を使うかなど、私たちの身近な行動を考えてみても、法律が関わらない行為を探す方が難しい。インターネット掲示板への書き込みが原因で逮捕される人々のことがしばしば報道されるが、脅迫や名誉棄損のように、書いたり言ったりしたことばが元となって犯罪が成立してしまう場合さえある。このように、私たちの生活の実に様々な場面で法と関連したコミュニケーションが起こる可能性が存在する。そういった場でのコミュニケーションをどう遂行していくか。そこに必要なコミュニケーション能力とはどのようなものか。これらを知り、コミュニケーション能力を身につけて行くことは、私たちが平和に生活をしていく上で非常に重要なことであろう。

3. コミュニケーションと司法コンテクスト

　Crystal(1991)によれば、コミュニケーションとは、記号体系を用いた情報源・受信者間の情報の伝達を指す。一方、司法とは「法に基づく民事（行政事件を含む）・刑事の裁判およびそれに関連する国家作用」(岩波書店　広辞苑第五版)と定義されるように、裁判過程や国家権力による法の行使などを意識したことばと解釈できるだろう。「司法コンテクスト」という表現を単純化してここでは裁判過程に関わる場面と解釈するなら、司法コンテクストにおけるコミュニケーション（以下、司法コミュニケーション）というのは、音声言語または文字言語という記号体系を中心に、検察官、裁判官、弁護士、原告・被告、被告人、証人、裁判員などを情報源・受信者とした情報

の伝達を指すことになるだろう。もちろん、厳密に言えば、裁判では映像も用いられるし、態度やしぐさ、表情などの周辺言語的要素（ジェスチャーや目線などのようにことばそのものではないが伝達内容に影響を与える要素）も含まれるが、ここではそれらは考察の対象としないことにする。

4. 司法言語

　司法コンテクストで必要なコミュニケーション能力が何かを考えていくにあたっては、司法の言語がどのようなものかというのを明らかにすることも大事だろう。司法の世界の言語を司法言語と呼ぶとすれば、司法言語にはどのような特徴があるのだろうか。Gibbons (2004) は、司法言語の特徴として、専門性 (technicality)、書記性 (writtenness)、複雑性 (complexity)、権威性と形式性 (power and formality)、制度性 (institutionality) を挙げている。制度性という概念は少々わかりにくいかもしれないが、インタビューや医師と患者の会話、裁判でのやりとりなどのように、会話参加者の一方が何らかの（公共的）機関の人間として参加している形態の会話を制度的談話 (institutional talk: Drew and Heritage 1992) と呼ぶ。本論では、これらの特徴をできるだけ経験的な手段で証明し、そこから司法コンテクストに必要なコミュニケーション能力を同定していく。

5. 司法コンテクストのコミュニケーション能力―概論

　Canale and Swain (1980) は、コミュニケーション能力の3要素として「**文法的能力**」「**社会言語的能力**」「**方略的言語能力**」を提唱するが、司法コミュニケーションではこれらの各能力について、大まかにどのようなものが必要なのであろうか。
　かつてイギリスでは、一般社会では英語が共通語となった後も、法廷ではフランス語で用いられていたということが続いた。そのため、法廷と法廷外では別の「文法的能力」が必要であったことがあるし、多言語国家では裁判

で用いられる言語と生活の言語が異なるということは非常によくあることである。たとえば、イギリス連邦の国々では唯一の法廷言語が英語であることも多く、英語を十分に使えない者が誤解や不当な扱いを受けるなど、言語の違いによって様々な深刻な問題が生ずる(Powell 2008)。

　日本では法律で「裁判所では、日本語を用いる」(裁判所法第七四条)と定められていることから、ほとんどの日本人の生活言語である日本語以外の語彙、形態規則、統語規則、音韻規則といった「文法的能力」は求められない。語彙という面では、かつての日本では明治時代に作られた法律文に基づいて法が運用されていたため、極めて難解な語句の使用が多々見られたが、近年法律の条文の現代語化が進んだこと、および裁判員裁判の導入に伴って法廷用語の平易化が進められたことなどから、市民の言葉と法廷の言葉のギャップが減少してきてはいる。しかし、依然として裁判員のいない法廷では、法律用語はもちろんのこと、「しかるべく」「差し支えます」「思料します」など独特の言い回しが残っている。また、「又は」「若しくは」「及び」「並びに」などの接続詞には法律文に独特の使い分けが存在したり(大河原2009)、「原告と被告とを離婚する」のように、通常の日本語では「離婚させる」のように使役の接尾辞「させ」を伴って使われる動詞も、接尾辞なしで使役の意味で用いたりするなど、若干の独特の文法的規則も存在する。法曹には、こういった言語体系の習熟が求められるため、そういった意味では、一般市民とは多少異なる「文法的能力」が必要と言えるかもしれない。

　「社会言語的能力」は、**談話能力**と**社会文化的能力**などの社会文化的な語用論的運用能力であるとも言えるが、裁判の世界では裁判の世界ならではの参加者、役割、目的、音声言語・文字言語の別、および裁判の種類があり、それぞれ異なるルールが支配し、さらにはそれらが複雑に絡み合い、必要な能力も複雑化する。法律家という参加者および文字言語という側面では、裁判官・弁護士・検察官はそれぞれ判決文、冒頭陳述書、証拠書類、各種調書など裁判で用いる様々な書類を司法の世界に独特の言語体系で書く必要がある。また、日本の民事裁判では、口頭弁論と言いつつ、実質的には「陳述いたします。」と述べて、その陳述内容の書かれた書類を提出するだけだった

りする。発話行為としては、単に意味を伝えるべく文を述べる作用である「陳述」というよりは聞き手に対して自分の行為が何かを示す作用である「宣言」なのである。法律家にはこのような独特な「社会文化的能力」が要求される。

　裁判員裁判においては、また違った「社会文化的能力」が要求される。話し手が、聞き手との関係において社会的差異を低減 (convergence) あるいは強調 (divergence) するためにスピーチ・スタイルを変えること**スピーチ・アコモデーション**（Street and Giles 1982）と呼ぶが、検察官や弁護士は、裁判員に自分の言っていることをしっかりと理解してもらい、時に共感を得てより自分に有利な判断に導くことを目的としてスピーチ・アコモデーションを行う。同様に裁判員裁判の評議では、裁判員が、法律の専門家であり、お上である裁判官達に臆することなく、対等かつ自由闊達に意見を述べることができるように裁判官も裁判員に対してアコモデーションを行う。法曹のみで行われる裁判では、事務的な**リポート・トーク**（Tannen 1990）になる傾向があるが、裁判員は様々なバックグラウンドおよびコミュニケーションスタイルの人々がいるため、リポートトークを好む者もいれば、より心理的つながりを重視した**ラポート・トーク**的なコミュニケーションを好むものまで連続体として混在しているであろう。したがって、評議の進行役である裁判官にはその連続体を意識した話し方が求められる（大河原 2008: 145）。

　話題の**結束性**（cohesion）および**一貫性**（coherence）に関しては、公判廷内でのやりとりにおいては、通常は準備された書面を読み上げることが多く、証人や被告人に対する質問もあらかじめ準備された質問事項にしたがってやりとりがなされる。したがって、発言や内容がかなり厳格にコントロールされており、高い話題の結束性と一貫性が見られる。その意味では議論という形態を取るため一見自由度が高そうな評議においても、裁判長の指揮のもと論点を中心に議論が進められていく（藤田 2010）ため、通常の会話や議論よりもはるかに高い話題の結束性と一貫性が見られる。法律家としてはそのように場と言語をコントロールしていく能力が、証人や被告人、裁判員としては、それに対応する能力が必要となる。

「方略的言語能力」については、上で述べた民事裁判での形式上の口頭弁論の例のように、法律家同士であれば特にうまく伝えるという手段は裁判官に有利に捉えてもらうための文面上の伝達方法での方略に限られるが、裁判ではかなり複雑なものが必要となる。O'Barr (1982) は、証人の話し方を、(1)「パワー・スピーチ (power speech)」と「パワーレス・スピーチ (powerless speech)」という対比、(2)「叙述的」(narrative)(質問に答えるのではなく証人自らが自発的に話しをする形式)な証言と「断片的」(fragmental)(弁護士、検事の質問に対して回答する形式等)な証言の対比、(3)そして二人の話者が同時に発言してしまった場合に、片方の話者が「押し通す」場合と「引く」場合のパターンに分けて、証人および弁護士、および発言内容の信頼性や評価に差異があることを明らかにした。この実験では、同時に話し手および聞き手の性別や社会的地位などによっても差異があることが観察された。これらのことが示唆するのは、裁判では、その結果が関係者の人生に大きな影響を及ぼしかねないため、公平さを保つために様々な要因を考慮した言語使用が要求されるのが基本ではあるが、各参加者が自分の立場や利益に基づいた、方略的な言語使用を実行していく能力が必要となってくる。

このように、司法コンテクストのコミュニケーション能力は、裁判という場に絞ってみただけでも、非常に多様な能力が要求されることが明らかになった。以下では、より具体的、経験的なデータを使って、司法コンテクストの言語使用の実態を明らかにし、そこから必要なコミュニケーション能力を同定していく。

6. 裁判官レジスター

裁判官は、法律の専門用語を多用して難解なことばを使用するイメージがあるが、実際のところ、どういうことばを使っているのだろうか。こういう疑問に定量的に明快に答えてくれるのが、コーパスの分析である。ここで見ていくのは裁判員裁判における評議の言語データを集めたコーパスである。評議と言うのは、法廷で見聞きしたことをもとに、別室で裁判官と裁判員が

事件について一緒に議論をし、判決を決める作業のことである。ここでは、裁判官と裁判員がまったく同じテーマについて語り合うために、両者の共通点と相違点が見つけやすい。

　堀田(2010)は、日本各地の裁判所と検察庁と弁護士会が合同で開催した法曹三者合同模擬裁判における評議を文字起こししたものを利用し、裁判員と裁判官を比較することによって裁判官に特徴的なことばを抽出している。模擬評議ということで事件自体は本物ではないが、参加している裁判官は全員本物であるし、市民も本物である。したがって、そこで行われているコミュニケーション、言語使用は本物である。また、本物の裁判の評議は非公開なので、この合同模擬裁判が私たち研究者が利用できる唯一の資料と言っても良い。利用したコーパスは、強盗致傷、殺人などさまざまな事件を集めたもので、そこから統計的な手法を使って使用頻度において裁判官と裁判員の間に有意差があるものを抽出し、そこから裁判官に特徴的な表現を以下の基準で数名の大学法学部生および法学部出身者に評価してもらうことによって、法律家的な表現(法律用語ではない)を抽出している。

　　A:　一般の人が通常ほぼ使用しない法律用語(4点)
　　B:　一般の人にもたまに用いられる法律用語(3点)
　　C:　法律家が法的なコンテクストでよく用いる日常語(2点)
　　D:　法律家も一般人も普通に用いる日常語(1点)

　こうして収集した評価の点数を合計し、平均値が2.5点以上の表現に絞ったものが以下のリストの41語である．

　裁判官の特徴語リスト(法律的表現)($p<.01$)(括弧内の数字は、それぞれ平均評点、標準偏差を表す)

　被告人(3.4, 0.55)、供述(3.4, 0.55)、検察官(3.4, 0.55)、本件(3.2, 0.84)、弁護人(3.4, 0.55)、番さん(3.4, 1.34)、争点(3.0, 1.00)、証拠上(3.4, 0.89)、被害者(3.2, 0.45)、推認(3.8, 0.45)、裁判員(3.2, 0.45)、弁論(3.4, 0.89)、乙(3.6, 0.89)、弁解(2.8, 0.84)、裁判官(3.6, 0.55)、論告(4.0, 0.00)、評議(2.8, 1.10)、号証(4.0, 0.00)、捜査段階(3.6, 0.89)、突き刺す(3.0, 1.41)、証拠関

係 (3.6, 0.89)，血痕 (3.2, 0.84)，事案 (2.6, 0.55)，公判廷 (4.0, 0.00)，法律上 (3.4, 0.89)，控訴 (3.6, 0.55)，態様 (3.2, 1.10)，起訴 (2.6, 1.14)，殴打 (3.0, 1.00)，裁判所 (2.8, 1.10)，法廷 (3.4, 0.55)，共謀 (3.4, 0.89)，強盗致傷 (4.0, 0.00)，宣告 (3.6, 0.55)，犯行 (2.8, 0.45)，共同正犯 (4.0, 0.00)，未決 (3.0, 1.41)，科す (3.2, 0.84)，勾留 (4.0, 0.00)，合議 (3.4, 0.89)，証拠調べ (3.6, 0.89)

　ざっと見てみても漢字だらけであるし、あまり私たちが日常で使わないことばが多いことがわかる。法律のことばの場合は、たとえば上掲のリストで見ると、「供述」「論告」「共同正犯」などは、法律世界の概念であり、言い換えが困難なものもある。個別の職業集団，または社会集団と関連する表現群をレジスターと呼ぶ (Wardhaugh 2006: 52) が、このリストに挙げられている表現の多くは、裁判官あるいは法律家に特異なものであり、裁判官のレジスターと言える。しかし、裁判官と裁判員の会話では、前述のスピーチ・アコモデーションが起こっており、これらはその調整後のことばのデータから抽出したものであるので、このリスト上の表現は評議という場に限って言える裁判官のレジスターである。

7. 発話量分析

　法廷内での言語使用は、非常に「制限的」ということで知られている (Eades 2010)。たとえば、誰がどの順番で話すのか、何について話すのか、どう話すのかなどということについて、決まった方法や規則がある。しかし、評議室では事情がかなり異なる。堀田 (2010) で、裁判官と裁判員の評議室での会話を文字起こしした反訳における語数を数え、発話量として比較したところ、裁判長は 9 人いる合議体全体の 4 割も一人で話していることが明らかになった。(これは、裁判員の義務や法律の説明などの裁判長として不可避な発話を除いたものであるので、実際にはもっと話している。) ただ、一発言あたりの語数で考えると、裁判長が全参加者の中で一番短い。一

方、裁判員は、年齢が男女とも年齢が上がるほど話す量が多くなり、男女間では男性の方がよく話す。陪席裁判官は、裁判員とほぼ同じような発話量であることから、裁判員と陪席裁判官は議論への参加度合が同様であると考えられる。また、質問・返答の割合を見てみると、裁判長の質問が全発話の3割程度で、裁判員の応答も3割程度とほぼ同数であることから、裁判長と裁判員の間で質疑応答が繰り返される形式であるということが窺える。コミュニケーション能力に関して言えば、評議体によっては、発話量が1％前後の裁判員、つまり議論の1/100しか参加していない裁判員がいる評議があり、そのような評議では、裁判員制度導入の趣旨である市民感覚の反映が実現されているとは言えない。したがって、裁判長をはじめとしたその合議体の参加者が消極的な他の参加者の参加度合いを高めるための配慮を行うのも裁判員裁判におけるコミュニケーション能力の一部となる。

8. 議論の複線化

　評議では、9人が議論する。その中で、誰が誰にどれだけ話したということを調べることによって、その議論体、すなわち議論をしている集団のターン・テイキングのダイナミクスが見て取れる。以下がその分析例である。

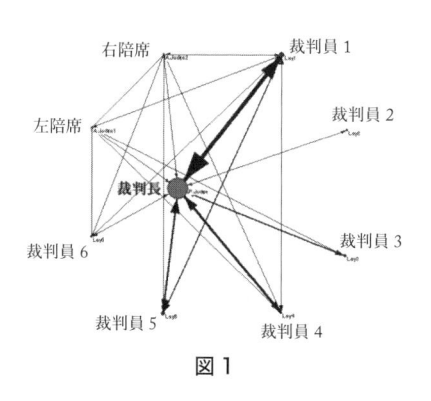

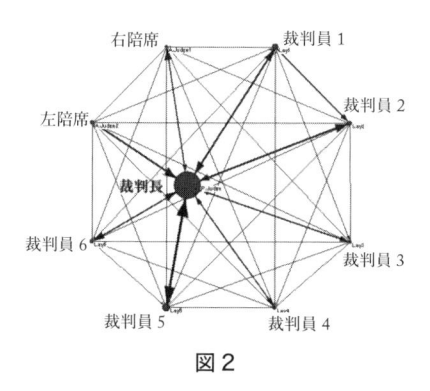

図1　　　　　　　　　図2

図1,2で、円はそれぞれの参加者を、大きさがその参加者の総発話量を表す。矢は、その先で結ばれた参加者同士でやりとりがあったことを示し、矢の太さがやりとりの量を表す。図1では、裁判員2が裁判長とのみやりとりをして、他の参加者とやりとりをしておらず、他の裁判員も裁判員同士ではあまりやりとりを行っていない様子がわかる。一方、図2では、各参加者が他の全ての参加者と適宜やりとりは交わしている様子がわかる。より多くの参加者とやりとりを複線的に行うことを議論の複線化と呼ぶことにすると、図2は複線化が成功している議論ということになる。議論の複線化が裁判員裁判における評議には望ましいということが堀田・藤田（2007）では述べられている。複線的議論は、社会心理学における集団意思決定論の種々の先行研究において、①複雑な課題を解決するのに優れている、②多面的に検討した上で判断することに優れている、③参加者の士気と満足度は高くなるということが観察されている。これを裁判員裁判に当てはめて考えると、一般的に事件は現実世界の複雑な状況で発生し（=①）、裁判員裁判導入は市民感覚の反映が目的、すなわち様々な視点を取り入れる目的があり（=②）、参加者の士気と満足度というのは、参加の積極性に影響すると考えられるため、最終的に裁判員制度の目的の1つである国民の主体的参加（=③）につながると考えられる。したがって、複線的講論が裁判員裁判の評議においては、望ましい議論形態であることがわかる。

　判決を決定する最も重要なプロセスである評議という場のコミュニケーションでは、年齢や性別、役割といった要因が発話量に影響を与え得ることは先に見たが、市民感覚を引き出すためには、十分な発言機会の下にできるだけ色々な参加者と意見を交換し合うことが望まれる。そのためには、それぞれの参加者が複線化を意識し、お互いの発言量の確保のために気遣い合うことが望まれる。そして、それを実現するのは、当該事件のために一度しか招集されない裁判員達ではなく、常にその場に携わる裁判長や陪席裁判官達であるから、裁判官達のそれらを実現するコミュニケーション能力が重要になってくる。

9. 発話行為

　発話行為(speech acts: cf. Austin 1962, Searle 1979)とは、要求、命令、謝罪のように発話によって達成される行為のことである。たとえば、子どもが母親に「お腹すいた」と言うのは、単に子どもが自分の空腹を描写しているだけではなく、食事を要求しているので、要求という発話行為が成立していることになる。このような発話行為という観点から評議を見てみるとどのようなことが見えるだろうか。ここでは、Austin等の先行研究における類型に加え、評議におけるコミュニケーションをより精密に捉えられるように設定した27種類の発話類型を利用した発話行為分析(堀田・橋内・藤田 2008)を見て行く。

　以下が27種類の発話類型である。

　　命令・指示・要請、行為依頼、発話指名、論点の確定・まとめ、発言への感想・評言、許可、自由発話要求、指摘、確認・詳細追求、質問(Open)、説明(法律)、説明(事実・証拠)、提案、質問(Yes/No；二択)、その他の質問、相槌・復唱、他者の発言への補足、反対・別の見解や視点の提示、宣言、謝罪、自己の発言への補足、意見(主張)、引用、同調、応答(叙述的)、応答(肯定／否定)、その他

　これらの発話行為は、様々な種類の調査に汎用的に対応できるようにデザインされている。調査内容に応じて、一定の類型を選択し、その頻度を集計することによりコミュニケーションの「質的」側面を「定量的」に観察することが可能になる。ここでは、裁判員の「主体的参加」が実現されているかどうかを評価する一方法として利用してみたい。図3は、発話行為の分布を対応分析(林の数量化Ⅲ類とも呼ばれる)という統計処理を施し、プロット図に表したものである。(ソフトウエアの都合で、重複している部分が見づらいことについてはご寛容いただきたい。)

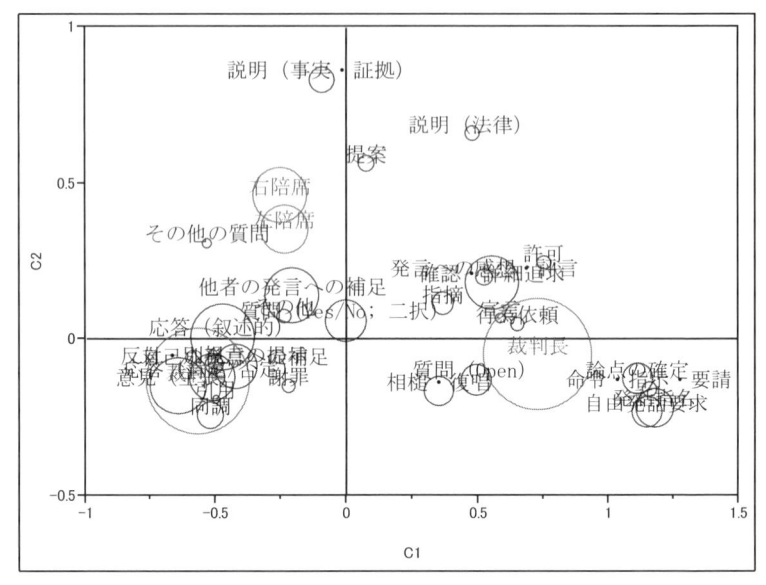

図3　発話行為の分布

　図3において、円の大きさは頻度を表す。大きい円ほど出現頻度が高い。対応分析においては、円と円が近いほど質的に近く、縦軸と横軸が交差する点、すなわち原点に近いほど中立的で、原点から遠いほど同方向に布置されている参加者に極めて特徴的な発話行為と考えられる。例えば、左上に部分的に重なって出ている「右陪席」と「左陪席」は質的に近いと言え、原点近くに出ている「Yes/No；二択」は全ての参加者に同程度の頻度で観察される発話行為と言え、図右下に重なって出ている「発話指名」「自由発話要求」は同方向に出ている「裁判長」の極めて特徴的な発話行為と考えられる。

　このように見て行くと、右下の裁判長に特徴的な発話行為は、「発話指名」「自由発話要求」「論点の確定・まとめ」「命令・指示・要請」などの議事進行に関するものが多く、裁判長の議論の「進行役」という役割を色濃く示している。また、これらを精査してみると、裁判員の直前の発言に対する裁判長による詳細の追求・確認を行う「尋問型」の質問が多い。評議内での

立場の差異を示唆する、このような特徴は、裁判官が議論の論点を明確にすることに努めていることから生じているのだろうが、形式的には裁判長と裁判員の制度的談話の性質を表しているとも言える。また、「評言(コメント)」は、裁判員の意見への影響力が強いため、裁判官の立場からは避けるべきと考えられるが、裁判官の特徴的発話行為となってしまっている。

一方、裁判員の特徴的発話行為を見てみると、「意見」「同調」「応答(叙述的)」「応答(肯定／否定)」「意見を述べる行為」などの意見を述べる行為に集中しており、他の発話行為をほとんど行わない。これも、裁判長の発話行為と対比すると、制度的談話の特徴を示していると言える。興味深いのは、「応答(叙述的)」に関して、陪席裁判官と裁判員がほぼ同様に分布していることから、これらの参加者が裁判長からの要請に応じて発話している可能性を示唆する。裁判員には「謝罪」も特徴的発話行為として表れており、これは裁判員の弱い立場、あるいは自信のなさを示唆していると考えるならば、裁判官と裁判員の力関係を表していると考えられる。

陪席裁判官は、「提案」や「その他の質問」、そして弱い傾向ではあるが、「他者の発言への補足」のような発話行為が特徴として表れている。陪席裁判官と裁判長と裁判員の三者を比較した場合、全体的には、陪席裁判官と裁判員の特徴的発話に近いことがうかがえるし、これらの参加者は裁判長とは反対の軸の左側に現れている。つまり、少なくとも発話行為としては、これまでの先行研究でよく言われていた「裁判官 vs. 裁判員」ではなく、「裁判長 vs. それ以外の参加者」という構図となっている。いわば、裁判員と陪席裁判官との談話の制度性は喪失していると言える。しかし、この制度性の喪失は、裁判員と裁判官との立場の差異を軽減して裁判員が発言しやすい雰囲気作りをするという意味では重要である。

10. 評議における各参加者に求められるコミュニケーション能力

以上、模擬評議コーパスの分析から、裁判官の発話量の多さ、専門用語の使用を分析することによって専門家・素人としての参加形態の差異と裁判官

の語彙に関する専門性が明らかになった。また、コミュニケーション・ネットワークの分析から、望ましい議論の形態にも触れた。さらに、発話行為分析から、参加者の発話行為を同定することによって、役割の差異といった制度性、および裁判員と裁判官の力関係が明らかになった。

こういった分析を通して裁判員と裁判官の発話および両者の談話の特徴がある程度明らかになったが、裁判員裁判のスローガンである「私の視点、私の感覚、私の言葉で参加します。」という観点から考えると、各参加者に求められるコミュニケーション能力が明らかになってくる。裁判長や裁判官は、複線化や制度性・力関係の影響を抑えて、裁判員から市民感覚を引き出すためのコミュニケーション能力が求められる。一方、裁判員は必要以上に裁判官に影響されることなく、複線化が進むように様々な参加者とやりとりをしていくことおよび自分の感覚を伝えて行くことが求められる。とは言うものの、裁判官の中でも、裁判長と陪席裁判官の間で求められるコミュニケーション能力は違ってくるだろう。裁判長、あるいは議事進行役を担っている裁判官を補佐しつつ、裁判員により近い立場で制度性を軽減するようなコミュニケーションを実現していくことが肝要であろう。

11. 判決文の変化

裁判員裁判が導入されて変化が起こったのは法廷内だけではない。判決文にも大きな変化が見られるようになった。以下、実際にどのような変化がもたらされたかを、判決文の定量的な分析から簡単に見て行く。

堀田 (2011) では、裁判員制度導入前後の強盗致傷および殺人事件の判決文のコーパスを作成し、比較を行っている。単純に比較して、裁判員裁判導入前と導入後では、まず、1判決文あたりの語数で見てみると、制度施行前は、平均 4054.2 語で構成されているのに対し、施行後は 2034.6 語となっており、約半分にまで減っている。すなわち、判決文全体の長さが、裁判員制度施行後は約半分になったと言える。殺人事件に限って言えば、12101.5 語から 3199.3 語へと約 1/4 にまで減少している。また、1文あたりの長さに

ついては、制度施行前は平均98.6語であったのに対し、施行後60.3語と、38.3語も短くなっている。

次に、特徴語の分布を見てみると、全体としては、制度施行前の方に特徴語が集中する傾向があり、これは、制度施行前の判例にしか使われていない表現がたくさんあるということを示す。各コーパスの特徴語を、有意差があるもののうち、差が大きいものから順に上位20語を集めると、表1のようになる。

表1　各コーパス上位20語リスト

	強盗致傷・施行前	強盗致傷・施行後	殺人・施行前	殺人・施行後
1	暴行	ハンドバッグ	けん銃	被害者
2	強取	ミラー	殺害	息子
3	強盗致傷	強盗致傷	指示	包丁
4	金品	甲	言う	父親
5	第	刑	事務所	アスペルガー
6	取る	脅迫	保険	症候群
7	判示	抄本	死体	首
8	傷害	示談	同年	量刑
9	抑圧	つかむ	保険金	母親
10	窃盗	発進	殺人	押
11	反抗	更生	電話	事情
12	奪取	暴行	子	検察官
13	スプレー	酌量減軽	供述	甲
14	名	レジ	公判	刃
15	加える	先生	発	突き刺す
16	窃取	女	死亡	絞める
17	慰謝料	強盗	ホテル	殺意
18	警棒	警備	共済	バンダナ
19	脅迫	被害	手形	刑
20	現金	以下略	発射	傷

施行後の判決文の特徴語を抽出してみると、施行前の判決文に見られる「強取・奪取」「金品」「抑圧」「判示」「窃取」「殺害」などの法律用語や司法コンテクストで頻繁に用いられる一般語彙の使用が避けられる傾向がある。さらに、「上記」「旨」「記載」「ないし」「同月」「同日」などの書き言葉的な表現は、制度施行後の判決文では極端に少なくなっているし、地の文で、「です、ます」調がいくつかの判決で採用されている。判決文も多少、話し言葉に近く書かれるようになってきている傾向を示していると言える。

話し手が聞き手の種類に応じてスピーチ・スタイルを変えることをオーディエンス・デザインと呼ぶが、裁判員制度施行前は、判決文の書き手、すなわち「話し手・発信者」(addresser)である裁判官にとって、オーディエンスは法律家達であり、一般市民というオーディエンスは、「傍聴人(auditor)」あるいは「偶然聞く人(overhearer)」に過ぎなかったため、あえて意識する必要はなく、法的正確性を求めるが故に複雑な構文や専門用語・専門的表現の多用など「悪文」の代表的な文(東京地裁・大阪地裁刑事判決書検討グループ 1992)で書かれていても特に問題はなかった。しかし、裁判員制度の導入によって、一般市民である裁判員に判決文の原案を読み上げ、同意を得るなどの作業が行われるようになり、裁判員は傍聴人から直接的な「聞き手(addressee)」に変化した。同時に、裁判員達は、間接的にはその発信源である裁判体の一部なので、「話し手・発信者」(addresser)でもあるから、話し手と聞き手の両方の役割から言語使用に影響を与えているという点で、非常に興味深い。そのような裁判員の特殊性を考慮に入れつつ、裁判員制度導入の目的である司法の国民的基盤を確立するために、わかりやすい判決文を書いていくことが裁判官に求められる一方で、事件が控訴(そして上告)される際には、法的文書としての正確性が求められる。二種類のオーディエンスのジレンマ(two audience dilemma: Gibbons 2003)として知られる問題である。この問題を回避しつつ判決文を作成することが、裁判官に必要なコミュニケーション能力と言えるだろう。

12. 結語

　以上、司法というコンテクスト、特に裁判というコンテクストにおいて必要なコミュニケーション能力について、具体的には、評議コーパスの分析を行って、裁判官のレジスター、参加者の発話量、裁判官による専門用語の使用状況、コミュニケーション・ネットワーク、発話行為を分析することを通して評議参加者の役割や参加形態の差異を抽出し、Gibbons (2004) によって司法言語の特徴として挙げられた制度性と専門性および権威性を評議における言語使用から明らかにし、複雑性と形式性、および書記性を判決文の定量的分析を通して明らかにした。そして、そうして明らかにされたコミュニケーションの様相を基に、司法コンテクストで必要なコミュニケーション能力を検討した。

　裁判というコンテクストでは、判断を行う者の判断が当事者の人生に影響を与える。どのような役割や形で裁判に関わるにしろ、安定した司法判断に至るための適切なコミュニケーションを遂行していく能力を養っていくことが重要である。本論考が、理想的なコミュニケーションの形態、およびそこで必要なコミュニケーション能力の洞察に多少なりともヒントを与えることができたなら幸甚である。

注
1　相続権は、胎児の段階から発生する。
2　著作権は著者の死後 50 年間存続する。

参考文献
Austin, J. L. (1962) *How to Do Things With Words*. Cambridge, Massachusetts: Harvard University Press.
Bell, A. (1984) Language style as audience design. *Language in Society*, 13, 145–204.
Canale, M. and M. Swain (1980) Theoretical Bases of Communicatire Approaches to

Second Language Teaching and Testing. *Applied Linguistics*. 1(1), 3–47.
Crystal, D. (1991) *A Dictionary of Linguistics and Phonetics* (3rd. ed). Oxford: Blackwell.
Drew, P. and Heritage, J., (1992) Analyzing talk at work: an introduction. In P. Drew and J. Heritage, eds., *Talk at Work*, 3–65, Cambridge: Cambridge University Press.
Eades, D. (2010) *Sociolinguistics and the Legal Process*. Bristol: Multilingual Matters.
藤田政博(2009)「『論点主導型』：裁判員制度に見られる参審型評議特有の評議スタイルについて」岡田悦典・藤田政博・仲真紀子編『裁判員制度と法心理学』おうふう 185–195.
Gibbons, J. (2004) Taking Legal Language Seriously, in John Gibbons, V. Prakasam, K. V. Tirumalesh and Hemalatha Nagarajan, eds., *Language in the Law*. 1–16, Hyderabad: Orient Longman.
Gibbons, J. (2003) *Forensic Linguistics: An Introduction to Language in the Justice System*. Oxford: Blackwell.
Hans, V. P. and Vidmar, V. (1986) *Judging the Jury*. Cambridge: Perseus Publishing
堀田秀吾(2009a)「評議についての計量言語学的分析」岡田悦典・藤田政博・仲真紀子編『裁判員制度と法心理学』おうふう 160–173.
堀田秀吾(2009b)「『私の視点、私の感覚、私の言葉』：評議コーパスの分析による裁判官と裁判員の使用語彙の分析」『法と心理』第 8 号 128–140 日本評論社.
堀田秀吾(2010)『法コンテキストの言語理論』ひつじ書房.
堀田秀吾(2011)「テキストマイニングによる判決文の分析」明治大学法学部 130 周年記念論集.
堀田秀吾・橋内武・藤田政博(2008)「模擬評議の言語学的分析：発話の力から見た模擬評議」日本語用論学会 2007 年研究大会発表論文集，160–173.
堀田秀吾・藤田政博(2007)「模擬評議の分析その 2／計量言語学の観点から」季刊掲示弁護 52 号.
今井芳昭(2006)『依頼と説得の心理学──人を他者にどう影響を与えるか』サイエンス社.
O'Barr, W. (1982) *Linguistic Evidence: Language, Power, and Strategy in the Courtroom*. New York: Academic Press.
Powell, R. (2008) Bilingual courtrooms: In the interests of justice?In J. Gibbons and M. T. Turell. eds., *Dimensions of Forensic Linguistics*, 131–159, Amsterdam: John Benjamins.
大河原眞美(2008)『市民から見た裁判員裁判』明石書店.
大河原眞美(2009)『裁判おもしろことば学』大修館書店.
大河原眞美(2010)『裁判ギョーカイ裏話』清流出版.
Searle, J. (1979) *Expression and Meaning: Studies in the Theory of Speech Acts*. New York: Cambridge University Press.

Street, R. L. and Giles, H. (1982) Speech accommodation theory: A social cognitive approach to language and speech behavior. In M. Roloff and C. R. Berger, eds., *Social cognition and communication*, 193-226, Beverly Hills, CA: Sage.

Tannen, D. (1990) *You Just Don't Understand*. New York: Ballantine Books.

東京地裁・大阪地裁刑事判決書検討グループ (1992)「刑事判決書の平易化をめぐって」ジュリスト 994 号 34-39.

Walker, Anne Graffam (1990) EPILOGUE: Where Do We Go From Here? In Judith N. Levi and Anne Graffam Walkder, eds., *Language in the Judicial Process*, 353-357, New York: Plenum Press.

Wardhaugh, R. (2006) *Introduction to Sociolinguistics*, (5th ed.), Cambridge: Blackwell.

こらむ
導管メタファー

堀田秀吾

　メタファーとは、ある領域（source domain）にある対象を別の領域（target domain）の事物に例えて（メタファー的写像［metaphorical mapping］と呼ぶ）理解するプロセスを指す。メタファーは、特に認知言語学には不可欠な概念で、あらゆる言語に現れ、単なる修辞手段ではなく、私たちの認識の礎、そして言語コミュニケーションの基盤を成すものである。導管メタファー（conduit metaphor）とは、レディ（Reddy 1979）によって提案されたそのメタファーを捉える試みのひとつで、一定の種類のメッセージが送り手から受け手に伝達され、理解されるプロセスを導管に例えて表現したものである。私たちは、「物」を誰かに送る時に、その「物」を容器に入れて相手に送り、相手はその「容器」から送られてきたものを取り出す。導管メタファーは、まさにこの流れを言語表現になぞらえて概念化したものである。英語においては、思考や感情は「物」であり、単語や文はこれら「物」の「容器」で、その容器は「導管」を通して相手のところに運ばれ、そして相手が容器を開けて意味を取り出すことでコミュニケーションが成立すると考える。このプロセスを表す例文を考えてみるとさらにわかりやすい。例えば、Try to *pack more thoughts into fewer words.* という文は、thoughts が単語や文に詰め込まれるというイメージを表している。Try to *get your thoughts across* better. という表現では、thoughts が送られる物体として捉えられ、ことばによって移動されるというイメージが反映されている。そして、Let me know if you *find* any *ideas in the essay.* という文には、聞き手がことばから考えを取り出すイメージが表れている。

　現実世界では、思考や感情は聞き手の脳内にあるものであるから、ことばを通して文字通り思考や感情を（実体として）心で（物理的に）受け取る人はいない。（もし、考えを直接的に伝達する方法があるのであれば、言語コミュニケーションなどというもの自体必要なくなってしまうだろう。）思考や感情は、言語という導管を通して移動する「物」なのである。そして、思考や感情自体はことばという容器に入れて運ばれるものに過ぎず、ことばが思考や感情そのものではないというところに注目されたい。

　レディは、導管メタファーに関し、以下の数種類のコア枠組を提案している。
　　① 言語は導管のような機能を持ち、人から人へと思考を実体として移動する。

② 書いたり話したりする場合、人は思考や感覚をことばに詰め込む
③ 思考や感覚を入れて、別のものへと伝えることで、ことばは移動を達成する
④ 聞いたり読んだりする場合、人は思考や感覚を再度ことばから抽出する
（Reddy 1979: 290）

無論、これらがすべてではないだろうが、そういった表現の多くはこの延長線上で捉えられると主張されている。

メタファーは、1つのカテゴリーから別ドメインのカテゴリーへの単なる意味的拡張ではなく、カテゴリー間のつながりや関係こそがメタファーが機能する上で重要な役割を担っている。導管メタファーは、我々の思考形式とも対応するため、ことば以外のところにも同じものの捉え方の影響が見られる。伝えられる意味は、あらかじめメッセージの中に確定した形で入っており、聞き手が規則に照らして解読すれば意味を理解できるというのが導管メタファーのロジックである。このロジックが、言語学を含めた人文・社会科学諸分野の理論においても前提となっており、導管メタファーは、このように言語活動についての学問的な見方をも制約してきたという点で重要であるとされる（大堀 2002）。

英語では thought、idea、feeling のような「情報」を容器に入れて運ぶものと捉える傾向があるが、日本語のメタファーは、情報を液体として捉える傾向があるという（野村 2002）。たとえば、「情報が流出する」「不満を漏らす」「非難を浴びせる」などという表現は、「情報」を私たちが知識として有している液体の特徴になぞらえて表現し、聞き手もそのように理解する。このように、導管メタファーは、英語のように容器として捉えられたり、日本語のように液体として捉えられたりと、文化間で差異がある。（参考：「怒り」のメタファーの普遍性と文化的差異を論じた早期の論文に Matsuki［1995］がある。）このように当該文化に特有のモデルを、「文化モデル（cultural model）」と呼ぶ。当該共同体でどのようなメタファーが好まれるかを探ることは、社会文化的な言語使用の実態調査および理解の上でも重要なことである。

参考文献

Matsuki, K. (1995) Metaphors of anger in Japanese. In Taylor, J. R., & MacLaury, R. E. (Eds.), *Language and the Cognitive Construal of the World*, 137–151 Berlin: Mouton.

野村益寛（2002）「〈液体〉としての言葉：日本語におけるコミュニケーションのメタファー化をめぐって」大堀壽夫編『認知言語学Ⅱ：カテゴリー化』pp.37-57 東京大学出版会.

大堀壽夫(2002)『認知言語学』東京大学出版会.
Reddy, M. J. (1979) The conduit metaphor: A case of frame conflict in our language about language. In Andrew Ortony (ed.), *Metaphor and Thought*, 284–310, Cambridge: Cambridge University Press.

第 10 章　法における共通理解の達成と維持

樫村志郎

【要旨】 本章では、まず、社会的相互行為にはそれ固有の共通理解—自然的説明可能性（natural accountability）—を生み出すしくみが内在しているというエスノメソドロジーの視角を説明し、次に「外見による道徳性の認定」、「役割の証拠呈示による権利義務の共有理解の達成」、「ストーリーによる規範的情報の保管と伝達」という 3 つの相互行為に即して、行為者たちがそれらに内在するしくみを通じて法的共通理解を達成・維持しているありさまを記述する。

1. はじめに

Harold Garfinkel (2002) は、自動車交通という秩序がいかにしてその秩序の参与者たるドライバーたちによって認識可能なしかたで構築され維持されるかについて、次のように述べている。

「『典型的な』ドライバー、『悪い』ドライバー、『寄せてくる』ドライバー、その他、運転の因果的説明を行うために必要なあらゆる事実として、その人員が［理解にとって］接近可能になるのは、交通［という相互行為］の作用を通じてにほかならない。［このような］内生的な人員（endogenous population）こそが、エスノメソドロジーの絶え間ない関心の対象である。内生的な人員を特定するためには、身体ではなく、協調的事物—交通の流れ—から出発しなければならない。会話分析にとっては、会話の無数の事物—大量に、どこにでも存在する—を通じて、その発言者が、典型的で、反復的で、同一のしかたでそれをもう一度行う人員として、接近可能になるの

だ。」(Garfinkel 2002: 93 at note 3)(強調は原文。[　]は引用者による補足。)

　この引用において「内生的な人員」といわれているのは、その秩序の構築と維持に参与する人々ないしその資格をいう。この引用で Garfinkel は、秩序に参与する人々の諸特性について知るためには、秩序そのもの（協調的事物）について知らなければならない、と主張している。この秩序は、平和的であるとか、争いがないとかいう、機能ないし価値をふくむ状態のみを意味するものではない。秩序は客観的に存在するものでなければならない。それらは、デュルケムが社会的事実とよぶものであって、それらは同時に人々の行為の協調された理解可能性であると Garfinkel は主張してきた (Garfinkel 1967: vii)。

　本章では、エスノメソドロジーの視角に基づき、社会的相互行為を人々の間に何らかの共通理解が達成され維持されている限りにおいて秩序あるものととらえ、そのうえで、人々の能力が、秩序そのものの中に現われるものであること—すなわち、人々の能力が、秩序の産出・維持の現場において、その諸作業を通じて、その諸必要に応じて、特定され、測定されるべきだという主張—に経験的基礎付けを与えたい。また、その能力は、個々人の性質としてではなく、場面・行為の参与者としての資格（上の引用で「内生的人員」とよばれているもの）とみなされるべきであるとも主張する (Garfinkel 1967: 57 (at note 8))。

　本章では、ひとつの型の社会的相互行為としての法的場面への参与を担保するという意味での「相互行為能力」を、法的場面や行為において必要な協調を可能にする理解の達成を中心にとらえる。本章では、このような協調を可能にする理解を「共通理解」とよび、法に参与するために必要な人々の「相互行為能力」は、そうした共通理解を見ることにより研究できるであろうと考える。すなわち本章では、法的場面の参与者の間に共通理解が成立する場合、それがいかに達成されその成果がその場面の中で維持されるかを検討することを通じて、法的相互行為能力のありようを検討することにしたい。

　具体的には、エスノメソドロジー・会話分析の視角から、本章では 2 つ

の問題を扱いたい。

　第1の問題は、人々が社会的場面に参与したり、共同作業に従事する場合に、それらの場面にとって本質的な共通理解を達成することができるのはいかにしてか、というものである。いうまでもなく、人々が——さまざまな社会的場面・機会におこなわれる——言語的または身体的相互交渉などをおこなうことができるための条件にはさまざまなものがある。そうした諸条件のうち、「共通理解」(Garfinkel 1967: 76–77) の達成と維持とよばれるものがある。それは、その「社会的相互行為」においてその時々においてまたはその時々までに何がなされており、何がつぎになされるべきかについて、達成され維持される適切な理解をいう。本章の前半（第2節）では、社会的相互行為がそれ固有の共通理解——自然的説明可能性 (natural accountability)——を内在させていること、および社会的場面と行為との、その現場に固有の関係が、共通理解の継続的達成と発展的維持を可能にするしくみであることを、エスノメソドロジー・会話分析の初期の議論を紹介しつつ、主張する。

　本章で扱う第2の問題は、「法的」な領域において本質的に生じるいくつかの種類の相互行為（以下では、「法的相互行為」とよぶ）に従事することに特有的にふくまれている種類の共通理解がいかにして達成され維持されているか、という問題である。法は、社会の共通ルールをさだめることにより、秩序ある相互行為を保障しようとするしくみであるといえる。そこで、法的相互行為とは、一般に、社会の共通ルールとして定められているものに照らして具体的な相互行為のあり方を判定し、その相互行為に秩序性を保障するように、従事される相互行為を指すとひとまずいうことができる。

　具体的相互行為の共通ルール適合性の判定やそれによるその秩序性の保障はかなり多様な要素からなりたっている。たとえば裁判においては、事実の認定、それへの法的判断、それらに基づく判決のような特定な形式をとる。一般的には、少なくとも、(1) ある相互行為の規範的インプリケーションが観察され、(2) 人々の個々の行為（役割遂行）が社会の共通ルールとしての規範や道徳に適合しているかが判定され、(3) その判断の結果を特有的に法的な情報として保管ないし伝達していくことが、なされなければならない。そ

の伝達先のうち、(4)強制力をもつ秩序保障(公式の強制執行制度やその他の強制力行使等)のしくみは非常に重要なものである。

　単一の場面や行為によってこれらの諸要素を実現することは困難であり、制度的に連結された複数の場面・行為による系列的達成が必要である。そうした制度的連結は、たとえば裁判制度に見いだされるが、裁判にのみ見られるものではなく、裁判に類似したかたちでのみ見られるものでもない。本章の後半(第3節)では、単一場面を超越する法的共通理解の経験的様相を、「外見による道徳性の認定」、「役割の証拠呈示(ドキュメンティング)による権利義務の共有理解の達成」、「ストーリーによる規範的情報の保管と伝達」を通じて、議論していくことにする。

　結論(第4節)では、つぎのような主張を暫定的におこなう。第1に、特有的に法的な共通理解が指標性をもつこと——共通理解が法的相互行為の具体的場面に本質的に埋めこまれていること——である。第2に、そのような法的共通理解が相互反映性をもって構築されること——共通理解がその相互行為の中でその理解の達成のための本質的条件として作用していること——である。最後に、法的相互行為の「能力」がそのような相互行為の社会的達成であること——法的相互行為に参与する個人の資格が法的相互行為場面の固有内在的な達成であること——である。

2. 社会的相互行為における共通理解の達成と維持

2.1 日常生活世界における説明可能性

　本章では、相互行為能力という現象をとりあげるにさいして、それを発話交換システムの実践として定義されたルール運用の前提たる能力として前もって定義するというアプローチをとらない。社会的相互行為において共通理解が達成されるとはいかなることなのかの解明を通じて、そのもとで必要とされる人々の参与資格とその保障とを解明していくことにしたい。

　まず一般的に社会的相互行為に内在する共通理解とは「その参与者がその相互行為を構成する諸行為の意味をその相互行為を遂行するため必要な限度

で理解していること」であるということを確認しておこう。「意味がわかる行為はいかにして可能か」という問題設定は、エスノメソドロジー・会話分析の発展における初期の研究者がかなり共通にとりあげたものである。エスノメソドロジー・会話分析は、あらゆる外界の認識が、共有される方法論に即して、社会メンバーによっておこなわれ、そしてその方法論ないし諸方法は、その認識の対象たる場面や行為の状況の様相として、またその発展的変容のなかで使用されるという特徴をもっていると考え、またその方法論により社会を構成する諸事実が産出されると考える。これと対照的に、通例的社会学においては、社会が個々人をこえて集合的あるいは歴史的に実在しているとの主張が方法的に前提にされている。たとえば、Weber (1913, 1921) は、合理性その他の類型により記述可能な個々人の行為の連続する集積として社会をとらえ、また、Durkheim (1895) は、個々のメンバーにより超個人的なものとして表象される集合的実在として社会をとらえる。これに対して、エスノメソドロジー・会話分析は、そのようなものとしての社会の実在は社会メンバーの方法論的達成としてとらえられるべきものであると主張するのである。

　社会が個々の場面をこえて実在性をもつ—そしてそれがたんに社会学者による方法論的措定としてではなく、社会の人々が日々実践する方法論的実践の達成である—とすれば、エスノメソドロジー・会話分析においては、人々がそれをいかにして協調しつつ達成することができるか—方法論の行使の実態—が、経験的解明を要する問題の1つになる。人々がおこなう実践的な共通理解の作業がエスノメソドロジー・会話分析による社会解明における重要課題になるのはこのような研究視角の帰結である。

　エスノメソドロジー・会話分析においては、この人々の実践的な共通理解の作業がおこなわれる場面、その相互行為、その過程、その成果は、それぞれ別のものではない。社会の実践的な共通理解が、人々により、いつもその場で、達成されていないとすれば、その場における人々は判断力のない操り人形となってしまう。それは端的に事実ではない (Garfinkel 1967)。Garfinkel (2002) は、この同一性をそなえた場面=行為のまとまりという現

象を、アスタリスクを付した「秩序(order*)」という表現で指示する。また、その解明を再-特定化(re-specification)という表現で指示することがある。この現象は、そのなかにある人々にとっては、すでにひとたびは知られている—自然な説明可能性(natural accountability)を備えている—からである。すなわち、再-特定化というのは、主として、その秩序性が第 1 次的にはその場面に関与する人々—その秩序の人員(staff)とか仲間(cohort)とよばれ、そうした秩序に埋めこまれている人々の集合が内生的な人員(endogenous population)とよばれるものである—自身によってとらえられており、研究者によるその解明が、その秩序の人員自身による解明と産出に適合するべきものとなるからである(固有適合性の要請)。これと対照的に、日常言語に依存しつつ、それを再定義することによって、対象を解明しようとする、通例的な社会研究は、Garfinkelによれば、形式分析(Formal Analysis)とか構築的分析(Constructive Analysis)とよばれる[1]。そこで、Garfinkelは、エスノメソドロジーの中心的主張(central claim)を、Durkheim(1895)の「社会的事実の客観的存在は社会学の基礎的原則である」という言葉に即して、つぎのように述べている。

> 不死の通常の社会の社会的事実を作成したり記述したりする自然的説明可能性をもつ作業を特定することが、エスノメソドロジー研究のプログラム的課題である。それらはデュルケムが語っていた秩序の事物なのだ。形式分析的研究がサーヴェイ対象となりうる集団に焦点をあてるのに対して、エスノメソドロジーにおいては、[秩序という] 現象の諸作用こそが、それをおこなう人員たちを, 他の詳細と並んで表示するのだと、提案される。エスノメソドロジー研究は、デュルケムが語っていた事物を、不死の通常の社会の事物として、発見可能にし、その発見を報告可能なしかたであきらかにする、現世の現実の作業に、その起源、目標、方向、方針、方法、知見の集積、受益者、そしてその帰結と有する(Garfinkel 2002: 92–93)。

以上をまとめると、エスノメソドロジー・会話分析は、基盤的重要性をもつ社会現象としての共通理解が、個々の場面＝行為における人々の寄与を通じて、その場面にふさわしい固有の方法論に従って、達成されるものとみなす研究視角であるということができる。

2.2　会話の説明可能性

　複数の社会的行為が秩序だって組織されるさまざまな「協調的事物」(Garfinkel 2002: 93 at note 3) としての社会的相互行為の単純な一例は、挨拶交換である。初期のエスノメソドロジー・会話分析の諸研究を注意深く読むと、会話分析の方法論的基礎は、会話の秩序性が一定の研究方法として前もって定義される社会学の「方法」のもとで実在することではなく、この秩序性がまず第一義的に会話者にとっての秩序であると考えられていたこと、また、会話者たちにとって相互理解の集合的機構がその秩序性の中に存在していること、また、それゆえに会話の参与者の誰もが、会話のある種の秩序性に注意をむけるように動機づけられていること、によって保障されていると考えられていたことがわかる。

　周知のように、Harvey Sacks は、会話の固有の方法論を見いだすにあたり、つぎの単純な発話交換に若干の注意を向けていた (Sacks 1992: 3)。

A: Hello
B: Hello

　普通、この発話交換が挨拶交換として有意味な相互行為であることは、疑われない。また、実際に無数の会話がこのようにしておこなわれている。そして会話をおこなう能力としては、最小限度、このようなしかたで "Hello" がもちいられることを知っていればよい。挨拶交換の言語的様相には、さまざまな変形がある。挨拶交換の前後に何がなされるべきか、あるいは挨拶交換以外の何をすることができるかについて、さまざまな社会的ルールが存在する (Sacks 1975: 64–69)。しかし、"Hello" の交換をおこなうための基礎的

な実践は、この具体的場面＝行為において次のことを達成することとかなり一致している。

（1） A が、最初の Hello の後に、B が Hello またはその代用物を産出すると、期待すること。
（2） A が、最初の Hello の完結時点において、ターンを B に譲り渡すことを申しでること。
（3） B が、最初の Hello の完結時点において、間をおかず、Hello またはその代用物を産出すること。

　会話分析がこのような秩序性を会話という現象のなかに発見したのだと、主張されることがある。少なくとも会話分析がこのような秩序性を重視しているということは正しい。だが、このような秩序性が研究者ないし観察者によって観察できることからは、それが会話の参与者によっても重視される諸様相でもあることが、ただちに保証されるとはいえない。それとは逆に、上に述べたように、会話分析の前提は、その特定の会話の進行のなかでその秩序性が参与者にとって注目されたり、その他のしかたで重視され続ける様相であるという事情にある (Schegloff 2007: 252–257)。

Moerman and Sacks (1988: 183) によれば、

　　会話における発話者の間の移行の場面は、ことなる発話者のトークの間にギャップもオーバーラップもなく、移行の両側において正確に 1 人の人だけが話す、というかたちで管理されている。すなわち、2 人以上の当事者がかかわっているときにおいてさえ、彼らのトークが広い範囲で変化する長さや構成をもっている場合でさえ、ただ 1 人ずつの人が移行の両側において話し、移行にさいしてギャップもオーバーラップもないのである。…このことを会話の基盤的様相だと主張することにより、われわれは、ギャップ、オーバーラップや沈黙がたしかにしばしば

起こるということを無視しているのではない。しかし、ギャップやオーバーラップのない移行が起こるには、なんらかの作業が必要であることが明らかに示されているので、参与者が典型的にこのことを実現するということの中で、参与者がその作業のための能力をもっていることが［参与者たちに対して］明示されている。さらに、ギャップやオーバーラップや一時に2人以上が話すことが、次の2つの重要な意味で、違反であることを示すこともできる。第1に、メンバーがこれらの様相への違反としてそれらに注目し、解釈し、修正をおこなう。第2に、違反の多くの場合が正しい発話者移行を達成するまさにそのシステムの帰結であることを示すことができる。

このように、発話者間の滑らかな移行（ターンテイキング）という事実は、会話者が相互に以上のような期待を伝達しあうとともに、その共有を検証できるためのメカニズムであるということになる。なおMoermanによれば、本論文は1971年に連名でおこなわれた学会報告に基づくものである（Moerman and Sacks 1988: 180）。

先の挨拶の交換の例でいえば、挨拶を構成する2つのターンの間のスムーズな移行という事実の中で、それを構成する諸特徴の、挨拶行為の参与者による、理解の相互性が、次のように、明らかにされる。

（1）「Aが、最初のHelloの後に、BがHelloまたはその代用物を産出すると、期待すること」は、最初のHelloの終了時にAが順番を終結させることによって、明らかにされる。もしAがそうしなければ、Aがその期待をもっていなかったことが、明らかになる。
（2）「Aが、最初のHelloの完結時点において、ターンをBに譲り渡すことを申し出ること」は、最初のHelloが1つのターンであることをAが知っていることを明らかにしている。もしそうしなかったら（最初のHelloの後に、言葉をいそいで続けるとか、その他のしかたで言葉を続けるとかして）、Aはその知識をもっていないか、持っていると

してもその知識がここでは有意義でないことが、明示される。
（３）「Bが、最初のHelloの完結時点において、間をおかず、Helloまたはその代用物を産出すること」は、(1)および(2)のAの期待や知識の存在を、Bが知っていたり、予期できたり、その他のしかたで、理解していることを明示する。

　こうして、Moerman and Sacks (1988)によれば、会話の参与者は、ターンの類型、ターンの進行(開始、展開、終了)に注目することにより、実践的に十分な限度において、他者のターンの「意味」を見いだすよう、動機づけられている。彼らによれば、

> 正しい順番以降の実現のために必要な、特定の種類の理解は、順番交替がいかに社会的に組織されているかにより決定される。もし、会話において、発話者の順番と発話の長さが前もって会話全体に対して決定されているならば、順番交替が、参与者に対して理解への課題を課する度合いは小さい。[しかし]、アメリカとタイの会話で経験的に見いだされた順番交替のシステムは、それとは違った作用をしている。それらは、それらのシステムがそうあるように働くべきならば、当事者にとって理解という作業がかなり重要になるように働いている。どちらのシステムも、発話の間中その完結がモニターされる必要があるような発話単位をもちいている。また、一度に１人の人が話すというしかたで将来の発話者を選択するというしかたで働いている。そして、それにより、どちらのシステムも、会話の参与者に対して、常に理解と理解の表示という同一の、執拗な(demanding)期待を課している(Moerman and Sacks 1988: 183)。

　会話者と同様に、いかなる相互行為の参与者も相互行為に固有に内在する認識と伝達のしくみを利用する—このことを、自然で、当たり前のこととして実践している。相互行為場面の組織性のなかにこのような相互理解とその

実践的共有のしくみがあり、参与者によってそれが利用されているのである。より詳しく述べれば、相互行為の進行それ自身のなかに、その相互行為の進行に参与する人々により、そのような人々自身にむけて、各参与者のもつ他者への理解の存在と内容がともに、まさに実践的に十分な程度の明証性をもって、開示されるしくみがある。

会話分析が一般的に確認してきたことによれば、発話者は、上にいう「執拗な期待」に応える—発話における語の選択や、順序、口調等のかなり詳細な諸特徴に、つねに、やすやすと注意をむけ、また、それらの詳細な諸特徴をコミュニケーションの媒体としてもちいている—といえる。

相互行為のなかで達成される共通理解という事実は、挨拶交換や友人間の会話のような日常会話にのみ見られるものではなく、社会生活の全般にわたって、そのそれぞれの秩序性のなかに見いだされるものである。専門的ディスコースの場面には、専門知識体系に基礎をもつ理解を表現したり伝達しあうためのしくみが見いだされる。また、身体的接触や、非衝突的移動などの、身体的相互交流の場面にも、それにふさわしい相互理解のためのしくみが見いだされる。

そこで、エスノメソドロジー・会話分析の観点から法的相互行為と法的共通理解の解明をおこなおうとする場合、ある一定の法的場面・行為に参与して従事する人々が、いかにして、その場面の特有的に法的な性質をその場面・行為のなかで発見し、つくりだし、そしてその理解を共有するかが問題になる。たとえば、次節で見るように、徒歩やパトロールカーで巡回する警察官がながめる街の光景にも、相互理解に役立つ詳細がふくまれている。この場面・行為に固有内在的な相互理解可能性への習熟は、警察官がその職務を遂行するにさいして有意義ないくつかの帰結をもたらす。第1に、具体的場面・行為を自己の参与を通じて構築維持することを可能にする。第2に、その場面・行為に固有に内在する機構の利用を通じてその時々に必要な相互理解が達成される。第3に、その場面・行為をその場面・行為をある典型性のもとに包摂するような—しかし、その具体性からいささかも離れない—しかたで反復しておこなうことを可能にする。第4に、そのような能

力の実践は、その相互行為をおこなうことと同一の場で、同一のこととしておこなわれる。これらの意味で、場面・行為に固有内在的な相互理解可能性への習熟は人員たちにとっての相互行為能力の中心をなしている。

　以上を要約すると、エスノメソドロジー・会話分析の観点から法が研究されるとき、その解明は、社会学の「方法」に従って法を定義することによってではなく法的な場面・行為に参与する人々がもちいる方法論に即して始められる、ということになる。

3. 法的相互行為と法的な共同理解

3.1　法的実践の諸性質

　エスノメソドロジー・会話分析の成果を参照すると、法的相互行為と法的共通理解にはつぎのように要約されうる性質がある (Kashimura 2009)。

(1)　つぎのことが、法の専門家にとっても法の素人にとってもきわめて自明的である。第1に、法的実践は「指標的 (indexical)」である。すなわち、それはその実践がおこなわれる状況内の具体的詳細といつも不可避的に結合しているという、状況内属的性質がある。第2に、それは状況と「相互反映的 (reflexive)」である。すなわち、この状況が実践により継続的に再構築されるだけでなく、それに引き続く実践がその再構築された状況の中でおこなわれていくという、循環的ないし反復的性質がある。第3に、法的実践は、一定のクラスの社会的事実の達成 (accomplishment) である。それらはつぎの諸事実である。まず第1に、その実践を通じて「間主観性」の達成という実践的問題——すなわちその場面で何が起きており、その場面で何がなされるべきかという問題——に対して、一定の人々の間で共通に抱かれる見方があたえられる。第2に、その実践はこの目的 (=間主観性の達成) のために状況の詳細がいかに理解されるべきかを、その同一の状況の詳細として、それらの人々に指示する。第3に、この一定の見方には、本

質的に、ある法的命題、指令、約定などが、その場面に対して当てはまっているとか効力をもっているものとして扱え、という指示がふくまれている。

　以上を一言でいうならば、法は、個々の具体的状況の内側からそれに内属するある方法論的実践を通じてその状況自体の継続的発展の過程とその成果として状況依存的に生成され続ける共通理解の様相である。
　たとえば、結婚するという共通理解の生成は典型的な法的実践の一例とみることができる。すなわち、結婚式や結婚の約束はその式や約束の中でおこなわれ、その場面をそれとして構築し、その場面の詳細をどう理解するかについての見方をふくむ。さらにその見方には結婚が一定の法にしたがって有効に成立しているという理解がふくまれている。その理解はある社会的事実を、法の適用の結果とみなすこと、あるいはその神秘的な作用力との関係でその社会的事実を理解するという態度をうみだす。法専門家でない一般の人々は結婚の基礎にある法を明確に知ってはいないことが多いが、それにも係わらず結婚が何らかの既存の法により承認されていることはわれわれの社会生活における日常生活を支配する態度の一部として広く法専門家以外にも受けいれられている。

（2）　いかなる法的実践についても、次のことがきわめて自明的だとみなされている。第1に、その法的実践は、その当該の状況を超越して広がる、ある制度的パターンの連続の一部分であること。第2に、この理解においてもまた、当該状況との関係で、指標性、相互反映性、達成性という性質が(1)の実践と共有されていること。この自明性は、法専門家や法に詳しい素人はより明瞭なしかたで理解しているが、一般の人々も一定の曖昧なしかたで概括的に理解している。

　たとえば、結婚するという事実の理解はその関係における財産や意思決定のあり方、子どもを生み育てることのあり方、離婚その他の関係解消にかか

わるあり方について、法が有効にあてはまることの概括的理解をふくんでいる。この場合、結婚することは結婚という過程の一要素としての地位を与えられる。法的な熟練の1つの特性はその状況の固有な法的な性質の把握がつねに当然のこととして一定の状況超越的な展望を多かれ少なかれ明瞭に提供することである。

　法的実践から生成される社会的事実は以上のことにとどまらないが、ここではふれる余裕はない。しかしつぎのことは一般的に確実である。1つには、エスノメソドロジー・会話分析の視角からは、法的実践は根源的に状況にむけて開放された性質をもつと見なされるのであり、そのような見方にたつ法への接近がこの種の研究の特性の1つだということである。いま1つには、法的実践はその当該場面・行為が法のもとにあるということをその場面・行為の参与者に知らせ、参与者はその結果を自明のこととして受け入れるということである。なお、日常的態度のもとではこのように生成された事実の一部が疑われることはあるが、それが全面的に疑われることはない（事例研究として、樫村 2008、2009 を参照）。

　通例的な法研究も、理論的にせよ実践的にせよ、1つの状況に法が当てはまることの自明性という法的実践のこの達成自体を疑ったり問題視したりすることはない。むしろその替りに、それをさまざまに実践的に利用する—たとえば、結婚の届出を受理したり、既婚率を計算したり、あるいは離婚訴訟を起こすための原因を調査したり、真実の結婚と偽装の結婚を判別したりする—のである。

　これに対して、エスノメソドロジー・会話分析は、この自明性の下に常に隠されながらその状況を組織する方法論—その状況を、他者とともにどう観察するかなどを自明のものとして指示する—をその帰結とともに再特定化しようとする。この見方によれば、法は特定の具体的な社会的場面から離れて抽象的に構築されたり一般的に観念されたりするものではなく、特定の具体的場面のなかでそれの理解に即して生成するものである。法は、あるしかたで変容された観点から特定の具体的場面を理解することのなかで生じてくる（樫村 1989,1992）。

以下では、そのような法的実践—法的に変容された日常場面の理解—の3つの例を既存の研究に即して簡単に紹介することで、法における共通理解の産出と維持という問題に対するエスノメソドロジー・会話分析による研究の方向を示すことにしたい。

3.2 外見による道徳的評定

多くの法はある一定の事実の観察にもとづいて適用される。たとえば、交差点において一時停止の標識の存在が観察されると、一定の方向に進行する車両や人は法に従い停止の義務を負うと理解される。またある人が犯罪をおこなったと観察されると、一定の他の人々に法的サンクションの行使の権限や義務が生じる。このような場合、なにごとかが〈法適用の必要的前提として・公共的に観察可能であること〉が、重要な程度に、法的場面・行為における共通理解となっている。この場合に、停止標識が存在するとか犯罪がおこなわれた疑いがあるという観察は純粋な事実の観察ではなく、法的実践をふくむ共通理解の産出である。そこで、事実が公共的に観察されることにかかわる可能性の制御は法的実践をおこなう能力の重要な部分であるということになろう。

Sacks (1972) は法適用の条件としての観察可能性に方法論的に対処しなければならない状況におかれたメンバーとしてパトロール行為における警察官を研究した。かれによれば、観察可能性 (observability) が逸脱と関連していることから、警察官は人の外見からその人の道徳的な疑わしさをいかに正しく推測するかという方法論上の問題に直面する。

たとえば街路では、人は他者が提示する外見を彼らへの取り扱いの基礎としてもちいることが求められている (Sudnou 1972 も参照)。同時に、それらの場面に参与する人は他者により外見をそのように使用されうるようなかたちで提示することが期待されているし、また他人が自分に対して外見に対して整合的な取り扱いをすることを期待している (Sacks 1972: 281)。

Sacks (1972: 283-284) はこの洞察を基礎として警察官が外見と規範性を切り離す方法 (不整合性手続 incongruity procedure) をもちいると述べる。すな

わち、警察官は、人が提示する外見とその人の内面の道徳性が整合的であるという通常的な期待を、特定的に無効化しようとする。不整合性手続の合理性の基礎は社会のなかの人々が彼らの外見を素朴に提示し公共の場でかれらが出会う人々の処遇の基礎として呈示された外見を素朴に採用するように訓練されるということである。このため、人々は他のしかたでは提示することが正当化されていないしかたで、外見を呈示できる能力を悪用するかもしれないと想定することも合理的である。

　Sacks は不整合性手続のいくつかの方法論的特徴を指摘する。第 1 に、この手続には他者の外見を疑うための注目点のリストがふくまれているが、そのリストの機械的な適用はおこなわれないことである。というのは、もし警察が彼ら自身の観察を拘束する一定のリストを作るとしたら、それは犯罪者に対して警察の視線をすりぬけるための外見に関する明確な情報を提供することになるからである。第 2 に、不整合性手続による推定の結果の検証は次の制度的制約のもとにおかれる。すなわち、裁判所で何が彼に疑惑をもたらしたかに関して警察官が証言し、それに基づいて裁判官(または陪審員)が果たして通常人がそれらの根拠で疑惑を感じるか否かについて考察することで、その推定の適切性が決定されるという制約である。第 3 に、整合性手続を構成する知識には検証の成功、失敗についてのエピソードが多くふくまれている。第 4 に、不整合性手続はパトロール行為の諸制約のもとで使用されるという特徴をもつ。Sacks (1972: 285) によれば、

> 警察官は一定のルートを往復するのであるから、不適合手続を使用するにはまず彼らの受け持ち区域を通常の外見の領域として取り扱うことを学ばなければならない。学ばれた通常の外見はそのもとで受け持ち区域が特定のパトロールのあいだにおこなう観察にとっての背景的期待を構成する。こうした期待のもとで、警察官は表出されている外見が調査に価するという説明の保証しうる根拠とみえるようないかなる些細な変化のあらわれに対しても十分に気づきうるようにならなければならない。

受け持ち区域をパトロールするさいに、警察官は、まっとうと見える人々が実はそれらの人々が従事している可能性があると(概括的に)知られている不正な活動(スポーツ賭博など)に従事していると見ることができ、また、地域の都市生態学的特徴に規範としての重要性を認めることもできる——たとえば、黒人街にいる白人、高級住宅街にいる明白な貧民は、注意と介入の対象となる。さらに、警察官の存在を通常でないこととしてふるまう人は通常でないと見なされる——たとえば、人が警察官に対し「二度見(double look)」という挙動に出た場合には、彼を調べるという。また逆に、そのような注目を目立たせるため警察官はできるだけ通常の期待に即したしかたでその場にいなければならないと考えられている。

　不整合手続の実践は、ある特定の形態での懐疑的志向を社会的場面・行為の詳細として産出する。警察官は、その場面・行為ではこの方法をもちいるとは限らないし、他の法的専門家がこの方法に類似する方法をもちいることもある。しかし、それはパトロール行為の社会的事実性の一部として本質的な重要性をもつのである。

　これらは、パトロール警察官だけではなく警察官によるパトロールという活動にかかわる人々——犯罪者、一般の市民——も、その活動に有効にかかわりあうためには、共通してもたなければならない理解であり、その理解はパトロールという場面・行為の詳細を通じて生成、維持、管理されるものである(ミステリー作家による鋭敏な観察として、Waugh, 1991: 139–145. を見よ)。

3.3　役割の証拠呈示(ドキュメンティング)による権利義務の共有理解の達成

　法的場面においては、さまざまなしかたで道徳性が共有されたり交渉されたりするが、そのさい人的カテゴリーの使用を通じて社会的役割がコミュニケーションの中に関連性ある事実としてもちこまれることがある。そのひとつの重要な方法は、カテゴリー結合的活動(category bound activities)が当面の法制度的課題の解決のためにもちいられることである。

　Schenkein (1978) は、顧客の自宅でおこなわれた生命保険セールスマンと

顧客の会話において「保険を売る」ことや、「麻薬を使っている」ことのほのめかしが、会話者のアイデンティティの呈示を通じて、出会いのもつ課題の達成（パーソナルな雰囲気をもつビジネストークをおこなうこと）のためにもちいられているありさまを分析した。ここで、「保険を売る」のは「セールスマン」という人的カテゴリーに結合した活動であり、そこから「セールスマンと顧客」という関係カテゴリーがトークにおいて関連性をもってくる。だが、「麻薬を使っている」ことは「セールスマン」のカテゴリーに結合的でないので、別の関係カテゴリー「親密な個人間の関係」という関連性をうみだす。これらが時間的系列のなかに併存させられることによりこの個別のセールストークの固有性がきわだってくる。同時に、それ自体がある類型性をもつものと感じられてくる。

　Watson (1990) は、警察官による自白（ストーリーの語り）の促しが、話しの聞き手（警察官）が「誰か」をきわだたせることをもたらし、その結果、話しの語り手（被疑者）が何をどう語るかについて強い制約を課するという分析をおこなっている。Watson によれば、ある事例では、

> 被疑者の発話の多くは、聞き手が警察官であるという人的アイデンティティに特定的に対応して設計されているように見える。より特定的には、［それらの＝引用者］発話は『公式性』の多くの様相を組み込んでいるが、それは単なる事前配分システムのもつ一般的な意味での公式性にとどまらず、発話受領者が警察官であること、そして派生的に、同調 (compliance) の観察可能な提示をおこなうことに、明示的に向けられたように見える特別の種類の公式性である (Watson 1990: 281)。

　Pomerantz and Mandelbaum (2005) は、会話における人的カテゴリーの使用についての研究をレビューしつつ、会話において人的カテゴリーが明示的にもちいられる4つの場面を検討して、その会話における局所的課題と役割という規範的事実との微細な関連性を見いだしている。著者たちによれば、「役割」を示す人的カテゴリー——「母親」「友人」「医師」等——が会話の

中でもちいられるとき、会話者は、人的カテゴリーにより構築される適切な「関係カテゴリーの占有者にふさわしい活動、能力、責任、権利および動機についての、共有された、述べられない知識」(Pomerantz & Mandelbaum 2005: 160) を利用して、その場面・行為を達成している。そして、その場面・行為の—さまざまな程度における—成功的達成がこの共有知識(理解)の共有性の検証となっている。

また、Pomeranz and Mandelbaum (2005: 169) によれば、関係カテゴリーが明示的に言及されたり特定的に仄めかされたりしない場合でも、関係的な理解の存在が行為への規範的評価に影響をもつ。著者たちの示すデータによれば、親密な関係における役割の占有が実演される一定の活動の記述—他者の活動に継続的に関心をもち続けることや、曖昧な言及から過去の共有された経験を継続性をもって認識して現在の目的のために利用すること—が、関係性を共通に理解する機会を作りだすのである。逆に、これらの活動をおこなわないことは、親密な関係において説明を要する行為[2]を構成するか、関係が継続的でないことの証明の機会となる。

関係的理解の非明示的使用の一例はつぎの場合に見られる。一般にJefferson and Lee (1980, 1981) のトラブルトークの分析によれば、個人的トラブルの報告の受領者はその報告をさまざまな方法で受領したり、その受領に抵抗したりする。Pomerantz and Mandelbaum (2005) は、この研究から1つの行為系列のパターンをとりあげて分析した。そのパターンとは、まず1人がトラブルについて話し、次にその発話の受領者が共感の表示または支持的定式化をして同調を表現し、ひき続いてトラブルの語り手が感情的にたかめられたあるいは感情解放的なトークでこれに応える、というものである。この最後の感情的につよめられた種類の反応は、受領者によるその直前の同調に特定的に関係し、かつそれによって生みだされる。抜粋1では、Eは、自分の皮膚が敏感であることによるトラブルについてBとLに語っている[3]。

(抜粋 1)
E: 私は毎日、2回もタールを入れたお風呂にはいらないといけないの？
I have to take two tub baths with tar in it every hhhhhda: y?
B: ええ？
Yea: h?
E: ああ、そして一日4回化粧クリームをぬらないといけないし、
Ahhhhh And I have to have ointment oy put on four times a da: y
何秒か紫外線を浴びたら、お尻に注射を
and I'm under: : violet ra: y for a few seconds, a: nd I got a
打ってもらうのは、ビタミン(0.2)A：：皮膚用の。
shot in the butt of vitamin: (0.2) A: : ski: n.
(0.5)
L: なんとまあ
Jee: sus
E: ロッティー、本当にもう、家をで－　でると、たちまちひどく
Lo: ttie, honest to Go: d you know, I just broke out terribly
発疹が出て、だから、わたしはちゃんと、ちゃんと私の足を
a: uh - hhwhen I le - eft ho: me. An: d, I just - just my legs
ちゃんと覆って。
were just covered. hh

Pomeranz and Mandelbaum (2005: 163) は、次のように示唆する。

> 当初、[E] は、彼女の苦悩の詳細を報告することに焦点をあわすが、同情的、同調的な反応を受領者から得たのちは、彼女に何が起こったかについての、より情感的、極端化された形式を産出する。この同調的受領に対する「解放」的反応は、相互行為者間の親密な瞬間を構成する。…この親密さの実演は、トラブルの報告者と同調的受領者という2者による活動と、それに引き続くより情感的で親密な噴出からなる([　]

内は引用者による補充。)。

　このように、会話やその他の相互行為をその具体性において実演することは、その具体的な行為や場面がさまざまな社会的規範との関連において見られ理解されることの指示をふくむ。行為・場面が社会規範に関連性をもつことの共通理解は、間主観的に共有される意味と具体性を産出することにより、その行為・場面を社会の規範的・法的秩序に関連づける。この関連づけの成功を通じてその場面・行為の参与者は、その場面・行為へと規範が妥当していることを証明しあっている。

3.4　ストーリーによる規範的情報の保管と伝達

　ストーリーは、一群の登場人物による一連の行為を選択的に記述するという内容をもつトークである。また、ストーリーは同一人による複数のターンからなるトークである。このようなストーリーの重要な特徴の1つは、人的カテゴリー、行為カテゴリー、時間カテゴリーその他の記述的カテゴリーが、ひとまとまりとしてしばしば計画的考慮をもってもちいられることである。法的場面においても、ストーリーは頻繁にもちいられる。たとえば、法廷における証言や証拠の提示、審理の結果として認定される事実は、ストーリーとしての形式をもっている。

　以下では、2つの研究を紹介しよう。

　まず、Pomerantz (1987) は、訴訟の対象となっているある事件をものがたる法廷場面のトークにおいて、人、場所、対象、時間などを特定する表現上の選択を検討した。こうした物語はストーリーの一種であり、当事者と裁判官によって非対称的な立場から共同で構築されるだけでなく、その意味について裁判官がいかに了解したかを知ることが実践的にも制度的にも重要である。

　Pomerantz (1987) によれば、それらの諸表現には、「公式的特定化」(official identification) 対「関係的特定化」(relational identification) 特定化 (identification)、および「数」(number) 対「特徴づけ」(characterization) という2つの区

分があるという。完全に公式的な特定化では、言及対象が「脱コンテクスト化」—すなわちそれらの利用される環境との関係から切断—されるよう計画される。関係的特定化はそうでない。たとえば、時の年号による記述は「公式的特定化」であり、「昨年」は、話者の現在に関連して年が特定されている点で、「関係的特定化」である。また、前者は「数」であり、後者は質的表現をもちいるから「特徴づけ」である。量が数で記述されるとき、それは実際の状況の表示と見なされがちであり、それが特徴づけで記述されるときは人の判断に影響されるものとみなされがちである。

　Pomerantz(1987)の観察と分析によれば、これらそれぞれの記述の効果は、その場その時によって変異する法廷における制度的な手続的課題（審理の開始における公式性の達成、同情の表示における関係性の強調など）に結びつけられている。

　ところで、ストーリーにおける種々のカテゴリー使用に関連性をもつもう1つの重要なストーリーの特徴がある。それは、会話的系列としてのストーリーの終了がその聞き手によるその理解によってもたらされること、また、したがって、ストーリーの終了直後において聞き手によるコメントを通例的に要求することである。

　たとえば、Moerman(2003)は、タイ語の会話から、大要抜粋2および抜粋3のようなデータを報告している[4]。

(抜粋 2)

#236　　Mc:　　[老女は] 何もいわなかった。[少女は] 教えることができなかった。[彼女は] 尊敬の念がなかった。
　　　　　　　　[The old woman] didn't say anything. [The girl] was unteacheable.
　　　　　　　　[She] just had no respect.

#237　　Ms:　　そうだ、[彼女は] 何も尊敬しなかった。何を誰が [彼女に] いっても、
　　　　　　　　Sure, [she] didn't respect anything. Whatever anyone says (to)

　　　　　　　［her］
　　　　　　　［彼女は］そのままだ。
　　　　　　　［she］just stays as she is.
#237a　Mc：（もし）［彼女が］小さいときからこんな風に振る舞うなら、成長したら、仏様！（＝どうなることやら！）
　　　　　　　(If)［she］acts like this when［she］is small, when she grows up, Buddha!
#238　Mx：仏様！（＝まったくだ！）
　　　　　　　Buddha!
…
#241　M：そうだ、かれらはそうしないほどのところまでいった［＝彼女には全く教えることができないほどだ］。
　　　　　　　Yeah, they go so far as not doing that［i. e. not teaching［her］at all.

（抜粋 3）

#182　Mc：ただの自転車、［彼らは］それでもしたくない、乗りたくない、そうだろ？
　　　　　　　Just a bike,［they］still don't want, don't want to ride it. Isn't that so?
#182b　W：彼らはどうしているのか？
　　　　　　　What are they doing?
#182/4　Mc：［彼らは］ホンダが欲しいんだ、ホンダ、そしてそれを手に入れたら、
　　　　　　　［They］want a Honda, Honda, And once (they) have that,
　　　　　　　（彼らは）50c. c.のスズキさえほしがる。
　　　　　　　(they) even want a 50 c. c. Suzuki.
#185　Ms：［彼らは］速いものだけ使いたがる、そうだろう？
　　　　　　　［They］only want to use fast things, right?

#186   Mc: そうだ。[彼らは]速さだけ使う。
               Yeah, [They] only use speed.
#187   M: そうだ。
               Yeah.

　この2つの事例では、ストーリーの語り手(Mc)の結語(抜粋2の#236、抜粋3の#182と#182/4)に対して、Msによる同調的コメント(抜粋2の#237、抜粋3の#185)が発せられる。そして、そのコメントには、語り手(Mc)が参加する(抜粋2の#237a、抜粋3の#186)。さらにコメントへの参加が続く(抜粋2の#238、#241、抜粋3の#187)。このように、ストーリーの終結の場は、ストーリーの要点ないし教訓が集合的に確認される場であり、これらの場合、その要点は共通に理解される社会規範にほかならない。
　Moerman(2003)は、タイ農村における土地境界紛争解決の話し合いを素材として、裁判所以外においても、ストーリーの語りがもたらす自然的な説明可能性が規範的課題の遂行に結合されていることを指摘している。

(抜粋4)
#87/9   M1:   さて、(畑の)頭で、そこの頭で、堤を作った、(私の畑の)周りを
               Now, at the head (of the fields), at the head there, I made a dike
               ずっと囲んで、そして、私たちのナン・フィアン、(警察の)サエン大佐の(子供の)ナン・
               completely around (my fields) and now our Nan Phian, Nan
               フィアンがかれのトラクターを持ち込んで、まさに掘り返した、堤を放り返した。
               Phian (the son of police) Colonel Saen brought in his tractor and just plowed, plowed at the dike.
#89a   M2:   ふーん
               Uh huh. [khap]

#89b　M1:　毎年、(かれは)そうしなかった。(私が)そこに堤を作ってから2年経つよなあ。
Every year (he) didn't do it. It's been two years that (I've) had the dike there, you see.
ところが今年には(かれは)トラクターで掘り返す、堤を掘り返す。
Now this year (he) brings his tractor along to plow, to plow the dike.

#90　M2:　それでは、お前の堤は壊されるだろう。
Then your dike will be destroyed.

#91　M1:　そうなんだ、完全に壊されるだろう。
Yes, completely destroyed.

#92　M2:　ええと、その場合(お前は)みんなで(それを)議論しなければならない。
Well, in that case (you) must discuss (it) together.
堤を作るにはたくさんの金がかかる。
Building dikes costs a lot of money.

#93　M1:　その通りだ。俺は人を雇ったんだ。
That's right. I hired people.

　#87/9 で、M1 は、自分が作った堤を他人(ナン・フィアン)がトラクターで掘り返したというストーリーを完結させた。#89a の非同調的な応答を経て、そのストーリーはもう一度、#89b で短く反復されるが、そのさい、ナン・フィアンの行動の違法性を強調するようなしかたで、要点が再定式化される。同時に、この定式化は事実（「堤を掘り返す」）として示されておりその規範的評価が補われる余地を残していたが、まさにその余地が #90 の M2 のコメントで埋められた。ここで #91 で語り手の M1 はそのコメントに同調する。#92 では M2 はストーリーのさらなるインプリケーションを引き出し、ストーリーを「議論すべき問題」および「金銭的損害問題」としてコメ

ントの対象にする。これに対して M1 が同調する。

　かつて法哲学者のラートブルフはいかにして前法的社会的概念が、法的評価をともなう概念へと形成されるかを問題にした (Radbruch 1923/24)。抜粋 4 で展開されるやりとりの過程は人々が社会的事実を共通理解の中で規範的評価をともなう事実へと変容していくありさまを提示している。したがっておそらくラートブルフの提起した問題は経験的に解明できるものである。

　ストーリーの語り手は、特定の聞き手がそのストーリーをどう理解したかの検証のためにストーリーの詳細をもちいることができ、ストーリーの聞き手はその検証を予見して語られつつあるストーリーに詳細な注意を向けるよう動機づけられる。規範的共通理解が生みだされるさいのこの論理は、単一のターンが受け手によるその主観的意味の理解を検証するしくみとして働く論理と同一である。

　ただ、ストーリーの場合には、単一の発話にくらべて伝達される情報がより複雑なものになりうる。うわさ話、犯罪、法律的事件などがそうであるように、ストーリーは同一内容のものが反復して何度も語られるものである。Sacks は、ストーリーの中にパッケージされる情報伝達が、反復性や普遍性をもつ規範的意味の社会的共有の装置としてとくに適切なものであると示唆した (Sacks 1978)。この理由から、法におけるストーリーの使用の分析はとりわけ興味のある研究課題であるといえよう。

　本節では、3 つの場面・行為に注目をしながら、いかにして法・社会規範が個々の具体的相互行為の内側からその中に埋めこまれた方法論的実践を通じて、またその相互行為自体の継続的発展の過程とその達成として相互反映的に生成され続ける共通理解の様相であるかを、眺めてきた。そうした具体的様相は無数に存在するが、本節では、その中から 3 つの方法論的実践の類型—外見による道徳性の評定、役割の証拠呈示、会話におけるストーリーの使用—をとりあげて検討したのである。その結果、法的相互行為をおこなうことの中に共通理解産出のためのしくみが組み込まれていること、そのしくみは誰もが見て語ることができる様相として存在していること、それらのしくみを利用することができれば法的共通理解を達成することができるこ

と、これらが経験的に研究できる場面・行為の詳細から構成される現象であることが明らかになったと思う。

4. 結論

　通例的法社会学によると、法的言説は、「中立性」、「自立性」、「妥当性」などの特徴をもつものとされる（棚瀬 2001: 2）。通例的研究はこれらの特徴を理論的に構築してから研究を始めるのだが、このような特徴をもつものとしてある言説を理論化しつつ理解することにはあまりに問題が多い（樫村 2002）。1つには、その理論化される理解自体にふくまれる、語り手と聞き手、あるいは書き手と読み手の諸作業が検討の対象にされない。いま1つには、その理論化された理解に先行し、誰もが日常的場面・行為の中でさえ見知っている、自然的相互行為における共通理解の達成・維持のための方法論の一大領域をまったく見逃すことになる。本章では、エスノメソドロジー・会話分析による法的場面・行為の研究が、通例的法研究と異なり、この諸作業とそこからうみだされる基盤的かつ具体的な法的理解を経験的に検討するまさにその可能性を開示するものであることを説明してきた。

　本章では、法的場面においてその内側からその法・社会規範的性格を共通理解として産出・維持する参与者の作業を素描した。この成果の上にたつならば、こうした作業をおこなう参与者の「能力」は、これらの作業として特定される詳細に即してなりたつのであり、その中でのみ間主観的に確証されるものであることが示唆される。

　以上のようにとらえられた「能力」は、相互行為をその遂行の中で基盤づけるものであるから「相互行為能力」という言葉で表現してもよいであろう。法的能力に限定されるものではないが、本章で明らかにしようとしてきた現象としての相互行為能力は、つぎの性質をもつ。第1に、それは、特有的に法的な共通理解が指標性をもつこと——共通理解が法的相互行為の具体的場面に本質的に埋めこまれていること——から、その具体的場面の誰にも見え語りうる諸様相を利用する能力である。第2に、そのような能力は自己

展開的である。これは、相互行為の具体性に本質的に結合する共通理解はその相互行為の展開や解釈を規定するものでもあるため、その能力自体が相互反映性をもって構築されること—共通理解がその相互行為のなかでその理解の達成のための本質的条件として作用していること—を意味する。それは、結局、法的相互行為の能力がそのような相互行為の社会的達成であること—法的相互行為に参与する個人の資格が法的相互行為場面の固有内在的な達成であること—に帰する。

　このことの実践的インプリケーションは次のことである。法的相互行為能力とは、相互行為の遂行そのものと同一であるような、これらのしくみを利用することで、法的制度を利用することのできる能力であるといえる。この意味で、法的相互行為能力は法的相互行為の遂行と不可分なしかたで存在していると一般に主張できよう。逆に、相互行為への参与への制約—たとえば、ある集団に属する人々の発話その他の行為への軽視や蔑視—は、法的制度がその人々に対して保証する権利等の拒否や制限につながることが容易に想像できよう。

　実際、エスノメソドロジー・会話分析的研究の一分野としての制度的トークの研究は、参与者の目標がより制限され、かつ、制度的に特定的であり、相互行為への寄与の性質にもしばしば制約があり、トークが制度的に、あるいは活動的に特定的な推測枠組 (inferential frameworks) に照らして理解されるような、より制約された発話場面に焦点をあてている (Heritage 2005)。特定の制度的場面は、特定の法的救済のセットに関連している。その救済を動員するために、特定のしかたでの事実記述が必要になる。制度的場面は連続した段階を構成しているので、特定の救済段階では、「将来にわたる」救済とその要件のセットが関連性をもつようになる。

　こうした推測枠組みを構成する共通理解には、法的に評価されるものとしての事実の理解そのもののほかに、そのように理解された事実がその当該の理解された状況をこえて広がる状況超越的な制度的パターンの連続の一部分であることがふくまれている。こうした連続は、犯罪通報、請求、相談、捜査、交渉、示談、起訴／提訴、審理、判決、などを通じて発展、変容、維持

されていくもの—事案、権利、義務、名誉、利害など—からなりたつ。法的相互行為能力のエスノメソドロジー・会話分析は、こうした状況超越的パターンとしての法制度的事実が、場面・行為の運動する詳細として、産出・変容されるありさまを具体的に明らかにすることにつながる。

注
1　Garfinkel によるエスノメソドロジーの着想とその発展は、2002 年以降、かれの初期の著作 (Garfinkel 2006, 2008) が出版されるにつれてより深く研究されうる状況になっている。さしあたり、Garfinkel 2006 とそれに付された A. W. Rawls の解説を見よ。Garfinkel の用語法や記号法は 1960 年代以来若干の変化を見せている。これらの用語法については、Garfinkel 2002 の第 1 部 "What is Ethnomethodology" を参照。
2　「説明を要する行為」("accountable action") は、H. Sacks により、その行為の受け手が、それについて説明 (account) を要求することのできる行為として議論されている (Sacks 1992: 4–5)。
3　Pomerantz and Mandelbaum (2005) は、この研究の最終報告書からデータを得ている (Jefferson and Lee 1980)。この研究に基づき出版された論文 Jefferson and Lee (1981) に基づくトラブルトーク分析の一部の紹介は、樫村 (1989) にある。なお、本章における会話データの呈示方法は、Jefferson のシステムによる。たとえば、本文のデータでは "?" は上昇イントネーションを示し、疑問文を意味する記号ではかならずしもない。また、外国語の会話データの呈示方法をめぐる論点については、注 4 での議論も見よ。
4　データはタイ語から英語に翻訳されている。エスノメソドロジー・会話分析において、音声データをどう文字に表示するかは 1 つの難しい問題である。また、書かれたものであれ話されたものであれ、外国語のデータをどう表示するかは、さらに問題をふくむ。後者においては、単語の順序や種々の文法的要素が、翻訳にさいして、変容されてしまうからである。音声にせよ外国語にせよ、そのままのデータを呈示することは、読み手の便宜を害するが、データを「意訳」したりその他のしかたで自然化すると、まさに、詳細を通じて展開する情報と解釈の過程としての構造がデータから失われてしまう。けれども、Moerman の研究成果から読み手はタイ語の会話世界に接近できないかというと、そうでもない。エスノメソドロジー・会話分析の観点からは、いくつかの論点がある。第 1 に、データに

おける単語とプロソディー(リズム、強調、抑揚等)の生起とその順序はできるだけ保存されなければならない。第2に、データにおける文法的要素は、話し手にせよ聞き手にせよ、会話をおこなうさいに会話者の展望的予期や回顧的解釈に制約的影響をもつから、明示されなければならない。第3に、発話は、文としての意味や定型的言い回しのもつ意味をふくむが、これも会話者が利用可能な発話の意味だから呈示されなければならない。一般に、今日の会話分析研究の分野的慣習では、この3つの層にわたる情報が各音声発話について呈示される(基本的考え方と日本語データの呈示法について、田中2004を参照)。本文のデータは、第1、第2の層の具体的詳細のいくつか(タイ語の単語、プロソディー、文法的要素)等に欠けており、十分とはいえない。ただし、英文のデータは、それらを非慣習的方法で保存しようとしていると見られる。結局、本文では、他の英文データと同様、英文のデータを呈示するとともに、引用者の責任において、その日本語による直訳的翻訳を付し、さらに定型的言い回しについて補充することにした。本文の場合、この選択は会話たるデータを自然なものにしてしまうことによって見失われる実践を可視的にとどめたいという理由に基づく。その結果、会話としては読みにくく不自然なものになっているが、「ネイティヴな」会話者たちにとってはオリジナルなかたちにおいてはそれが自然なものと見られ、おこなわれているという推測を補って読んでほしい。

参考文献

Durkheim, Emile (1895) *The Rules of the Sociological Method.* ed. Steven Lukes (New York: Free Press). =エミール・デュルケム『社会学的方法の基準』宮島喬訳(岩波書店、1978年).

Garfinkel, Harold (1967) *Studies in Ethnomethodology.* Prentice-Hall.

Garfinkel, Harold (2002) Ethnomethodology's Program: Working Out Durkheim's Aphorism. Rowan & Littlefield.

Garfinkel, Harold (2006) *Seeing Sociologically: The Routine Grounds of Social Action.* Edited and Introduced by Anne Warfield Rawls. Paradigm Publishers.

Garfinkel, Harold (2008) *Toward a Sociological Theory of Information.* Edited and Introduced by Anne Warfield Rawls. Paradigm Publishers.

Heritage, John (2005) Conversation Analysis and Institutional Talk. In Kiristine L. Fitch and Robert E. Sanders, eds. (2005) *Handbook of Language and Social Interaction.* Lawrence Erlbaum Associates: 103–147.

Jefferson, Gail and John R. E. Lee (1980) On the sequential organization of troubles-talk in ordinary conversation. End of grant report to the (British) Social Science Research Council on the analysis of conversations in which'troubles'and'anxieties'are expressed. (Ref. HR 4802). [Awarded to G Jefferson and J. R. E. Lee, University of Manchester, Oct. 78-Sept. 30.1980]. (Available at Gail Jefferson's Homepage http://www.liso.ucsb.edu/Jefferson/troubles_report.pdf. Accessed on 23/9/2011.]

Jefferson, Gail and John R. E. Lee (1981) The Rejection of Advice: Managing the Problematic Convergence of a "Troubles-Telling" and a "Service Encounter". *Journal of Pragmatics,* 5: 399–422.

樫村志郎(1989)『「もめごと」の法社会学』弘文堂.

樫村志郎(1992)「法律的探究の社会組織」好井裕明編『エスノメソドロジーの現実』世界思想社:88–110.

樫村志郎(2002)「〈書評〉棚瀬孝雄編『法の言説分析』」『理論と方法』17(1):122–125.

樫村志郎(2004)「法現象の分析」山崎敬一編『実践エスノメソドロジー入門』有斐閣:143–157.

樫村志郎(2008)「制度への疑問——ある『警察からの電話』の分析」『現代社会学理論研究』2号:3–13.

樫村志郎(2009)「日常と法における事実確定——日常会話と法律相談を素材として——」『青山善充先生古希祝賀論文集・民事手続法学の新たな地平』有斐閣:1049–1071.

Kashimura, Shiro (2009) Law as Locally Produced Order. A Paper Presesnted at 82th Annual Meeting of The Japan Sociological Society, at Rikkyo University (October 12, 2009). Available at http://web.me.com/shiro_kashimura/Main/Welcome_files/ kashimura%20JSS%202009.pdf. Accessed on 23/9/2011.

Moerman, Michael (2003) The Use of Precedent in Natural Conversation: A Study in Practical Legal Reasoning. In Michael Lynch & Wes Sharrock, eds. *Harold Garfinkel* Sage Publications. Vol. 3: 371–393.

Moerman, Michael & H. Sacks (1988) On Understanding in the Analysis of Natural Conversation. In Michael Moerman *Talking Culture: Ethnography and Conversation Analysis.* University of Pennsylvania Press: 180–186.

Pomerantz, Anita (1987) Descriptions in Legal Settings. In Graham Button and John R. E. Lee eds. *Talk and Social Organisation.* Multilingual Matters: 226–243.

Pomerantz, Anita and Jenny Mandelbaum (2005) Conversation Analytic Approaches to the Relevance and Uses of Relationship Categories in Interaction. In Kiristine L. Fitch and Robert E. Sanders, eds. 2005, *Handbook of Language and Social Interaction.* Lawrence Erlbaum Associates: 149–171.

Radbruch, Gustav (1923/24) Rechtsidee und Rechtsstoff=ラートブルフ、グスタフ 1962「法理念と法素材——一個のスケッチ——」野田良之訳『法における人間:ラートブルフ著作集第5巻』東京大学出版会:67–80.

Sacks, Harvey (1972) Notes on Police Assessment of Moral Character. In David Sudnow, ed. *Studies in Social Interaction.* The Free Press: 280–293.
Sacks, Harvey (1975) Everyone Has To Lie. In Mary Sanches and Ben G. Blout, eds. *Sociocultural Dimensions of Language Use.* Academic Press: 57–79.
Sacks, Harvey (1978) Some Technical Considerations of a Dirty Joke. In Jim Schenkein, ed. *Studies in the Organizatoin of Conversational Interaction.* Academic Press: 249–269.
Sacks, Harvey (1992) Lecture 1. In Gail Jefferson ed. *Harvey Sacks: Lectures on Conversation.* Blackwell: 3–11.
Schegloff, Emanuel A. (2007) *Sequence Organization in Interaction: A Primer in Conversation Analysis I.* Cambridge University Press.
Schenkein, Jim (1978) Identity Negotiations in Conversation. In Jim Schenkein, ed. *Studies in the Organization of Conversational Interaction* Academic Press: 57–78.
Sudnow, David (1972) Temporal Parameters of Interpersonal Obsenation, in David Sudnow, ed. *Studies in Social Interaction.* The Free Press: 259–279.
田中博子(2004)「会話分析の方法と会話データの記述法」山崎敬一編『実践エスノメソドロジー入門』有斐閣：71–84.
棚瀬孝雄編(2001)『法の言説分析』ミネルヴァ書房.
Watson, D. R. (1990) Some Features of the Elicitation of Confessions in Murder Interrogations. In George Psathas, ed. *Interaction Competence.* University Press of America: 263–295.
Waugh, Hillary (1991) The Real Detectives, in his *Hillary Waugh's Guide to Mysteries and Mystery Writing* Nriters Digest Books: 132–145.
Weber, Max (1913) Über einige Kategorien der verstanden Soziologie. ＝マックス・ウェーバー『理解社会学のカテゴリー』林道義訳(岩波書店、1968年).
Weber, Max (1921) Soziologische Grundbegriffe. ＝マックス・ウェーバー『社会学の基礎概念』阿閉吉男・内藤莞爾訳(角川書店、1968年).

こらむ
社会的構築

樫村志郎

「社会的構築（または構成）」("social construction")とは、社会的構築（または構成）主義 ("social constructionism" または "social constructivism")という方針に基づく社会研究において、社会の人々が外界（心や他者を含む）について集合的に一定の共通理解を生産する過程やその生産物たる理解をいう。Calhoun (2002) では、社会的構築主義を「とくに社会的アイデンティティを含む社会的事実が社会的および歴史的状況に位置づけられた実践の産出物であるとみなす社会学における広範な理論的志向」と定義している。社会的構築主義を標榜する諸研究は、自然科学的発見、社会問題、集団カテゴリー、歴史的事件、心などをめぐり、社会的構築過程やその生産物を研究する、緩やかな研究視角の集まりとして1980年代ごろから目立つようになった。

Social Construction の語を英語において初めて用いたのは、Berger & Luckmann (1966) であるといわれる。それは、Alfred Schütz の社会現象学にもとづく視角の体系化を試みたものであり、1960–70年代における日常世界の社会学 (The Sociology of Everyday Life) の一部をなしていた。Berger & Luckmann の研究プログラムは、1980年代以降における社会的構築主義の理論的基礎の一部を提供している。

今日みられる社会的構築主義研究には、さらにいくつかの起源がある。
第1の起源は、1976年ごろから1980年代にかけて科学社会学において登場した科学的知識の社会学 (Sociology of Scientific Knowledge) などとよばれる一群の研究である。それらは、実験室のエスノグラフィー等の手法により、科学者間のコミュニケーション、研究結果の文書化、その他の社会的相互行為を通じ科学的知識が関係者の間で共通に理解されていく過程に関心をよせた。それらは Wittgenstein や J. L. Austin らの哲学、Karl R. Popper や Thomas S. Kuhn の科学哲学ないし科学史研究からも影響を受けている。

第2の起源は、Kitsuse & Spector (1977) にはじまる諸研究である。Kitsuse & Spector は、社会問題を、客観的に存在するものとして研究者が定義する一定の問題的状態の研究としてでなく、社会の人々により「社会問題の定義が構築される過程」を通じて、研究すべきだとした。この種の研究は1980年代を通じて増加していった。社会問題の社会的構築主義には逸脱の社会学におけるラベリング理論

の影響が強い。

　第3の起源は、Gergen（1982）である。実験心理学者であったGergenは、社会的行動には歴史的または文化的相対性と流動性があるため実験による仮説の検証という方法は有効でないとして、心に関する種々の知識が社会的構築物であるとの想定に立脚する新たな研究プログラムを提唱した。これに由来する研究や実践は、ナラティブ・セラピーその他の解釈学的志向をもつ活動として展開している。

　このように社会的構築主義はさまざまな起源があり、その理論には多様性が見られるが、その主要な内容は、Berger & Luckmanを媒介として、エスノメソドロジー（Harold Garfinkel, Harvey Sacksら）、シンボリック・インタラクショニズム（Erving Goffman, Edwin Lemertら）の影響を受け、またそれらとともに現象学（Schütz, Husserlら）に起源と基盤をたどりうるものが多い。

　社会的構築主義をめぐり英米ではいくつか論争があった。たとえば、自然科学の対象とされる実在が社会的に構築されたものだという主張に対しては、それらの実在が自然的に実在しているものだという反論が試みられた。それに対して、何ものかが社会的に構築されることと、自然的にそれが実在していることとは両立するなどの反論が行われた。それらについては、科学史学者・哲学者のIan Hacking（1999）が詳しい。なお、Hackingの立場については、Michael Lynchがエスノメソドロジーの立場から論評を加えている（Lynch 2001: 240–254）。また、社会問題の社会的構築主義については、WoolgarとPawluchが、エスノメソドロジーの立場から、何ものかが社会的に構築されているという社会的構築主義者の主張がしばしばそのものの不存在という実在論的主張を恣意的に行っているのではないかと批判した（Wooglar & Pawluch 1985）。この批判に引き続く論争については、平・中河（2006）が詳しい。

参考文献

Berger, Peter L. & Thomas Luckmann（1966）*The Social Construction of Reality: A Treatise of Sociology of Knowledge*（『日常世界の構成』、山口節郎訳、1977）

Calhoun, Craig（ed.）（2002）*Dictionary of the Social Sciences*

Gergen, Kenneth J.（1982）*Toward Transformation in Social Knowledge*（『もう一つの社会心理学——社会行動学の転換に向けて——』杉万俊夫ほか訳、1998）

Hacking, Ian（1999）*The Social Construction of What?*（『何が社会的に構成されるのか』出口康夫ほか訳、2006）

Kitsuse, John I. & Malcolm B. Spector（1977）*Constructing Social Problems*（『社会問題の構築——ラベリング理論をこえて——』村上直之ほか訳、1990）

Lynch, Michael（2001）The Contingencies of Social Construction, *Economy and Society*, 30

（2）: 240–254.

平英美・中河伸俊（2006）『新版・構築主義の社会学―実在論争をこえて―』世界思想社.

Woolgar, Steve & Dorothy Pawluch（1985）Ontological Gerrymandering: The Anatomy of Social Problems Explanations. *Social Problems* 32: 214–227. ＝スティーヴ・ウールガー＝ドロシー・ポーラッチ「オントロジカル・ゲリマンダリング―社会問題をめぐる説明の解剖学」平英美＝中河伸俊『新版・構築主義の社会学―実在論争をこえて―』（2006）: 184–213.

第11章　コンピュータを介した
　　　　　コミュニケーションの特性
—語りのオンライン・コミュニティーにおける伝達能力とは

佐藤彰

【要旨】本章では、現代における新しいメディアを利用したコミュニケーションがどのようなものか、またそれに求められる能力とはいかなるものかを考察した。Herring (2004b, 2007) の分類案を基づき、CMC の例として語りのオンライン・コミュニティーでのやりとりを記述・分析した結果、様々な媒体および高度に発展した技術を用いたコミュニケーションが日常的に行われる現代社会においては、媒体の技術的仕様に適応する能力が必要であることを指摘した。

1. はじめに

　伝達能力に関する考察はこれまで、音声を中心とした対面での言語コミュニケーションを想定したものが中心であった。しかし、現代の私たちの日常生活を振り返ってみれば、面と向かって誰かに話しかけたり、またそれを聞いたりすることよりも、メディアを通じて言語情報を伝達することの方がはるかに多い。特に1990年代以降、インターネットに代表される（新聞・雑誌・テレビ・ラジオなどの既存のメディアに比べ）新しいメディアが急速に普及し、2010年代の今では、それらを抜きにして言語使用を語ることはできないと言ってもよい。それでは、現代における新しいメディアを利用した言語コミュニケーションとはどのようなものだろうか。また、それに求められる能力とはいかなるものであろうか。

　本章では、新しいメディア、中でもインターネット回線につながるコン

ピュータを介したコミュニケーションの特性を、対面コミュニケーションとの比較を通じて明らかにすることを試みる。具体的には、まず談話研究の立場からコンピュータを介したコミュニケーション(Computer-Mediated Communication、以下、CMC)にアプローチした研究(Computer-Mediated Discourse Analysis、以下、CMDA)をリードしてきた Herring の議論(2001, 2004a, 2004b) に沿い、CMC[1] と CMDA を概観する。さらに、Herring (2004b, 2007)が提唱する CMC の分類案について解説し、それに基づき CMC の例として、ある語りのオンライン・コミュニティーでのやりとりを分析する。これらを通して、新しいメディアの利用に際し必要な伝達能力について考察する。

2. CMC・CMDA とは

　CMC は、ネットワークにつながったコンピュータやモバイル機器(パソコンやゲーム機、ケータイなど)を介した対人コミュニケーションと定義される。インターネット接続と入出力が可能であればいつでもどこでもコミュニケーションが可能であり、対面コミュニケーションのもつ同一の時間や空間を共有するという制約から解放されている。CMC の具体例としては、現在広く普及している電子メールやチャット、電子掲示板、対人のオンラインゲーム、ブログ、テレビ電話、ソーシャル・ネットワーキング・サービスなどが挙げられる。

　CMDA は、オンラインでの言語行動を分析するものである。具体的には、オンラインにおける言語的相互行為のログ(文字、単語、発話、メッセージ、やりとり、スレッド(同一トピックについての一連のやりとり)、アーカイブ(ファイルの保管所にある古い記録))をその分析対象とする。

　CMDA はアプローチであり、特定の理論や分析方法に依拠しない。しかし、その根底には談話研究と同様の理論的前提、すなわち、

　　(a)　談話では同じパターンが繰り返し現れる、
　　(b)　談話は話し手の選択を伴う、

がある。CMDA ではこれらに、
- (c) CMC はコンピュータを介したコミュニケーション・システムの技術的特徴に影響を受ける、

という前提が加わる (Herring 2004a)。

Herring によれば、よい CMDA の研究課題は以下の 4 つの性質をもつ。
- (a) 利用可能なデータから実証的に答えられる(実証的に観察可能な現象であり、純粋に主観的、価値判断的ではない、分析のために選ばれたテクストの証拠に基づいて答えられる)
- (b) 自明の事柄ではない(自己満足のためではなく研究者のコミュニティーにとって興味の対象となるものでなければならない、既知の事柄であってはならない)
- (c) 仮説に動機付けられている
- (d) 自由回答の質問である (what, why, when, where, who, how などを用いた質問の形にすることで、予期しない発見の余地をかなり残しておく)

研究課題に答えるには、その研究に適切なデータを収集し、選択しなければならない。そのためには自然に発生したデータの観察のみならず、研究課題によってはインタビューや実験なども行われる。また、個別の具体例について複数の情報源から集めることもあれば、コーパス(大規模な言語資料)を用いることもある。特に CMC では入手可能なデータが膨大であることが多く、その全てを研究し尽くすことはできないため、必然的に標本抽出を伴う。なお、CMDA では文脈を重視するため無作為抽出はほとんど行われない。その標本は何らかの動機付け(テーマ、時間、現象、個人やグループによる選択)または便利さ(研究者がたまたまそのときアクセスできるもの)によって選ばれる。

CMDA の分析方法は談話研究およびその他の言語関連の研究分野から得られる。質的なものもあれば量的なもの、また両者を統合したものもある。Herring (2004a) は CMDA においてよく援用されるものとして、
- (a) テクスト分析(構造的な規則性の同定)、

(b) 会話分析（相互行為の手順の精密な分析）、
(c) 語用論（談話の証拠からの話し手の意図の解釈）、
(d) 相互行為の社会言語学（相互行為を通じて表示される社会文化的意味の分析）、
(e) 批判的談話分析（イデオロギーや権力の動態との関連における意味と構造の解釈）

を挙げているが、これらの他に

(f) 変異分析（言語的変異における社会および言語的要因の分析）、
(g) コミュニケーションの民族誌（文化的知識と行動の一部としてのコミュニケーションの（構造と機能の）パターンの記述および分析）、

などの方法も用いられる。

その分析のレベルは、語形成、語彙選択、文構造、コードスイッチングなどのミクロレベルから、首尾一貫性、コミュニティー形成、ジェンダーの公平さ、アイデンティティー表示などのマクロレベルまで多岐に渡る。また分析の領域は以下に示すように幅広い。

(a) 構造（タイポグラフィー、正書法、形態、統語、談話スキーマ）
(b) 意味（記号、単語、発話、またそれより大きな機能単位の意味）
(c) 相互行為（ターン取得、発話連続、発話やりとり、話題展開）
(d) 社会行動（社会的地位の表示、紛争、交渉、フェイス管理、遊びなどにあたっての言語表現、談話スタイル）
(e) 参加（メッセージ応答の数、メッセージとスレッドの長さ）

なお最後に挙げた「参加」は、言語の分析を超越した領域である。

分析の結果得られた発見の解釈において、CMDAではその媒体（技術的）要因と状況（社会的）要因を考慮する必要がある。これらを考慮に入れると一般化の議論がしやすくなる。また解釈には以下の3つのレベル、

(a) データに近い解釈（分析方法をデータに応用することによって得られた結果の要約と統合）、
(b) 研究課題に近い解釈（研究課題に照らし合わせ、結果が期待通りだったかそうでないかの指摘、また期待通りでなかった結果の説

明)、
(c) 研究課題を越えた解釈(得られた発見からの理論的、方法論的、実用的な含意の推定)、

がある(Herring 2004a)。

CMC の研究は 1970 年代後半、また CMDA は 1980 年代の中頃に始まったとされ、1990 年代に入りインターネットの爆発的な普及とともに注目を集めるようになり、その中頃から広がりを見せるようになった。現在では、社会言語学および談話研究、語用論において重要な位置を占めつつある。例えば、社会言語学の主要な研究雑誌である Journal of Sociolinguistics では、2006 年に Sociolinguistics and computer-mediated communication という特集が組まれた。また、数年おきに談話研究に関する研究集会を開くジョージタウン大学円卓会議は、2011 年に Discourse 2.0: Language and New Media というテーマで開催された。国際語用論学会研究大会等においても CMC 研究の発表は徐々に増えている。CMC 研究に特化した学際的な雑誌である Journal of Computer-Mediated Communication や CMC の言語使用の研究に特化した Language@Internet などもあるほか、CMC の語用論のハンドブックも 2013 年に刊行された。国内に目を転じると、ここ数年に限ってみても『日本語学』や『月刊言語』(休刊中)などの一般向け雑誌において CMC に関する特集が組まれ、またメディアとことばの関係を対象とする書籍型研究誌の『メディアとことば』シリーズでは巻を重ねるにつれて CMC を扱う論文が増えている。これらを鑑みると、CMC 研究は現在、活況を呈しているといえるだろう。

3. Herring(2004b, 2007)における CMC の分類案

CMC における伝達能力を考察するには CMC の実態を把握する必要がある。それが対面でのやりとりとどう異なるのかを理解するには、異文化におけるコミュニケーションのありようを記述・分析する際に用いられてきたコミュニケーションの民族誌からのアプローチが有効である。コミュニケー

ションの民族誌においては、伝達能力の探究と文書化のために、発話の記述に関して重要である Setting、Participants、Ends、Act Sequence、Key、Instrumentalities、Norms、Genres から構成される SPEAKING モデル(Hymes 1972)を用いる(SPEAKING の詳細については、こらむ「文脈・コンテクスト」を参照されたい)。これらに関して記述・分析することで、当該文化におけるコミュニケーションの姿が浮び上がってくるのである。

　Herring(2007)は、CMC 環境における言語使用に影響を与える技術的、社会的文脈の諸相を統合し、かつ明瞭に表現することを目的とする、図書館情報学の分類理論から借用した概念の「ファセット分類」を提唱する。これは、上記の SPEAKING モデルと、ソープオペラ(昼のメロドラマ)のオンライン・コミュニティーを分析した Baym(1995)による CMC に影響を及ぼす5つの要因—外的(物理的、文化的、福次文化的)文脈、集団の時間構造、インフラ、目的、集団とその成員の特徴—を踏まえたものである。ファセット分類は、例えば電子メール、チャット、ブログのように技術的に決められた型に依存する「様式分類」とは異なり、対象となるデータが備える複数の側面を総合することによりその特徴を顕在化する(Herring はワインが品種、生産地、生産年によって特徴づけられることをその例えとして挙げている)。

　Herring による分類案は、CMC が受ける影響には2つの主な要因、すなわち、媒体(技術的)要因と状況(社会的)要因があることを前提としたものである。媒体(技術的)要因は、CMC のシステムの技術的特徴を特定する。これらはハードやソフト、ユーザーのコンピュータのインターフェイスなどだけでなく、メッセージのプロトコル、サーバーやクライアントなどによって決まる。具体的には、以下のものを挙げることができる。

(M1)　同期性(同期か、非同期か)
(M2)　メッセージ伝達(メッセージごと(一方向)か、文字ごと(双方向)か)
(M3)　トランスクリプトの存続性(受信後にメッセージがどれほど長い間残っているか)
(M4)　メッセージ・バッファ(緩衝記憶領域)のサイズ(一つのメッセージに使われうる文字数)

(M5) コミュニケーションのチャンネル(テキスト、音声、画像、ビデオなど)
(M6) 匿名メッセージ送信
(M7) 個人的メッセージ送信
(M8) フィルタリング
(M9) 引用
(M10) メッセージ形式(メッセージが現れる順番、それぞれのメッセージに何の情報が自動的に追加され、それがどのように視覚的に提示されるか、見ている画面がメッセージでいっぱいになったときに何が起こるか)

　一方、状況(社会的)要因は、コミュニケーションの状況や文脈に関連しており、以下のものを含む。
(S1) 参加構造(一対一か、一対多か、多対多か、公的／私的か、匿名性／仮名性の程度、集団の大きさ(活動的な参加者の数)、参加の量、割合とバランス)
(S2) 参加者の特徴(ジェンダー、年齢、仕事などの人口統計、言語／コンピュータ／CMCの熟練度、受信者／集団／話題との経験、実生活やオンラインでの人格における役割／地位、既存の社会文化的知識と相互行為の規範、態度、信念、イデオロギー、動機)
(S3) 目的(例えば専門職のためのなどの集団の目的、例えば情報の入手のためなどの相互行為の目的)
(S4) 話題またはテーマ(例えば政治などの集団の話題、例えば戦争などのやりとりにおける話題)
(S5) 調子(例えばフォーマルかカジュアルかなど)
(S6) 活動(例えばディベートなど)
(S7) 規範(組織、社会的な適切さ、言語の規範)
(S8) コード(言語、言語変種、フォント／書記体系)

　この案は、Herringが目的とするCMCの分類のみならず、対象とするCMCがどのようなものかを知るために利用することができる。なお、(S6)

の活動を、Herring (2007) は SPEAKING モデルにおけるジャンルに相当するものとしている一方、Herring (2004b) は分類案のカテゴリーとして含んでいない。また Herring (2004b) では、これらの分類案に引き続き、言語関連行動という見出しのもとに構造、意味、相互行為、社会行動の領域において何が行われているのかを分析している。本章では、CMC における活動をよりよく理解するため、それぞれの領域で見られる言語行動を (S6) の活動の一部として分析することにする。

4. データ

　本章のデータは、2000 年代に数年間オンライン上に存在した、ある特定のミュージシャン (A と B によるユニット) のファンサイト (所属事務所やレコード会社とは無関係のファンが独自に作成し、運営管理していたウェブサイト) におけるコミュニケーションである。本章では特に、ライブ (公演) について複数のファンが「ライブレポ (ライブのレポートの略) 掲示板」に寄せた投稿、またライブが開催される時期に行われたチャットルームでのやりとりのログの一部に注目する。ライブに関する投稿は、ライブ直後からその 1 週間以内に行われることがほとんどである。その数は平均すると 1 つのライブ当たり 15 〜 20 程度だが、地方開催の場合は 5 程度と少ないことや、都市開催の場合は 40 程度と多いこともある。同一人物が、1 つのライブについて複数回投稿したり、また複数のライブに参加してそのそれぞれについて投稿したりするため、実際の投稿者数は投稿数より 2 〜 3 割程度少ない。一方、チャットは昼にはあまり行われず、夜の 12 時前後を中心に 3 〜 5 人程度で行われることが多いものの、ライブの開催時期は 10 人を越え、20 人近くになることさえある。またチャットルームでの滞在時間は人それぞれであり、すぐに退出する者もいれば、テレビを見たり仕事をしたりしながら長時間そこに留まる者もいる。その送信の頻度もまちまちで、1 分間に数回送信することもあれば、前の送信から 1 時間以上後に送信することもある。内容的には、ライブに既に参加した者の話を、そのライブに参加できなかっ

た者、またこれから別会場のライブに参加する者が聞くことが中心である。なお、このサイトに集う人々については(S2)のところで詳述するが、年齢が比較的若い(20代〜30代を中心とした10代から40代)という以外は、特定の地域や性別、学校／職場などに偏りが見られない。

なお、このデータはCMCを代表するものではもちろんなく、単なる例に過ぎない。それをここで取り上げるのは、ソープオペラのニュースグループを研究したBaym(2000)と同様に、筆者は研究を始める以前から対象となるサイト度々訪れており、既に「常連」としてそこでのやりとりに精通していたからである。インサイダーとしてすでに多くの情報をもっていることがCMCの特性の記述・分析に役立つことから、表面的でない考察を行うために今回このデータを扱うこととした。

5. 分析

ここでは、前述のHerringによるCMCの分類案に沿って、それぞれのカテゴリーに関し、オンラインでのコミュニケーションの例を対面でのコミュニケーションと比較対照することにより、CMCの特性を明らかにしたい。

5.1 媒体(技術的)要因

(M1)の同期性については、同期のシステムでは送信者と受信者がリアルタイムでやりとりする必要があるが、非同期のシステムではその必要がない。よって対面の音声発話やチャットは同期である一方、電子掲示板への投稿は非同期である。

(M2)のメッセージ伝達は、伝達がメッセージごと(受信者は送信者がメッセージを作成しているか、それが実際の送受信を伴わないとわからないため、送信者のメッセージに割って入ることができない)か、文字ごと(メッセージの作成段階を両者がみることができる)か、という違いである。このサイトではチャットでも電子掲示板でも送信はメッセージごとになされるため、その途中でそれに誰かが口を挟むことはできない。つまり、送受信は双

方向ではなく一方向のやりとりであって、対面でのコミュニケーションとは異なる。必然的にターン交替の構造にも違いが出てくる。

(M3)のトランスクリプトは、筋書きのない音声発話ではもともと存在しないが、テキストベースのCMCではすでにそこにある。とは言っても、チャットでは記憶容量が限られていることが多く、新たなコメントが多くなれば古いものは読めなくなってしまう。一方電子掲示板では、管理者に削除要請しない限り記録として残るため、ウェブサイトが存続し記憶容量に余裕がある限り、そのメッセージは永続的に掲載される。なお、このファンサイトは既に閉鎖されているものの、その掲示板に寄せられた投稿は別のファンサイトが引き継ぎ、アクセス可能な状態に保たれている。

(M4)のメッセージ・バッファは、そのシステム次第である。掲示板での投稿に字数制限はなく、ほんの数行程度のものから数ページに渡るものまで、メッセージあたりの長さはさまざまである[2]。チャットではそのようなことはなく、最大でも数行程度に限定されることが多い。

(M5)のコミュニケーションのチャンネルは、対面コミュニケーションならばもともとマルチモーダルであり、音声発話のほか、例えばジェスチャーなどを伴うことができるが、CMCでは限定的であることが多い。ただ、単にテキストだけであっても、記号や顔文字を使うことにより、部分的に視覚的な情報を伝えることも不可能ではない。当該のサイトでは、写真やイラストへリンクが貼られることもまれにあるが、文字情報が中心であって、音声は全く用いられない。なお、このデータ収集から数年が経った2013年現在においては、音声を用いたボイスチャット、映像を用いたライブチャットなども存在する。

(M6)の匿名性については、通常の対面コミュニケーションでは難しいが、CMCでは容易であり、特に現在の日本における未知の相手とのCMCでは匿名(仮名)でのやりとりが主流である。本データの場合、オンラインであれオフラインであれ、ほぼ全員がハンドルネームという仮名を使ってやりとりをしている。なお、オフ会(オフラインで、つまり実際に集まって行われる会合)への参加者は対面でも接する(参加者同士であればハンドルネーム

と顔はほぼ一致する）ためか、本名を用いない場合に行われがちである過剰な自己開示や反社会的行動は見られない。またCMCでは、自分とは異なるアイデンティティー（いわゆる「キャラ」）を装ったり、同一人物が複数の「キャラ」を使い分けたりすることが技術的に容易である。

　（M7）の個人的メッセージ送信とは、3人以上でチャットなどをしている際に、それとは別に個人間で言語的メッセージをやりとりすることであり、(M8）のフィルタリングとは、特定のメッセージを機械的に除去することであって、システムによってはこれらが可能である（本データにおけるシステムには組み込まれていない）。これらの行為を他のチャット参加者や、選別され排除された者に知られずに行うことができるという点で、これらの行為がまず不可能な対面コミュニケーションとは大きく異なる。対面コミュニケーションの場合でも、前もって合図を決めておけばそれが意味することを特定の人物に伝えることは可能だが、事前の準備などが必要であり、CMCの場合ほど容易ではない。

　（M9）の引用は、先行するテクストの全てまたは一部を、機械的に寸部違わず後続のテクストに組み込むことであり、現在の電子メディアにおいては容易に設定できる機能である。これは電子メディアならではのものであり、音声発話では不可能である。ソフトやシステムの設定にもよるが、引用し、それに焦点を絞って話を進めることが容易なのはCMCの利点であるといえる（佐藤 2008）。

　（M10）のメッセージの形式とは、画面にどう表されるかについてである。システムにもよるが、本データの場合、チャットでは新たなコメントが寄せられる度にそれが最上位に現れ、それに従い古いコメントが画面の下方に移動し、やがては画面から見えなくなってしまう。一方電子掲示板では、新たなスレッドを導入する投稿は最上位に現れるが、既出のスレッドに関する投稿ならば、スレッド内にすでにある投稿の下に現れる。

5.2　状況（社会的）要因

　（S1）の参加構造についてであるが、まず、このサイトにおいては個人が

それぞれの端末から一般に公開されたサイトにアクセスしており、一対多、つまり個人から多人数へのコミュニケーションが基本となっている（ただし、投稿時において個人が掲示板の送信フォームにある特定の欄にメールアドレスを記入した場合、そのアドレス宛に別の個人がメールソフトを用いて私的にメールを送ることは可能である）。また匿名性のところで言及したように、このサイトへの参加者はオンラインではもちろんオフラインでもハンドルネームを用いるが、気の合った相手には本名、所属する学校や職場、職業などを教えることがあり、そこから個人的な交際に発展することもある。一方、その匿名性ゆえに「キャラ」を操作して遊ぶ、例えば同一人物が漫才の「ボケ」と「ツッコミ」を演じ分けるようなこともある（同一人物であることは、似たハンドルネーム、表現や口調を使ったりすることで、故意に読み手にわかるようにしてある）。オンライン・コミュニケーションに参加している参加者の数は定かではないが、頻繁に投稿し、かつオフ会にも参加する「常連」の数はそれほど多くない（各地でのオフ会の様子の報告から、オフ会への参加者を合計すると、50～60人程度である）[3]。また、個々の参加者によるサイトへの関わり方は同じではないが、一部の参加者だけが突出して書き込みを行うことはない。

　(S2)の参加者の特徴として、本データにおいて興味深いのは、彼らの間には、特定のミュージシャンによる音楽への興味・関心を共有していること以外にほとんど接点がないことである。対面コミュニケーションにおいては物理的な場所の共有が前提となるため、地縁や血縁はもとより、学（校）縁や職（業）／（会）社縁と呼ばれる人間関係が既にある場合が多いが、CMCではそのような関係があるとは限らない。よってこのサイトは、それなくしては決して出会うことがなかった人々を結びつける役割を果たしている。また、このようなつながりにおいては、既存の社会構造におけるはっきりとした上下関係などが見られない（ここではサイトの管理者とその参加者といった役割の違いがあるのみである）。本データのように、10代～40代の男女（生徒や学生から会社取締役まで、北海道から九州、外国まで）がほぼ対等にやりとりをするような状況は、対面コミュニケーションにおいてはなかなか考え

にくい。なお、本サイトが趣味を共有するもの（投稿には「好きなものが一緒」という表現が度々用いられる）であることは、後述するカテゴリーである(S7)の規範に影響を与えている。

　(S3)の目的には、集団の目的と相互行為の目的があるが、本データにおいて前者(集団の存在理由)は特定のミュージシャンとその音楽のファン同士による交流・懇親であり、後者(個々の参加者がやりとりを通してやり遂げたいこと)は友情の形成や情報交換、娯楽といったものが挙げられるだろう。趣味が細分化している現代では、同好の士が身近な学校や職場で見つかるとは限らない。このサイトに初めて投稿するという者の多くが「ここに来て孤独感から解放された」とコメントしたり、「これからよろしくお願いします」と挨拶したりするのは、ここでの交流や懇親を期待してのことだろう。また、日本各地、さらには国外でのライブの様子（ミュージシャンがどの曲を演奏したかや、どんな話をしたかなど）について詳しい情報を瞬時にやりとりすることは、インターネット回線を通さなければ難しいことだろう。

　(S4)の話題には、集団の話題（その文脈における適切な議題）と個別のやりとりにおける話題（参加者が実際に相互行為の中で話していること）があるが、どちらにおいてもその基本は、ライブレポ掲示板ではライブの経験、チャットでは特定のミュージシャンやその音楽である。ただし、チャットでは音楽の話題から逸脱することもある。

　(S5)の調子はカジュアル／インフォーマルである。そのことは、(S6)の活動からわかる。

　(S6)の活動については、ライブレポ掲示板に寄せられた投稿とチャットルームでのやりとりを順に見ていくことにする。ライブレポ掲示板への投稿は、字義通りのライブについてのレポート（報告）というより、ナラティブ（語り）とした方がより正確である。以下は掲示板への投稿の一部である[4]。

(1)　曲は1番「(注：曲名)」が1番盛り上がったかな？合いの手（っていうのかしら？）皆揃ってて、面白かったです。あれは新鮮で面白かっ

たですね！後半、Bが私の顔を見て、私達の辺りと指でぐるっと指して、何て言ったのかは忘れたけど、内容的には「この辺、(注：サイトの名前)の人達？」って聞かれて、私がピースしながら、「うん、うん」ってうなづいたら、すっごく嬉しそうな顔して笑ってくれたので、嬉し過ぎて死ぬかと思いました(笑)

　(1)では、その場で時間順に何が起きたかを伝えるのみならず、「面白かった」という外的評価の繰り返しや、直接引用(「この辺、(サイトの名前)の人達？」)などの内的評価が伴う。これらから、これは客観的な事実の伝達に終始するレポートではなく、著者の主観的な視点が示されるナラティブであることがわかる。
　投稿には、(1)に見られる「辺りを指でぐるっと指して」を「辺りと指でぐるっと指して」のほか、「うろ覚え」を「うる覚え」、「encore」を「encole」と書くなど、明らかな間違いが散見される。このことから、ここでは書き手が投稿にあたり推敲を行っていないと思われる。また、(2)(3)のように正書法によらない例もまま見られる(以下、例文に下線がある場合はそちらに注目されたい)。

(2)　最前列で見ることができて、超<u>〜〜〜〜</u>うれ<u>じ</u>がった<u>！！！！！</u>

　(2)では、波線「〜」と感嘆符「！」の繰り返し、また「うれしかった」を「うれじがった」とする変則的な濁音の使用から、理性的というより感情的な書き方をしていると言える。

(3)　(注：地名)に行って来ました。(注：同じライブに参加した者のハンドルネーム)お疲れ様<u>☆</u>もう本当に(注：バンド名)のライブは幸せでした<u>！！！</u>運良くちょっとした階段のところにいたのでAちゃんの顔がよく<u>見れました</u>、<u>(^O^)/</u>

(3)では、記号「☆」、感嘆符「！」の繰り返し、「見る」の可能表現を「見られる」ではなく「見れる」とするら抜き言葉、顔文字「、(^O^)/」の使用などから、ここで行われているのがカジュアル／インフォーマルなコミュニケーションであることがわかる。このことは、別の投稿で使われている縮約形(例「ばかり」を「ばっか」と表記)、方言(例「ホンマ」)、小文字(例「いゃぁ」)、故意の誤表記・カタカナの使用(例「幸せです」を「幸せでし」、「私」を「ワタシ」と表記)、強調のための母音伸ばしと長音符号(例「行ってきましたあー」)、終助詞「ね」「よ」の使用からも裏付けられる。これらは CMC において「コンテクスト化の合図」(Gumperz 1982)として機能し、対面であれば容易に伝わるはずのニュアンスを伝達している。

　構造的な特徴は、これらのミクロなレベルにおいてだけでなく、マクロなレベルにおいても見られる。これらのナラティブの多くは、導入部、展開部、終結部といった大きな機能単位から構成されている。ナラティブをマクロ構造だけでなく意味も含めて考察すると、導入部は、ほぼ全ての例において「ライブに参加しました」「(注：ライブ会場)に行ってきました」という概要を含む。またこの部分には「こんにちは」「お疲れ様」という挨拶や「最高でした！」という外的評価が添えられることもある。展開部では、ライブ中に(ステージ上や会場で、または自分の身に)起きたことである込み入った出来事が描かれ、(1)で見たように随所に評価が現れる。そして終結部は、往々にして「最高」などの評価を伴い、「また行きたい」などの最終部で閉じられる。以下はライブレポ掲示板へ投稿された、それだけで完結しているナラティブの典型例である(上記の(3)を一部含んでいる)。

(4)　(注：地名)に行って来ました。(注：同じライブに参加した者のハンドルネーム)お疲れ様☆もう本当に(バンド名)のライブは幸せでした！！！運良くちょっとした階段のところにいたのでAちゃんの顔がよく見れました、(^O^)/ 黒のスパンコール？か何かキラキラ光るシャツをAちゃん着てました。すごく似合ってましたよ。(注：曲名)から始まって、もうカッコ良すぎてクラクラして何度も倒れそう

になりながら、しっかりとAちゃんを目に焼き付けてきました☆私も(注：別の曲名)本当に聴けてよかった！！みんなの気持ちに応えてくれたAちゃんとBさんに感謝感謝です。一日経った今でもまだまだ当分昨日の興奮状態から抜け出せそうにありません(＞＜)

　語りはこのように単体で完結しているものもあれば、それより前に投稿された語りにない部分を補うものもある。次の例は、投稿の冒頭に書かれたものである。

（5）　主要なところは、(注：同じライブに参加した者のハンドルネーム)さんがレポしてくれたので、私は重箱の隅っこを思うがままに書きます(笑)

　また、既出の投稿における語りに応じつつ自らの語りを行うものもある。(6)は、上記の(1)の投稿を部分的に引用している(左端の右アングルブラケット(＞)は、それ以降の部分が別の投稿からの引用であることを示す)。

（6）　＞後半、Bが私の顔を見て、(略)死ぬかと思いました(笑)
　　　そう言っていたんだ。聞き取れませんでした。
　　　Bの問いに対して曖昧にうなずいてしまった。残念！

　さらに(7)では、(1)の投稿を引用した(6)の投稿を引用し、それに対してコメントしている(左端の二重の右アングルブラケット(＞＞)は、それ以降の部分が別の投稿からの引用中の引用であることを示す)。

（7）　＞＞後半、Bが私の顔を見て、(略)嬉し過ぎて死ぬかと思いました(笑)
　　　＞そう言っていたんだ。聞き取れませんでした。
　　　＞Bの問いに対して曖昧にうなずいてしまった。残念！

(注：バンド名)ファンかつ(注：サイト名)を見させていただいている一人としてもBのそのセリフはうれしいですね。(注：サイト名)のグループは僕としてもいい人たちだなーと思いますし。ファンの代表みたいなものですからねー。

　これに加え、例(4)において「お疲れ様」という挨拶があったことも見逃せない。ここに語りの連鎖が見られ、非同期でメッセージごとに送信されるためモノローグであるはずの語りが、あたかも会話におけるダイアローグのように応答し合っている。つまり、オンラインの掲示板において、語り同士の相互作用が生じているのである。

　一方、チャットルームでのやりとりはその名の通りの雑談、つまり筆記の「会話」である。(8)は、ライブについてのやりとりの一部である（以下、SS、ISなどは仮名であり、また左端の仮名の後の右アングルブラケットはそれ以降の発話が仮名の人物のものであること、発話の後の右アングルブラケットはその後に来るのが発話の相手であること、また発話の後の左アングルブラケット（＜）はその後に来るのが現在のやりとりにおけるトピックであることを示す）。

（8）　SS＞MC どうだった？＞IS さん
　　　IS＞流暢でした。B さんしゃべらず。＜MC＞SS 様
　　　SS＞どんな話ししてた？＜MC
　　　MN＞興味津々＜MC
　　　IS＞中身のある話は特になかったですけど、英語であおりつつ「(注：曲の歌詞の一部)！！」を連呼。←感動でした^^＜MC

　チャットルームにおいては、掲示板への投稿でも見られた感嘆符「！」の繰り返し、顔文字「^^」や記号「←」の使用のほか、助詞「は」の省略などもあった。ここでは、ISが参加しSSが参加できなかったライブ会場で、曲と曲の間にどのような話があったについてSSが問いかけ、それにISが

応じるという情報交換が行われている。ここにターン交替を伴う質問と回答の隣接ペアという会話の単位が確認できる。

　次の例はライブレポに関するものである。TAがチャットルームに入室し、その際に自動入力される「TAさんが入室されました」という表示が現れた直後のやりとりである。

（9）　SS＞TAさん、私TAさんのライブレポ好きですよ！
　　　　TA＞SS！お久しぶりです！え？レポってあの変態っぽいのですか？

　SSはTAのハンドルネームを呼んだ後、TAのライブレポを読みそれに好印象をもったと伝えることで「誉め」を行っている。TAははそれを受け、SSのハンドルネームを呼び、挨拶の後、おどけた質問をすることで「謙遜」を行っている。

　これらの「語り」と「会話」の分析からわかることは、このサイトの参加者は、自己のライブレポを書き、また他者のライブレポを読み、さらにそれをきっかけにファン同士のコミュニケーションを開始（しようと）していることである。ここでは語りを共有することがラポール（共感関係）の生産および再生産に寄与し、お互いの距離を縮めている。共通の経験について書き込み、目を通し、コメントし合い、仲間としての一体感が増した結果、このサイトにおいては語りという「実践のコミュニティー」（Wenger 1998）が形成されていることがわかる（佐藤 2008）。

　(S7)の規範には、組織、社会的適切さ、言語の規範がある。組織の規範とは管理上の規約のことである。このサイトにおいて組織の規範と呼べるものといえば、情報交換の掲示板とライブレポ掲示板、チャットルームのそれぞれに相応しい内容を書くことが求められる程度である。

　社会的適切さの規範とはオンライン上での行動基準を指す。ネチケット（ネットワーク上のエチケット）として、またサイトによっては「よくある質問（とその回答）」として明文化されていることもあるが、必ずしも全てのサイトにおいてそうであるとは限らない。本データではそのような明文化され

たものはないが、ファンサイトという性格上、ミュージシャンや音楽について否定的なことを書かないという暗黙の了解が存在する。これは、SNS（ソーシャル・ネットワーキング・サービス）において、特定の人物や物事に対し肯定派と否定派が別々のグループを作り、その相互で交わりがない（「棲み分け」をしている）ことと無縁ではないだろう。

　言語の規範とはこの集団に特有の言語的慣習のことである。このサイトでは、ライブレポートはほぼ間違いなく「レポ」と呼ばれたり、複数あるこのミュージシャンの略称のうち、このサイトではいつも1つのみが用いられたりすることがその例として挙げられる。

　(S8) のコードとは、言語または言語変種、フォントや書記体系を指す。このサイトで用いられるのはほとんどの場合、日本語の標準語による漢字仮名交じり文だが、ごく稀にローマ字で入力された日本語や英語を見かけることがある（システムの問題のため漢字仮名交じり文での入力ができなかったのか、また日本語に習熟していないからなのか、理由は不明である）。これらはアジアやアメリカからの投稿があった際に見られたもので、海外公演の様子を伝えたいとか、J-POP に興味があるという外国人からの投稿であった。このサイトでもそうだが、CMC では音声言語を発することに問題があっても何らかの方法でコンピュータに入力できれば、コミュニケーションは可能である。また、使われている言語に精通しておらず、翻訳ソフトの力を借りてやりとりしている例もあった。これも CMC だからこそ可能なことである。

6.　おわりに

　本章では語りのオンライン・コミュニティーを例とし、CMC の特性を対面での言語コミュニケーションと比較して描写した。CMC の分類案に基づいた記述および分析から浮び上がってきたのは、新しいメディアを利用したコミュニケーションでは、これまでとは異なる伝達能力が求められるということである。伝達能力はこれまで、

(a) 談話能力(言語構造を結合し結束性のあるテクストの型にする能力)、
(b) 文法能力(文法規則の知識)(Canale 1983)、または言語能力(言語規則の知識)(Celce-Murcia et al. 1995)、
(c) 社会言語学的能力(言語使用の社会文化的規範の習得)(Canale 1983)、または社会文化的能力(コミュニケーションの社会的かつ文化的文脈においてメッセージを適切に表現する方法についての知識)と行動能力(コミュニケーションの意思を伝達し理解する能力)(Celce-Murcia et al. 1995)、
(d) 戦略的能力(コミュニケーションの効率を高め、また必要ならばコミュニケーション上の障害が生じた際に困難の克服を可能にする、言語的・非言語的なコミュニケーション戦略の知識)、

から構成されると指摘されてきた。本章における CMC の特性の記述・分析から明らかになったのは、伝達能力にはこれらに加えて媒体の技術的仕様に適応する能力、つまり媒体適応能力(または技術適応能力)が必要だということである[5]。この能力については、技術の程度が低く、メディアの種類が限定され(例えば手紙など)、対面でのやりとりが主たる伝達手段であった時代には、あまり考慮する必要がなかった[6]。しかし、技術が発展し、多様化したメディア(固定電話、携帯電話、テレビ電話、PHS、無線、ポケットベル、ファックス、電子メール、電子掲示板、チャット、ブログ、SNS など)を介したやりとりが頻繁に行われるようになると、それぞれの媒体の技術的特徴を理解し、それに対応する能力が重要視されるようになる。

なお、この媒体適応能力は、従来の社会言語学的能力／社会文化的能力より派生したものである。この展開は、伝達能力の構成要素に、Canale (1983) が談話能力を、またさらに Celce-Murcia et al. (1995) が行動能力を加える際、社会言語学的能力を精査した結果としてそれから分離させたのと似ている。メディアを介したコミュニケーションが日常生活の一部となりつつある現在、媒体適応能力を伝達能力の主要な構成要素の1つと認識するのは至極妥当であると思われる。それ以外の伝達能力の構成要素およびその用語を

Canale & Swain (1980)	Canale (1983)	Celce-Murcia et al. (1995)	本章で提唱するモデル
文法能力 →	文法能力 →	言語能力 →	言語能力
戦略的能力 →	戦略的能力 →	戦略的能力 →	戦略的能力
社会言語学的能力 →	社会言語学的能力 →	社会文化的能力 →	社会文化的能力
			↘ 媒体適応能力
		↘ 行動能力 →	行動能力
	↘ 談話能力 →	談話能力 →	談話能力

図1　伝達能力の構成要素に関するモデルの経時的発展

Celce-Murcia et al. (1995) から踏襲すると、伝達能力の構成要素に関するモデルの経時的発展を図1のように図式化することができる。

　媒体適応能力自体の構成要素として、特にCMCに関しては前述の分類案における媒体(技術的)要因に応じて柔軟に行動する能力が当てはまる。一方、状況(社会的)要因に対応する能力は、その福次的構成要素として活動／ジャンルなどを含む談話能力や、参加者などを含む社会文化的能力と重なる[7]。

　CMCの普及は不可逆的な動きであり、今後ますます盛んになると思われる。媒体の技術的特徴を理解しそれを使いこなす技術を身につけることは、正確で適切な意思疎通に有益であり、今後より重要度を増すだろう。また、伝達能力を明らかにすることが言語教育に示唆を与えてきたように、伝達能力の一部である媒体適応能力を解き明かすことは、コンピューター・リテラシー、さらにはコンピュータを介した人間関係の構築に資するはずである。今後のCMC研究には、媒体適応能力の解明をより精緻なものにしていくことを期待したい。

注
1　CMDAが対象とするCMCの言語と言語使用は、Herringが指摘するように

CMD（Computer-Mediated Discourse）とした方がより正確だが、煩雑さを避けるため本研究では CMC という用語に統一する。
2　中には 400 字詰め原稿用紙にして 80 枚以上に及ぶ投稿もあった。これはサイトの管理者自身によるものであったため、サイト上に新たなページが追加されてそこに掲載された。
3　約 10 年前の調査報告では、インターネット掲示板を閲覧する人のうち、書き込みを行う者は多くても 2 割に満たないとのことである（詳細は佐藤（2008）を参照されたい）。さらにオフ会にまで参加する者の割合はもっと少ないと思われる。
4　以下に挙げる例には表現上の間違いが見られることがあるが、本章ではそれらに特に注を付けずそのまま提示する。一方、固有名詞については適宜注を付ける。
5　「技術能力」というと、機器の制作や操作、さらには改良、修繕維持の力量と解される可能性があり、また「言語技術能力」とすると、現在の日本では論理的思考とその表現ができる力を指すことになってしまう（その幼児・児童やサッカー選手への教育がテレビ等でときどき話題になる）。これらの解釈との混同を避けるためにここでは「媒体適応能力（技術適応能力）」と呼ぶ。
6　言語自体が技術であるという Thurlow & Mroczek（2011）の指摘は大変興味深いが、そう考えると媒体適応能力（技術適応能力）のカバーする範囲がかなり拡大してしまうため、今回はそのような解釈をとらない。
7　これまでに指摘されてきた伝達能力の構成要素それぞれにおける福次的構成要素の詳細については、Celce-Murcia et al.（1995）をされたい。

参考文献

Baym, Nancy K.（1995）The Emergence of Community in Computer-Mediated Communication. In Steven G. Jones（ed.）, *Cybersociety: Computer-Mediated Communication and Community*, pp.138–163. Thousand Oaks, CA: Sage.

Baym, Nancy K.（2000）*Tune in, Log on: Soaps, Fandom and Online Community*. Thousand Oaks, CA: Sage.

Canale, Michael.（1983）From Communicative Competence to Communicative Language Pedagogy. In Jacks C. Richards & Richard W. Shumidt（eds.）, *Language and Communication*, pp.2–27. New York: Longman.

Celce-Murcia, Marianne, Zoltan Dornyei, & Sarah Thurrell.（1995）Communicative Competence: A Pedagogically Motivated Model with Content Specifications. *Issues in Applied Linguistics* 6（2）: pp.5–35.

Gumperz, John J.（1982）*Discourse Strategies*. Cambridge: Cambridge University Press.

Herring, Susan C.（2001）Computer-Mediated Discourse. In Deborah Schiffrin, Deborah Tannen, & Heidi Hamilton（eds.）, *The Handbook of Discourse Analysis*, pp.612–634.

Oxford: Blackwell.
Herring, Susan C. (2004a) Computer-Mediated Discourse Analysis: An Approach to Researching Online Behavior. In Sasha A. Barab, Rob Kling, & James. H. Gray (eds.), *Designing for Virtual Communities in the Service of Learning*, pp.338–376. New York: Cambridge University Press.
Herring, Susan C. (2004b) Online Communication: Through the Lens of Discourse. In Mia Consalvo, Nancy Baym, Jeremy Hunsinger, Klaus Bruhn Jensen, John Logie, Monica Murero & Leslie Regan Shade (eds.), *Internet Research Annual*, Volume 1, pp.65–76. New York: Peter Lang.
Herring, Susan C. (2007) A Faceted Classification Scheme for Computer-Mediated Discourse. *Language@Internet*, 01/2007: pp.1–37. 〈http://www.languageatinternet. org/articles/2007/761〉2011.12.20
Hymes, Dell. (1972) Models of the Interaction of Language and Social Life. In John J. Gumperz, & Dell Hymes (eds.), *Directions in Sociolinguistics*, pp.35–71. Oxford and New York: Blackwell.
佐藤彰(2008)「ファンサイトにおけるナラティブと引用―オンライン・コミュニティー構築の視点から」岡本能里子・佐藤彰・竹野谷みゆき編『メディアとことば3』pp.204–237．ひつじ書房．
Thurlow, Crispin & Kristine Mroczek. (2011) Introduction: Fresh Perspectives on New Media Sociolinguistics. In Crispin Thurlow & Kristine Mroczek (eds.), *Digital Discourse: Language in the New Media*, pp. xiv-xliv. New York: Oxford University Press.
Wenger, Etienne. (1998) *Communities of Practice*. Cambridge: Cambridge University Press.

🐾🐾🐾 こらむ
ナラティブ／ストーリー・テリング

佐藤彰

　ナラティブ／ストーリー・テリングの定義や概念については、分野を超越した共通理解を得るのが難しい状況にある。例えば、時間順で因果関係のある一連の出来事を描く抽象的なテクストのタイプ、物語スキーマや物語文法から成る認知的活動、読者／聞き手が想像する心的モデル、普通のジャンルを超えた特別なジャンル、現実理解の基礎となる様式、認識論、質的な研究方法など、その定義や概念は実に様々である。

　社会言語学におけるナラティブの研究は構造的アプローチに始まる。過去の経験を時間順に要約する言語的手法と定義されるナラティブにおいては、その完全な形において、まず「概要」が示され、さらに背景を説明する「方向付け」が行われた後、何が起きたかを述べる「込み入った出来事」に進み、それについての「評価」が随時行われ、その出来事の「結果」が明らかとなり、「最終部」をもって語り終え、現在のやりとりに戻る。

　ここに見られるような、全体をその構成要素に分解しそれらの相互連関を記述・分析する、ナラティブをテクストと捉えた研究に対し、ナラティブを社会実践と捉える研究もある。社会相互行為的アプローチにおいては、ナラティブそれ自体よりも、ナラティブが語られる文脈を重視する。例えば会話分析では、ナラティブをそれに前後する会話と行為によって形作られるものと考える。また相互行為の社会言語学では、ナラティブは語りという場面において局所的に位置している一方、文化的知識や規範を呼び出すことにより、その社会文化的文脈において大局的に位置しているとする。さらにコミュニケーションの民族誌には、文化的特殊性を探究し、その地域における知のあり方を理解しようとするエスノ詩学、また規範という伝統と、個人の即興と状況の偶然性という革新が織りなす場としてのパフォーマンスに着目する言語芸術論などがある。この他、ナラティブによって権力や支配が行使されたり、社会的不平等が生み出されたりするメカニズムや、ナラティブを通してアイデンティティーが表示されるプロセスの研究などがある。

　伝達能力との関係では、ナラティブは談話能力の構成要素であるジャンル構造の一例としてよく挙げられるものの、これはナラティブを構造的／形式的に捉えた場合であり、その他にも、例えばナラティブによって情報伝達や説得が行われるという観点からは行動能力、参加者（読者／聞き手）や状況、また文化により異

なるという観点からは社会文化的能力とも密接に関わってくる。

　ナラティブ／ストーリー・テリングは、私たちの社会生活のさまざまな場面に立ち現れる。例えば、政治家は聴衆とラポール（共感関係）を形成できるような（例えば、聞き手が自分のこととして解釈できる具体的な）ストーリーを用いて自分の政策を訴える（東 2011）。法廷においては、ストーリーに保管され伝達される情報が、規範的意味の社会的な共有を可能にする装置として働く（樫村 2011）。医療の世界では、患者が自らの病気や怪我の体験を語り、それを医師が受け止め、それをさらに患者が語りなおしていくことに治癒的な効果を認める（医療コミュニケーション研究会 2009）。すなわち、ナラティブは私たちの人生の一部を成しているのである。

　談話分析および社会言語学の立場からナラティブ研究を包括的かつ批判的に概観した教科書が長らく待たれていたが、ごく最近 De Fina & Georgakopoulou（2012）が刊行され、その役割を果たそうとしている。また、近年のナラティブ研究の流れを反映した、日本語による論文集（佐藤・秦）の編集が進行中であることを記しておきたい。

参考文献

東照二（2011）「どじょう宰相の言語力を診断する」『中央公論』中央公論新社.
　〈http://www.chuokoron.jp/2011/10/post-106.html〉2011.12.20.
De Fina, Anna & Alexandra Georgakopoulou（2012）*Analysing Narrative: Discourse and Sociolinguistic Perspectives*. Cambridge: Cambridge University Press.
医療コミュニケーション研究会編（2009）『医療コミュニケーション―実証研究への多面的アプローチ』篠原出版新社.
樫村志郎（2011）「法的相互行為能力」「伝達／運用能力を考える」ラウンド・テーブル・ハンドアウト資料, 於：愛知大学, 2011 年 2 月 20 日.

第12章　コミュニケーション能力を超える「能力」とは
—マルチリテラシーズにおけるデザイン概念から考える

岡本能里子

【要旨】 現代社会において、多様なメディアを通し、言語のみならず、音声、映像等の複合的な要素によって情報や意味が伝達される。本章では、このような多相的な意味伝達の要素に注目した筆者の教育実践を紹介し、既存の言語知識や言語運用規範に従う「円滑なコミュニケーション能力」ではなく、新たな意味や規範を協働で創り出し、より良い社会へと変えていくための「デザイン」という概念を示し、それに支えられたマルチリテラシーズの能力を、従来のコミュニケーション能力を超える視座として提案する。

1. はじめに

　グローバリゼーションに伴う、世界的な人の移動と共に、インターネットを代表とする通信メディアの発達により、夥しい情報が、日々国境を超えて世界をかけめぐる。その勢いは増すばかりで、2011年には、チュニジアの1人の若者の抗議に端を発したジャスミン革命が、ソーシャルメディアを通して若者から全年齢層に広がり、その反政府運動は、エジプト、リビアへと飛び火し、長く権力者の座にあった独裁者たちを、数ヶ月の間で引きずりおろすまでの力を持つに至った。2011年3月11日に起こった東日本大震災においても、フェイスブックやツイッターによって、安否確認がなされ、国内外からの支援の輪が広がり、日本国内においても、地震発生後、数日でネットを通し情報の多言語翻訳が始まり、日々更新され発信され続けた[1]。携帯電話さえ一般にまだまだ普及していなかった1995年1月の阪神大震災から

東日本大震災までの 16 年間の、このようなメディアの急速な発達には目を見張るものがある。

　このようなデジタル社会の到来がもたらしたコミュニケーション状況を考える上で、以下 2 つの劇的な変化は見逃せない。1 つは、加速する世界的な人的移動に伴い、異なる社会文化の人々とのコミュニケーションや協働の機会が拡大しているという点である。2 つめは、インターネットに代表される多様なメディアの発達によって、時間と空間を超えて、様々な情報や意味が、音声や映像といった多相的な意味表現体の複合によって伝達され、コミュニケーションが行なわれているという点である。同時に、テクノロジーの発達によって、動画、映像に代表されるビジュアル要素が台頭し、その優位性が認められる。このようなメディアを通したコミュニケーションのあり方の変化は、デジタル社会におけるコミュニケーション能力のあり方を改めて考え直す機会を提供しているといえよう。

　本章では、まず、このような多様なメディアを通したコミュニケーションが行なわれる社会において、教育現場で取り入れられつつあるメディア・リテラシーの考え方とそれを言語教育に組み込む意義を説明する。その上で、異質の他者とのコミュニケーション機会の拡大という 1 つめの社会変化に対応して筆者が模索してきた実践を簡単にたどりつつ、2 つめの多相的な表現体を通した伝達に焦点をあてた教育実践を紹介する。そこでは、これまでのコミュニケーション能力観では自明視される傾向にあった言語形式や言語運用の規範の学習ではなく、規範をずらして、新たな意味を創造していく力の育成を目指している。それを通して 2 つの社会状況の変化を架橋するべく従来のコミュニケーション能力の捉え方を超える視座として「デザイン」という概念の必要性を提示したい。

2. 問題の所在

　先に述べたような、多相的な意味表現体の相互作用を通した複合的な意味構築は、テレビなどの映像メディアではもちろんのこと、新聞でも、言語テ

キストのみならず、写真、イラスト、フォント、色などの以前よりビジュアル要素が担う部分が格段に増加していることは明らかであろう。例えば、スポーツ報道を考えた場合、写真や色、イラストなどの相互作用を通して、躍動感や興奮などが伝えられる (岡本 2008)。また、広告を考えても、言語テキスト以外の色、レイアウト、フォントなどを通して季節感やおいしさ、男らしさや女らしさなどの価値を伝える。通常でも、私たちは、人と人とのコミュニケーションの基本である対面コミュニケーションにおいて、言語以外の身ぶりや表情で意味を伝え合い、相手の伝えたい情報の意味を解釈し合っている。言語教育が、ことばの意味を理解するだけでなく、他者を理解すると同時にことばを使って自己を表現し、社会を構築していく主体を育成することにあるならば、言語はもちろんのこと、このような益々多相化する意味表現体を含めたコミュニケーション能力について考える必要がある。

　メディア教育先進国であるイギリス、カナダなどは、メディア・リテラシー育成の流れの中で、このようなメディアを通した多相的な(マルチの)コミュニケーションに注目し、言語教育に「マルチリテラシーズ育成」を組み込んでいる。これらの国々では、もともと特にテレビという視覚優位のメディアが登場し、子ども達に大きな影響を与えるようになったことに鑑み、学校現場でメディアを教える必要性が認識され、実践されてきたという経緯がある。[2] 日本においても、このような流れの中、国語教育にメディア・リテラシーが取り入れられるようになった[3]。しかし、多相的なコミュニケーションに注目した実践については、まだ十分な議論や組織的な組み込み方が弱い。

　そこで、まず、言語教育におけるメディア・リテラシー育成の意義について、まとめておきたい。

3. メディア・リテラシー育成の意義

　筆者は、これまで、「メディア・リテラシーを育成する日本語教育実践」を続けてきた[4]。メディア・リテラシーの定義については様々あるが、なぜ

メディア・リテラシー育成が必要なのかを説明する上で、代表的なものを以下に紹介しておきたい。（下線は筆者による）

　メディア・リテラシーとは、メディアがどのように機能し、どのようにして意味をつくりだし、どのように組織化されており、<u>どのようにして現実を構成するのか</u>について、子どもたちの理解と学習の楽しみを育成する目的で行う教育である。メディア・リテラシーはまた、子どもが<u>メディア作品をつくり出す能力の育成</u>もめざしている（カナダ・オンタリオ州教育省編1992）。

　メディア・リテラシーとは、市民がメディアを社会的文脈で<u>クリティカルに分析し</u>、評価し、メディアにアクセスし、<u>多様な形態でコミュニケーションを創り出す力</u>を指す。また、そのような力の獲得を目指す取り組み（鈴木1997）。

　メディア・リテラシーとは、人間がメディアに媒介された情報を、<u>送り手によって構成されたものとして批判的に受容し、解釈する</u>と同時に、<u>自らの思想や意見、感じていることなどをメディアによって構成的に表現し、コミュニケーションの回路を生み出していく</u>という、<u>複合的な緒能力</u>のことである（水越 2002）。

　これらの定義では、下線をひいたように、メディア・リテラシーとは、メディアは構成されているものであり、それらをクリティカルに読み解き、コミュニケーションを行なっていく複合的な力であり、自らメディア制作を行なう創造力までもが射程に含まれている。ここでの「クリティカル」の意味は、「反省的に良く吟味する」という意味であり、受け身ではなく、主体的に意味を読み替える能動性も含んだ活動なのである（見城 2008）。
　更に、筆者が、言語教育に「メディア・リテラシー」を取り入れたきっかけは、OECD DeSeCo プロジェクトにより国際社会に共通となる能力として選択されている以下の3つのキー・コンピテンシーであった[5]（岡本

2007)。

　そのキー・コンピテンシーとは、「1. 言語を含めた多様な道具を相互作用的に活用し、2. 自律的、主体的に判断し、3. 多様な他者との協働を通して社会を創っていく能力」である。異なる文化の他者とのコミュニケーションの回路を能動的に見出し、摩擦を乗り越えながら互いの文化を理解し、新たな文化を創造していこうとする態度や意識が求められ、先のメディア・リテラシーが想定している力との重なりが見られる。これらをまとめると、多様なメディアから発信される情報をクリティカルに読み解き、言語のみならず多様な表現媒体を使って不断にコミュニケーションを行ない、主体的に意味を構築していく創造力がこれからの社会に不可欠であるといえよう（岡本 2010）。

　このような力は、はじめに述べた、異質の他者とのコミュニケーション機会の拡大と、2つめの多様なメディアを通した多相的な意味伝達の進展という2つの変化が起こっている社会に出て、異質の他者と関係を結び、共に未来を構築していくための力であり、従来の「円滑なコミュニケーション能力」とは根本的に異なっていることを確認しておきたい。

4.　マルチリテラシーズへの注目

　従来の言語教育や第二言語習得研究の関心事は、言語形式か言語運用か、または、言語教育か言語学習かという焦点の違いはあったが、基本的には、言語表現能力に焦点が置かれ、非言語要素は副次的なものとされていたといえる。異文化間コミュニケーションにおいては、ジェスチャーや空間的な距離の捉え方の違いを扱うことはあっても、やはりそれは中心ではなかった。

　The New London Group という英語教育研究者集団は、'Multiliteracies' という概念を提唱し、このような多相的なコミュニケーション状況において、リテラシーの複数性を提唱する。(Cope & Kalantzis 2000, New London Group 2000)。複数のリテラシーとは、規範となる「正しい」「1つの」英語という言語観を認めないことと、言語のみならず意味を伝える複数のモード

に着目することである。この意味を伝える複数のモードとして 'Linguistic Design', 'Visual Design', 'Audio Design', 'Gestural Design', 'Spacial Design' とそれらを統合した 'Multimodal Design' をあげている。このように、多元化する現代社会におけるマルチリテラシーズの教育学(A Multiliteracies Pedagogy)を捉えるキーワードとして、「デザイン」という概念を提唱している(Kress 2003)。上記複数のモードを組み合せ、意味を創り出すことが、マルチリテラシーズ育成のための教育学の基本であり、教師は、その学習環境をデザインする者と位置づけられる。更に、それぞれのモードにおいて創出されるイメージには、異なる社会文化に個別のモードに合わせた制約があり、各モードによって創出されるイメージを読み解く「文法」があると捉える。

　イギリスをはじめとするメディア教育の先進国であるカナダ、オーストラリアでは、それぞれ力点を置いている点は異なるが、学校教育における活字中心の教育への批判により、言語教育のカリキュラムに4技能(読む、書く、聞く、話す)に加え、「見る＝ビューイング＝Viewing」が体系的に組み込まれている(奥泉 2006)。「ビューイング」が4技能と並ぶ技能としてカリキュラムに組み込まれた背景には、メディア・リテラシー運動の強い影響があるという。イギリスをはじめとする英語圏において、メディア・リテラシー運動の担い手は英語教師たちであり、その背景には、メディアを教えることは、自己のよって立っている文化を知り、理解することであり、それを英語教育が担うべきこととして捉えていることが注目される(門倉 2011)。

　一方、日本の教育現場を取りまく社会は、多様なメディアと複数の意味表現体に囲まれ、教科書や新聞にも益々多様なビジュアル要素が組み込まれるようになってきている。先に述べたように、国語教育において、メディア・リテラシーにも触れられるようになったが、その研究と教育実践は、まだ少なく、体系的には教育現場に組み込まれていない(井上・中村 2001)。更に日本語教育においては、その研究も実践もまだまだ少なく、マルチリテラシーズをふまえた言語教育のあり方について、ようやく認識されはじめたところである(門倉 2007, Okamoto, Okuizumi, Sato, Kumagai & Masami 2009,

奥泉2010, 佐藤・熊谷2010, 佐藤・熊谷2011)[6]。高度に意味表現体が複数化したテキストがデザインされ、意味が伝達される現代社会において必要とされるコミュニケーション能力を考える際、英語圏の英語教師たちによって提唱されてきたマルチリテラシーズの概念は、示唆的であり、見逃せないものである。

そこで、次に、マルチリテラシーズの教育実践において中心的な活動となる「デザイン活動」と、そこでのコミュニケーションの捉え方について紹介する。

5. デザイン活動

5.1 デザイン活動のプロセス

マルチリテラシーズのデザイン活動として、次の3つのプロセスが提唱されている（New London Group 2000）。

1. Available Designs（既存のデザイン）

デザイン活動のために利用される既存のリソースのことであり、当該言語社会の成員が共有する規範や秩序、価値観などが含まれる。
1) 規範となる文法や語彙、表記の方法などの言語知識や規則
    ジェスチャーなどの非言語規範
2) 談話の秩序など、批判的談話分析（CDA）で提示されている共同体メンバーが共有している知識（MR＝メンバーズリソース）など（Fairclough 1989）
3) 個人のもつ価値観や経験からの解釈

1)の例としては、従来の文法規範のみならず、日本語では、例えば、「漢字と漢語」「ひらがなと和語」「カタカナと外来語」といった文字と語種の組み合せや、漢字の音読みは「カタカナ」、訓読みは「ひらがな」で記述されるなど、文法のような強い拘束性はないが、母語を自然習得する過程におい

て、無意識のうちにその言語社会の成員が共通に規範意識としてもっている感覚なども含まれる。

2. Designing（デザインの過程）

　デザインの過程とは、既存のデザインをもとに、先に述べた複数のモードのデザイン要素を組み合せ、既存のデザインに変更を加え、新たな意味を創り出す過程のことである。

　例えば、日本語では、上記1の「既存のデザイン」としての「文字と語種の組み合せ」の規範的意識に変更を加える過程を指すと考えて良いだろう。具体例としては、外来語をカタカナで表記するという規範をずらし、ひらがなで記述するという手続きのことであり、そこに新たな意味を構築しようとする過程のことである。このような文字間の変更のことを「文字シフト」という（岡本 2008）。

3. The Redesigned（再デザインされたもの）

　2のデザインの過程を経て、新たにデザインし直されたアウトプットのことである。本章の実践でいえば、1の既存のデザインの文字使用の規範意識に2の変更を加え、そこに新たな意味を創り出し、ターゲットオーディエンスとなる消費者に、その製品価値を伝えることを目指して制作された広告、商品ラベル、CMなどのことである。授業ではこれらを「作品」と呼んでいる。

　デザイン活動というのは、このようなプロセスを通して、既存のデザインに変更を加え、新たな意味を構築するという創造的な社会実践活動である点が重要である。つまり、ここで必要とされ、育成される能力とは、既存の知識に従う過去を向いた「静的な」能力（competence）ではなく、新たな意味や価値を創り出す未来を向いた「動的な」デザイン（Design）力なのである（Kress 2003）。

　次に、マルチリテラシーズにおけるコミュニケーションの考え方について簡単に述べる。

5.2　マルチリテラシーズにおけるコミュニケーション

　コミュニケーションということばの語源は、周知のように、'to share with'（わかち合うこと）である。Kress は、意味の風景（眺望＝the semiotic landscape）という言葉を提示し、風景を成り立たせている土地、木、森、建物などの容態は、それら全体のありようにおいてのみ意味をもつのと同様に、あるコンテクストで捉えることができる意味は、その場における複数のモードの観点からのみ解釈できるものであると述べている。landscape の scape の意味は、英語においてもドイツ語においても語源的に 'to work' および 'to create' であり、コミュニケーションとは、意味を創造するための活動であるとしている (Kress & van Leeuwen 1996, Kress 2003)。つまり、コミュニケーションの目的は、情報や感情の伝達や共有のみならず、協働で意味を構築する創造的な活動であるという見方を示しているといえる。

　もともと筆者の日本語教育実践の原動力は、「母語話者規範」の教育という教師主導の「静的な言語教育観」に根ざした「円滑なコミュニケーション能力」への疑問とそれを超える「ことばの力」の希求だった (岡本 2004, 2007)。それは、「円滑なコミュニケーション」育成を目指し、「謝罪」、「賛成」や「反対」意見や「断り表現」など、日本語母語話者規範の習得を目指した談話指導の際の、学習者からのクレームがきっかけとなっている (岡本 1991)。日本語教育では、コミュニカティヴ・アプローチの流れの中で、1980 年代からの「円滑なコミュニケーション」を目指した「コミュニケーション能力」育成が自明視されていた。また、会話や談話の研究がさかんになりはじめ、母語話者の実際の会話を分析し、例えば依頼の談話構造やほめの談話構造などが抽出され、その成果が日本語教育に取り入れられるようになっていた。筆者の日本語教育実践も実際の日本語母語話者のテレビ討論をビデオに撮り、「賛成」「反対」の意見表明の談話構造を抽出し、「誰にとって」円滑なコミュニケーションなのかを問うこともせずに、その母語話者規範を「自然で」「正しい」コミュニケーション能力として指導しようとしていたのである。その際、規範的な文法を教える際にはなかった学習者からの抵抗に会い、大きな衝撃を受けたのである (岡本 1991)。

通常、日本語教育の現場は、教師が日本語母語話者の場合、教師が自然習得した言語が教育の対象となるため、予想外の質問を受けることが多々ある。その対応においては、教師と学習者、母語話者と非母語話者という権力構造を教師がいかに自覚しているかが重要な鍵となる。ベストセラーとなりテレビ番組にもなった『日本人の知らない日本語』シリーズ（蛇蔵・海野 2009, 2010）では、教師が必ず正解をもっていると考えている生徒たちが、教師の想定を越えた質問を次々に発する。そこには「文法的には何の誤りもない」のだが、どこかおかしい日本語を使用し、その「不自然さ」の原因の説明を母語話者でありながら教師ができないために、プライドが傷ついたり葛藤する姿がおもしろおかしく描かれている。母語の習得と共に自然習得した既存の言語規範に母語話者がいかに無自覚であるかについて気づきを促した点がベストセラーになった1つの要因であると考える。更に非母語話者が規範をずらすことで、教師と学習者という権力関係を脱構築する可能性があることを示している例とも捉えることができる。このように外国語教育の場は、学生の質問や抵抗から、教師自身のよって立っている価値観や見方に気づく異文化間の「対話」の場なのである。そこは、学習者同士もぶつかりあいや葛藤を通して自己のよって立っている価値観を知り、自己を相対化できる場でもある。ぶつかり合いを回避した表面的な「円滑なコミュニケーション能力」では、自己相対化をふまえた他者相対化と他者理解は不可能である。そこでは、誰かの価値観に従うのではなく、また、それぞれの価値観の変容を避けるのでもない、合意に基づく新たな価値を見出すための創造的なコミュニケーション能力が求められる（岡本 2010）。自らの規範に閉じこもり、違いを明確にするだけでは、「協働」や「共生」はいつまでたっても達成できないからである。「規範」を知ることは重要であるが、それを教えるのではなく、「規範」を「既存のデザイン」という「デザイン活動」のための資源として捉え、「協働」で新たな意味を創り出す「デザイン活動」のプロセスを通して、規範を変容させ、新しい規範や価値を「再デザイン」する力こそ必要なのである。

　ただ、これまでの筆者の経験上、言語に集中すると、どうしてもターゲッ

ト言語の形式や談話構造の母語話者規範が「正しい」ものとして捉えられ、母語話者と非母語話者の権力関係を脱構築することは難しい。教師が母語話者の場合は尚更である。そこで、言語以外の多様な意味表現体に注目し、映像、写真、色、レイアウトなどを駆使した複合的な意味構築を通したコミュニケーション活動の場を設定すれば、言語では伝えられない思いを、複数のモードを通して伝えることができる。特にテレビやインターネットやスマートフォンに代表されるビジュアルデジタル世代に生きる学習者たちの間では、アニメや音楽などを通した言語文化を越えた世代間での感性やイメージの共有が見られる。そこで、マルチリテラシーズの教育学の理論をもとに日本人学生と留学生とが、多様な意味表現体に気づき、それらを駆使して協働で行なった「デザイン活動」を紹介し、そこで育まれる能力について考察する。

6. 実践紹介

6.1 これまでの実践から

　筆者は、「大学の中で改善したいこと」を共通のテーマとし、留学生と日本人学生が協働で大学に対して「提言」を行なう日本語教育授業を試みてきた。その活動の中で、互いを「私たち」として呼ぶようになるなどの自己と他者との関係性の捉え方の変化を通して、共通の目標を目指した「学習の実践共同体」が立ち現れる過程が見出せた（岡本 2007）。しかし、その経験の中においても、例えば、日本人学生が留学生の日本語力を褒めたり訂正したりするなど、やはり、留学生、日本人学生双方が日本語母語話者の日本語を「正しい日本語」として捉えているやりとりが見られた。これは池田・舘岡（2007）の提示する「協働」の重要な5つの概念の1つである「対等」の関係が成立しにくい状況になっていたといえる。その一方で、伝えたいことを効果的に伝えられるメディアを選び、協働で発信するという活動では、ブログを制作したりパワーポイントにアニメーションや映像を入れたりするなど、言語以外の表現体を駆使し、メディア制作を行なう過程において、日本

語力は初中級レベルであっても、明らかに留学生たちがイニシアティブをとっている様子が観察された。それは、最後に実施している「自己相互評価」というピア評価にも何人かの日本人学生たちが記していた。今回の実践でも、日本語能力のレベル差を乗り越えてコミュニケーション回路を見出し、キー・コンピテンシーであげられているように「自律的・主体的に」「多様な他者との協働を通して」新しい意味を創造できるような「対等」の関係構築が可能となる活動を目指した。

6.2　学習活動構想のきっかけ

今回の学習活動は、次のような筆者自身が母語規範に気づくような留学生からの質問がきっかけとなっている。

（1）　リンゴの日本語は何ですか。
（2）　作文の授業では、文体は統一するように教えられました。でも広告の文体は敬体、常体がまざっています。

（1）の質問は、スーパーマーケットなどでは、りんごのみならず、野菜や果物が外来語でなく日本語でもカタカナで記載されることが多く、外来語はカタカナで書くと教えられていることから出てきた質問である。（2）については、説明の必要はあるまい。

6.3　授業概要

先述のとおり、メディア・リテラシー育成を言語教育に取り入れる意義をふまえ、マルチリテラシーズの「デザイン活動」をメディア・リテラシー育成のための活動の1つとして捉え、授業を実践した。その授業概要を示す。

実践期間：2010年9月から2011年1月
科目名：「メディアとことば」（国際関係学部国際メディア学科専門科目）
履修者：1年生から4年生（留学生、日本人学生　108名）

教員1名　大学院生TA　1名
目標：メディア・リテラシー学習の一環として「デザイン活動」を行ない、作品の制作を通して、日本語のメタ認知能力と日本語のコミュニケーション能力を育成し、「協働」して新しい意味を創り出す力を養う。
学習活動1：広告や商品のラベルなどに使われているカタカナの多様な使用を通して、その「文字シフト」の意味を探り、クラスメートに説明し、クラスで発表する。
学習活動2：広告や商品のラベルに見られる多様な「文体シフト」を見つけ、その意味を探る。
　　　　　「文体シフト」というのは、「常体」「敬体」「体言止め」という異なる文体を混在させることである。そのシフトによって伝えられている意味を考察する。
学習活動3：ターゲットオーディエンスを決め、広告、CMや商品ラベルなどの「作品」を協働で制作する。
　　　　　キャッチコピーを創る。文字テキストには、必ず「文字シフト」と「文体シフト」を含める。
　　　　　作品をクラスで紹介し、デザイン活動を通して創り出した意味を、構成された伝えるべき商品の価値として口頭で説明する。
学習活動4：上記の制作で、伝えたかった意味と価値を協働でレポートにまとめる。

6.4　活動の成果（＝作品）

　学びの成果として、「学習活動3」で制作された「作品」[7]と「学習活動4」の「学生の説明文」を紹介し、デザイン活動を通してどのような意味が構築されたかを分析する。更に、後期試験で問うた「この活動から学んだこと」についての自己相互評価からの解答を考察する。尚、以下「学生による説明文」については、文字と文体シフトを含め、分析対象とした部分に下線をつけた。また、説明文は、オリジナルのままで手を加えていない。

表　　　　　　　　　　　　　裏

<作品1>

1）作品概要

種類：チョコレートのラベル

商品名：Toppo

ターゲットオーディエンス：受験生

キャッチコピー：トッポで試そうトッパ力！

形と模様：絵馬のパケージになっている。
　　　　　表には、桜の花びらが散らばっている。

以下が、表と裏に記載された文字である。

表：トッパ Toppa 力
　　Toppo で話そう　Toppa 力！　合格！

裏：願い事をかなえよう！
　　チョコの秘密教えます．気持ちを穏やかにする作用も持っています．
　　試験1時間前に食べると効果的に！

2）学生による説明文

文字について

　Toppo と Toppa で視覚的に似せて見せる。

　突破は本来漢字だが、Toppa と表記し、かけことばとなっている。

商品名が突破と似ていることを強調することで縁起がいいと思ってもらう。

絵馬のパッケージ
　一目見て受験用と分かるようにする。
　神社に行かなくても身近なところで合格祈願。
　親身になっていることをアピール。

「チョコの秘密教えます」
知らせたい情報なので「です／ます」
「秘密」は、信頼性があるように堅い漢字で書く。文体やフォントでも「集中力」や「記憶力」など大事なところを一見して分かるように。
受験生が気になるキーワードを目立つように太字のフォントで書く。
見ただけで興味をひくことにつながる。

「願い事をかなえよう！」
一緒になって叶えるという気落ちを込めて「！」をつける。
親近感を出すために手書きのフォントにする。
絵馬パッケージに書いてもらう自分の願いとリンクするように。
呼びかける意思を込めて、〜しよう！という文末に。

合格の文字
トッポが箱から出てくるのと同じく飛び出すようなイメージで。
力強そうに見せる。
合格力がアップしたことを強調するために右上がりの文字。

＜作品 2＞

1)作品概要

種類：商品のラベル

商品名：オレ・カフェ

ターゲットオーディエンス：大学の先生

キャッチコピー：『ふ～』『ほぇ～』なひとときを貴方に贈ります。

文字は縦書き

右半分：会議に、研究・論文に…　日々、お疲れな貴方へ

　吹き出し：「忙しいなぁ」

　コンピュータの画面に向かっている男性の後ろ姿の写真

　コンピュータの画面には、細かい文字が並んでいる。

左半分：『ふ～』『ほぇ～』なひとときを貴方に贈ります。オレ・カフェ

　吹き出し：「ふ～、これ　癒されるなぁ」

　コンピュータの画面に向かっている男性の後ろ姿の写真

　画面には、かわいい子犬の写真。

2)学生による説明文

1　ターゲットオーディエンスが大学の先生なので、「日本」や「和風」の

要素を<u>行書体のフォント</u>にし、さらに<u>縦書き</u>にしました。<u>「貴方」という漢字を使うことで高貴さを表現</u>しました。
2　購入する<u>お客様に対して訴える</u>メッセージなので、文体を<u>「です・ます」にして、丁寧さや謙虚さ礼儀</u>ということを表した。
3　ターゲットオーディエンスにこの商品を買うことで癒しを得られることを表現するために、<u>「疲れ」と「癒し」を比較し「癒し」を強調</u>した。「疲れ」は<u>背景の色を暗い色</u>にし、「癒し」は<u>明るめの色</u>を使用した。また文章に<u>できるだけひらがなを用いて擬音語も使った</u>。さらに「癒し」には<u>子犬の写真を使う</u>ことで、この商品にも同じような効果があることを伝えやすくした。
4　文体シフトは、<u>伝えたいことを丁寧体(敬体)</u>にし、<u>吹き出しの文体を普通体(常体)</u>にして購入者に共感を得てもらうよう工夫した。

6.5　学びの考察

　　上記説明文に下線を施した箇所を中心に2作品をそれぞれ考察する。
(1)作品1
〈文字表記〉
1)Toppaは、「本来漢字だが」と規範を示し、規範をずらしたローマ字表記にしている。
2)「「秘密」は、信頼性があるように堅い漢字で書く」と、漢字を視覚的な表現体として、「信頼性」「堅い」という意味を創出し、伝えようとしている。
〈文体〉
1)「知らせたい情報なので「です／ます」」と述べている。やや曖昧だが、独り言や仲間でのおしゃべりではなく、知らない人に広く「知らせたい」場合は丁寧体にということではないだろうか。
2)「呼びかける意思」を「〜しよう」という文末で表現。
〈フォント〉
1)「集中力」「記憶力」など大事なキーワードは「目立つように太字のフォ

ント」にデザインしている。
2)「手書きのフォント」にし、「親近感」を伝えようとしている。
このように、フォントも視覚的な意味表現体として捉え、デザインし、商品をアピールしていることがわかる。
〈その他の視覚的要素〉
1)「！」とうマークに「一緒になって叶えるという気持ち」を込めている。
2)「合格」の文字が箱から「飛び出るようなイメージ」にデザインすることで「力強さ」を表現。
3)「合格」という「右上がりの文字」で、「合格力がアップしたことを強調」している。
4) 絵馬にすることで、日本の受験生ならそれが合格祈願であることがわかるため、「親身になっている」ことを伝わるようにデザインしている。これは5.1で述べた「既存のデザイン」における「共同体メンバーが共有している知識(MR)」を活かしたデザインであるといえよう。

　このように、記号や文字の角度や配置からも意味が伝わるよう工夫していることがわかる。

(2)作品2
〈文字表記〉
1)「貴方」という漢字で「高貴さ」を表わす。
2)「ひらがな」を多く使い、「擬音語」も使って、「癒し」を表現。
3)「縦書き」で「日本」「和風」のイメージを演出。
〈文体〉
1)「です」「ます」は買い手に「丁寧さ」「謙虚さ」「礼儀」を訴える。
2) 伝えたいことを丁寧体(敬体)に、吹き出しを普通体(常体)にと区別し、購入者に共感を与えることを意図。
〈フォント〉
「行書体」で「日本」「和風」のイメージを演出。

〈その他の視覚的要素〉
1)縦書きで「日本」「和風」のイメージを演出。
2)「疲れ」は暗い色、「癒し」は明るめの色で表現し、「癒し」を強調。

　以上から、2作品とも、多様な意味表現体の複合的なデザインを通して、伝えたい意味を創り出し、商品が買いたくなるようなイメージを表現しようとしていたことがわかる。

6.6　デザイン過程を通して創出された文字と文体の意味
　以下は、上記2作品も含め、学生たちのレポートから抽出した文字表記と文体から見出し、伝えようとした意味である。
(1)文字表記
1)カタカナは、外来語以外に使われるといろいろな意味が伝えられる。
2)カタカナ：強調、軽さ、新しさ、おしゃれ、遊び心
　ひらがな：癒し、かわいらしさ、優しい感じ
　漢字：堅いイメージ、高貴な感じ
　ローマ字：新しさ、洋風、真剣さ
3)縦書き：日本的、和風
(2)文体
　敬体(丁寧体)：丁寧さ、謙虚さ、礼儀、まじめさ、誠実さ、上品さ
　常体(普通体)：親近感、共感

(3)「デザイン活動」のプロセス
　この中から、カタカナ表記を例に取り上げ、5.1に記した3つのデザイン活動のプロセスを整理すると以下のようになる。
　1　既存のデザイン：カタカナは外来語で表記される。
　2　デザイン過程：外来語をカタカナ以外の文字で表す。(文字シフト)
　3　再デザイン：作品により「強調、軽さ、新しさ、おしゃれ、遊び心」という意味を商品の価値として構築し、伝え、商品をアピールした。

以上のように、学生たちが、3つのデザイン活動のプロセスを通して、多様な気づきを得、自ら新たな意味を構築しようとしていたことがわかる。
　このような、多様な意味表現体の複合的なデザインを通して、ターゲットオーディエンスが、商品を買いたくなるような価値と意味を創り出し、表現しようとしていたといえる。
　このように、それ自体では通常表音文字として理解されているカタカナもひらがなも、規範的な使用から文字シフトという規範のずらしによる「デザイン過程」を通して、視覚的、関係的、多相的に伝えたい意味を表す表意文字として機能させることができることに気づく。このような気づきは、ことばの恣意性やメディアの構成性を実体験できる貴重な機会となると考える。
　今回は、主に文字表記と文体に焦点を当てたが、作品はすべて、多様な色で制作されており学生たちのレポートには、上記にも少しふれた色や文字の配置および、全体のレイアウトなど、多相的な意味表現体への気づきが見られた。それらは、また稿を改めて報告したい。

7. 評価分析

　自分の学びのみならず、日本語母語話者である日本人学生と日本語非母語話者である留学生が協働を通して、互いの学びの評価に能動的に関わるため、従来どおり自己相互評価を用いた。以下、学生からのコメントである。

〈留学生からのコメント〉（表記はオリジナル文のままである）
1　伝えたいイメージをどう表せばいいかわからなかったけど、日本人学生のことばから、探していたことばを思い出せた。
2　日本人学生の説明でほんとにそうなのかなと疑問をもった。でも母語じゃないので、わからないから、言う通りにした。
3　むずかしかったけど、みなで一緒に考えていくとおもしろくて、気がついたらすごく時間をかけていた。
4　文字の種類を変えることで伝えたいことが伝えられるのは、楽しかった。

〈日本人学生からのコメント〉
1　留学生に文字シフトや文体シフトから、どうしてそういう意味が伝わると言えるのか、説明を求められたが答えられず困った。
2　はじめは、難しいと思ったけど、ターゲットオーディエンスを、自分と同じ世代にしたので、いろいろ話し合って、アイデアが出てきて楽しかった。
3　普段気づかないカタカナの意味や、4つの文字の違いで、いろいろな意味が表わせることにびっくりした。
4　日本語を自分が良く知らないことに気づいた。
5　これまで何げなく見ていたお菓子のパッケージの日本語について、考えるようになった。
6　文体を変えることでいろいろな意味が伝えられることがおもしろかった。
7　日本語についていろいろ考えた。

　留学生は、わからなかった時は、あきらめて日本語母語話者に従ってしまう一方で、日本人学生は、留学生の質問にうまく答えられなかったり納得できなかったりというそれぞれの葛藤も見られる。しかし、それらを乗り越えて制作に没頭していった様子が伝わってくる。また、留学生日本人学生を問わず、日本語の文字表記や文体の違いとその効果についての気づきが見られる。日本人学生も、日本語を知らないことへの気づきや、お菓子のパッケージという身近な商品から日本語を客観的に分析し、考えるようになっている点に、自己相対化や次への学びに繋がる志向性が見られる。デザイン活動を通して、教室が、キー・コンピテンシーにおける「自律的、主体的に判断し」「多様な他者と協働して」コミュニケーションの回路を能動的に見出し、摩擦を乗り越えて新たな文化を創造していく力が獲得される場となり、同じ目的をもった「実践の共同体の中で問題解決を図り、自己と他者を評価しながら、自ら変化し、更に社会変化をさせていく存在」(佐藤・熊谷 2011)となっていく可能性が垣間見えたと考える。

8. 今後にむけて

　最後にこれまで見てきた活動から、残された課題を整理し、まとめとしたい。
1　規範やメインストリームの価値観の再構築の危険性
　　1)何名かのレポートの中に、「女子にうけるよう、やわらかいイメージや、かわいい色合いにした」「女の子が好むようにピンク色にした」などの説明が見られた。女らしさや男らしさを再構築する恐れがないかの吟味が必要であり、「ジェンダーアイデンティティー」が構築されていく危険性に十分に注意を払うことが肝要である(久保田 2008)。
　　2)「日本的」「和風」ということばも多く見られたが、それが具体的にどのようなものなのか、日本語学習を通してステレオタイプを協働で再構築させたり、同化を強いる危険性はないかには十分な注意が必要である。
2　学びのプロセスの可視化の必要性
　　履修者数が多いため、話し合いのプロセス、「デザイン活動」のプロセスを録画する事が難しかった。協働の「デザイン活動」はそのプロセスこそ重要なため、その点の工夫が必要だと思う。
3　評価のあり方の工夫
　　意図したイメージとオーディエンスの解釈との一致やずれを見るためには、作品を発表し、その意図を説明する前に、他の履修生や授業以外の学生などに、伝えたかったイメージや価値観が伝わったかを聞く工夫が必要だと思う。

　以上、マルチリテラシーズの教育学における「デザイン活動」を協働で実践した授業活動を考察し、コミュニケーションが活性化され、規範や既存の価値観を乗り越え、協働で新たな意味を創出した過程がわずかながらではあるが提示できたと思う。メディアにコントロールされないためのメディア・リテラシー教育ではなく、メディアを通して発信される視覚的要素や音声要

素といったマルチモーダルな意味表現体の相互作用によって発信される意味を読み解くと同時に、自ら既存のデザインから複数のモードの意味表現体を駆使し、新たな意味を創出するための教育が求められる。マルチリテラシーズの教育学における「デザイン活動」は、その役目を担い得る実践である。そこでは、従来の「円滑なコミュニケーション」のための能力とは異なり、対話を通して既存の規範を協働で変え、互いにコミュニケーションを創りだし、新たな価値を創出していく力が育成される。その能力は、新たな規範を創造することへと繋がり、社会を変える可能性へと向かう。このようなマルチリテラシーズとしてのデザインの概念は、ソーシャルメディアが国家の政治体制までも変えていく力をもつ現代社会において、言語教育が主体的な学習者を育てるための視座である。そこに、従来の過去を向いたコミュニケーション能力ではなく、より良い未来社会をデザインしていくための新たな能力育成の可能性が開かれていると考える。

注

1. 例えば 2011 年 3 月 11 日東北大震災発生当日「東北地方太平洋沖地震多言語支援センター（NPO 法人多文化共生マネージャー全国協議会）」が立ち上がり、また「多言語インターネット放送」(http://www.simulradio.jp/asx/fmyy.asx) では、日本語英語中国語ポルトガル語スペイン語韓国語ベトナム語放送、「宮城県災害時外国人サポート・ウェブ・システム」(http://emis-miyagi.jp/index.php) では、日本語英語中国語ポルトガル語韓国語による避難場所などの重要な情報が配信された。
2. イギリスのメディア教育の経緯は Masterman (1986) に詳しい。見城 (2008) にもイギリスのメディア教育の変遷が簡潔にまとめられている。
3. 砂川 (2009) は、国語科におけるメディア・リテラシー教育実践例の変遷の紹介と考察を行なっている。
4. その一部を岡本 (2004)、岡本 (2007)、岡本 (2010) に紹介した。
5. OECD DeSeCo によるキー・コンピテンシーについては、ライチェン・サルガニ編著、立田慶裕監訳 (2006)、松田 (2010) を参照。
6. Okamoto, Okuizumi, Sato, Kumagai & Masami (2009) では、マルチリテラシーズの理論と実践とを紹介した。奥泉 (2010) では、多相的な映像テクストの学習を国語

科で行うための基礎理論の整理を試みている。佐藤・熊谷(2011)では、アメリカの大学の初級日本語学習者が制作したポッドキャストをデザイン活動の「既存のデザイン」と「再デザインされたもの」に焦点をあて、マルチリテラシーズの理論から詳しく考察した結果が報告されている。

7 作品は、実際は、多様なカラーで制作されている。

参考文献

Cope, B. & Kalantzis, M. (2000) *Multiliteracies — Literacy Learning and the Design of Social Futures*, Routledge

Fairclough, Norman. (1989) *Language and Power*: Longman

蛇蔵・海野凪子(2009)『日本人の知らない日本語』メディアファクトリー

蛇蔵・海野凪子(2010)『日本人の知らない日本語2』メディアファクトリー

池田玲子・舘岡洋子(2007)『ピア・ラーニング入門』ひつじ書房

井上尚美・中村敦雄編(2001)『メディア・リテラシーを育てる国語の授業』明治図書

門倉正美(2007)「リテラシーズとしての〈視読解〉」リテラシーズ研究会編『リテラシーズ3号』pp.3–18 くろしお出版

門倉正美(2011)「コミュニケーションを〈見る〉—言語教育におけるビューイングと視読解」『早稲田日本語教育学』第8, 9号 pp.115–120

門倉正美・岡本能里子・奥泉香(2008)「ビューイング教育を日本語教育に導入する試み」日本語教育国際研究大会予稿集. pp.288–291

カナダ・オンタリオ州教育省編/FCT(市民のテレビの会)訳(1992)『メディア・リテラシー—マスメディアを読み解く—』リベルタ出版

見城武秀(2008)「メディア・リテラシー—メディアと批判的につきあうための方法論—」橋元良明編著『メディア・コミュニケーション学』pp.216–233 大修館書店

Kress, Gunther (2003) *Literacy in the New Media Age*, Routledge

Kress, G. & van Leeuwhen, T. (1996) *Reading Images — The Grammar of Visual Design*, Routledge

久保田竜子(2008)「ことばと文化の標準化についての一考」佐藤慎司・ドーア根理子編著『文化、ことば、教育—日本語/日本の教育の「標準」を越えて』pp.14–30 明石書店

松田佳代(2010)『〈新しい能力〉は、教育を変えるか—学力・リテラシー・コンピテンシー—』ミネルヴァ書房

Masterman, L. (1986) *Teaching the Media*, Routledge.(マスターマン, L・宮崎寿子訳 2010『メディアを教える—クリティカルなアプローチへ』世界思想社)

水越伸(2002)『新版・デジタル・メディア社会』岩波書店

New London Goup (2000) in Cope, Bill & Kalantzis, Marry (eds.) *Multiliteracies— Literacy Learning and the Design of Social Futures*, pp.9–37. Routledge

奥泉香 (2006) 「「見ること」の学習を、言語教育に組み込む可能性の検討」『リテラシーズ』第 2 号 pp.37–50 くろしお出版

奥泉香 (2010) 「映像テクストの学習を国語科で行うための基礎理論の整理—選択体系機能文法を援用した試み—」『国語科教育』第 68 集 pp.11–18 全国大学国語教育学会

岡本能里子 (1991) 「コミュニケーション能力からみた国語教育と日本語教育」『日本語学』第 10 巻 9 号 9 月号 pp.28–36 明治書院

岡本能里子 (2004) 「ことばの力を育む」『人生を変える生涯学習の力』小宮山博仁・立田慶裕編 pp.95–135 新評論

岡本能里子 (2007) 「未来を切り拓く社会実践としての日本語教育の可能性—メディア・リテラシー育成を通した学びの実践共同体をデザインする」小川貴士編著『日本語教育のフロンティア学習者主体と協働—』pp.79–110 くろしお出版

岡本能里子 (2008) 「日本語のビジュアル・グラマーを読み解く—新聞のスポーツ紙面のレイアウト分析を通して—」岡本能里子・佐藤彰・竹野谷みゆき編『メディアとことば 3』pp.26–55 ひつじ書房

岡本能里子 (2010) 「国際理解教育におけることばの力の育成—大学における協働学習を通した日本語教育からの提言—」『国際理解教育』第 16 号 pp.67–73.

Okamoto, N., K. Okuizumi, S. Sato, Y. Kumagai & M. Masami (2009) 'Multimodal literacy in Japanese: Theory, Practice, and Application to Language Education' Conference Proceeding, the 11th International Pragmatics Conference, Melbourne, Australia

佐藤慎司・熊谷由理編 (2010) 『アセスメントと日本語教育—新しい評価の理論と実践』くろしお出版

佐藤慎司・熊谷由理編 (2011) 『社会参加を目指す日本語教育—社会に関わる、つながる、働きかける—』ひつじ書房

砂川誠司 (2009) 「国語科でメディア・リテラシーを教えることの一考察—2000 年以降の実践事例の整理から—」『広島大学教育学研究科紀要』第 2 部第 58 号 pp.113–122.

鈴木みどり編 (1997) 『メディアリテラシーを学ぶ人のために』世界思想社

ライチエン，D. S & サルガニ，L. H 編著　立田慶裕監訳「コンピテンシーの定義と選択」1999 ～ 2000 年，(2006) 『キー・コンピテンシー：国際標準の学力を目指して』明石書店

こらむ
デザイン

岡本能里子

　マルチモードのコミュニケーション能力の必要性を認識し、そのための研究と教育の先鞭をつけたのが、第 12 章で紹介した New London Group であり、その中心となるのが「デザイン」という概念である。Kress (2003) は、マルチリテラシーズの理論において、変容 (transformation) という概念を見逃すことができないとし、コミュニケーションを従来の意味に変容を加え、新しい意味や価値を創り出し、新しい社会を構築する活動と位置づけている。新しい社会を構築する＝形作る、つまり「デザインする」ために、新しい意味や価値を創造するということである。そこには、言語を含めた多様なモードによって意味を伝える発信者の意図がある。そのための力がマルチリテラシーズの理論におけるコミュニケーション能力＝デザイン力である。それによって、現代社会のコミュニケーションを考える際、既存の知識や規範の習得 (aquisition) やそれを適切に使用する能力 (competence) よりも、デザイン (design) に注目することの重要性を主張する。

　このデザイン概念の身近な例が新聞記事であろう。新聞記事では、文字テキスト優位のメディアとしての認識が強いが、例えば、見出しの大きさ、記事の位置、写真がカラーか白黒か、などの「配置のデザイン」によって、記事の重要度が伝えられる。そこでは一文の意味も 'Linguistic Design' として捉えられる。例えば「ビルがメリーと結婚した」という文の意味を考えた時、話し手がメリーよりもビルと親しいということを伝えることとなる (岡本 2008)。そこでの意味は、統語的な文法のみならず、主語の「配置のデザイン」の効果として捉える。マルチリテラシーズの教育学で「デザイン」という概念を強調するのは、このような空間的なレイアウトや配置といった多相的なモードの相互作用によって、発信者により能動的に意味が創られ、伝えられるという点である。そこには、次代を担う子供たちが、複合的な表現体によって発信される意味や価値をクリティカルに読み解き、吟味し、自らも多様な表現体を駆使し、主体的に意味を創出し、社会を変えていく能動的で創造的な力を育成しようという考え方が基本にあると思われる。

　近年、「デザイン」という語は「イントロダクショナルデザイン」「学習環境デザイン」「カリキュラムデザイン」など、情報学や心理学、教育学など多様な領域で使用されるようになっている。2010 年の学会誌『認知科学』では「デザイン学」の特集が組まれた。その中で、「デザインとは、未来に向かって、あるべき姿

を、構成すること」と定義されている（永井・藤井・中島・田浦、2010 p.392）。また、多様なフィールドワークをもとに、様々なメディアなどの人工物が人と一体となって集合体を形成し、人々が学習し、社会を作っていく点に注目している上野によると、デザインや技術開発は、「人と人、人とモノ、モノとモノとの具体的な関係を築くという、きわめて現実的、社会的、政治的な活動のはず」だと述べている（上野・土橋 2006 p.9）。これらの定義から「モノを含めた人との関係を構築し、あるべき社会や世界の構築をする」という視座が見出せる。言語教育が、ことばの意味を理解し発信するためだけのものではなく、学習者が多様な意味表現体を通して、意味を創造し、協働で問題を解決し、社会を変え、未来を構築していくための力を育成することを目指すのなら、「デザイン」概念は多様なメディアに囲まれた現代社会のコミュニケーション能力を捉え直して行く上で、見逃せない視点であろう。また、それをふまえた教育実践の探求は言語教育における実践研究の重要なテーマであるといえよう。

参考文献：第 12 章に掲載した参考文献を除く
永井由佳里・藤井晴行・中島秀之・田浦俊春（2010）「特集「デザイン学」の編集にあたって」『認知科学』第 17 巻 第 3 号 pp.385–388
上野直樹・土橋臣吾（2006）『科学技術実践のフィールドワーク―ハイブリッドのデザイン―』せりか書房

学習論との関連では、デザインを教えるとはどういうことかについて、具体的な実践が紹介されている以下須永の研究も興味深い。
    須永剛司（2010）「学びたくなること―デザインの学び」『コミュニケーションとしての学習：教えない学習環境は可能か？』日本認知科学会「教育環境のデザイン」研究会研究報告書 Vol7. No. 2. pp.11–15

デザインの語源の変遷については以下の著者が参考になる。
    Flusser, Vilem (1993) "Vom Stand der Dinge, Carl Hanser Verlag Muenchen Wilen.（ヴィレム・フルッサー　瀧本雅志訳（2009）『デザインの小さな哲学』鹿島出版

第 13 章　国際ビジネスの場における　　　　　コミュニケーション能力
―コミュニケーション方略の役割とは

藤尾美佐

【要旨】　英語がリンガフランカとなりつつある現在、どんな対話者とも意味交渉を行える能力、とりわけその基盤となる方略的能力の育成がこれまで以上に必要となっている。本章では、国際ビジネスの実例を用いて、この方略的能力を、(言語上の)問題解決のための方略、情報調節のための方略、会話のインタラクションに関わる方略という3つの視点から分析し、その分析結果を基に、国際ビジネスにおけるコミュニケーション能力とは何かを考察する。

1.　はじめに

　これまでと全く違う新しい環境に入ったときに、周りの人の会話が理解できなかったという経験はないだろうか。筆者は、大学教員になる前に、アメリカ系のグローバル企業数社で働いていたが、新しい会社に入ってしばらくの間、日本語の会話でさえ理解が難しかった経験がある。もちろん言葉としての日本語が聴き取れなかったわけではない。では一体、何がコミュニケーションを難しくしていたのだろうか。

　これにはいくつかの要因が考えられる。まず第1に、その業種や職種ならではの専門用語があり、その用語を理解できないということ、言い換えれば、特定の分野での言語能力(特に語彙)が不足していたという理由である。

　次に、背景知識がないという点である。たとえば商品の売り上げに関する話の場合、過去の売り上げに関する知識や、競合に関する知識、また部署間の関係などを知らないと、相手の意図するところを理解するのは難しい。つ

まり、文脈の中にその話題を置いて、具体的なイメージを抱けないのである。

　第3に、対話者とのコミュニケーションに不慣れな点が挙げられる。その対話者がどういう論理構成をしてくるのか、どういうタイミングで発話交替をすればいいのかなど、相手とのインタラクションに関する知識がないという点である。

　これが国際ビジネスの場において英語でのコミュニケーションとなった場合は、さらに言語面での負荷がかかることになる。上記で述べた第1の要因である言語能力が、語彙に限らず、音韻面、統語面、語用論面などあらゆる面で不足しているからである。

　では、そうした際にもっとも必要になる能力とは何なのだろうか。特に英語がリンガフランカとなりつつある現在、対話者同士がより文脈に即した形で、お互いの背景知識や意味するところを常に確認し理解する、「対話者との柔軟なやり取りができる能力」(岩井2010)がこれまで以上に必要になってきている。そしてこの柔軟さを支える能力こそが方略的能力なのである。

　本章では、この方略的能力に焦点を当て、次節でコミュニケーション能力および方略的能力に関する先行研究をまとめ、第3節で方略的能力を体系的に理解するための新しいモデルを提示する。そのあと第4節で、実際の国際ビジネスの場でコミュニケーション方略がどのように使用されているかを分析し、最終節で、国際ビジネスの場におけるコミュニケーション能力の再考と、今後の研究および教育に関する示唆を提示する。

2. コミュニケーション能力とは？

2.1　コミュニケーション能力と方略的能力の関係

　1960年代までの言語学は、(ある言語集団に属する理想的な話者が持つべき)言語知識と、特定の状況における実際の言語使用とが明確にわけて考えられていた。たとえばChomskyは前者を言語能力(competence)、後者を言語運用(performance)と呼び、前者が言語学の主たる研究対象となっていた。

それに対し、コミュニケーション能力（communicative competence）が大きな注目を浴びるようになったのは、Hymes (1972) が言語における社会言語学的側面の重要性を唱えてからである。彼は、competence というものを単なる知識だけでなく、それを使いこなせる能力としてとらえ、文法的に可能か（*possible*）、実際に使用可能か（*feasible*）、その文脈の中で適切かどうか（*appropriate*）、そして実際に使用されるかどうか（actually *performed*）という 4 つの視点から論じた。

Hymes をベースに、外国語教育の中でのコミュニケーション能力の定義を発展させたのは Canale and Swain (1980) である。彼らは、コミュニケーション能力を言語能力、社会言語学的能力、方略的能力から成り立つものだと考え、後に Canale (1983) は、社会言語学的能力から談話能力を分離させ、4 つの下位能力とした。

言語能力とは、語彙の知識や、形態素、統語、意味論、音韻に関する知識、社会言語学的能力は、社会的な文脈の中で正しい発話を行える能力、そして談話能力とは、文単位ではなく、文を連結し構成していく能力と考えられた。最後に方略的能力は、上記の能力の不足によって引き起こされたコミュニケーション上の問題を克服できる能力と考えられており、そしてその際具体的に使用される「言い換え」などの言語上の試みが、コミュニケーション方略とみなされた。Canale (1983) は、コミュニケーション方略の定義をさらに広げ、単に問題解決だけでなく、コミュニケーションの効果をあげるためにも使用される方略と定義づけたが、具体的な方略については論じられなかった。

彼らのこのモデルは、コミュニケーション能力の構成について論じるものであり、4 つの能力の関係性や相互作用については踏み込んでいなかった（Canale 1983: 12）。特に、他の 3 つの能力を補うものとして位置づけられている方略的能力を、他の 3 つの能力と同レベルに併置していることには疑問が残る。

これに対し、コミュニケーション能力をより動的なものとしてとらえたのが Bachman (1990) である。彼は特に、コミュニケーションにおける方略的

能力の役割を重要視し、言語能力と背景知識を統合し、それを文脈の中で関係づける、コミュニケーションの要となる能力と解釈していた。具体的には、対話者との共有知識の判断、使用可能なリソースの特定、伝達すべき情報の決定などに関わる能力だと考えていた。このことは、学習者が同レベルの言語能力を持っていたとしても、方略的能力の差異によって、コミュニケーション効果に大きな差がでる可能性を示唆している。

　さらに、異文化という視点からコミュニケーション能力を論じたのが Byram (1997) である。彼は、「異文化間コミュニケーション能力」(Intercultural Communicative Competence)を提唱し、異なった文化背景をもつ対話者が相互に意味のやり取り(意味交渉)を行い、理解しあうためには、従来より論じられている能力に加え、異文化能力が必要であると主張した。異文化能力は、方略的能力のほか、社会文化的能力、社会的能力(他者とコミュニケーションしようとする態度やモチベーションなど)が関わる能力と考えていた。

　このように方略的能力は、特に90年代以降、対話者との意味交渉を行うための重要な能力として考えられるようになった。しかし、方略的能力の理論的枠組と具体的なコミュニケーション方略との関係については、十分に議論されないままに実証研究が進み、その結果、いくつかの問題が取り残されることとなった。

2.2　方略的能力とコミュニケーション方略の関係

　前節で述べたように、Canale and Swain (1980) によって、方略的能力はコミュニケーション上の問題点を解決し、またコミュニケーションを効果的に進めていける能力として定義され、そしてその能力がコミュニケーション上に実際に反映されたもの、すなわち実際に使用される言語上(または非言語上)の試みが、コミュニケーション方略(communication strategy、以下CS)として定義された。しかし、CSの実証研究そのものは、70年代に中間言語(interlanguage)[1]という概念に関連して発展したため、学習者の意図するメッセージと、言語的制約などにより実際に発せられるメッセージのギャップを

中心に研究が進んできた (e. g. Coder 1983)。そのため、とりわけ語彙レベルの問題解決に焦点を当てた研究が中心となり、方略的能力の定義に関連して論じられた背景知識の利用や、コミュニケーションを効果的に進めるための方略としての実証研究は、近年に至るまで限られていた (e. g. Aston 1993)。この点において、方略的能力の理論的発展と CS の実証研究の間には大きな乖離が残ったままとなったのである。

　CS の実証研究は、2 つのアプローチが論争を続けながら発展してきた。一方は、相互作用的アプローチと呼ばれ、母語話者・非母語話者による相互的な方略使用を研究対象とするアプローチで、もう一方は、心理言語学的アプローチと呼ばれ、CS 使用の背後にある話者の心理言語学的プロセスを解明しようとするアプローチである。両者の根本的なアプローチの違いは、CS の分類や CS 指導における考え方にも如実に現れた。相互作用的アプローチが、母語話者・非母語話者の CS 使用を比較し、CS 指導に役立たせるため、CS の言語表現を中心に研究を進めようとするのに対し、学習者の心理言語学的プロセスを重視するアプローチは、心理言語学理論に基づいた最小限の分類（conceptual と linguistic の 2 つのカテゴリー）を主張した。CS 指導に関しても、前者が、まず CS 指導によりコミュニケーション能力を高め、そこから学習者の言語形式への気付きを誘発させようと考えていたのに対し (Yule & Tarone 1997)、後者は、母語(L1)と第二言語(L2)での CS 使用に類似点があること、つまり CS 使用（方略的能力）は L1 の獲得段階で身についていることを指摘し、CS 指導が学習者の言語能力の向上を伴わない限り、L2 における指導は必要ないと主張した(Kellerman 1991)。

　本章では、方略的能力がすでに L1 の獲得段階である程度身についていたとしても、その能力が反映される言語が違う限り、具体的な方略の指導や使用が重要であるという立場にたっている。さらに異文化間のコミュニケーションを考えた場合は、両者による意味交渉が極めて重要になるため、相互作用的立場から CS について論じていく。

3. コミュニケーション理論に基づく CS 研究の新たなモデル

　心理言語学的アプローチからの 1 つの指摘として、CS の言語表現に基づいて分類化を行う相互作用的アプローチは、分類に恣意性が残るという可能性が挙げられている。分類は、より確固とした理論に依拠するべきだという指摘である。Bialystok (1990) も指摘するように、相互作用的アプローチに基づいて対話者双方の CS を体系的に分類するためには、コミュニケーション理論を踏まえた理論的な枠組みが必要となる。

　そこで筆者は、Wilkes-Gibbs (1997) の collaborative theory という L1 でのコミュニケーション理論に基づき、CS の分類を体系的に考えてみた。本節では、collaborative theory を基に、まずコミュニケーションの原理について説明をし、次にその枠組みの中で、CS を体系的に分類する。

3.1　コミュニケーションにおけるコラボレーション

　Wilkes-Gibbs の collaborative theory では、コミュニケーションを、対話者間の共有基盤(共有する知識や理解)を確認し広げていくプロセスだと考えている。このプロセスは、話者が情報を伝達する「情報提示(presentation) の段階」(以下 P 段階) と「双方が理解に達するまで(acceptance) の段階」(以下 A 段階) に大別される。通常 A 段階では、対話者が話者の発話を理解した、またはしなかったという何らかのサインを示すことから始まり、話者の発話内容が、これまでの 2 人の共有基盤に追加されたことを双方が確認することによって終了する。そのため、対話者が理解できなかったサインを送った場合、話者は何度も修正を繰り返しながら情報提示を行うことになる。コミュニケーション方略が多く使用される場面である。

　このような発話のやりとりは、主要な 2 つのコミュニケーション上の原則に基づいている。対話者は互いに協力しあって共通の理解へと達していく「相互義務の法則 (principle of mutual responsibility)」と、その理解に至るまでの協調努力を最小限に抑えようとする「協調努力の最少化の法則 (principle of least collaboration effort)」である。これと同様の法則は、Poulisse (1997) の「明快さと効率性の法則」(principles of clarity and economy) でも述べられている。

つまり、コミュニケーションというのは、双方が多大な労力を払って完璧な理解に達するものではなく、労力を最小限に抑えて適切な理解にたどりつく、言わば省エネのプロセスと考えられるのである。

3.2 CSの新たなモデル

この法則に当てはめて、コミュニケーション方略 (CS) の使用を考えてみよう。(CSにはさまざまな定義があるが、ここでは、「コミュニケーション上の何らかの制約を乗り越えるために、繰り返し規則的に使用される言語表現または言語パターン」と定義しておきたい。)(コラム「方略」を参照)

まず、(従来からの研究対象であった)コミュニケーション上の問題が起こった場合を考えてみよう。対話者が話者の発話を理解できなかったという場合である。この場合、お互いの労力を最少化するためには、対話者(聞き手側)がいかに明確に問題の所在を表し、話者がいかに効率よく説明を修正するかという点に集約される。こうした状況を乗り越えるためのコミュニケーション方略として代表的なものが、「明確化の要求("What do you mean?" などの clarification request)」や「発話内容の確認("You mean...?" などの confirmation check)」である (Dörnyei & Scott 1997)。ほかにも、相手の発話の理解できなかった部分を単純に繰り返す、「繰り返し (repetition)」という方略が、日本人話者によって効率よく使われていたことが報告されている (Fujio 2007, 2011)。これは、言語面での制約の多い日本人話者にとって、労力を最小限に抑え、なおかつ問題点を明確に示せる方略であると言える。これらは図1のタイプ1(A)に当たる方略である。

それでは次に、一見、問題が起きていないように見える場合を考えてみよう。問題が顕在化していない場合も、お互いの協調努力を最少化するため、つまり問題を未然に防ぐための規則的なパターンが存在する可能性がある。特に、話者および対話者、または双方が非母語話者で、言語能力や共有知識

に制約がある場合には、ある種の系統だった言語表現としての試み、つまり方略使用が行われている可能性がある。

まず情報提示のP段階(図1のタイプ2)を考えてみよう。

これから話す内容が、対話者の言語能力や背景知識の欠如から、対話者にとって理解が難しいだろうと話者が推測した場合、母語話者同士やいつも一緒に会話をしている対話者とは違った試みをすることがある。たとえば、会話の始めに相手の背景知識をチェックする「共有基盤の確認(Common Ground)」、例を挙げることにより対話者の理解を深める「例証(Exemplifying)」、対話者が知っているに違いない情報とこれから話す未知の情報を比較し理解を促進する方略(「対比(Contrasting)」)などである(Fujio 2007, 2011)。

次に理解に至るA段階(図1のタイプ3)を考えてみよう。とりわけ異文化間の会話では、お互いの理解に確信がもてないために、聞き手は理解したというサインをより積極的に示そうとするだろう。それによって、不要な意味交渉を防ぎ、それに伴う余分な労力を削減できるからである。Kasper (1997)は、母語話者・非母語話者間の会話では、母語話者同士よりもback-channel (uh huhなど)が多く使用されると報告しているが、他にもyeahなどのあいづち的な発話や、相手の発話に評価を示す方略などが見られる。これらは発話の始めに用いられ、相手とのインタラクションに強く関連するので、コミュニケーションへの「積極的な関わり(involvement)」(Chafe 1985)にもつながる方略である。

これまでの方略研究は、問題が顕在化している場合のタイプ1に関する研究が圧倒的だった(図1参照)。特に、非母語話者が発話そのものに問題を抱えてCSを使用する、タイプ1(P)の研究(「言い換え(paraphrase)」や「借用(borrowing)」など)が中心だったが、本章では相互作用的な立場から、問題解決の方略に関しては、対話者が理解できなかったことを示す場合(タイプ1(A))に焦点を当てる。

また(先行研究が非常に限られてきた分野ではあるが)、異文化間コミュニケーションの視点からは、情報調節に関するタイプ2や会話の積極的な関

	情報提示の段階(P)	理解へ至る段階(A)
問題が起こっている状態	タイプ1(P) 問題解決	タイプ1(A) 問題解決
問題が起こっていない状態	タイプ2 情報調節	タイプ3 理解の提示／ 会話への関わり

図1　CSの分類（藤尾2009を改定）

わりに関連するタイプ3のような方略使用が極めて重要になってくる。次節では、これらの方略が実際のビジネスの場でどのように使用されているか、実例を紹介する。

4. ビジネス場面でのCS使用の実例

4.1 データ

以下に紹介するデータは、アメリカ系グローバル・カンパニーの社内会議を録画し、分析したもので、アメリカ人マネジャー（以下AM）と日本人マネジャー（以下JM）、日本人従業員（以下JE）の情報交換を主としたインフォーマルな会議であった[2]。

AMは、データ収集当時、アジア地域のビジネスリサーチに携わるアメリカ人ディレクターで、5年間中国で暮らしていたが、日本への訪問は今回が初めてであった。

JMは、日本本社の取締役であり、役職はAMより上位に位置するが、AMの所属がアメリカ本社であるため、直接の指揮命令系統はない。JMは以前の会社の仕事でアメリカに9年間暮らしていた経験があり、英語でのコミュニケーションには問題がない言語能力を有している。ただし、業種が

異なっていたため、現在の会社や業界に関する知識は比較的限られており、このことが今回の会議の受け答えに影響を与えた可能性もある。

　最後に JE は、今回の会議の中に出てくるプロジェクトの直接の担当者であり、またビジネスリサーチにも携わっている。データ収集時入社 7 年目で、大学卒業時まで特別な英語教育を受けたことはなかったが、入社後は常にアメリカ本社との連絡が必要な部署に所属し、社内英語教育などは定期的に受けていた。

　今回の会議の目的は、日本市場に関する問題点やビジネスの状況を共有し、AM の担当するビジネスリサーチ部門が、日本市場にどう貢献できるかなどを話し合うことであった。三者は、これまでもメール等でのやり取りはしていたものの、実際に顔を合わせての会議はこれが初めてであった。

4.2　分析方法

　今回の分析には、前もって枠組みをあてはめ、その枠組みを基に分析を行うマクロ的アプローチではなく、データを基に分析していく data-driven のアプローチを使用した。以下は、方略使用の顕著な箇所を抜粋し、解説を加えていくという方法で分析を紹介する。

　データ分析には、複数のデータや分析方法を併用するマルチメソッドと呼ばれる手法をとり、分析を客観的にするよう心がけた。

　録画データのディスコース分析[3]に加え、発話の意図を確認するための話者とのポストインタビューや第三者による分析も加えた。この分析には、アメリカ人留学生 4 名、アジア人留学生 3 名、日本人研究者 8 名、アメリカ人研究者 2 名および日本人ビジネスマン 3 名の協力を得た。

　また、ポーズ(短い沈黙)などについては、正確な測定をするため、録画された会話をコンピュータに取り組み、音声解析ソフト Praat を使用して測定した。

4.3　ビジネス場面での CS 使用の実例

　上に概要を述べたビジネス実例に当てはめ、3.2 節で紹介したタイプ 1

(A)、タイプ2、タイプ3の方略を考察していこう。

4.3.1　タイプ1：問題解決のための方略

　タイプ1(A)方略は、相手の発話がわからなかったときに、対話者がそれを効率よく示す方略である。この会議を通じて、例えば語彙がわからない、相手の話す速度が速く聴き取れないという言語上の問題は観察されなかった。これは、日本人2名の言語能力が比較的高いことと、同じ会社に所属するもの同士、ビジネス面でまたは組織面での共有知識が多いことが主要な理由として考えられる。しかし、ビジネスならではの、相手の意図を確認するための「発話内容の確認」などは数か所で観察された。

〈抜粋1〉[4]

　日本市場でのある問題点が話し合われていて、その問題がレポートとして挙げられているかどうか、アメリカ人マネージャー(AM)が質問している場面である。

AM1:　Does that show up in the Customer Satisfaction Survey?
JE1:　Hmm - ah - I think so.
AM2:　<u>Yes?</u>
JE2:　I think so.
AM3:　<u>Will we see some of those results?</u>
JM1:　But you know as I said, the problem has started October last year.
AM4:　Yeah, so it's one year.
JM2:　Little early to see in the data.
AM5:　(3.4) As you were talking, I realized that I don't have ah - general background understanding of the XX business in Japan. For example...(中略). Could you just give me a little bit of background?

　JE1の最初の回答 "I think so" は、問題があれば基本的にレポートに報告

されるはずだと考えていた AM にとっては、意外な回答だったに違いない。ここで AM は、Yes または「これから報告する予定だ」などとの回答を予期していただろう（会議後半で別の問題について "That should show up in the Customer Satisfaction Report" と発言していることからもうかがえる）。そのため AM は "Yes?" と、彼の「発話内容の確認」を行っている（AM2）。ところが、これに対する JE2 の回答も同じだったために、AM はさらに "Will we see some of those results?" と表現を変え「発話内容の確認」をしているのである。

　この後、JM が「問題が発生したのは昨年の10月だから」と割って入るが（JM1）、AM が「だからもう一年ですよね」（AM4）と再度念を押している。しかし続く JM2 で、「まだ十分な時間がたっていない」と JM が AM の主張を退けるにあたり、AM はより間接的で異なったアプローチを展開する（AM5）。まず、3.4秒のポーズがあることからも、AM が JE や JM の何らかの返答を待っていた様子がうかがわれる。しかし何の返答もないのを見て、AM はこの質問に固執する代わりに、今度は「日本市場における自分の知識が少ないから、まず教えてほしい」と、一般的な情報を入手することにより理解を深めようとする、間接的なアプローチに切り替えているのである。

　AM は実際、両者の共有知識にはかなり注意を払っており、別の箇所でも同様の発言が見られた。（抜粋2、3参照）

4.3.2　タイプ2：情報調節のための方略

　タイプ2は、問題が顕在化していない場面での、相手との共有知識を確認、構築するための方略である。

　タイプ2方略については、先行研究が非常に限られているが、Fujio (2007, 2011) が類型化を図っている。この類型化ではまず、「情報調節のための方略」と相手の「言語能力に配慮した方略」に大別され、さらに前者は、発話の冒頭で使用され発話全体の構成に関わる「グローバルな方略」と発話の中で個別に情報調節していく「ローカルな方略」に分けられている。グローバ

ルな方略として主要なものが、「枠組みの方略（Narrowing）」と「共有基盤をチェックする方略（Common Ground）」である。前者は、答えるのが難しい一般的な質問を受けた場合などに発話冒頭で説明の枠組みを示す方略（From the viewpoint of... や There are three reasons. など）であり、後者は相手の背景知識に関して質問したり、自分の持っている背景知識を始めに提示してから質問や説明に移る方略である。

　ローカルな方略としては、「例証（Exemplifying）」（例を挙げることにより対話者の理解を深める方略）や「情報の詳細化（Specifying）」（最初におおまかな情報を出し、それを詳細化していく方略）、また「情報の追加（Following-up）」（一旦話をした後で、相手の理解度に応じて情報を追加していく方略）などがある。

　「言語能力に配慮した方略」には、「言い換え（Paraphrasing）[5]」や「反復強調（Reiterating）」（重要な情報を、少しずつ表現を変えながら繰り返し強調する方略）が観察されている。

　このビジネス実例ではまず、母語話者 AM による「共有基盤の方略」の使用が散見された。

〈抜粋2〉

AM:　Um I'm interested in a couple of things about Japan. One question that I have - I'm just - I don't have any real background in Japan, so all I hear is around the company. It seems that we have...

〈抜粋3〉

AM:　What do you think of the impact in Japan - of XX? Just from general background I would think that Japan would be advanced in XX but I don't know if that's true - or not in our XX business.

　抜粋2は、会議の冒頭で質問を始める際に、「日本市場に関して自分自身の経験はなく、これまで伝聞してきた知識しかない」と、まず自分の知識を

開示してから質問に入っている例である。抜粋3は、「日本市場はこの分野で発達していると考えてきたが、われわれのXXビジネスにも当てはまるのか」と、自分が知っている知識をまず披露し、それがこのケースにも当てはまるのかと質問している例である。いずれも、自分自身の知識量を最初に開示し、共有基盤の構築を目指している。（抜粋2は共有基盤が0であることを示す例である。）

　つぎに、発話の中で個別に情報を調整していくローカルな方略としては、言語面での方略、特に「言い換え」と組み合わされて、以下のような例が観察された。

〈抜粋4〉
ある商品に関して、まだ今後売れるチャンスがあるかどうか、AMが質問している場面である。

AM:　Are there lots more customers who do not yet - small customers who do not yet have XX we can sell to? Or - the market is so advanced - that there's not much opportunity?

　この部分では、まず "more customers" を "small customers" と言い換え、「情報の詳細化」を行っている。これは、この抜粋の前に「大手の顧客にはすでに製品を売っている」という話をしているため、"more customers" というのは "small customers" だと言い換え、さらに関係詞以下の部分に情報を付け足して明確にし、「情報の詳細化」を図っている例である。次に、同じ内容を "Or" 以下で別の視点から言い換え、わかりやすい質問にしているが、これは「反復強調」と呼ばれる方略である。

　一方のJMもAMの質問に対し、発話冒頭で "There are three reasons." のような「枠組みの方略」を使用し、発話の構成を明確にし、情報の伝達を促進する方略を使用していたが、概してこのタイプ2の方略使用は、通常の母語話者・非母語話者の会話（e.g. Fujio 2007, 2011）に比べ、あまり観察されなかった。これは、同じ会社に所属していて共有知識が多いことから、共有

知識をすり合わせる必要が少ないことが一因と考えられる。たとえば製品などの固有名詞を挙げると双方すぐに理解を示しており、固有名詞を出すことでお互いの背景知識を共有し、それが双方の理解を助けていたと言える。

それに対し、ビジネスの場面ならではの意味交渉も見られた。以下は、方略が多数観察される場面である。この抜粋は、約 3 秒の沈黙の後、AM が話題を変え、顧客満足度と従業員満足度のどちらがより重要かと質問しているところから始まる。

〈抜粋 5-1〉
AM1:　Do you see - when you look at the customer satisfaction results and JE mentioned that he's also involved somewhat in employee satisfaction.
JE1:　Somewhat.
AM2:　Somewhat yeah. When you look at ₁those two things together, do you see relationships (1.8) ₁between customer satisfaction and employee satisfaction?
JM1:　(2.0) Yeah.
AM3:　(3.7) ₂Which comes first?
JM2:　What is your assumption?
AM4:　Well I don't know - I mean...
JM3:　Since you have an assumption, that's why you're asking - right - the question?

AM2 で 1.8 秒の沈黙があることから、AM がここで一旦質問を終えたと考えることができる。これは意味的にも統語的にも完全な文となっている。ところが、JM からの回答がなかったため、"those two things" を "between customer satisfaction and employee satisfaction" と言い換え、「情報の詳細化」をはかっている（下線部 1）。さらに、JM1 の回答は、Yeah の後、AM が期待していたと考えられる両者の関係についての説明がなかったため、AM は 3.7 秒後再び "Which comes first?"（AM3）と「言い換え」を行い（下線部

2)、JMの回答を促しているのである。このAMの発話はまた、最初に一般的な質問を行い、続いて詳細に質問していく手法であるとも言える[6]。

　続くJMの発話（JM2）は非常に興味深い。会話の規則性の１つに隣接発話対（adjacency pair）と呼ばれる結びつきの強い発話の組み合わせがあり、通常「質問」には「答え」が後続する。ここでJMはこの規則性を破り、"What is your assumption?"と質問を重ねている。ポストインタビューの中でJMは、「Aの質問の意図を明確にしたかったから」と述べていたが、この発話にはいくつかの解釈が可能であり、第三者分析でも複数の見解が示された。

① AMの質問が、ビジネスの会議にしては一般的すぎる質問だったのではないか。答えにくく、唐突な印象を受けた。（日本人ビジネスマン）
② JMは、顧客満足と従業員満足について別々に考えたことはあっても、両者の関係について考えたことはなかったのではないか。（日本人ビジネスマン）
③ もしここで答えた場合、それによって自分の回答に責任が生じる。下手に答えると低い評価を受け、上下関係に影響が出ることを予測し、それを避けようとしたのではないか。（日本人研究者）

　①のコメントに関しては、以前のJMの発話の中で、「製品もさることながらスタッフのやる気も重要だ」という言及があり、それに関連して再度提示された話題と解釈できる。そのため、従業員満足と顧客満足のどちらがどちらを牽引するのかという点がAMの質問の意図であったと考えられる。
　一方のJMは、②のコメントが指摘しているように、両者の関係について具体的なアイデアを述べられるほど考えたことがなかったのだろう。この抜粋に続く部分で、また長い意味交渉が続くが、その最後に「強いてどちらかといえば、従業員満足の方がより重要だろう」と答えながら、それ以上の情報を付け加えていないからである。そのため、③のコメントのように、答えるのを避けた、または、この質問によって、明確な回答を持っていない状況を逆手にとり、会話のイニシアティブを取ろうとしたとも解釈できる。これ

第 13 章　国際ビジネスの場におけるコミュニケーション能力　417

は続く JM3 で "Since you have an assumption, that's why you're asking - right - the question?" と強くたたみかけていることからもうかがえる。

　続く、AM が JM の質問に答える場面（AM5）では、複数の方略が使用されている。

〈抜粋 5-2〉

AM5:　Well I don't know whether I have an assumption or not. I think they're related. But I'm not sure how. ₃I'm not sure whether - um - on the one hand you could say - if we have very ₄satisfied employees - whatever that means - motivated, productive - um - then customers will recognize that and see that they are providing good, friendly support...

JM4:　I think to begin with it, people are motivated they do a better job to serve customers. That's why the customers become happy.

AM6:　OK, and ₃the other way to look at that is if we're providing good products and customers are happy with them, the employees will feel good and they will feel motivated. It's like a circle. That is, you can't...

JE2:　Chicken or egg.

AM7:　Yes, right.

JM5:　Right. I agree.

　まず下線部 3 では、"I'm not sure whether..." と一旦文を始め、文の構造を変える「再構築（restructuring）」と呼ばれる方略を使用している（Dörnyei & Scott 1997）。この方略は従来、学習者が上手く文を作れず構造を変える、タイプ 1（P）の方略として研究されてきたが、このように、母語話者でも、対話者により理解してもらいたいために同様の方略を使っていることがわかる。ここでは、whether 以下に文を短くまとめるのではなく、長い説明を加え、"on the one hand" と "on the other hand" という「（広義の）談話標識」をおいて、2 つの考え方を明確に提示している。また、下線部 4 では、"satisfied employees" を "motivated"、"productive" などのより具体的な表現で言い換

える、「情報の詳細化」も行っている。これらの方略を駆使し、「従業員がモチベーションを持てば、顧客によりよいサービスを提供することができる」とJMの回答（JM4）を引き出している。

このように、ビジネスの会議においては、相手から何を引き出そうとしているのかというビジネス上の意図が、コミュニケーションに大きな影響を与える。上述したように、お互いのビジネス上の共有知識がコミュニケーションを促進している半面、会議の目的や、参加者の関係性、また職種によるディスコースのパターンなどの変数が増え、一般的な会話に比べ、コミュニケーションの成否やコミュニケーション能力の判定がより複雑になることも事実である。これらの要因は、今後ディスコース分析などを積み重ねてさらなる類型化が期待される。

4.3.3　タイプ3：会話に積極的に関わる方略

タイプ3の方略は、発話の冒頭で積極的に相手への理解や同意を示す方略である。

抜粋5-2の最後に出てくる "Chicken or egg" と、相手の話を自分の言葉でまとめる「要約」のほか、相手の発話を繰り返す「繰り返し」や、"Right" のようなあいづち的表現の「リアクティブ・エクスプレッション」、相手の発話に対し何らかの評価を表す "I agree" のような「アセスメント」などが主要な表現である（e.g. Clancy et al. 1996、Strauss & Kawanishi 1996）。

このタイプ3の方略がもっとも顕著に表れていたのは、会議の最後の部分である。

〈抜粋6〉
会議の最後の部分で、会議が有益であったことが相互に確認され、今後のリクエストがなされている場面である。

JM1:　Previous impression about business research to me was like a study, it should be more outgoing.

AM1:　Yes, and I think we will try to share as much as we can. If we share too

	much, don't pay attention to it. But you know, we'll just try to send things out...
JM2:	Selectively.
AM2:	Selectively.
JM3:	Only good information, useful information.
AM3:	Good information, but if it is...
JM4:	We tend to receive too much information.
AM4:	You think so? What kind of information is too much? Do you have any - or let's just say as we go along - tell us what type of things you don't need. And we'll adjust.
JM5:	For non-English speaking country like us, the thing that will help us a lot is very brief summary page, every communication. And e-mail should be very very short -(indecipherable). No sentences - long sentences.
AM5:	I can - I can - I can sympathize with that from working in China. ...(中略). That's good advice, good advice.

　抜粋6は、まずJMがビジネスリサーチについての意見を述べ、「もっと情報交換をしよう」と提案したAMにリクエストしている場面である。

　JM2での"Selectively"という発言は、文の構造面からは、相手の発話を引き取り対話者が文を完成させる「共同構築」[7]という、タイプ3の方略ととらえることもできる。しかし、発話内容がAMの内容に反するものであること、また次のJM3の内容から、一語でのリクエストだと考えるのが妥当であろう。

　この発言に対してAMは、AM2、AM3で「繰り返し」の方略を用い、積極的に相手の意見を受けとめている。またAM4では、「どういう情報が多すぎるのか」と質問することにより、相手の発言に興味を示している。これに対しJMも、「非母語話者である自分たちにとっては」という緩和表現を使用し、同時にこのリクエストの正当性を主張している。さらに最後の

AM5 で、AM は "I can sympathize" と「アセスメント」の方略を使用し、肯定的評価を示している。さらに中国での個人的なエピソード（中略部分）を語った後、"That's good advice, good advice" と JM に強い同意を示している場面である。

このように、会議のまとめとなる最後の部分では、タイプ 3 の方略を多く使用することにより、お互いの同意、または関わり合いを強めていることが方略面からも観察できた。

5. 国際ビジネスにおけるコミュニケーション能力とは？

ここでは本章の終りとして、前節の分析の中から特に重要な項目に焦点をあて、国際ビジネスにおけるコミュニケーション能力とは何かを考察したい。

5.1 方略的能力が与える柔軟性

本章では、図 1 の CS の分類モデルをベースに、ビジネス実例を用いながら大きく 3 種類の CS を分析してきた。言語上の制約を克服するための CS （タイプ 1）、文化面や共有知識に関する制約を克服する方略（タイプ 2）、インタラクション面での制約を乗りこえるための方略（タイプ 3）である。これらの方略使用によって、とりわけ異文化間コミュニケーションでは、話者の言語能力の制約のみならず、背景知識の少なさやインタラクション面での違いを乗り越えて意味のやりとりが可能になる。

同様のことが岩井（2010）でも述べられている。岩井（2010）は、CS を指導することによって、言語的柔軟さ、社会言語学的・語用論的柔軟さ、インタラクションに伴う柔軟さという 3 種類の柔軟さを獲得できると論じているが、上記 3 種類の方略は、この柔軟性を支える具体的な方略である。そしてこの方略（CS）を駆使できる能力、つまり方略的能力を向上させることで、意味交渉における柔軟性を獲得することができるのである。

英語がリンガフランカとなりつつある現在、母語話者の規範のみに沿って

コミュニケーションを行うことはもはや不可能であり、どんな状況でも相手との効率のよい意味交渉を行える能力、とりわけその基盤となる方略的能力は極めて重要な能力だと言える。

5.2 母語話者・非母語話者を超えたコミュニケーション

　母語話者・非母語話者間のコミュニケーションでは、言語上の制約から、どうしても母語話者主導の会話となりがちである。これを克服する1つの方法が、本章で述べたような方略の使用であるが、母語話者・非母語話者間の関係は、ビジネスコミュニケーションにおいては異なった視点からとらえることができる。

　ここでまず、非母語話者であること (non-nativeness) について考えてみよう。Kasper (1997) は非母語話者であることについて、1) 問題とみなす見解、2) リソースとみなす見解、そして 3) 認識されない非母語話者性という 3 つの見解があると説明している。1) は従来の見解、2) は、非母語話者であることリソースとしてとらえ、母語話者同士の会話とは違ったアプローチをとる立場である。そして 3) は、非母語話者であることも、対話者の単なる属性の1つにすぎないとする考え方である。3) の見解は、ビジネスでのコミュニケーションにおいてとりわけ顕著に観察されるだろう。なぜならビジネスにおいては、言語能力そのものよりも、その話者の持つ情報の内容そのものが大切であり、母語話者か非母語話者かは重要な属性とはならない。所有する情報量や職場での上下関係、また話題によって、非母語話者が会話をリードすることも往々にして考えられるからである。今回のデータでも、AM の質問に対し、JM が「それについては後で答える」と会話をコントロールしている場面が見られた。

〈抜粋 7〉

AM:　Why is that?

JM:　I'll come back later. I'll answer your question first.

ここでの "your question" というのは、AM の最初の質問を指している。JM はここで、JM の話を遮る形で質問された AM の直近の質問（Why is that?）に答えるのではなく、AM の最初の質問に答えている自分の発言を終わらせようとしている。

　また、抜粋 5-1 でも JM は、"What is your assumption?" とかなり強い口調で AM の意見を求めていたし、抜粋 6 でも、強い口調でリクエストしていた。これは、直属の上下関係にないとはいえ、JM の方が AM よりタイトル上優位であるという事実も一因であると考えられる。

　このように、異文化間のビジネスコミュニケーションにおいては、通常の母語話者・非母語話者間の会話とは異なった特徴や要因を探ることができる。

5.3　異文化間ビジネスディスコース研究が示唆できるもの

　この章で紹介した、実際のビジネスディスコースを分析する研究は、異文化間ビジネスディスコース（Intercultural Business Discourse、以下 IBD）研究と呼ばれ、特にヨーロッパを中心に注目を浴びている。この節では、最後に IBD 研究の動向をまとめ、今後の示唆としたい。

　異文化間のビジネスコミュニケーション研究は、大きく 3 段階に分けられ（Piller 2009）、たとえば高 vs. 低コンテクスト文化（Hall 1976）のように、国の違いを文化の違いとみなして研究を行う第 1 段階から、民族誌学的アプローチ（Ethnographic approach）を取り入れ、ディスコース分析やインタビューなどの手法を用い、国境という枠組みにとらわれず、より個別の企業を研究していこうとする第 2 段階へと発達してきた。近年はさらに、たとえばコールセンターに勤務するためにどのように英語のアクセントを矯正するかなど、仕事と個人の関係に踏み込んだ第 3 段階の研究も現われている。

　本章の研究手法はこの第 2 段階に当たり、社内会議という実際の発話データを分析し、そのデータに基づいて考察を加えていくという IBD の手法である。

　Bargiela-Chiappini, et al.（2003）は、国を境界線とした文化差にのみ依存す

る分析に警鐘を鳴らし、企業文化、職種、個人などいくつかの異なったレベルで観察する重要性を指摘しているが、IBD にはほかにも、コミュニケーション上の意図、上下関係（またはその上下関係を本人がどのように知覚しているか）、ビジネス上の知識差、情報量などの要因が複雑に絡み合っており、今後解明されるべき点が多い。

　また、ディスコース分析だけでなく、近年は発話交替からの分析も増えている。たとえば、同じ高コンテクスト文化に属すると言われている日本と香港の会議参加者にも大きな差異があるという報告や（Du-Babcock & Tanaka 2010）、香港のバイリンガルが、英語と広東語で異なるトピックマネジメントを使用していたこと（Du-Babcock 2006）などが報告されている。発話交替は、本章ではタイプ 3 の使用に最も関わる部分であるが、発話交替の仕方ないしはトピックマネジメントまでを含めたコミュニケーション能力を考えていくことが、今後は特に重要だと思われる[8]。

6.　まとめ

　本章では、異文化間のコミュニケーション能力（特に方略的能力）の視点から、国際ビジネスの実例を分析した。これは 1 つのケーススタディーに過ぎず、早急に一般化できるものではないが、実例を基にコミュニケーション能力を分析できたことは 1 つの貴重な研究であると考えている。今後は、職種や性別、上下関係、職場環境などのさまざまな視点からも、このような研究成果を積み重ね、国際ビジネスの場におけるコミュニケーション能力をさらに解明することが望まれる。また他のアジア諸国との分析比較などを行い、日本人の異文化間ビジネスコミュニケーションの問題点や強みを分析していく必要がある。

注

1 中間言語とは「外国語学習者が、言語を習得する過程で生み出す言語の型」（ロングマン応用言語学事典 1988）で、Selinker (1972)の論文により注目されるようになった概念である。
2 この会議データは 1998 年 11 月に収集された。一部の分析結果（抜粋 1, 5, 6）については、すでに Fujio (2004)、藤尾 (2010) でも発表しているが、今回はコミュニケーション方略に焦点を当て、分析しなおしたものである。
3 今回の分析は、言語面での分析に加え、その背後にある個人や企業の文化についても考察を加えているため、ディスコース分析という用語を使用している。
4 3 秒以上の沈黙は (3.7) など秒数が示され、1 秒以下の短い沈黙は─と表記されている。また、固有名詞は XX と表記されている。
5 「言い換え」はタイプ 1 の代表的な方略であるが、タイプ 2 の方略としても観察された。
6 第三者分析の中で、アメリカ人学生の 1 人が、この手法は、まず "Do you like reading books?" と聞いてから、"What kind of books do you like?" と進んでいく、アメリカ式の質問の手法だと、コメントしていた。
7 共同構築については、母語話者でも、対話者との関係構築のために積極的に使用する話者と、相手に対して失礼にあたると考える話者がいることが報告されている (Fujio 2011)。
8 藤尾 (2010) では、本章で紹介した会議の会話構造を分析しており、発話交替で長いポーズが多かったこと、ポーズの後に話題を提供するのは必ずアメリカ人マネジャーであったことも報告している。

参考文献

岩井千秋 (2010)「コミュニケーション能力育成のための方略指導」『（英語教育学体系第 6 巻）成長する英語学習者』第 5 章 (pp.104–132)．東京：大修館書店
藤尾美佐 (2009)「異文化間コミュニケーションにおける方略的能力の役割再考」『外国語教育学研究のフロンティア』第 6 章 (pp.248–259)．東京：成美堂
藤尾美佐 (2010)「外資系企業の会議における日米間の意味交渉」『国際ビジネスコミュニケーション』第 5 章 (pp64–78)．東京：丸善
Aston, G. (1993) Notes on the interlanguage of comity. In G. Kasper, & Blum-Kulka (Eds.), *Interlanguage Pragmatics* (pp.224–250). New York: Oxford University Press.
Bachman, L. F. (1990) *Fundamental Considerations in Language Testing*. Oxford: Oxford University Press.
Bargiela-Chiappini, F., Bülow-Møller, A. M., Nickerson, C., Poncini, G. & Zhu, Y. (2003) Five perspectives on intercultural business communication. *Business Communication*

Quarterly, 66(3), 73–96.
Bialystok, E. (1990) *Communication Strategies.* Oxford: Blackwell.
Byram, M. (1997) *Teaching and Assessing Intercultural Communicative Competence.* Clevedon: Multilingual Matters.
Canale, M., & Swain, M. (1980) Theoretical bases of communicative approaches to second language teaching and testing. *Applied Linguistics, 1*(1), 1–47.
Canale, M. (1983) From communicative competence to communicative language pedagogy. In J. Richards, & R. Schmidt (Eds.), *Language and Communication* (pp.1–27). Harlow, UK: Longman.
Chafe, W. L. (1985) Linguistic differences produced by differences between speaking and writing. In D. R. Olson, N. Torrance, & A. Hildyard (Eds.), *Literacy, Language, and Learning* (pp.105–123). Cambridge: Cambridge University Press.
Clancy, P. M., Thompson, S. A., Suzuki, R. & Tao, H. (1996) The conversational use of reactive tokens in English, Japanese and Mandarin. *Journal of Pragmatics, 26*, 355–387.
Corder, S. P. (1983) Strategies of communication. In C. Færch, & G. Kasper (Eds.), *Strategies in Interlanguage Communication* (pp.15–20). London: Longman.
Dörnyei, Z., & Scott, M. L. (1997) Communication strategies in a second language: Definitions and taxonomies. *Language Learning, 47*(1), 173–210.
Du-Babcock, B. (2006) An analysis of topic management strategies and turn-taking behavior in Hong Kong bilingual environment. *Journal of Business Communication, 43*, 21–42.
Du-Babcock, B. & Tanaka, H. (2010) Turn-taking behavior and topic management strategies of Chinese and Japanese business professionals. *Proceedings of ABC Conferences, 75th Annual Convention.*
Fujio, M. (2004) *Silence during intercultural communication: A case study. Corporate Communications.* 9(4), 331–339.
Fujio, M. (2007) *Communication Strategies for the Negotiation, Establishment, and Confirmation of Common Ground.* Unpublished doctoral thesis, the University of Tokyo.
Fujio, M. (2011) *Communication Strategies in Action: The Negotiation, Establishment, and Confirmation of Common Ground.* Tokyo: Seibido.
Hall, E. T. (1976) *Beyond culture.* Garden City, NY: Doubleday.
Hymes, D. H. (1972) On communicative competence. In J. B. Pride, & J. Holmes (Eds.), *Sociolinguistics* (pp.269–293). Harmondsworth: Penguin.
Kasper, G. (1997) Beyond reference. In G. Kasper, & E. Kellerman (Eds.), *Communication Strategies: Psycholinguistic and Sociolinguistic Perspectives* (pp.345–360). London:

Longman.

Kellerman, E. (1991) Compensatory strategies in second language research. In E. Kellerman, et al. (Eds.), *Foreign/Second Language Pedagogy Research* (pp.142–161). Clevedon: Multilingual Matters.

Piller, I. (2009) Intercultural communication. In F. Bargiela-Chiappini, (Ed.) *The handbook of business discourse* (pp.317–329). Edinburgh: Edinburgh University Press.

Poulisse, N. (1997) Compensatory strategies and the principles of clarity and economy. In G. Kasper, & E. Kellerman (Eds.), *Communication Strategies: Psycholinguistic and Sociolinguistic Perspectives* (pp.49–64). London: Longman.

Selinker, L. (1972) Interlanguage. *International Review of Applied Linguistics in Language Teaching, 10*, 209–230.

Strauss, S., & Kawanishi, Y. (1996) Assessment strategies in Japanese, Korean, and American English. In N. Akatuska, S. Iwasaki, & S. Strauss (Eds.), *Japanese/Korean Linguistics, 5*, 149–165. Stanford, CA: Center for the Study of Language and Information.

Wilkes-Gibbs, D. (1997) Studying language use as collaboration. In G. Kasper, & E. Kellerman (Eds.), *Communication Strategies: Psycholinguistic and Sociolinguistic Perspectivse* (pp.238–274). London: Longman.

Yule G., & Tarone, E. (1997) Investigating communication strategies in L2 reference: Pros and cons. In G. Kasper, & E. Kellerman (Eds.), *Communication Strategies: Psycholinguistic and Sociolinguistic Perspectives* (pp.17–30). London: Longman.

♥♥♥ こらむ
「方略」

藤尾美佐

　方略およびストラテジー(strategy)という用語は、日常生活でもよく耳にするが、実際に定義するとなると難しい語である。

　まず、これにはいくつかのレベルがあることを念頭に入れておかなければならない。Cohen(1998)は、概念や仮説形成につながるような大きなレベルから、個々の具体的なレベルに至るまで、いくつかの異なるレベルのストラテジーがあると説明している。実際、広報を中心とするコーポレート・コミュニケーションの分野では、コミュニケーション・ストラテジーを、大きな「戦略」という意味で使用しているが、外国語教育の分野では、同じ用語を、言語上の１つ１つの問題解決に使用される、「戦術(tactics)」に近い意味で使用している。

　外国語教育の分野では、近年、たとえばリスニング・ストラテジーやリーディング・ストラテジーのように、ストラテジーという語が多岐にわたって使用されている。しかし、初期からこの語が適用されていたのは、「ラーニング・ストラテジー(学習方略)」と「コミュニケーション・ストラテジー(コミュニケーション方略)」であろう。学習方略の場合、Cohen が「学習者によって意識的に選択された学習過程」(1990: 4)と定義しているように、方略は「意識的な思考や行動」(中谷 2005: 7)として使用されてきた。コミュニケーション方略の場合は、たとえば「言い換え」(わからない単語を別の言葉で言い換える方略)など、より具体的な言語使用に関わるものである。ここでは、伝達能力にもっとも関連あるものとして、コミュニケーション方略に焦点をあてて、方略という語を考えてみよう。

　方略とは何かを考えるとき、論争の的になってきたのが、①方略を使用するのは学習者だけなのか、つまり、何らかの問題が存在するということが方略使用の前提なのか(問題の有無)、②使用者は常に意識的に方略を使用しているのか(意識の介在)、③使用者は常に意図的に方略を使用しているのか(意図の介在)という３点であった。通常の言語処理と方略を使用しての言語処理を区別するためには、この３点、特に最初の２点が判断基準として考えられたからである(Dörnyei & Scott 1997)。

　しかしこれらの点、特に①については、方略研究のアプローチによって考え方が大きく異なっていた。方略研究には、対話者の方略使用までを研究対象とする相互作用的アプローチと、学習者の心理言語学的プロセスを重要視する心理言語

学的アプローチの大きく2つのアプローチがある。前者は、対話者である母語話者の方略使用も対象として考えるため、「学習者が問題を抱える」という状況に限定しておらず、方略を「(意味が共有されない状況で)対話者双方がある意味理解に到達するための相互的な試み」(Tarone 1983: 65)と捉えていた。反対に後者のアプローチは、方略を「(言語上の問題が起き)代替表現を考える際の、概念または言語知識の操作にかかわるプロセス」と捉え(Poulisse 1990: 192–193)、そのプロセスを解明するため(余分な変数を取り除くために)、学習者の語彙レベルでの問題解決に焦点をあてて研究を進めてきた。

　このように、方略という用語にはさまざまなレベルや解釈があり、研究に際しては、自分なりの明確な定義が不可欠なのである。

参考文献

Cohen, A. D. (1990) *Language Learning: Insights for Learners, Teachers, and Researchers.* New York: Newbury House.

Cohen, A. D. (1998) *Strategies in Learning and Using a Second Language.* Harlow, UK: Addison Wesley Longman.

Dörnyei, Z., & Scott, M. L. (1997) Communication strategies in a second language: Definitions and taxonomies. *Language Learning*, 47(1). 173–210.

Poulisse, N. (1990) Variation in learners' use of communication strategies. In R. Duda, & P. Riley (Eds.), *Learning Styles: Proceedings of the First European Seminar.* Nancy: Presses Universitaires de Nancy.

Tarone, E. (1983) Some thoughts on the notion of "communication strategy." In C. Færch, & G. Kasper (Eds.), *Strategies in Interlanguage Communication.* London: Longman.

中谷安男(2005)『オーラル・コミュニケーション・ストラテジー研究』東京：開文社出版

第14章 国際英語における
コミュニケーション能力の養成

日野信行

【要旨】 本章では、母語話者の規範に拘束されない「国際英語」の立場から、コミュニケーション能力の養成について論じる。国際英語のコミュニケーションでは、言語的・文化的に多様な英語の理解、及び独自の英語による自己表現が重要である。この視点に立つならば、教材・教授法・評価・モデル等は、言語的規範と文化的基盤の両面において従来の「英米語」の教育とは異なったものとなり、また「教員」や「学習者」にも新たな位置付けがなされる。

1. はじめに

今日の外国語教育でのコミュニケーション能力の養成においては、母語話者の規範を目標に置くことを当然視する従来の考え方に対して疑問が投げかけられている。そしてこの新しい潮流は、英語教育において特に顕著に見られる。本章では、母語話者・非母語話者にかかわらず、言語は自己表現と意思疎通の媒体として用いることができるという立場から、母語話者の言語的・文化的枠組を超えた国際コミュニケーションの媒体としての「国際英語」の教育について論じる。理論的基盤の考察だけでなく、筆者による具体的な教育実践の取り組みについても報告したい。

2. 「国際英語」の概念

「国際英語」はさまざまに解釈される概念であるが、本章では主として、

Smith (1976, 1978) を再解釈・発展させた Hino (2001a, 2009)、日野 (2003, 2005, 2008) に基づく。以下では、「国際英語」の概念の概要について述べる。

2.1 国際英語の定義

本章では、「国際英語」を、「国際コミュニケーションの手段として用いられる場合の英語」(Hino, 2001a) と定義する。この定義の特長は、国際英語を状況に依存する概念としてとらえることである。この定義においては、英語が「世界語」(世界中で広く用いられる言語)かどうかは無関係であり(cf. 宇尾野, 1979)、国際英語の概念を「英語帝国主義」と結び付けるような批判(e. g. 津田, 1990)等は本質的に別次元の議論と考えることができる。一方、この定義の最大の弱点は、言語事象の分析において国民国家を単位とするという保守的な切り口から脱却できていないところにある。

2.2 国際英語論の枠組み

国際英語の思想については、わが国においても斎藤 (1928) から國弘 (1970) や鈴木 (1975) に連なる流れが存在するが、学問分野としての国際英語論の枠組みとしては、主として EIL (English as an International Language)、WE (World Englishes)、ELF (English as a Lingua Franca) の 3 者を挙げることができる。

ここではごく簡潔に要約する。まず EIL (e. g. Smith, 1976, 1978) は、国際コミュニケーションの手段としての英語を指し、本章の議論の原点の 1 つである。WE (e. g. Kachru, 1976, 1985, 1986, 1997) は、学界に大きな影響を与えてきた理論であるが、英米の旧植民地の国内で使われる英語を元来の対象としている。近年注目される ELF (e. g. Jenkins, 2000, 2007; Seidlhofer, 2006; Mauranen & Ranta, 2009) は、非母語話者間のコミュニケーションに重点がある。インド英語やナイジェリア英語等を対象として発展した WE 論では日本人の英語はそもそも正統な英語と認められておらず[1]、これからの日本の英語教育に対する示唆を得ることのできるのは、主として EIL 論と ELF 論である。

2.3 国際英語の形態

国際英語はどのような形を取る実体であろうか。これについても3通りの解釈がある。①多様な英語変種の集合体　②中立的な単一の英語　③人工的な英語、の3種である。上で述べたEIL・WE・ELFは、いずれも①に属する言語観であり[2]、本章も①の視点を基本とする。②に基づく概念としてはMid-Atlantic (Modiano, 1996)、World Standard Spoken English (Crystal, 1997)、World Standard English (Svartvik & Leech, 2006) などがある。なお、日本の本格的な出版物で初めて「国際英語」という言葉を用いた國弘(1970)は、国際英語の形成には①と②の両方向の流れが存在することを当時すでに指摘しており、先駆的である。③としてはBasic English (Ogden, 1930) などがあるが、現実に国際コミュニケーションに用いられる例は少ない。Quirk (1981)のNuclear Englishも③の性格を有する提案であったが、具体性を欠いた抽象的な理念にとどまっている。

2.4 多文化共生教育としての「国際英語」教育

「国際英語」教育の意義はどこにあるか。本章の立場では、「国際英語」教育は多文化共生教育の一環である。多文化共生教育という概念は、外国人との共生を目指す教育を指す場合が多いが、より広くとらえることが有益である (倉地, 1998; Hino, 2001b; 伊佐, 2002)。たとえば、「しょうがい」を持つ児童と持たない児童との統合教育や、高齢者が暮らしやすい社会の実現に向けての教育なども多文化共生教育であり、同様に、多様な英語話者間のコミュニケーションを支援する教育(すなわち「国際英語」教育)も、多文化共生教育の一角を成すものと位置付けることができる。

2.5 「国際英語」論の基本理念

国際英語の基盤となっている理念は、言語は使用者の文化・価値観に応じて変容するという、いわゆる「土着化」(indigenization)の概念である。たとえばシンガポールにもたらされたイギリス英語に対して、当地の風土やシンガポール人の思考様式に合わせた変容すなわち土着化が起こり、シンガポー

ル英語が生まれたのである。

　WE 論では土着化という考え方は英米の旧植民地に限定されているが、本章の観点からは、日本人が国際コミュニケーションの媒体として英語を用いる状況にも適用する。すなわち、日本的な文化・価値観を英語で表現するためには、日本化された英語が必要であると考える。斎藤秀三郎が 1928 年にすでに "The English of the Japanese must, in a certain sense, be Japanized."（斎藤, 1928, preface）と予見した通りである。

　英米の旧植民地における英語の自然発生的な土着化を前提とする WE 論の視点とは異なり、筆者は、日本のように英語を国内ではなく対外的な意思疎通の手段として使う国においては、英語の土着化には教育における創造的な営みが重要となると考える。

　国際英語におけるいまひとつの重要な基本理念は、土着化による多様な英語変種を認める結果、英語学習において母語話者の規範が相対化されることである。その結果、教育モデルも母語話者の英語に限定されないことになる。これは、音韻・文法・語彙・談話規則・社会言語的規則・非言語行動など、英語教育のさまざまな側面に及ぶ。

2.6　国際英語におけるコミュニケーション能力の要件

　本書のテーマである伝達・運用能力の観点から、国際英語におけるコミュニケーション能力の要件を次のようにまとめておく。

　まず受容技能、すなわちリスニングとリーディングに関しては、母語話者・非母語話者を含む言語的・文化的に多様な諸英語（Englishes）の理解力が要求される。次に産出技能、すなわちスピーキングとライティングでは、英米的価値観の模倣ではなく非母語話者にも理解される英語で表現する能力が必要となる。

　さらに、相互交渉のコンテクストの複雑性のもと、適応（accommodation）や意味交渉（negotiation of meaning）などの技能がいっそう重要となる。言い換えれば、さまざまな文化が交差する国際英語のコミュニケーションにおいては、お互いの「歩み寄り」や「折り合い」が必須である。

3. 「国際英語」教育の原理

次に、国際英語の概念に基づくコミュニケーション能力を養成するための教育について、教材・教授法・評価・モデル・教員・学習者のそれぞれの側面から論じる。

3.1 教材

「国際英語」教育では、受容技能については、多様な文化・価値観に基づく多様な英語を反映する教材、産出技能に関しては学習者自身の文化・価値観を国際的に理解される英語で表現することを目標とする教材が求められる。

教材の文化的内容に関する限りは、今日のわが国の英語教科書は、上記の国際英語の要件をある程度満たすものが増えている。中学校・高等学校の文部科学省検定教科書についてもこれは当てはまる。現在との比較のためにまず、米国文化の記述を中心としたかつての中学校英語教科書の一場面を見てみよう：

Pearl: Hello, Aunt Mary. How cold it is! I was surprised at the cold wind when I got off the airplane.

Mary: New York is very cold in winter. Aren't you hungry, Pearl?

Pearl: No, I'm not very hungry. But I'm a little cold.

Mary: A dish of steaming stew and some hot coffee will make us warm. Let's go to the restaurant.

(*New Prince Readers 2*, 1968, p.97)

この教科書の主人公は米国人中学生の Roy と Pearl であり、米国人の生活様式の描写に重点が置かれている。上の場面では、Pearl はニューヨークに旅行して叔母の Mary に会うのだが、ニューヨークの厳しい冬や、当時の日本人中学生にはまだなじみが薄かった米国式の食べ物について、紹介する機

能を果たしている。一方、時を経て、今日の中学校教科書では下記のような文化的内容がごく普通である：

Shun: Oh, most people here only eat with their hands. I've never used my hands to eat curry.
Amit: Really? You can use either a spoon or your hand.
Shun: I'll try to eat with my hands.
Amit: Please only use your right hand. It's a custom here in India.

(*Total English 3*, 2005, p.24)

　今日の教科書では、主人公は教科書の使用者と同じ立場の日本人中学生であり、文化的内容も英米文化に片寄らず、日本を中心にさまざまな国の文化が登場する。上記の場面では、日本人中学生の Shun がインドを訪れ、インド人の Amit との会話の中でインドと日本の習慣を比較している。文化的側面に関する限りは、現在の文部科学省検定教科書は国際英語の理念に沿っているのである (cf. Hino, 1988)。

　また、さきほど見たような 40 年以上も前の教科書では、会話の参加者についても母語話者間の会話という設定が基本であったが、現在の教科書では非母語話者間の会話の場面が少なくない。非母語話者間のインタラクションは国際英語の典型的な状況であり、この意味でも、国際英語の視点が反映されていると言える。

　しかしながら、文法や談話規則等の言語的規範に関しては、たとえば上記の会話でも、インド英語や日本英語の要素は少ないと見てよいであろう。実際、現在の文部科学省の学習指導要領も、英語教科書の題材を広く世界に求めることを指示することにより文化的内容については明確に国際英語の路線を示しているが、母語英語の枠を超えた言語規範を認める余地があるか否かについては曖昧な記述となっている。

　同様に、現在でも、文部科学省検定教科書の付属 CD は、日本人やその他の英語非母語話者のせりふの部分に関しても母語話者により録音されてい

るのが通常である。この事実は、国際英語に関心を持つ教員や研究者から、不自然であるとしてしばしば指摘されるところである(e.g. 今仲，2000)。

3.2　教授法

　1970年代のSmithの古典的なEIL論(Smith 1976, 1978)においては、国際英語の理念は教材や言語モデルや教員養成等に大きな影響を及ぼすとされる一方で、教授法については従来の英米語教育と特に変わりはないものと考えられていた。しかし、近年では、McKay(2003)が、EILの教授法に関して学習者の社会・文化との整合性に配慮することの重要性を唱えるなど、国際英語の概念はメソッド自体にも及ぶものと解釈されるに至っている。確かに国際英語は多様な文化に基づく英語を尊重する立場であるから、教授法についても、英米の学者による方法論を押しつけるのではなく、当地の価値観に適合するような教授法を考えるのが、「国際英語」教育の基本哲学にかなっていると言える。

　この視点をわが国の英語教育における教授法に当てはめるならば、たとえば、日本の漢字文化との整合性が1つのポイントとなるであろう。日本の漢字文化においては、「文字言語」を重視する言語観(鈴木,1975)、及び「訳」を前提とするアプローチ(Hino, 1992)が伝統的に育まれてきた。奈良・平安時代の頃からの漢文訓読法が、蘭学を介して、英語教育に伝えられ、「訳読」という形で今日の英語教育でも行われているのは(川澄,1978)、その端的な現れである。また、この流れの中で、訳読との相乗効果を生む形で実践されてきたのが「素読」の伝統、つまり音読である。

　訳読は、英米の外国語教授法ではその価値がしばしば否定される傾向にあるが、わが国においては、日本の漢字文化に親和した方法として、ある程度は有効に活用するほうが生産的という見方は可能であろう。そのような考え方は、地元の文化を尊重する国際英語の立場に沿うものである。実際、日本の英語教育の歴史においても、大正時代から昭和にかけて、音声英語と直解を重視するThe Oral Methodをわが国にもたらした英国のPalmerが、日本に合わせる形でThe Oral Methodに徐々に変更を加えていったことが知ら

れている(大沢他, 1978; 小篠, 1995; 伊村, 1997)。

　最新の質的研究でも、たとえば、熊澤(2011)が、新任の中高英語教員へのインタビューに基づき、Communicative Language Teaching を実践しようと張り切って赴任した教員が、生徒の側には実際には訳読を求める傾向があるという現実に悩む様子を明らかにしている。「国際英語」教育の観点からは、この問題は、英米式の教授法と日本文化との衝突という側面を有しており、両者の折り合いをどのようにつけるかが課題である。

3.3　評価

　「国際英語」教育の評価では、受容技能に関しては多様な英語を理解する能力、産出技能については国際的に理解される英語で自己表現を行う能力が評価される。

　ここでは、大規模に実施されている標準テスト(standardized test)の例で考えてみよう。たとえば TOEIC テストは、Lowenberg (1993)等の「国際英語」研究者により、Test of English for International Communication と銘打ちながらアメリカ英語の規範に基づいて作成されていると批判されてきた。国際英語のテストとしては、テスティングの概念でいうところの「妥当性」(validity)に疑義がある、という指摘である。

　TOEIC は 2006 年から、従来のアメリカ英語に加えて、イギリス英語・カナダ英語・オーストラリア英語・ニュージーランド英語の音声をリスニングに導入し、多様性を重視する「国際英語」教育の立場に一歩近づいたが、依然としてすべて母語話者の発音である。英語教育の現場に対する影響力の強い TOEIC のようなテストが、もしも将来、非母語話者の音声もリスニングに採用することがあれば、いわゆる washback effect、すなわち学習への波及効果により「国際英語」教育は促進されるであろう。

　一方、TOEFL (Test of English as a Foreign Language)は、TOEIC と異なり、その目的が北米の大学・大学院への留学を希望する者の英語力を測ることにある。したがって、アメリカ英語を基本としていることはいわば当然であり、もしも TOEFL に国際英語を期待したならばそれは筋違いである。

逆に言えば、日本の大学等で TOEFL を学生の英語力の指標として用いる場合（たとえば TOEFL-ITP をクラス分けに使うケースなど）は、TOEFL のその限界も念頭に置いておくことが望ましい。

3.4 モデル

　上記のような英語力の評価の基準となるのは、英語のモデルである。これまでの「国際英語」研究における主流派であった前述の WE 論では、インド英語やシンガポール英語やフィリピン英語などの英米旧植民地にのみ独自のモデルが認められており、英語の国内使用の歴史を持たない日本人は単に母語話者の模倣に徹すればよいとして打ち捨てられていた (e. g. Andreasson, 1994; Bamgbose, 1998)。しかし国際コミュニケーションにおける自己表現のための英語という観点からは、インド人やシンガポール人と同様に、日本人の英語にも、日本的な思考様式を発信できる固有のモデルが必要である。

　日本の英語教育においては、たとえば論説文のライティングでは、まず冒頭で結論を明確に提示し、次にその結論を証明するための具体的な証拠を並べ、最後に結論を再確認する形で締めくくるという、われわれが米国から学んだアプローチが基本型としてほぼ定着している。実際、大学生の英語クラスで論説の課題を出すと、多くの学生が判で押したようにこの構成で書く。

　この「米国式」の英作文では、結論が明確となる半面、一方的な議論となる傾向がある。これに対して元来、わが国には「起承転結」という論理展開が存在する。「起承転結」での論説は、「転」のところで自分の主張とは反対の側面も吟味して限界を自ら指摘することにより、バランスの取れた結論を導きやすいという利点がある。自己表現のための「国際英語」教育では、従来の英語教育のライティングでは顧みられることの少なかった日本的な起承転結による英作文も、1 つのモデルとなりうる。

　結論中心の展開法だけを英語での論説の構成として習ってきた学生たちに、筆者のクラスにおいて「起承転結」での英作文を試みるように勧めると、彼らにとって一種のカルチャー・ショックの体験となる。同じ人間が同じテーマについて論じているにもかかわらず、どちらのスタイルで書くかに

よって結論まで変わってくるからである。また、起承転結の構成で書いた時のほうが、本当に自分の言いたいことが表現できたという学生が多い。従来の母語話者モデルのライティング指導では、思考まで統制されている面があるわけである。

発音のモデルについても、母語話者の英語とは異なり、たとえば脱落や連結の少ない日本的な発音をモデルとすることが可能である。脱落や連結の多い母語話者モデルの発音は、非母語話者にとってはしばしば聴きとりにくく、非母語話者との会話の機会の多い国際英語のコミュニケーションにおいては、むしろ通じにくい発音であるからである（Jenkins, 2000; Walker, 2010 cf. Deterding & Kirkpatrick, 2006）。

3.5 教員

従来の「英米語」教育においては、教員の資格についても、母語話者であることが重んじられてきた。英語のモデルを提供できるのは母語話者であるという考え方である。日本でも、かつては中学校・高等学校の英語ALT（外国語指導助手）が母語話者にほぼ限られていたことや、現在でも、大学も含め、英語教員の募集において"native speaker"という指定がごく普通に見られることはこの現れである。これに対し、「国際英語」教育の視点からは、地元の教員が中心的役割を担うことが望ましい。また外国人教員の資格についても、非母語話者で問題ない。

本章の立場では、わが国の英語教員の重要な任務の1つは、日本英語（Japanese English）のモデルあるいはサンプルを生徒たちに示すことである。この点では、日本人教員が最も有利な状況にあることは確かである。また、外国人教員についても、「国際英語」教育では、英米語のみを標準的な英語とする見方を廃するため、むしろさまざまな英語変種を話す教員が日本の教壇に立つほうが正常な姿であると考えられる。

国際英語の理念に共鳴する日本人の高校英語教員と大学英語教員に筆者がインタビューしたところ、もし日本人教員が自らの英語をサンプルとして提示することをためらうならば生徒が積極的に英語を話すことは期待できな

い、という認識において一致した (Hino, 2010)。CD や DVD の英語あるいは ALT の英語がモデルであって日本人である自分の英語は本物ではない、という姿勢の教員が少なくない現状を考えると、これは重要な点である。

　外国人教員に関しては、最近、非母語話者の英語 ALT が増えてきているのは、「国際英語」教育の発展にとって望ましいことである。筆者は講師をつとめていたラジオ英語教育番組「百万人の英語」の 1990 年 1 月の番組で、当時の日本ではきわめて珍しかった非母語話者の英語 ALT（当時の呼称は AET）をスタジオに招き、浦安市の中学校に勤務していたこのフィリピン人女性とのラジオ対談を通じて、AET のポストが非母語話者にも開放されるべきことを主張したことがある。その願いは今や、かなりの程度現実のものとなっている。

　筆者の最近のフィールドワークでも、たとえば、京都府内の小学校で、ロシア人が英語 ALT として自然に受け入れられ、教員からも生徒からも信頼を集めていることを観察することができた。母語話者モデルの英語教育のみならず、国際英語論の中で大きな影響力を行使してきた WE 論においても、英米旧植民地でないロシア人の英語は英語教育のモデルとして認められてこなかったわけであるが、EIL 論を基本とする本章の視点からは、ロシア英語の話者も、国際コミュニケーションのための英語のユーザーとして、母語英語としてのアメリカ英語や旧英領のシンガポール英語等の話者と比べて、何ら劣るところはない。この例は、これからの「国際英語」教育におけるALT のあり方を示している。

　ただし小学校英語教育について付言するならば、日本人教員の関与が少ないままに ALT に丸投げする例が多いことも事実である。小学校での英語教育が 2011 年度からの本格的な始動に至った現在、「国際英語」教育の実践のためには、日本人教員がクラス運営の中心となるとともに、英語のモデルの提供を ALT だけに委ねるのではなく、日本人教員も Japanese English の好ましい実例を生徒に示すことが課題である。

3.6　学習者

　EIL 論の先駆者としての Smith (1978) によって指摘されたように、「国際英語」教育の学習者は、非母語話者だけでなく母語話者も含む。国際英語の立場では、母語話者と非母語話者の間に力関係の成立を許さず、母語話者・非母語話者間のコミュニケーションの場合にも両者が同等の責任を負うとみなすため、国際コミュニケーションの円滑な遂行の方法について学ぶ義務が母語話者の側にも生じるのである。従来の英米語モデルにおいては非母語話者だけに努力を課していたことに鑑みると、この点は「国際英語」教育の理念の重要なポイントである。

　筆者の大学では、学部 1・2 年生の共通教育での必修である英語科目から母語話者の学生を免除するようなシステムが存在しないため、まれにではあるが、筆者の英語クラスも英語母語話者の留学生が受講することがある。教員の中には母語話者を免除する制度を設けるべきだという意見も強いが、「国際英語」教育の観点からは、そのような制度が無いことはむしろ幸いである。たとえば、授業当日の世界各国のニュースメディアを教材として用いる筆者の授業を受講したニュージーランド人留学生は、そのクラスを通して、非母語英語を含む英語の言語的・文化的多様性に親しむとともに、日本人の英語に慣れることができた。国際英語の学びの体験は、母語話者の学生にとっても有益である。

4.　「国際英語」教育の実践

　上の 2 で述べたように、国際英語の理念と軌を一にする教育実践の例は、わが国でもすでに存在する。教材の文化的内容の非母語英語圏への拡張、日本の環境に合った英語教授法の工夫、学習者のモデルとしての日本人教員の英語、非母語話者の英語 ALT の起用などである。一方、「国際英語」教育に正面から取り組んでいるケースは、世界的に見てもまだかなり限られているのが実情ではあるが (日野, 2008; Matsuda & Friedrich, 2011)、本項ではこれまでの授業例を概観する中で今後への展望を試みたい。

4.1 「国際英語」の授業方法の5類型

　数はまだ少ないながらも、これまでに試みられている国際英語の授業例を整理すると、次の5つの方法論に分類することが可能である(Hino, 2010)：

A. 国際英語に関する知識を授ける。
B. 多様な国際英語のリスニングやリーディングの機会を設ける。
C. 国際英語の状況を想定した異文化トレーニングを行う。
D. 国際英語をコンテント・ベース(Content-Based Approach)で教える。
E. 国際英語の共同体への参加を支援する。

　それぞれについて簡単に述べる。まずAは、比較的よく見かける例であるが、厳密にはTeaching EILというよりもTeaching about EILである。今日の世界における英語の広がりやその多様化などについての知識を与えるための講義が中心となる(e.g. Murata & Sugimoto, 2009)。

　次にBは、多様な国際英語へのexposureを主眼とする。たとえば、筆者が講師をつとめたラジオ英語教育番組「百万人の英語」の1989年～1990年のシリーズでは、毎回、米国人に加えてさまざまな国の出身者をスタジオに招き、日本英語を話す筆者と対談してもらった。これにより、マレーシア英語・香港英語・バングラデシュ英語・スリランカ英語・フィリピン英語・フランス英語等、全国の番組聴取者に国際英語の言語的・文化的多様性に親しんでもらうようにした(日野, 1989–1990)。また後ほど若干詳しく述べるが、筆者が現在大学で実践している、さまざまな国のTVニュースの視聴や世界中の英字新聞を読み比べる授業も、やはり国際英語の多様性を体験してもらうことを大きな目的のひとつとしている。

　近年では、非母語話者を含めた多様な英語音声を収録した教材の出版も徐々に増えてきている。その早期の一例としては、西納・山本・田口(1994)がある。母語英語の中でも従来あまり日が当てられなかったニュージーランド英語とアイルランド英語に加え、ガーナ英語とシンガポール英語を収録した大学用テキストである。

国際英語を想定したCの異文化トレーニングは、多くの場合、ロールプレイ (role-play) の形で実施されている。EIL論の創始者としてのSmith自身によるTalk-and-Listen (Via and Smith, 1983) はその例である。また、塩澤 (1999) の提唱する、文化的差異による情意的な障壁を乗り越えてコミュニケーションを遂行する能力を養成するロールプレイも、この範疇に入る。

Dは国際英語を媒介とするContent-Based Language Instructionを行うものである。このContent-Based Approachには未だに定訳がないが、ここでは単にコンテント・ベースと呼ぶことにする。言語そのものを教えこもうとするのではなく、具体的な内容を当該の言語で教えることにより内容と言語の両方を学んでもらうという方法であり、一石二鳥の効率性とともに、意味のある内容を対象としてこそ言語も身につくという考え方に基づいている。

「国際英語」教育には、コンテント・ベースの性格を有する実践例が比較的多い。たとえば、高等学校の家庭科をフィリピン人の先生が英語で教えるクラスなどである (Takagaki & Tanabe, 2007)。また大学における筆者の授業でも、教材としての授業当日のニュースの内容に一義的な焦点を置いており、コンテント・ベースの英語教育として実施している。

Eの方向性もコンテント・ベースの考え方と重なる面があるが、実際に国際英語を使用する体験を重視するアプローチである。近年の社会構成主義の概念でいうところの「実践共同体 (community of practice) への参加」という性格を持つ。最近はこのEに属する試みが増加しつつある。

たとえば、早稲田大学におけるCCDL (Cross-Cultural Distance Learning) という取り組みでは、テレビ会議により、早稲田大学の学生と外国 (韓国など) の大学の学生が英語で議論している (上田他, 2005)。また中京大学でも、やはりテレビ会議を通じて、たとえばシンガポールの言語教育研究機関のRELCで研修中の中国の外交官やインドネシアの軍人グループ等と同大学の学生が英語で話し合うという授業が実施されている。

また、今日の日本の大学には、アジアをはじめとする各国からの留学生が在籍している。彼らとの交流による国際英語の体験的な学びは、今後、積極的に推進されるべきである。その例として、小林 (2008) の報告する成蹊大

学での実践では、授業に各国からの留学生をゲストとして招き、日本人学生との小グループでのディスカッションなどを通じて英語で交流している。ゲストの出身国も、2006年度と2007年度を合わせると、米国・オーストラリア・フランス・ドイツ・イタリア・韓国・インドネシア・タイ・ミャンマー・スウェーデン・チュニジアの11か国に及んでおり、非常に多彩である。

大学における筆者の授業もまた、Eの趣旨による実践である。現実の国際英語ユーザーが視聴・読解している当日の最新のニュースを授業でもリアルタイムで追いながらその内容について話し合うことにより、国際英語ユーザーの世界に参加するのである。

4.2　IPTEIL（統合的国際英語教授法）

本項では、国際英語の授業方法の具体例として、上でも何度か触れた、大学における筆者の授業実践から生まれた教授法について説明を付け加える。IPTEIL (Integrated Practice in Teaching English as an International Language, 統合的国際英語教授法)[3] と名付けたこの授業方法については、2002年度後期授業から2011年度前期授業までの間に、学期毎に決定される教育賞である「大阪大学共通教育賞」が13回授与されていることから、英語教授法として一定の成果を上げているものと判断される。

4.2.1　対象クラス

IPTEILの適用範囲は大学英語教育には限定されないが、大阪大学における筆者の実践では、対象は共通教育の1・2年生の英語科目（いわゆる教養の英語）のうち主としてリーディングのクラス、学部は文系から理系までさまざまである。1クラスの人数は通常35名〜50名である。教室環境に関しては、IPTEILではインターネットを用いるため、CALL教室を使用している。

4.2.2 授業手順

IPTEIL の手順の概略は以下の通りである：

① 授業当日の早朝にビデオ録画したテレビニュース番組から、授業に適したニュースを1件選び、視聴する。
② 視聴したニュースの基本的事実に関して教員が学生に平易な英語で質問し、学生にも英語で答えてもらう。さらに、ニュースの背景等も含め、教員ができるだけやさしい英語で解説を加える。
③ テレビ局の英語ウェブサイト（英字新聞として読める）で上記のニュースに関する最新記事をリアルタイムで読む。まずは各自で黙読。
④ ③の記事に関し、②よりも詳しい内容について、教員が学生に平易な英語で質問し、学生にも英語で答えてもらう。さらに教員がやさしい英語で解説する。
⑤ 国民性・宗教的背景・政治的立場などにより③の記事とは視点の異なる英字新聞をウェブ上で読む。まずは各自で黙読。
⑥ 上記のテレビニュースや英字新聞の論調を比較対照する。具体的には、論調の相違（あるいは共通点）に気づかせるような質問を教員が平易な英語で行い、学生にも英語で答えてもらった上で、教員がやさしい英語でさらに解説を加える。
⑦ 当該のニュースに関する学生自身の意見を問う。できるだけ英語で述べてもらうよう指導するが、難しい場合は日本語での発言も受け入れ、教師が英語に直す。

（続いて、他のニュースについて、授業時間の許す限り、上記の手順の全部または一部を実施する）。

　先の4.1での説明に付言するならば、この授業法 IPTEIL は、昨今の社会構成主義の用語にいう「正統的周辺参加 (Legitimate Peripheral Participation)」(Lave and Wenger, 1991) による学びを意図した実践である。たとえばよく見かける光景では、企業におけるベテランの営業社員が新入社員に仕事を教える際に、経済学の教科書を講ずるのではなく、後輩をビジネ

スの現場に連れて行って一緒に営業を体験してもらう中で必要なアドバイス等を与えるのは、そのような形態の学びに相当する。同様に、国際英語のユーザーとしては先輩格である教員が、初心者としての学生たちを衛星放送やインターネットを通じて現実の国際英語の世界に伴い、そこで必要となる支援を提供するのが IPTEIL である。

4.2.3 教材

IPTEIL の教材は、教科書ではなく生の素材 (authentic materials)、具体的には前述のように授業当日のニュースである。筆者の実践では、テレビニュースとしては、授業当日の早朝に NHK 衛星放送から録画した香港 ATV・シンガポール CNA・フィリピン ABS-CBN・インド NDTV・オーストラリア ABC・英国 BBC・米国 CNN などを用いる。言語的・文化的に多様な国際英語のリスニングの素材である。たとえばシンガポール CNA では、シンガポール英語を話すニュースキャスターとスリランカ英語を話すレポーターのやり取りなど、国際英語の典型的な状況である非母語話者間のインタラクション[4]を目の当たりにすることができる。ただしテレビ録画については、番組の著作権の問題も考え、かなり限定的に使用することにしている。

インターネット上で視聴できる動画ニュースも同様に用いる。カタール Al Jazeera・ケニア KTN・英国 BBC・米国 CNN・日本 NHK World などである。たとえば、アフリカの声をケニア英語で直接聞くことのできる KTN は、国際英語において貴重な学びの機会である。2011 年前期の授業では、KTN を通して、ケニアの隣国のソマリアの干ばつについての情報を得た。東アフリカに関してそれまで日本のメディアが主に伝えてきたのは日本の直接の利害にかかわる脅威としてのソマリアの海賊の話であったことを踏まえながら、同国の干ばつによる食糧危機が膨大な人命を危機にさらしている事実を現地のメディアで視聴した。それを出発点にいくつかの英字新聞で関連する記事を読み、内戦・貧困・干ばつ・食糧危機・海賊などのソマリアの抱える諸問題がお互いに複雑に絡み合っている状況について学んだ。

東日本大震災の報道でも世界から注目されたNHK Worldは、日本を代表するメディアが国際社会に対してどのような情報をどういう形で発信しているかを見ることができる。また、NHK Worldの日本人ニュースキャスターの英語には、国際的に通用する日本英語の例とみなせる部分も多くあり、学生にとって良い参考となる。

　IPTEILではさらに、インターネット上に提供されている世界中のさまざまな英字新聞電子版をリアルタイムで読む。上記のシンガポールCNA・フィリピンABS-CBN・カタールAl Jazeera・英国BBC・米国CNN・日本NHK Worldなどをはじめとするテレビ局のニュースサイトの記事（英字新聞として読める）に加え、たとえば、香港 The Standard・中国 People's Daily・韓国 The Korea Herald・タイ Bangkok Post・パキスタン Dawn・インド The Times of India・イスラエル The Jerusalem Post・イラン Tehran Times・ケニア The Standard・オーストラリア Sydney Morning Herald などである。これらの記事の英語は、文法面での差異は比較的少ないが、内容や表現においてそれぞれの文化的発想を反映しており、その意味で国際英語の多様性を体現していると言える。

　このようにして多様な国際英語が現実に使われている状態に触れ、それぞれの英語変種がコミュニケーションの手段として機能している事実を目の当たりにすることは、日本英語に対する肯定的な態度を涵養することにつながる。たとえば、大阪大学における2011年度前期授業の終盤にIPTEILの5クラスの受講生（文学部・人間科学部・理学部・医学部などさまざまな学部の1・2年生）を対象に無記名で行ったアンケートでは、「良い意味でのJapanese Englishを目指す、という考え方に賛同する」という項目に対して、回答者数185名のうち、「5：かなりそう思う」79名（42.7%）、「4：ややそう思う」69名（37.3%）、「3：どちらともいえない」32名（17.3%）、「2：あまりそう思わない」4名（2.2%）、「1：ほとんどそう思わない」1名（0.5%）という結果が出ている。すなわち80%が肯定的であり、否定的な反応は3%以下であった。世間では一般にJapanese Englishは望ましくないものと考えられていることに鑑みると、これは意義深い結果であると思われる。

4.2.4　グローバル教育やメディアリテラシー教育との統合

この教授法の名称 IPTEIL の "integrated"（統合的）とは、国際英語の教育の中にさまざまな教育的概念を統合する試みという趣旨である。「正統的周辺参加」や「コンテント・ベースの言語教育」などに加え、前述のソマリアの例にもあらわれているように、世界のニュースについてリアルタイムで考察する IPTEIL では「グローバル教育」（Global Education）を自然体で実践することになる。人権・環境・平和などの地球規模の問題をはじめとした国際理解教育・異文化理解教育である。英語教育に異文化理解教育をどのように取り入れるかは英語教育界の長年の課題であるが、IPTEIL は「国際英語」教育との統合によってその方法のひとつを提示している。この際に、先の授業手順でも示したように、教員が自分の答えをいきなり与えるのではなく、学生への問いかけを通して、各自の頭で考えてもらい、「気づき」（awareness）を促すようにしている。また、学生の答えが教員の考えと異なるものであっても、それを否定することなく受け入れた上で、教員の解釈を説明する。

異文化理解教育と結び付ける形で IPTEIL においてさらに力を入れているのは、「主体的思考」（Critical Thinking）に基盤を置く「メディアリテラシー教育」（Media Literacy Education）との統合である。Kern (2000) の指摘するように、批判的に読み解く能力はこれからの言語教育において中核的な重要性を帯びるものと考えられる。IPTEIL では、同一の出来事に関してさまざまな国のメディアの論調を比較することにより、いずれの報道もうのみにせず、主体的に解釈する態度を育てるともに、それぞれの文化的発想の理解につとめる姿勢を養う。

筆者の授業から一例を挙げる。2011 年 7 月 15 日のクラスでは、その早朝に録画したオーストラリア ABC テレビによる国際捕鯨委員会（IWC）総会に関するニュースを視聴した後、インターネット上にある同じくオーストラリアの新聞である Sydney Morning Herald の記事を読んだ。その中で、下記の箇所について特に受講生の注意を喚起した：

Delegates from Japan, Iceland and a number of Caribbean and Africa nations walked out when the issue came up on Thursday at the IWC's annual talks in Jersey, throwing the meeting into disarray.

つまり、日本やアイスランド等が退席したため、国際捕鯨委員会は混乱に陥った、という報道である。ここでまず筆者は、受講生に、"According to this Australian newspaper, who are responsible for the confusion, pro-whaling nations or anti-whaling nations?" と問いかけた。なお、英語としては confusion ではなく turmoil を使うことも考えられるが、学生が理解できる可能性のより高い confusion のほうを使っている。また、pro- と anti- の表現は、この日以前に、学生になじみの深い阪神タイガースの例を用いて学習済みである。

指名された学生は disarray の語にひっかかって答えられない様子であったので、"'Disarray' means 'confusion'." というヒントを与えた後、もしも "responsible for" の意味がわからない場合のために、念のため "According to this sentence, who caused the confusion, pro-whaling nations or anti-whaling nations?" と言い換え、さらに "Who are the troublemakers, pro-whaling nations or anti-whaling nations?" といっそうわかりやすい言い方で簡潔に付け加えた。その学生は、アイスランド等が捕鯨支持国か反捕鯨国かは知らなかったようだが、少なくとも日本が捕鯨国であることは知っているので、無事に、"Pro-whaling nations." と答えることができた。

授業では、この後、受講生を NHK World（日本）のウェブサイトに導き、上記と同じ会議に関する報道を読んだ。そして特に次の部分に注意するように指示した：

> The meeting highlighted the deadlock after Brazil and Argentina proposed a whale sanctuary in the South Atlantic. The meeting was disrupted for hours over a vote for the adoption.

つまり、こちらはオーストラリアのメディアの論調とは対照的に、反捕鯨国のブラジルやアルゼンチンが南大西洋に捕鯨禁止区域を設定することを主張したために会議の円滑な進行が妨げられた、という印象を与える記事と

なっている。ここではまず、やはり英問英答により、whale sanctuary の意味を学生が理解できているかを確認した後、文脈からブラジルやアルゼンチンは捕鯨支持国か反捕鯨国かを推測してもらった。その後、さきほどと同じ趣旨の問いかけを行った。すなわち、"According to this Japanese media, who seem to be responsible for the confusion, pro-whaling nations or anti-whaling nations?" この NHK の記事のニュアンスはやや微妙な面もあるので、自分の質問も断定調は避けて、seem to を使った。学生からは "Anti-whaling nations." という答えを得た。

以上のような Q & A を通して、代表的な反捕鯨国であるオーストラリアの主要メディアの記事と、捕鯨国の立場から報道している日本のメディアの記事とでは、読者にはほぼ正反対の印象を与える内容となっていることを学生に体験してもらい、いずれのメディアもうのみにせずに自分の頭で主体的に考えることの重要性を確認してもらった。授業では、そこからさらに少し発展させ、国際的に見た捕鯨の文化的側面について平易な英語で若干解説を加えるとともに、簡単な英語でも答えられるような質問を工夫しながら、学生たちの意見も聞いていった。異文化理解教育・メディアリテラシー教育・「国際英語」教育の統合である。

5. 今後の課題

本章では、「国際英語」教育におけるコミュニケーション能力の養成に関して、「国際英語」教育の原理及び具体的な授業実践の視点から論じた。社会的要請の高さから今後ますます重要になる分野であると考えられるが、最後に課題について若干述べることとする。

従来の「国際英語」研究の最大の問題点は、WE 論にせよ EIL 論にせよ、伝統的な国民国家の枠組みにとどまっていることである。従来の国単位での英語変種の捉え方も、たとえばシンガポールにおけるチャイニーズ系・マレー系・インド系の民族的な相違を超えた実体としての「シンガポール英語」の分析に力を発揮するなど、ナショナル・アイデンティティの考察にお

いてはこれからも一定の意義は有するものと思われるが、しかし同時にまたその保守性も否定しがたい。

　一方、国際英語の多様性の中で相互理解を成立させるためのコア要素に着目する発想から興ったELF論は、国民国家の枠組みを超越して個人レベルで国際英語のコミュニティに参加するという考え方に結び付く契機を内包しているものと思われる。これからの「国際英語」教育はそのような方向性を志向すべきではなかろうか。

　特に、ポストコロニアル英語の国家的変種を前提とするWE論の立場に従来のように依拠すると、たとえば、チベット出身のダライラマも韓国出身の潘基文国連事務総長も、独自の英語変種が確立されつつある英米旧植民地の出身ではないために、彼らの独特の英語を捨てて母語話者の英語の習得を目指すべきという、奇妙な結論にならざるをえない。実際、日本における国際英語の分析についても、WE論における諸理論たとえばSchneider (2007)のDynamic Model等を環境の異なる日本に適用してしまう不毛な傾向がみられる。筆者の立場では、日本における「国際英語」教育のためには、「国際英語」研究においてこれまで権勢をふるってきたWE論から離れて、古典的なEIL論に近年のELF論の知見を統合した新しいパラダイムを構築することが有益と考えている。

　国民国家の枠組みに過度にとらわれないようにすることは、前述の教授法IPTEILにおいても課題である。「お国柄」に焦点を当てるため、注意しないとステレオタイプに陥る心配がある。これを避けるため、筆者のクラスでは、たとえばイスラエルの新聞については保守派のThe Jerusalem Postとリベラル派のHaaretzの両方を読んだり、中国の新聞については政府系メディアのPeople's Dailyと言論の自由度の大きい香港のThe Standardを比較したりなど、ひとつの国家内における多様性も示すように工夫している。

　同様に、将来、前述のようなJapanese Englishのモデルが成功裡に開発された暁にも、それは決して誰にも押しつけるべきではなく、参考例にとどめるべきである。Japanese Englishのモデルを構築することは「国際英語」教育においてきわめて重要な課題であるが、しかし一方、日本人ならば

Japanese English を話すべき、などという狭量な考えに決して陥ることのないよう、戒める必要がある。実際、母語英語を話す帰国子女に対するいじめが現実に起こっており、その轍を踏んではならない。また何よりも、「日本的」というのは、個人のレベルで見れば、各自が持つアイデンティティの一部に過ぎないから、Japanese English という切り口も、自己表現のための英語の一側面でしかないという事実に留意したい。

　これからの「国際英語」教育では、たとえば前述の成蹊大学における留学生との交流の試みに見られるような、直接的なインタラクションを通してのコミュニケーション能力の養成がますます重要となるであろう。そのような活動によって、「適応」や「意味交渉」、すなわち「歩み寄り」や「折り合い」の技能を身につけることにより、国際英語の多様性を維持しながらも相互理解を確保することが可能になる。

　「国際英語」教育の実践のためには、母語英語話者・非母語英語話者を問わず、英語クラスに外国人学生が多数参加し、日本人学生・外国人学生・教員が互いに学びあうような環境が形成されることが理想像である。国際英語の共同体においてコミュニケーションを遂行できる能力を育てること、それが「国際英語」教育の目標である。

注

1　従来の「国際英語」研究では、WE 論の枠組みに従い、世界を Inner Circle（母語としての英語を用いる英国や米国などの国々）、Outer Circle（英語が国内で用いられるインドやナイジェリアなどの国々）、Expanding Circle（英語を外国語として用いる日本やブラジルなどの国々）の 3 地域に分けることが定着しているが、本章の立場では、これらの用語の使用自体が Expanding Circle の英語ユーザーを Outer Circle の英語ユーザーに比べて下位に位置づける差別を生んできたと考え（日野、2003, 2004）、これらの呼称を使わないようにした。

2　ELF を英語の画一化を目指す立場（すなわち筆者の分類でいえば②）と見なす解釈もあるが、ELF 論の主導者である Jenkins や Seidlhofer は ELF が多様性を志向する概念であることを再三にわたって強調しており（e. g. Jenkins, 2006; Seidlhofer,

2006）、この点については筆者の理解も Jenkins や Seidlhofer と同様である。
3　デニス・島岡 (1986) による「統合的英語教授法」とは直接の関連はないが、しかしホーリスティックな指向性などについては理念を共有する部分もある。
4　厳密には、たとえばシンガポールについては、シンガポール英語の母語話者がすでに誕生しているという見方もあり、母語話者と非母語話者の区別自体が今日では微妙であることも付け加えておく。

謝辞
本章の内容は日本学術振興会科学研究費補助金による研究成果を反映している (基盤研究(C)課題番号 20520548, 平成 20 年度～22 年度)。

参考文献
Andreasson, A. (1994) Norm as a pedagogical paradigm. *World Englishes*, 13(3), 395–409.
Bamgbose, A. (1998) Torn between the norms: Innovations in world Englishes. *World Englishes*, 17(1), 1–14.
Crystal, D. (1997) *English as a global language*. Cambridge: Cambridge University Press.
デニス，ジョン・島岡丘. (1986)『統合的英語教授法』大修館書店.
Deterding, D. & Kirkpatrick, A. (2006) Emerging South-East Asian Englishes and intelligibility. *World Englishes*, 25(3–4), 391–409.
日野信行. (1989–1990) "Let's Read and Think"『百万人の英語』1989 年 7 月号 –1990 年 3 月号.
日野信行. (2003)「『国際英語』研究の体系化に向けて：日本の英語教育の視点から」『アジア英語研究』5, 5–43.
日野信行. (2004)「ポストコロニアル地域の英語」木村茂雄 (編)『ポストコロニアル文学の現在』(pp.167–180). 晃洋書房.
日野信行. (2005)「国際英語と日本の英語教育」小寺茂明・吉田晴世 (編)『英語教育の基礎知識：教科教育法の理論と実践』(pp.11–34) 大修館書店.
日野信行. (2008)「国際英語」小寺茂明・吉田晴世 (編)『スペシャリストによる英語教育の理論と応用』(pp.15–32) 松柏社.
Hino, N. (1988) Nationalism and English as an international language: The history of English textbooks in Japan. *World Englishes*, 7(3), 309–314.
Hino, N. (1992) The Yakudoku tradition of foreign language literacy in Japan. In Dubin, F. & Kuhlman, N. A. (Eds.), *Cross-cultural literacy: Global perspectives on reading and writing* (pp.99–111). Englewood Cliffs, NJ: Regents/Prentice Hall.
Hino, N. (2001a) Organizing EIL studies: Toward a paradigm." *Asian Englishes* 4(1), 34–65.

Hino, N. (2001b) Does Hawaii really respect cultural diversity?: Searching for the true meaning of cross-cultural understanding through the experiences of a disabled Japanese child. *IRICE Plaza*, 11, 29–46.

Hino, N. (2009) The teaching of English as an International Language in Japan: An answer to the dilemma of indigenous values and global needs in the Expanding Circle. *AILA Review* 22, 103–119.

Hino, N. (2010) EIL in teaching practice: A pedagogical analysis of EIL classrooms in action. 言語文化共同研究プロジェクト 2009『言語文化教育の新たなる理論と実践』(pp.1–10). 大阪大学大学院言語文化研究科.

堀口俊一(他). (2005)『TOTAL English 3』. 学校図書.

今仲昌宏. (2000)「日本人学習者の英語発音モデル」『東京成徳大学研究紀要』7, 39–46.

伊村元道. (1997)『パーマーと日本の英語教育』大修館書店.

稲村松雄(他). (1968) *New Prince Readers 3*. 開隆堂.

伊佐雅子(監). (2002)『多文化社会と異文化コミュニケーション』三修社.

Jenkins, J. (2000) *The phonology of English as an international language*. Oxford: Oxford University Press.

Jenkins, J. (2006) Global intelligibility and local diversity: Possibility or paradox? In R. Rubdy & M. Saraceni (Eds.), *English in the world: Global rules, global roles* (pp.32–39). London: Continuum.

Jenkins, J. (2007) *English as a Lingua Franca: Attitude and identity*. Oxford: Oxford University Press.

Kachru, B. B. (1976) Models of English for the Third World: White man's linguistic burden or language pragmatics. *TESOL Quarterly*, 10(2), 221–239.

Kachru, B. B. (1985) Standards, codification and sociolinguistic realism: The English language in the Outer Circle. In R. Quirk & H. G.. Widdowson (Eds.), *English in the world: Teaching and learning the language and literatures* (pp.11–30). Cambridge: Cambridge University Press.

Kachru, B. B. (1986) *The Alchemy of English: The spread, functions and models of non-native Englishes*. Oxford: Pergamon Press.

Kachru, B. B. (1997) World Englishes 2000: Resources for research and teaching. In L. E. Smith & M. L. Forman (Eds.), *World Englishes 2000* (pp.209–251). Honolulu: University of Hawaii Press.

川澄哲夫(編). (1978)『資料日本英学史2：英語教育論争史』大修館書店.

Kern, R. (2000) *Literacy and language teaching*. Oxford: Oxford University Press.

小林めぐみ. (2008)「留学生との交流から学ぶ：World Englishes 実践報告」第47回大学英語教育学会全国大会. 早稲田大学. 9月12日.

熊澤雅子. (2011)「新任中高英語教員のモチベーション：理想と現実の格差が及ぼす影響」大学英語教育学会 50 周年記念大会. 西南学院大学. 9 月 2 日.
國弘正雄. (1970)『英語の話しかた』サイマル出版会.
倉地暁美. (1998)『多文化共生の教育』勁草書房.
Lave, J. & Wenger, E. (1991) *Situated learning: Legitimate peripheral participation.* Oxford: Oxford University Press.
Lowenberg, P. H. (1993) "Issues of validity in tests of English as a world language: Whose standards?" *World Englishes*, 12(1), 95–106.
Matsuda, A. & Friedrich, P. (2011) English as an international language: A curriculum blueprint. *World Englishes*, 30(3), 332–344.
Mauranen, A., & Ranta, E. (Eds.), (2009) *English as a lingua franca: Studies and findings.* Newcastle upon Tyne: Cambridge Scholars Publishing.
McKay, S. (2003) Teaching English as an international language: the Chilean context. *ELT Journal*, 57(2), 139–148.
Modiano, M. (1996) The Americanization of Euro-English. *World Englishes*, 15(2), 207–215.
Murata, N. & Sugimoto, K. (2009) World Englishes education in high school. Paper presented at the 35th Annual JALT International Conference on Language Teaching and Learning. Granship, Shizuoka. November 22.
西納春雄・山本妙・田口哲也. (1994) *From English to Englishes: Drills for listening comprehension.* 英宝社.
Ogden, C. K. (1930) *Basic English.* London: Routledge and Kegan Paul.
大沢茂・安藤昭一・黒田健二郎・成田義光. (1978)『現代の英語科教育法』南雲堂.
小篠敏明. (1995)『Harold E. Palmer の英語教授法に関する研究：日本における展開を中心として』第一学習社.
Quirk, R. (1981) International communication and the concept of Nuclear English. In Quirk, Randolph. 1981. "International Communication and the Concept of Nuclear English." In Smith, L. E. (Ed.) *English for cross-cultural communication* (pp.151–165). London: Macmillan.
斎藤秀三郎. (2002)(原著 1928)『New 斎藤和英大辞典』(復刻普及版) 日外アソシエーツ.
Schneider, E. W. (2007) *Postcolonial English: Varieties around the world.* Cambridge: Cambridge University Press.
Seidlhofer, B. (2006) English as a lingual franca in the Expanding Circle: What it Isn't. In R. Rubdy & M. Saraceni (Eds.), *English in the world: Global rules, global roles* (pp.40–50). London: Continuum.

塩澤正. (1999)「"Affective Competence":その理論と実践」『中部大学人文学部研究論集』2, 1–33.

Smith, L. E. (1976) English as an international auxiliary language. RELC Journal, 7 (2), 38–53. Also in Smith, L. E. (Ed.) (1983) *Readings in English as an international language* (pp.1–5). Oxford: Pergamon Press.

Smith, L. E. (1978) Some distinctive features of EIIL vs. ESOL in English language education. The Culture Learning Institute Report June, 5–7 & 10–11. Also in Smith, L. E. (Ed.) (1983) *Readings in English as an international language* (pp.13–20). Oxford: Pergamon Press.

鈴木孝夫. (1975)『閉された言語　日本語の世界』新潮社.

Svartvik, J. & Leech, G. (2006) *English: One tongue, many voices*. New York: Palgrave Macmillan.

Takagaki, T. & Tanabe, N. (2007) High school freshmen's responses to home economics conducted in a non-native variety of English: A three-year survey on content-based instruction in Japan. *The Asian EFL Journal*, 9 (2), 7–18.

津田幸男. (1990)『英語支配の構造』第三書館.

上田倫史・大和田和治・大矢政徳・筒井英一郎. (2005)「社会へつなげる大学英語教育」中野美知子(編)『英語教育グローバルデザイン』(pp.135–173). 学文社.

宇尾野逸作. (1979)「EIIL の原点」『英語青年』125 (6), 28–30.

Via, R. A. & Smith, L. E. (1983) *Talk and Listen: English as an international language via drama techniques*. Oxford: Pergamon Press.

Walker, R. (2010) *Teaching the pronunciation of English as a Lingua Franca*. Oxford: Oxford University Press.

❤❤❤ こらむ
文化／多文化

中谷潤子

　「文化」という概念についてはここ 200 年ほどの間に人類学の世界を中心に語られるようになったが、いまだこれという定義があるわけではない。代表的な意味として、関本 (1998: 23) にもあるように、思想、科学、芸術などについて指す場合と、ある集団における生活様式を指す場合があり、文化人類学では後者を文化ととらえる。これは当然、集団を定義することが、文化を対象化する前提となる。

　しかし、各集団による様々な差異が確認されたとて、それに優劣があるとする根拠はない。異なる他者を認識し、理解を目指すのがレヴィ・ストロースなどのいう「文化相対主義」の立場である。

　さらに個々の文化を独立したものとするそれまでの見方を批判したのが、ある集団に密着することでその習慣や生活様式を知るといった研究方法 (参与観察) を行ったマリノフスキーである。彼は、文化とは社会全体の中で相互に結びついているものだと説いた。そして個々の生活様式が文化全体のなかでどのように「機能」しているのかを見る必要があるとしたことから、この理論は「機能主義」といわれる。

　梶原 (1997: 3) によると、その後クリフォードが、「マリノフスキー以降の定住的なフィールドワーク (共住) と、それに関連する境界設定的な『村落』『原住民』そして『文化』という見方を批判し、『文化』を『移動』としてとらえる視点を提出」するようになる。

　さらに、文化は政治的な側面からとらえられるようになり、ハンチントン (1998) が、人類の衝突や分裂を引き起こすのは文化的要素だとしたのはよく知られるところである。

　ところで、このような見方はいずれも津田 (2011: 19) の指摘するように「ある社会集団をひとつの集団たらしめるには『文化』の共有がなければならないということになる」。筆者がフィールドとするインドネシアは、300 以上の民族を抱える国として知られるが、第二次世界大戦後インドネシア共和国建国にあたり、「1 つの国、1 つの民族、1 つの言語」をスローガンに掲げた。ここに「インドネシア文化」をもつ「インドネシア人」が誕生したのであるが、まさに政治的意図によって共通した文化をもつエスニシティが作られた典型だと言えるだろう。

　これに対して、「社会集団を流動的・状況依存的に形成されるもの (津田 2011:

20)」とする流れがあるように、多文化社会を論じる中で、1つの「文化」を固定的かつ独立的なものとみなすことへの議論もある。梶原（1997: 21）は「現代の一個人は、多重なエスニックの出自をもつにとどまらず、複合的なサブ・カルチュアの連鎖のなかに生きている」とし、さらに関連付けてアイデンティティについても「一元性の強調ではなく、多層的なものとして捉えられていく。この『多層性』こそが、現代の世界を考えるときに、個人の存在にとっての有効な『文化資本』となってゆくのである」と述べる。

　一個人が幾重のもの文化を抱えているなら、一集団もまた同様のことがいえる。移民国家であるカナダやオーストラリアで、1970年代初頭から取り入れられた多文化主義とは、移住者を含むマイノリティの文化を認めるだけでなく、様々な文化の存在する社会を政府も援助し、社会における相互理解と共生を図る政策である（真田・庄司 2005: 13）。多文化主義はそれ以前の同化主義政策に代わるものであるといえ、欧米諸国などで広く採用されていた。しかし、アメリカでは911以降「多文化主義は国民を分断して統合を損なう」ととらえられ（岩渕 2010: 9）、欧米でも移民問題のクローズアップとともに、多文化主義は終焉したともいえる（岩渕 2010: 11）。これは「ある集団内の同一性と集団間の差異が強調されることで、内部の差異や権力関係、あるいは集団外部との越境的な関係性への視点がないがしろにされがちになって、社会における多元的な対話の可能性が損なわれてしまう（岩渕 2010: 10）」ためだが、このように現在、文化が過度に政治化されがちであることへの批判もある。

　一方日本では、国籍取得、国際結婚、そしてニューカマーの増加など外国籍住民が日本社会に欠かせない存在になっているのにともない、「多文化をめぐる議論がこれまで以上に盛んになり、『多文化共生』という言葉が中央省庁の政策議論に初めて採用されるようになった（岩渕 2010: 11）」。

　世間ではイベントにおける3F（ファッション、フード、フェスティバル）レベルでの多文化交流が中心だが、マイノリティの言語保障を考える日本語教育政策マスタープラン研究会など、政策的バックアップに取り組もうとする動きもある。しかし山田（2010: 13）の指摘のとおり、多文化共生も「マジョリティ側の権益独占の放棄の覚悟」なくしては、依然としてマイノリティ側への適応を求めるものにしかならない。

　これからは「どのようにすれば多様な文化差異を有する集団やコミュニティが、それぞれ『独自』のアイデンティティを大切にしながら、多様な他者と共に生きて共通の社会空間を作り上げていくことが可能なのかという、多文化社会における文化をめぐる問いに真摯に取り組む（岩渕 2010: 11）」ことがますます重要になっ

ていくことはいうまでもない。

参考文献
岩渕功一(2010)「多文化社会・日本における〈文化〉の問い」9–34 岩渕功一編著『多文化社会の〈文化〉を問う』青弓社
梶原景昭(1997)「序　対立から共存へ」1–16 青木保ほか編『岩波講座文化人類学　第 8 巻　異文化の共存』岩波書店
真田信治・庄司博史(2005)『事典　日本の多言語社会』岩波書店
関本照夫(1998)「文化概念の用法と効果」21–39 青木保ほか編『岩波講座文化人類学　第 13 巻　文化という課題』岩波書店
津田浩司(2011)『「華人性」の民族誌』世界思想社
ハンチントン．S.(1998)『文明の衝突』集英社
山田泉(2010)「外国人と共に生きる社会」日本語教育政策マスタープラン研究会『日本語教育でつくる社会』ココ出版

執筆者紹介 ※50音順(*は編者)

東照二(あずま　しょうじ)
テキサス大学オースチン校言語学博士課程修了。ユタ大学言語文学部教授。
(主著)『歴代首相の言語力を診断する』(研究社、2006 年)、『社会言語学入門改訂版』(研究社、2009 年)、『オバマの言語感覚』(日本放送出版協会、2009 年)、『選挙演説の言語学』(ミネルヴァ書房、2010 年)。

池田佳子 *(いけだ　けいこ)
ハワイ大学マノア校東アジア言語文学研究科博士課程修了。関西大学国際部准教授。
(主論文) L2 'Second-order' organization: Novice speakers of Japanese in a multi-party conversation-for-learning. *Journal of Applied Linguistics*, vol. 5(3), pp.243–272(2012 年). Choral Practice Patterns in the Language Classrooms. In G. Pallotti & J. Wagner (eds.), *L2 Learning as Social Practice Conversation-Analytic Perspectives*. Honolulu: National Language Resource Center, 共著(with Sungbae KO) pp.163–184(2011 年)、「言語接触とアイデンティティ」(『日本語学』第 29 巻 14 号 pp.196–206、明治書院、2010 年)。

岡本能里子(おかもと　のりこ)
お茶の水女子大学大学院人文科学研究科教育学修士課程修了。東京国際大学国際関係学部教授。
(主論文)「電話会話による会話終結の研究」(『日本語教育』第 72 号 pp.145–159、日本語教育学会、1991 年)、「教室談話における文体シフトの指標的機能」(『日本語学』第 16 巻 3 号 pp.39–51、明治書院、1997 年)、「メディアが創るヒーロー大リーガー松井秀喜」『メディアとことば 1』(ひつじ書房、2004 年)、「日本語のビ

ジュアル・グラマーを読み解く」『メディアとことば3』(ひつじ書房、2008年)。

小川洋介(おがわ　ようすけ)
英国ニューキャッスル大学応用言語学博士課程在籍中。関西大学国際部非常勤講師。
(主論文) The effect of native speakers' language proficiency on their modifications in japanese non-native-directed speech. In Ikeda, K. & Brandt, A (eds.), *Working Papers: Challenges and New Directions in the Micro-analysis of Social Interaction*, pp.39–44. Kansai University (2012)。

樫村志郎(かしむら　しろう)
1954年福島県生。1977年東京大学法学部卒業。現在、神戸大学大学院法学研究科教授。1984–86年 UCLA 滞在研究者。
(主著)『「もめごと」の法社会学』(弘文堂、1989年)、『法社会学の可能性』(法律文化社、2004年、共編著)、*Horizontal Legal Order: Law and Transaction in Economy and Society* (Lexis/Nexis、2008年、共編著)、『トラブル経験と相談行動』(東京大学出版会、2010年、共編著)。

片岡邦好 *(かたおか　くによし)
アリゾナ大学応用言語学博士課程修了。愛知大学法学部を経て、現在同文学部教授。
(主著・主論文)『文化・インターアクション・言語』(ひつじ書房、2002年、共編)、『ことば・空間・身体』(ひつじ書房、2008年、共編)、Variability of spatial frames of reference in the wayfinding discourse on commercial signboards (*Language in Society* 34: 593–632, 2005), The "body poetics": Repeated rhythm as a cultural asset for Japanese life-saving instruction (*Journal of Pragmatics* 44: 680–704, 2012)など。

葛岡英明(くずおか　ひであき)
東京大学大学院工学系研究科情報工学専攻博士課程修了。1992年博士(工学)。筑

波大学大学院システム情報工学研究科教授。
（主論文）Hands on hitchcock: Embodied reference to a moving scene（*ACM CHI* 2011）Reconfiguring spatial formation arrangement by robot's body orientation（*HRI* 2011），Gesture cam: A video communication system for sympathetic remote collaboration（jointly worked）（*ACM CSCW* 1994）。

佐藤彰（さとう　あきら）
ジョージタウン大学言語学博士課程修了。大阪大学大学院言語文化研究科准教授。
（主著・主論文）Constructing imperial identity: How to quote the imperial family and those who address them in japanese press（*Discourse & Society* 12（2）: 169–194, 2001）、『メディアとことば 1』（ひつじ書房、2004 年、共編著）、『メディアとことば 3』（ひつじ書房、2008 年、共編著）。

渋谷勝己（しぶや　かつみ）
大阪大学大学院文学研究科日本学専攻博士後期課程中退。大阪大学大学院文学研究科教授。
（主著・主論文）『日本語学習者の文法習得』（大修館書店、2001 年、共著）、『シリーズ日本語史 4　日本語史のインタフェース』（岩波書店、2008 年、共著）、「接触言語学」（『日本語学』第 30 巻 14 号 pp.244–255、明治書院、2011 年）。

高田明（たかだ　あきら）
京都大学大学院人間・環境学研究科一貫性博士課程修了。京都大学大学院アジア・アフリカ地域研究研究科准教授。
（主著・主論文）Explaining pathways in the central kalahari（*Senri Ethnological Studies* 70: 101–127, 2006）、『生きる場の人類学——土地と自然の認識・実践・表象過程』（京都大学学術出版会、2007 年、共著）、Recapturing space: Production of inter-subjectivity among the central kalahari san（*Journeys: The International Journal of Travel & Travel Writing* 9（2）: 114–137, 2008）。

高野照司(たかの　しょうじ)
アリゾナ大学応用言語学博士課程修了。北星学園大学文学部教授。
(主著・主論文)『はじめて学ぶ社会言語学』(ミネルヴァ書房、2012 年、共著)、「バリエーション研究の新たな展開」(『日本語学』第 30 巻 14 号 pp.256–275、明治書院、2011 年)、Variation in japanese prosodic focus: Issues of language specificity, interactive style and register, K. Jones & T. Ono (eds.), *Style Shifting in Japanese* (John Benjamins, 2008)、Re-examining linguistic power: strategic uses of directives by professional japanese women in positions of authority and leadership (*Journal of Pragmatics* 37: 633–666, 2005)。

中谷潤子(なかたに　じゅんこ)
大阪大学大学院言語文化研究科博士後期課程単位取得退学。言語文化学博士。大阪産業大学教養部講師。
(主論文)「インドネシア華人に見られるコードスイッチング—参与者の立場設定に注目して」(『大阪大学留学生センター研究論集　多文化社会と留学生交流』第 10 号、2006 年)、「多元的状況におけるアイデンティティの変容—滞日インドネシア華人を対象とした分析」(大阪大学大学院言語文化研究科博士学位論文、2009 年)。

野島晃子(のじま　あきこ)
外資系企業等にてファイナンシャル・プランナー、秘書、翻訳、貿易等の仕事に従事後、立命館大学大学院言語教育情報研究科修士課程修了。現在、立命館大学大学院先端総合学術研究科博士課程に在籍中。研究対象は日米のコミュニケーション教育、スピーチ、プレゼンテーション手法の分析など。

日野信行(ひの　のぶゆき)
東京国際大学助教授を経て、大阪大学大学院言語文化研究科教授。International Association for World Englishes (IAWE)理事。元ラジオ『百万人の英語』講師。
(主著) *Cross-Cultural Literacy* (Regents/Prentice Hall、1992 年、共著)、*Principles and Practices of Teaching English as an International Language* (Multilingual Matters, 2012

年、共著)など。

藤尾美佐(ふじお　みさ)
京都府立大学文学部(西洋文学専攻)卒業後、アメリカ系外資系企業で、秘書・通訳の仕事に従事。その後、東京大学大学院総合文化研究科言語情報科学専攻にて、修士課程、博士課程を修了。博士(学術)。現在、東洋大学経営学部准教授。専門分野は英語教育、国際ビジネスコミュニケーション。
(主著) *Communication Strategies in Action* (成美堂、2011年)、*Discourse Perspectives on Organizational Communication* (Fairleigh Dickinson University Press、2012年、共著)『外国語教育学研究のフロンティア』、(成美堂、2009年、共著)、『国際ビジネスコミュニケーション』、(丸善、2010年、共著)など。

アダム・ブラント(あだむ　ぶらんと)
ニューキャッスル大学にて博士号取得。2011年9月より学術振興会ポスドクフェロー(関西大学)。日本における国際留学生の環境や文化適応プロセスなどについて調査を行っている。
(主論文) Brandt, A. and Jenks, C. "Is it okay to eat a dog in Korea…like China?" Assumptions of national food-eating practices in intercultural interaction (*Language and Intercultural Communication* 11(1)：41–58, 2011)

古川智樹(ふるかわ　ともき)
名古屋大学大学院国際言語文化研究科博士課程修了。関西大学留学生別科特任常勤講師。
(主論文) Misunderstandings arising from different uses of back-channeling by native speakers and Chinese learners of Japanese. *Studies in Language Sciences* 7 (くろしお出版、2008年)。

堀田秀吾(ほった　しゅうご)
シカゴ大学言語学部博士課程修了。明治大学法学部教授。

(主著・主論文)『法コンテキストの言語理論』(ひつじ書房、2010 年)、『裁判とことばのチカラ』(ひつじ書房、2009 年)、Law in Japan, Law in the World(朝日出版社、2011 年、共著)など。

山崎晶子(やまざき　あきこ)
東京都立大学社会科学研究科社会学専攻修士課程修了。東京工科大学メディア学部准教授。
(主著・主論文)「ジェンダーと会話分析―成員カテゴリー装置としてのジェンダー」(『語用論研究』7 号 pp.123–134、2005 年)、Coordination of verbal and non-verbal actions in human–robot interaction at museums and exhibitions (Journal of pragmatics 2010)、A techno-sociological solution for designing a museum guide robot: Regarding choosing an appropriate visitor (ACM HRI 2012)。

山崎敬一(やまざき　けいいち)
早稲田大学大学院博士課程修了、博士(文学)。埼玉大学教養学部教授。
(主著)『美貌の陥穽』(ハーベスト社、1994 年)、『社会理論としてのエスノメソドロジー』(ハーベスト社、2004 年)、『実践エスノメソドロジー入門』(有斐閣、2004 年)。

渡辺義和(わたなべ　よしかず)
ジョージタウン大学修士課程修了(第二言語としての英語教授法)、アイオワ大学博士課程修了(言語聴覚科学)。
(主著・主論文)『医療コミュニケーション―実証研究への多面的アプローチ』(篠原出版新社、2009 年、共著)、『言語聴覚士のための基礎知識―音声学・言語学』(医学書院、2008 年、共著)、「社会言語学から見た吃音」(『言語聴覚研究』第 2 巻 2 号 pp.88–97、日本言語聴覚士協会、2005 年)。

コミュニケーション能力の諸相
変移・共創・身体化

発行	2013年3月8日　初版1刷
定価	5800円+税
編者	©片岡邦好・池田佳子
発行者	松本 功
装丁者	渡部 文
印刷製本所	三美印刷株式会社
発行所	株式会社 ひつじ書房
	〒112-0011 東京都文京区千石2-1-2 大和ビル2階
	Tel.03-5319-4916 Fax.03-5319-4917
	郵便振替 00120-8-142852
	toiawase@hituzi.co.jp　http://www.hituzi.co.jp

ISBN978-4-89476-611-2

造本には充分注意しておりますが、落丁・乱丁などがございましたら、小社かお買上げ書店にておとりかえいたします。ご意見、ご感想など、小社までお寄せ下されば幸いです。

ことば・空間・身体

篠原和子・片岡邦好 編　　定価 6,800 円＋税

日本英語学会第 21 回大会のワークショップをもとに、認知言語学、心理学、言語人類学的視点から空間概念の構築／転移／拡張を扱った論文集。空間・時間表現の言語分析にとどまらず、メタファー、ジェスチャー、談話なども射程に収め、身体を通しての空間的経験を基盤とする言語現象、言語に伴う身体現象などを、さまざまなアプローチによって包括的に考察する。

裁判とことばのチカラ　ことばでめぐる裁判員裁判
堀田秀吾 著　　定価 2,000 円＋税

いよいよ裁判員制度が始まった。本書は、これまで市民には全く馴染みのなかった「裁判」の世界を、「ことば」を手掛かりに、コーパス言語学や語用論などの言語学の理論だけでなく言語心理学や社会心理学などの理論を用いながら、さまざまな角度から分析していくものである。筆者が 3 年間にわたって研究してきた全国の裁判所で行われた一般非公開の模擬裁判員裁判の客観的分析データがたくさん盛り込まれているので、言語学や心理学に関心のある方はもちろん、裁判員制度に関心のある一般読者や法曹・法学者にも読んでいただける書である。

コミュニケーション、どうする？どうなる？
　　林博司・定延利之 編　　定価 1,900 円＋税

　本書は、2005 年 12 月に神戸大学国際文化学部で開催された「こころを伝えるコミュニケーション」というシンポジウムをもとに編まれたものである。本書では視点を「コミュニケーション」に据え、企業の人事、動物のコミュニケーション、脳科学、精神医学といった様々な立場から問題点を提示し、それに対する解決法を、外国人の日本語習得、感情の伝達、異文化間の知覚の相違という観点から探る。やや専門的と思われる用語には解説を施した。

シリーズ社会言語科学 1

「配慮」はどのように示されるか

三宅和子・野田尚史・生越直樹 編　　定価 3,800 円＋税

　本書は、社会言語科学会設立 10 周年を記念して 2009 年 3 月に東京外国語大学で開催された 2 つのシンポジウム「配慮言語行動研究の新地平」と「アジア圏の社会言語科学」をもとに編まれた。社会言語科学が究明すべき現代的課題として取り上げられた 2 つのシンポジウムをもとに、登壇者がそれぞれの立場から新たに書き起こした「配慮」をめぐる多彩な視点をもつ論文集である。

言語学翻訳叢書 15
話し言葉の談話分析
デボラ・カメロン 著　林宅男 監訳　　定価 3,200 円 + 税

　本書では、談話（特に話し言葉の）分析の理論と実践が、実際のデータと著者の深く鋭い洞察を通して巧みに解説されている。その内容は、第 1 部がディスコースの定義と談話分析の目的及び分析のためのデータ収集と文字化の方法、第 2 部が談話分析のアプローチについての様々な理論（「ことばの民族誌」、「語用論」、「会話分析」、「相互行為の社会言語学」、「批判的談話分析」）の検討、第 3 部が談話分析のパワーやアイデンティティ等についての社会問題の研究への応用例と実際の談話分析プロジェクトの取り組み方の解説である。